“十三五”国家重点图书、音像、电子出版物出版规划项目

抗日战争时期根据地财政经济史丛书

1945-2015

山东革命根据地财政史

主编★朱玉湘

编著★申春生 马福震

刘大可 刘培平

中国财经出版传媒集团

中国财政经济出版社

图书在版编目（CIP）数据

山东革命根据地财政史／朱玉湘主编．—北京：中国财政经济出版社，2015.10

（抗日战争时期根据地财政经济史丛书）

ISBN 978－7－5095－6357－1

Ⅰ.①山…　Ⅱ.①朱…　Ⅲ.①山东抗日根据地－地方财政－财政史　Ⅳ.①F812.96

中国版本图书馆CIP数据核字(2015)第196970号

责任编辑：杨　静　杜　剑　　　　责任校对：张　凡

封面设计：孙俪铭　　　　　　　　版式设计：兰　波

中国财政经济出版社出版

URL：http：//www.cfeph.cn

E－mail：cfeph@cfeph.cn

社址：北京市海淀区阜成路甲28号　邮政编码：100142

发行处电话：010－88190406　北京财经书店电话：010－64033436

北京财经印刷厂印刷　各地新华书店经销

787×1092毫米　16开　26印张　360 000字

2017年12月第1版　2017年12月北京第1次印刷

定价：85.00元

ISBN 978－7－5095－6357－1/F·5124

（图书出现印装问题，本社负责调换）

本社质量投诉电话：010－88190744

打击盗版举报热线：010－88190414　QQ：447268889

谨以此书纪念

中国人民抗日战争暨世界反法西斯战争胜利70周年

出版说明

2015年是中国抗日战争胜利70周年，也是世界反法西斯战争胜利70周年。为此，党中央举行了隆重的纪念活动，习近平总书记在纪念大会上作了重要的讲话。他回顾中国人民长达14年艰苦卓绝的斗争，取得了抗日战争的伟大胜利，宣告了世界反法西斯战争的完全胜利。指出中国人民抗日战争和世界反法西斯战争中，中华儿女不屈不挠、浴血奋战，捍卫了中华民族5000多年发展的文明成果，捍卫了人类和平事业，铸就了战争史上的奇观、中华民族的壮举。号召我们以史为鉴，坚定维护和平的决心，牢固树立人类命运共同体意识，为推进世界和平与发展的崇高事业做出新的更大的贡献。在中国人民值得永远纪念的日子，我们再版了抗日战争时期根据地财政经济史丛书，这是对伟大的抗日战争最好的纪念，也是对世界人民反对法西斯、追求和平事业的最好献礼！

抗日战争中革命根据地的财政为取得抗战胜利做出了卓越的贡献。抗日根据地财政在极其困

难的条件下，保证了抗日战争的物资供给，培养了大批富有创业精神的财政干部，树立了艰苦奋斗的优良作风，成为抗日战争的坚强后盾。抗日根据地财税战线的工作者，为了抗日战争的胜利，兢兢业业、勤勤恳恳，勤俭节约、呕心沥血，历尽千辛万苦，甚至牺牲了宝贵的生命，铸造了抗日战争时期根据地财政人的崇高品质和无私精神。这是抗日战争时期的第二道战线，他们的事迹同样是可歌可泣的，用这套丛书彰显抗日根据地财政的功绩和讴歌财政人的精神是最好的选择。

本套丛书共五本，分别是：《陕甘宁边区财政经济史》《晋察冀抗日根据地财政经济史》《抗日战争时期晋冀鲁豫边区财政经济史》《山东革命根据地财政史》《华中抗日根据地鄂豫边区财政经济史》。这套丛书较全面、系统地反映了我国抗日战争时期五个主要的革命根据地所采取的各项财政经济方面的方针、政策、措施，以及全体军民通过艰苦卓绝的努力，战胜日本帝国主义的军事和经济封锁，保障根据地财政发展壮大的历史。从单本来看也自成体系，具有代表性。陕甘宁边区既是中共中央、中央军委所在地，也是党在抗日战争时期树立的模范抗日民主根据地。同时又是抗日根据地财政的中心，根据地的财政方针和政策许多是从这里提出实施的，陕甘宁边区财政经济史是全部抗日根据地财政经济的缩影。晋察冀抗日根据地在中国革命史上占有极其重要的地位，它是抗日战争时期敌后建立的最早的一个根据地，一直享有模范根据地的荣誉。抗日根据地财政的建设晋察冀抗日根据地是走在前面的，如“合理负担”政策、农业累进税制首先在这里取得成功并且推广到其他抗日根据地。《晋察冀抗日根据地财政经济史》以丰富的内容，翔实的资料，反映创建财政的来龙去脉，使人多有启迪。晋冀鲁豫边区以太行山为依托，包括山西、河北、山东、河南各省的部分地区，与日本侵略者占领区犬牙交错，情况极其复

杂，在这样的环境下建立和发展根据地财政是及其艰苦复杂的，同时也是非常有特色的。山东抗日根据地处于华北敌后战场的东南端，成为华北和华中两大敌后战场联系的枢纽。这里的财政经济不仅对山东抗日根据地作用的发挥十分重要，而且对华北和华中也有影响。华中抗日根据地处于长江流域，包括江苏省、安徽省、湖北省的大部分，河南省、浙江省的一部分和湖南省的小部分，是敌后主要的抗日根据地之一。这里一方面物产丰富，人烟稠密，金融贸易活跃；另一方面长期被日、伪、顽分割，在此基础上建立发展的财政与其他抗日根据地又不完全一样，其特点在华中抗日根据地鄂豫边区财政经济史中反映得十分清晰。

本套丛书不仅具有厚重的学术研究价值，填补了我国抗日革命根据地财政经济史方面的空白，而且字里行间都高举爱国主义旗帜，处处提醒人们铭记历史、缅怀先烈、珍视和平。中国战场作为反法西斯战争的主要战场之一，中国人民艰苦卓绝的抗日战争为世界反法西斯战争胜利做出了巨大贡献，付出了巨大的民族牺牲，丛书使读者认识到了中国人民抗日战争胜利的伟大历史意义，以及中国共产党在全民族团结抗战中的中流砥柱作用。对弘扬中华民族不怕艰苦、不怕牺牲、排除万难去争取胜利的优秀民族精神具有积极意义。

中国财政经济出版社始终坚持正确的舆论导向和鲜明的出版特色，为国家建设和财政经济工作服务。我社成立60多年来，出版了大量学术专著、大中专教材、法规准则、资格考试用书、财经史料以及培训用书等，出版范围涵盖财政、会计、金融、税收、管理等学科，已有数百种图书在各类国家级和省部级评选中获奖，凝聚了一大批高水平的作者。财经史著作、史料、史稿等的出版也是我社的一大特色，改革开放后我社就出版了财政经济史方面的图书150余种。这类图书的出版，是

对财经历史宝贵遗产的传承，是我们出版人担负的社会责任，几代财经出版人为此付出了艰辛的努力，做出了巨大贡献。今天，我们仍然感到出版人在继承和发扬中华民族优秀传统文化、实现中华民族伟大复兴的征程上使命光荣、责任重大。因此，在中国抗日战争胜利70周年暨世界反法西斯战争胜利70周年之际，我们再版了《抗日战争时期根据地财政经济史丛书》。

这套丛书的出版首先得到了国家出版总署的重视，入选国家新闻出版广电总局《“十三五”国家重点图书、音像、电子出版物出版规划》。更加可喜的是得到了当年五个抗日根据地财经史主编赵秀山、魏宏运、朱玉湘、刘跃光、李倩文等前辈的支持。他们认为抗日根据地财政经济工作与抗日战争胜利有着直接的关系，应该彰显财政在抗日战争中发挥的作用，特别是吸取抗日根据地财政的经验，在新的历史时期继续发扬他们的创业精神，有利于今天的财政改革和国家治理。几位主编表示，抗日根据地财经史现在以丛书的面貌再次出版，是他们一个最大的心愿。他们毫不计较个人得失，希望将珍贵的历史资料留给社会留给后代，对党和国家的事业有所贡献。他们无私奉献的精神与高风亮节值得钦佩，在此代表广大的读者向他们致以崇高的敬意。

中国财政经济出版社

2017 年 3 月

总　序

中国财政经济出版社在中国抗战胜利暨世界反法西斯战争胜利70周年之际，再版了一套抗日战争时期根据地财政经济史丛书，这是对伟大的抗日战争最好的纪念，是对世界人民反对法西斯、追求和平事业的真诚献礼，意义重大。

一

2015年，是中国共产党领导的全国人民取得抗日战争伟大胜利70周年，也是世界反法西斯战争胜利70周年，为此党中央举行了隆重的纪念活动。

纪念抗日战争伟大胜利70周年有着特殊的政治意义。因为中国人民抗日战争的胜利是非同寻常的、非同小可的，在中国革命史上有着举足轻重的地位。它是近代以来中国抗击外敌入侵的第一次完全的胜利，这一胜利“彻底粉碎了日本军国主义殖民奴役中国的图谋，洗刷了近代以来中国抗击外来侵略屡战屡败的民族耻辱，重新确立了中国在世界上的大国地位，使中国人民赢得了

世界爱好和平人民的尊敬。而且开辟了中华民族伟大复兴的光明前景，开启了古老中国凤凰涅槃、浴火重生的新征程”。在波澜壮阔的中国人民抗日战争中，千千万万的抗战英雄抛头颅、洒热血，铸就了伟大的抗战精神，伟大的抗战精神永远是激励中国人民克服一切艰难险阻，为实现中华民族伟大复兴而奋斗的强大精神动力。中国人民抗日战争和世界反法西斯战争，是正义和邪恶、光明和黑暗、进步和反动的大决战，中国人民抗日战争开始时间最早、持续时间最长，为捍卫人类和平事业做出了重大贡献。中国抗日战争的胜利不仅是中国人民的胜利，而且是世界反法西斯的胜利，它既是中国革命征程上的一个里程碑，又是世界战争史上的一个奇迹，是值得倍加珍惜、认真回顾和永远纪念的。

在这个重要的时刻，抗日战争时期根据地财政经济史丛书的再版，对纪念抗日战争胜利70周年意义很大。因为丛书不仅蕴含了抗日战争时期财政人的坚信和艰辛，而且讴歌了中国人民英勇顽强、视死如归，前赴后继，艰苦卓绝、坚韧不屈的革命精神；塑造了中国人民在敌我势力悬殊、军事力量悬殊、战备条件悬殊的情况下，以弱胜强、以少胜多的光辉典范；彰显了中国人民以和平战胜战争、正义战胜邪恶、人权战胜霸权，维护世界和平、追求人类大同的光辉旗帜；铭刻了中国共产党在抗日战争中领导和决策的英明、正确和伟大。此时此刻，再版这套饱含着正能量的丛书非常需要，其政治意义和积极作用是深远的。

这套丛书的再版也是习近平总书记历史观的体现。中国共产党历来是重视历史的，善于在历史中总结经验，借鉴教训，汲取智慧。毛泽东曾有过许多精彩论断，在理论上形成马克思主义历史观。习近平总书记治国理政以来，对中国革命史和中国民族史尤为重视，在重视历史、学习历史、研究历史方面作

出系列讲话和重要论述。

历史是民族安身立命的基础。他指出：历史不能任意选择，中华民族5000多年的文明史，中国人民近代以来170多年的斗争史，中国共产党90多年的奋斗史，中华人民共和国60多年的发展史，是中华民族安身立命的基础。历史是从昨天走到今天再走向明天，历史是不可能割断的，人们总是在继承前人的基础上向前发展的，古今中外，概莫能外。

历史是人类最好的老师。他指出：世界的今天是从世界的昨天发展而来的，今天世界遇到的很多事情可以在历史上找到影子，历史上发生的很多事情也可以作为今天的镜鉴。重视历史、研究历史、借鉴历史，可以给人类带来很多了解昨天、把握今天、开创明天的智慧。

历史是最好的教科书。他指出：历史是一个民族、一个国家形成、发展及其盛衰兴亡的真实记录，其中既有升平之世社会发展进步的丰富经验，也有衰乱之世的深刻教训以及由乱到治的经验智慧；既有当事者对时势的分析陈述，也有后人对前人得失的评论总结。中国的史籍书林蕴涵着十分丰富的治国理政的历史经验，包含着许多涉及对国家、社会、民族及个人的成与败、兴与衰、安与危、正与邪、荣与辱、义与利、廉与贪等等方面的经验与教训。这是前人的“百科全书”，学习党史、国史是坚持和发展中国特色社会主义，把党和国家各项事业继续推向前进的必修课。

历史是最好的营养剂。他指出：对于我们共产党人来说，中国革命历史是最好的营养剂，多学习多重温，心中会增添许多正能量。中华文化博大精深、源远流长，积淀着中华民族最深层的精神追求，代表着中华民族独特的精神标识，为中华民族生生不息、发展壮大提供了丰厚滋养，抛弃传统、丢掉根本，就等于割断了自己的精神命脉。对历史文化特别是先人传

承下来的价值理念和道德规范，要坚持古为今用、推陈出新，有鉴别地加以对待，有扬弃地予以继承，努力用中华民族创造的一切精神财富来以文化人、以文育人。

习近平总书记的系列讲话带来了历史研究的春天，抗日战争时期根据地财政经济史丛书的再版就是这个春天里一朵绚丽的鲜花，印证着习总书记的历史观，凝结着党的阳光雨露，反射着抗日根据地财政先辈的初心和意愿。从习总书记的历史观来看，抗日战争时期根据地财政经济史丛书不仅对纪念中国抗日战争胜利70周年有着政治意义，而且是新中国财政发展改革的基石，是为国理财的最好老师和教科书，蕴藏着取之不尽的营养剂，足以使我们了解昨天，把握今天，开创明天。

二

古今中外的历史经验表明，战争的胜利与财政经济有着密切的关系，战争要依靠财政的支持，财政是战争的基础和后盾，赢得战争胜利不是单单靠军事的强弱，更是财力的较量。在抗日战争中，中国共产党拥有的军事化程度很低，之所以战胜了具有现代化武器的日本侵略者，在党的正确领导的前提下，一个重要的原因就是根据地财政保障了抗日战争的财力和物资的需要。当人民看到中国抗日战争的胜利局面时往往首先想到的是军事的较量，忽视了军事背后财政的较量，殊不知财政对抗日战争的胜利做出了巨大的贡献，发挥了不可或缺的作用。

从抗日根据地的财政来说，它本身就是为抗日战争的需要而建立的，其性质是典型的“战时财政”。关于革命根据地财政的性质，毛泽东早在1928年就强调：巩固军事根据地不仅修筑完备的工事，还要“储备充足的粮食”。1933年指出：“动员群众，立即开展经济战线上的运动，……为着争取物质

上的条件去保障红军的给养和供给。……不进行经济建设，革命战争的物质条件就不能有保障。”土地革命时期是这样，抗日战争时期更是如此，这样的财政是由抗日战争决定的，抗日战争赋予了它特殊的性质、艰巨的任务和光荣的使命。

抗日根据地财政的职能主要是为抗战服务的。1937 年抗日战争爆发伊始，《中国共产党抗日救国十大纲领》中就把财政作为边区政府实现抗日救国十大纲领的主要工具。1938 年毛泽东在中共六中全会扩大会议上明确提出建立战时财政经济政策，以保障抗日武装部队一切必要供给，满足抗日战争的需要是财政处理一切问题的宗旨。1939 年李富春在陕甘宁边区第二次党代会上强调，“边区财政的目的在于保证边区抗战经费的自给”。特别是在 1940 年抗日战争进入最艰苦阶段时，中央军委指出财政经济问题的解决必须提到政治的高度，“开辟财源，克服困难，争取战争的胜利”。显然，财政的最终目的是保障抗日战争的胜利。

为达此目的，抗日根据地在财政供给上军事支出始终占财政总支出的首位。在陕甘宁边区，财政供给原则是“军事第一，生活第二，必要事业与干部教育次之”。“不是百废俱兴，不分轻重缓急见事就办”，而是有中心，有先后，以此保障财政供给的任务。1942 年陕甘宁边区政府进一步明确，财政无论怎样困难，“在财政分配上军费应放在第一位”，“以军六、党政四之比例来制定预算”。战时财政供给的原则普遍贯彻在各个抗日根据地。山东抗日根据地支出额中军费名列第一，其次是行政费、群众团体补助费、建设费、教育费。太岳、冀西根据地财政的基本方针有五条，第一条就是供给战争需要和服从前线需要，其次才是培养民力，促进建设等。豫鄂边区行政公署明确提出预算支出要“分清主次，合理布局”，所谓“主”就是保障部队的供给。淮南抗日根据地财政支出的第一条原

则，就是保障坚持敌后抗战经费的供给，支付顺序是首先满足抗战部队给养，其他经费则量力而为。总之，保障抗日战争的需要始终是抗日战争时期财政工作坚持不变的方针。

在这样的供给原则下，军费支出成为财政支出结构的主体。陕甘宁边区财政支出中，军费支出远远高于其他支出，1937 年军事支出占总支出的比重是 25%，1939 年达到 54.65%，1940 年为 54.89%，1941 年为 30%，1942 年为 25.44%，1943 年为 45.80%。其他支出都居次要地位。如行政费占总支出 1939 年为 1.56%，1940 年为 1.34%；1941 年为 1.7%，1943 年为 1.35%。文化教育占总支出 1937 年是 8.9%，1938 年为 12.2%，1939 年为 10.%，1940 年为 5.87%，1941 年下降到 2.9%，1943 年进一步下降为 1.7%。抚恤和社会救济费占总支出 1937 年为 28.2%，1938 年下降到 7.4%，1939 年占 0.79%，1940 年占 0.52%。民政费占总支出 1943 年为 1.10%；1944 年为 3.98%，1945 年民政费取消。相比之下，军事支出与其他支出形成了鲜明的对比。陕甘宁根据地财政支出结构不是特殊的现象，其他抗日根据地的支出结构也基本相同。如山东革命根据地 1941 年财政总支出中军费占 70%、政费占 30%，1943 年总支出军费占 61.72%，行政费占总支出的 25.26%，教育经费仅占总支出的 0.45%，救济费占总支出的 0.17%。1944 年军费仍然占总支出的 70%，行政费约占 30%。1945 年上半年军事支出占总支出的 63.38%，而行政费只占总支出的 0.18%。淮南抗日根据地的支出结构也以军费为主体，1940 年 1 月津浦路东财政支出中军费占总支出的 79%，行政费占 11%，教育费占 7%，其他支出占 3%。华中抗日根据地鄂豫边区 1942 年“军费开支占边区总支出的百分之八十”，其次才是行政、投资生产、救灾、优抗等方面的支出。总览各抗日根据地财政支出结构，军事支出在财政支出结构中的主体地位是普遍的、稳固的、持续的。

不仅军事为财政支出结构的主体，而且军费支出呈现持续快速增长态势。陕甘宁边区军费支出，1939 年比 1937 年至 1938 年增长 1608.06%，1940 年比 1939 年增长 57.10%，1943 年比 1941 年增长 10632.28%；陕甘宁边区军费支出增长非常迅速，从军费规模看 1939 年增速比以前增加 29 个百分点，形成军费支出的第一个高峰。第二个高峰是 1943 年，比 1941 年增长 10632%，达到最高峰。1944 年以后出现下降，但从这一时期开始抗日战争转入反攻阶段，大量军队开赴前线，被服费支出占很大比重，被服费大部分是用于军队的，如果将二者合并起来，1943 年军事支出占比应该是 63.85%，1945 年是 50%，增长率也是不低的。其他抗日根据地军费也是处在增长的态势，如晋冀鲁豫边区 1943 年军费增长 77.3%，出现最高峰；1945 年比 1941 年增长 10 个百分点，仅 1945 年上半年比 1941 年就增长 6235.21%。军事支出的增长有效保障了抗日战争的需要。

由上可知，抗日根据地的财政是全心全意为抗日战争服务的，把用于抗日战争的供给始终放在首位，保持军事支出不断增加，呈现持续快速增长的态势，不论在怎么艰难困苦下都满足战争的需要，是抗日战争坚强的财力和物资后盾。这是抗日战争胜利的保障，从某种视角看比武器更重要。抗日根据地财政为抗日战争的胜利做出的贡献是巨大的，再版的抗日战争时期财政经济史丛书就是铁的见证，每当看到这些记载和数据无不为之感动、自豪和骄傲。

三

财政部党委十分关注中国抗日根据地财经史的研究，从 20 世纪 80 年代开始，中国财政科学研究院就将收集整理出版相

关资料和编写抗日根据地财政经济史作为中心任务。在财政部的委托和财政科学研究院牵头和组织下，由各地财政部门和院校的配合努力，不仅编写出版了数千万字的资料长编，而且陆续出版了各抗日根据地财政经济史。

编写这批抗日根据地财政经济史，付出了极大的人力物力和精力。汇集了大量的学者和各地财政部门的领导及干部，进行了大量的资料搜集和挖掘工作，访问了许多在世的抗日根据地干部和将帅战士。书稿在认真细致撰写的基础上经过反复讨论修改、征求意见、核定史料，每本专著都是千锤百炼的精品。更加值得一提的是，有些书的主编就是当年抗日根据地的老领导和老干部，有的还是从事根据地财经工作的，对情况掌握得全，了解得细，认识得深，做到了实事求是，评价客观，保障了全书的史料价值和真实性。从抗日根据地财政经济史的研究来看，我国20世纪80年代撰写的这批抗日根据地财政经济史著作是历史性的壮举，是划时代的成果，是抗日根据地财政研究史上的里程碑。不仅填补了我国抗日战争时期根据地财政经济史研究的空白，具有珍贵的史料价值、重要的学术价值，更具有弘扬革命根据地不怕艰苦、排除万难，为抗日战争胜利不懈努力的财政精神。

抗日战争时期根据地财政经济史是以马列主义、毛泽东思想为指导，以抗日战争时期根据地政府的财政方针、政策为依据，以各抗日根据地财政经济发展实践为基础而编写的。实事求是地总结了抗日根据地财政经济的发展规律和历史经验，各具鲜明的特色。《陕甘宁边区财政经济史》，客观而系统地展示了陕甘宁边区财政经济产生、发展的全部历史，总结了陕甘宁边区财政经济的历史经验和教训，启示着中国特色社会主义财政经济的改革与发展。《晋察冀抗日根据地财政经济史》，从财政、金融、农业、工商业、节约运动、大生产运动等多个层面

记录了晋察冀根据地的财政经济，内容丰富，资料翔实。《抗日战争时期晋冀鲁豫边区财政经济史》，从专业史的角度，反映了边区生产救灾、精兵简政等独具特点的历史事件。《华中抗日根据地鄂豫边区财政经济史》，史论结合，不仅反映了边区财政经济的发展进程，而且把财政经济各项工作相互促进、相互制约的内在联系揭示出来，做到历史与逻辑的统一。《山东革命根据地财政史》，以经济发展为基础，反映了抗日根据地财政收支、制度建设、工商业发展、大生产运动和财政发展的历史。

各抗日根据地财政经济史还有一个共同的特点，就是立足于根据地财政经济史但不就事论事，就财政说财政，而是把财政与经济紧密联系起来，将财政与政治紧密联系起来，把财政与战争紧密联系起来，做到了宏观中有微观、微观中见宏观。虽然是财政史著作，但字里行间又渗透了爱国主义情怀，洋溢着中国人民同仇敌忾、反对侵略、追求和平的心愿。使读者能够从财政的视角更清楚地认识到中国抗日战争胜利的伟大历史意义，中国人民反抗日本侵略在世界反法西斯战争中的重要地位、重大贡献和付出的巨大牺牲，进一步坚信中国共产党是团结全民族取得抗日战争胜利的中流砥柱。

随着时间的推移，这批抗日战争时期根据地财政经济史著作距离现在30多年过去了，由于种种原因不少已经失散，难以找到，有的成为现代的孤本。而且当年的专家和领导有的已经谢世，年轻的专家也到了古稀之年，很难再听到他们的声音，今后再没有抗日战争的当事人撰写抗战史的事情了。所以，很有抢救之必要，中国财政经济出版社经过很大的努力进行收集，并以丛书的面貌再版，使其得到传承和光大，可谓功在千秋。

回顾历史是为了向前看，继往开来，改革创新，开拓新的

历史局面。让再版的抗日根据地财政经济史丛书继续发挥其正能量，教育人、鼓舞人、引导人，使财政在改革发展的道路上开创未来。为中华民族的伟大复兴、为实现党和国家的宏伟蓝图继续奋斗，做出更大的贡献。

赵云旗

2017 年 3 月

目 录

绪　　论

第一节　抗日战争爆发前后山东人民遭受封建势力与帝国主义的剥削和压迫

一、地主阶级的封建剥削和压迫

抗日战争爆发前山东的农村经济，同全国其他沿海省份一样，封建时代自给自足的自然经济的基础虽然被破坏了，但是封建的土地所有制并没有根除，而是同商业买办资本、高利贷资本的剥削更加紧密地结合在一起，在广大农村依旧占着明显的优势。半殖民地半封建的旧中国，土地分配是极不合理的。从全国来看，大约占农村人口不到10%的地主、富农，占有70%—80%的土地，而占有农村人口90%的贫农、雇农、中农及其他劳动人民，却只占有20%—30%的土地。山东省虽素以农民的小土地所有制经济的发达为特点，但土地占有仍比较集中。山东省以鲁东南地区土地占有最集中。诸城县有4 030户地主，占全县总户数的2.77%，占有耕地141.04万亩，是全县耕地总面积的70%，平均每人占有土地85.95市亩，是全省土地占有最集中的县。据对莒南县的大店、筵宾、沟头3个区12个代表村的调查，1937年有地主169户，占总户数的6%，占有耕地

34 403.85市亩，为耕地总面积的59%。受资本主义工商业影响较深的文登、荣成、牟平、海阳等沿海地区，地主、富农占总户数的2%，其占有的土地占土地总数的14.5%，占总户数的48.6%的中农占有土地的70.5%，占总户数47%的贫雇农，占有土地的15%。至于鲁北和鲁西平原地区，土质较差，富农占有土地较多，一般在30%左右，地主占有土地一般在20%左右。综观全省，地主富农占有土地大约在50%左右，同全国土地占有集中状况相比较，不算很集中。但是，山东省的土地占有关系不太集中，并不等于说土地的分配是合理的。农村各阶级每人平均占有土地很悬殊。以土地占有较分散的惠民县龙池区的6个村为例，地主平均每人占有土地16亩，富农4.94亩，中农2.77亩，贫农1.45亩，雇农0.28亩。这就是说，地主每人平均所有土地50倍于雇农，10倍于贫农，6倍于中农，3倍于富农。可见，广大贫苦农民是无地和少地的，而地主富农占有的土地，不仅数量多，而且质量高。很明显封建和半封建土地所有制在抗战前仍然是山东农村社会经济结构的主要支柱。这一点是毋庸置疑的。

山东的地主、富农对农民的封建剥削极为苛重。从地租形态看，货币地租占30.4%，高于全国21.2%的平均水平，但实物地租仍占主要地位。从地租率看，一般占产量的50%左右。山东省实物地租（种子、肥料等由佃农自备）占出产价值的百分率为：上等旱田43.24%，中等旱田47.51%，下等旱田50.86%，比其他各省的实物地租率的平均水平要高。此外，农民还要承受其他各种名目的剥削。例如，地主出种子收获后在公堆上加倍偿还的所谓双除种；春季吃粮秋季还，吃一还三或还四的所谓份子粮；无偿的给地主服劳役的干拨工或拨白工；预付地租、送礼和大斗大秤收租等等，这些都反映出了山东省租佃关系中极为原始的超经济剥削。把各种附加租算上，实际农民受地租剥削很重。有些地区（如海阳、莱阳、栖霞等县）竟达60%—90%。一般农民仅可得到收成的20%—30%，一遇荒年则产量全部交租还不足。

山东农民不仅受到地主、富农的地租剥削，而且还要受高利贷剥

削。据1933年统计，山东农村借粮户占农户总数的36%，借款户占46%。放款的人多是地主、富农和商人，三者合计共占农民借款来源的55.2%。借贷利率是很高的。粮食借贷，一般定月利3分5厘；现金借贷年利在1—2分的已很少，只占5.4%，2—3分的占35.7%，3—4分的占37%。4—5分的占20%。高利贷的花样繁多，不胜枚举。有借款到期不还就将息作本的“利上加利”；有借钱10元只给9元的最后按10元还钱算利息的“探头息”；有青黄不接时吃一还二的押青苗；有按月交息10个月本利相等的“月银”；有农闲时借钱农忙时去做短工抵偿本利的“工夫账”；有粮贱时借出，贵时收回听涨不听落的“借粮还钱账”；最厉害的是指地作保过期收地的“利涨准折”，也是农民最怕的高利贷与地权相结合的盘剥形式。高利贷利率甚至有高达50%—100%以上者，使农民无法生活下去。

佃户种地主的地，借地主的债，受地主的气，地主一不如意，即将佃户家贴上封条，家具耕牛和长好的庄稼全都没收，佃户只好要饭流落他乡。栖霞县古镇都一个村被封门留地者86户，其中有21户被封门三四次，为服劳役被地主逼走的有8户。地主阶级逼租逼债，往往引起农民的反抗。为了镇压农民的反抗，地主阶级不仅勾结官府，成立团练，催租逼债，而且私设公堂、牢房，随意逮捕、刑讯、残害农民。山东的地主阶级对农民的迫害是特别野蛮和残酷的。莒南县曾发生过庄阎王强迫农民出鹰殡的事情，远近闻名。荣成和蓬莱两县，也先后发生过地主逼农民出狗殡，造成农民家破人亡的悲剧。少数地区，还存在着惨无人道的初夜权。所以，直到抗战前夕，山东农民仍处于残酷的封建剥削制度之下。地主阶级的残酷剥削和压迫造成了农民极端的穷苦和落后。这也是中华民族被侵略、受欺凌的根源。

二、新旧军阀政府的反动统治

山东省新旧军阀政府的反动统治，更是给山东人民带来无穷的灾难。从辛亥革命到抗日战争爆发，占据山东军政舞台的新旧军阀代表人物，有如走马灯般的来而复去。先后主宰军政大权的有周自齐、

靳云鹏、张怀芝、张树元、田中玉、郑士琦、张宗昌、孙良诚、陈调元、韩复榘等。其中统治山东时间最长的是田中玉、张宗昌和韩复榘。他们拥兵自恣，意存割据，一面勾结帝国主义，一面争夺地盘，连年内战。山东地处南北要冲，成了军阀必争之地，地方涂炭，人民遭殃，苦不堪言。

张宗昌 1925 年进入山东，督鲁三年，横征暴敛，纵兵殃民，巧立名目，搜刮民财，什么军事善后捐、军鞋捐、军械捐，建筑军营捐、富户捐、讨赤捐等等，不一而足，苛捐杂税大大超过了清末民初地丁银 1 两征收 2 元的水平。老百姓痛陈："张宗昌坐济南，鸡狗鹅鸭都上捐，一两银子八元三"。1926 年，山东每两地丁银正税与附加竟达到 20 元 4 角 8 分。

国民党新军阀韩复榘统治下的山东，大小军阀 20 余万军队就地筹饷，一切需用全靠搜刮民财。韩复榘与刘珍年战争期间，每月支出的军政费在百万元以上，财政亏空，即按每县 10 万—15 万元摊派。苛捐杂税不比张宗昌祸鲁期间少，最主要的有：地方捐、民团捐、教育捐、银行捐、建设特捐、戏捐、航空捐、自动车捐、火车捐、汽车捐、富户捐、赈灾捐等十几种，有的地方只田赋一项即超过农业总收入的 25%。在 1928 年时，烟台农村的地丁银每两合 3 元有零，1931 年，每两即增至 36 元有余。从整体来看，山东省的田赋也是有增无减。1919 年，田赋征收国币 8 110 579 元，1925 年 8 135 179 元，1931 年 14 957 747 元，1932 年全省丁漕正赋共征 1 500 万元，附加税已达 1 060 万元，占正税的 70% 以上；1933 年附加税共征 1 090 余万元。附加税相对于正税的比例愈来愈高。

山东的田赋征收机构，大都把持在豪绅地主手中，制度腐败。征收方式大致分委征、包征、官征三种。委征是县府委派征收员或粮胥分赴各乡镇征收，不限认额，随征随解，尽收尽缴的办法。县长对田赋的内容一般不甚了解，由县政府委托书吏经管，他们大都不是正式行政人员，而其职位又往往是世袭的。这些书吏是旧日衙门的房课出身，没有固定薪俸，依靠贪污和敲诈生活。所谓包征，是预计本年地丁粮成数，设有一定比较额，由粮胥或书吏认额承包，征收员负短征垫缴之责。这种包征制，弊害最大。张宗昌祸鲁期间，省财政厅以金额三成作为出力人员的奖金。税捐现款先由乡镇长预先借垫，秋后再由乡镇长开会集敛，这样既可以避开民众的反抗锋芒，又可得到高利盘剥的收益。国民党省政府，一度决定对征收官吏停发奖金，以致1929年和1930年两个年度的田赋，大多未能依限解清，不久又恢复旧制。所谓官征，是政府直接设柜征收。但是小户农民种地不多，直接到县路途遥远，往往托里书或村保长代纳，或者由粮差包征间接完纳。于是粮差为虎作伥，鱼肉乡民，什么茶水钱、鞋袜费名堂很多，强迫交付。征收人员贪污中饱的手法很多。经常用的是所谓“飞”、“洒”、“诡”、“寄”等手法。有的将已收应完粮户的银额移报到豁免户下，把所收的银钱饱入私囊，这叫“飞”。有的将已收的钱粮贪污之后，而以款分摊其他各户，以补其不足，这叫“洒”。“系以一、二人之粮洒寄于数百人或数百庄，毫厘忽丝为数虽微而为害延至子孙百世，不能脱免。”[1] 在山东这种手法又叫埋差。里书得钱可替人完粮，若干年月后投死亡逃户，列入豁免，以此为买差，一般称“诡”。此外尚有带差和借差。在无差之地辟地出卖，可带与人，里书得钱可为之办理，此之谓带差。有地无银之户，感受压迫，从戚友处借差，里书得钱可为之办理，此之谓借差。上述手法，一般称“寄”。在征收过程中，房吏折算侵蚀也很严重，目不识丁的农民在完纳时先缴查户钱，查出自己的户名让房吏任意折算。卷尾浮算，肆行无忌，土地合两有卷尾，两合银有卷尾，银元合钱有卷尾一再而三，不知卷多少。设城柜征收时，当天领不到执照时，尚须住宿费用，又银子签后，还须另出签号盘川。农村乡保长，多为地主豪绅充任或操纵，他们勾结官府，向农民转嫁负担，自己很少纳税。山东各地，地主“地多赋少”、“有地无赋”，农民“地少赋多”、“有赋无地”的不合理现象，普遍存在。

抗战前山东的赋税制度，大体分为中央税收和地方税收两种。属中央政府直接征收的主要有关税、盐税和统税三种。属省地方征收

[1] 《夏津县志续编》卷四页五十。

者，除田赋外，尚有营业税、契税、牙、油、牲畜、典当、牛照、房铺等各种杂税。

关税收入占国民党政府每年总收入的第一位。1933 年，全国海关总收入 339 524 000 余元，华北为 70 009 000 余元，山东各海关关税收 23 312 370 元，占华北海关总收入的 1/3 以上。盐税收入占国民党政府每年总收入的第二位。而华北五省的盐税收入，以 1932—1933 年两年平均计算约 3 000 余万元。1932 年，山东征解的盐税为 4 565 960元。国民党政府的统税，包括棉纱、卷烟、火柴、水泥、面粉，后来又陆续增加了一些项目。1932 年，山东省征解棉纱税为 193 324 元，面粉税为 442 639 元，卷烟税为 145 103 元，熏烟税为 120 余万元。同一年度征收印花税为 1 025 549 元，矿税 45 万元。韩复榘统治山东期间，在财政税收上与蒋家王朝的矛盾很尖锐。蒋介石原答应每月给韩复榘的第三路军拨发军费 60 万元，因事实上不能兑现，韩复榘曾两次派人接管中央政府在山东的税收机关，最后迫使南京政府做出让步。如从印花税中拨一成归省，拨三成归县。

地方赋税，如前所述，田赋归地方后，逐年增加。1929 年前每年仅收 800 万元左右，1931 年后，每年都在 1 400 万元以上。1931 年裁厘之后，山东每月减少收入 50 万元。经财政部核准开办营业税弥补。规定以营业总收入额和营业资本额为标准征税。前者税率为 2‰—10‰，后者税率为 4‰—20‰，税率虽不高，但课税范围广。1931 年征收营业税 102 万元，到 1935 年即激增到 309 万余元。契税也是地方上一项重要财政收入。买置田房或典当田房所纳的契约税，一部分上缴省库，另一部分留县用。买契按价纳 6% 的税，典契按价纳 3% 的税，另在契约纸下每张收教育附捐 0.2 元。据省财政厅报告，1930 年前契税收入为 80 余万元，1931 年为 240 余万元，1932 年增至 340 余万元。1931 年 8 月韩复榘制定《山东省征牙行营业税简章》，对牙税进行了整顿。牙行按营业额大小计分 6 等纳税。全省每年牙税收入一般在 23 万元左右。牲畜屠宰营业税全省每年征收在 100 万元左右。屠宰课税，以猪、牛、羊为限，猪每头征税 0.3 元，牛每头征税 1 元，羊每头征税 0.2 元。牲畜营业税系指牲畜买卖成交

时所纳的税，骡、马、牛每头征税 1 元，驴每头征税 0.3 元，驹折半征收。山东省有菜牛出口，省政府在济南设牛照管理局，专管征收出口牛照费业务。原定菜牛 1 头收费 15 元，后因牛出口锐减，改征 10 元。据统计，1933 年全省收牛照费为 40 万元。此外还有油类营业税、典当营业税、房铺捐、车捐、斗捐等，每年收入也有 100 万元。从 1931 年度至 1935 年度，韩复榘统治时期的山东省政府每年的岁入岁出大抵在 2 300 万元至 2 400 万元上下。苛重的税捐加速了民族工商业的破产和山东农村经济的危机。而反动政府的财政支出，主要用于公安和政法费用，以及行政费用，真正的用途是为了镇压人民；用之于民的建设性支出，是微不足道的。这充分反映了半殖民地半封建的旧中国财政反人民的性质。

新旧军阀在其统治期间，连年混战，弄得民不聊生。1928 年夏，胶东有刘珍年与刘志陆的战争；1929 年，鲁南、鲁西有蒋、冯之间的战争；1930 年蒋、冯、阎中原大战，战火延烧到了鲁南、鲁中和胶东；1932 年，在胶东又有韩复榘、刘珍年之间的战争，等等。军阀混战，直接破坏生产，危害人民生计。黄西仲在《山东临淄的烟农》一文中报道说："大家都知道，山东农村经济在张宗昌时代已被摧残得够受的了；而最厉害的且是民国 18 年（应为 19 年）晋韩之战，高粱谷子十之八九都被轰炸了，剪割了，使用器具都被兵士拉没了，房子被炮弹炸得露着天；战争停止后，农民们逃回来，两手摸天，既无吃的又无用的，只是些棍子柴火在狼藉的横着；凄凉的寒风，悲惨的细雨，从屋顶上的窟窿里袭击过来。"[1] 随着军阀混战而来的是横征暴敛、苛捐杂税造成的超负荷的负担。

与军阀战争并行的是土匪骚扰。战祸连绵，破产的农民无路可走时被逼入绿林者不在少数；溃败的军阀队伍落草为匪者也时有发生。第一次国内革命战争时期山东的土匪气焰一直很嚣张。大股匪首如方堂刚、刘黑七、刘天增、景得全、郑牛子、石增福、李喜子、孙开印、王砚田、赵得胜等将近万人，以蒙山为渊薮，焚杀掳掠，无恶不

---

〔1〕 章有义编：《中国近代农业史资料》第 3 辑，第 3 页。

作。1930 年春，“山东土匪之多，较之前 3 年，增加不止 10 倍。”[1] 韩复榘统治山东时期，把清乡剿匪列为“行政计划”四项任务之一，到 1935 年左右，山东大股土匪被肃清或收编，仍有零星的小股土匪。但韩复榘清匪的手法之一，是以“以毒攻毒”，用土匪清剿土匪。他们混迹于社会，骚扰民众，所到之处鸡犬不宁。为了防御土匪的骚扰，一般富饶之家都备有枪支。1930 年 11 月，韩复榘公布了《验枪办法 10 条》，规定：凡有地 20 亩者准其备枪 1 支，50 亩者准其备枪 2 支。由于战祸连年兵匪横行，山东民间存枪不下 30 万支。

军阀混战的蹂躏，土豪劣绅的盘剥，苛捐杂税层出不穷，再加上政府对造林事业与疏浚工程的疏失和自然灾害的不断发生，使人民生活苦不堪言。1927 年，山东发生特大灾荒。据华洋义赈会山东分会的调查，全省受灾的 56 县，占全省面积 60%，灾民 20 860 120 人，占全省人口 1/2 强。旱、蝗、冰雹灾害严重，收成在 2 成以下者有 39 个县，其中接近绝产的 27 个县；收成达到 3 成的 9 个县；收成达到 4 成的 5 个县；达到 5 成的仅 1 个县。1928 年，遭受旱、蝗、风、霜、雹、水灾害的县份有 79 个，灾民 500 万人。1929 年增至 82 个县，灾民 728 万余人。1930 年 45 县，灾民 410 余万人。1931 年，仅受水灾县份达 49 县，受淹地 1 400 万亩以上。1934 年旱灾、受灾县份达 62 县，受灾田地 4 000 万亩以上。1935 年 7 月，黄河在鄄城失口，鲁西尽成泽国，灾民达 500 万至 600 万人。韩复榘自己也供称：“人民多遭没顶，漂泊洪涛，浮沉激湍，宿露餐风，呼天吁地。”[2] 1929 年至 1932 年间，山东农民饿死者 150 万人，受饿者 500 多万人。在天灾人祸威迫之下，广大灾民纷纷外出逃生。1919 年前后，山东省每年流向东北的难民 10 万人左右，到 1927 年已到 81 万人，1931 年“九·一八”事变日本侵占东北后，山东破产的农民去东北谋生的出路大受限制。当求生不得时，即“铤而走险”。

---

〔1〕 章有义编：《中国近代农业史资料》第 3 辑，第 903 页。

〔2〕《山东省政府公报》第 352 期（1935 年 9 月 15 日）。

三、帝国主义对山东的侵略和掠夺

早在19世纪末的帝国主义瓜分中国的狂潮中，地处沿海的山东，就首当其冲成了帝国主义争夺的重要目标。1897年，德帝国主义借巨野教案强占了胶州湾，迫使清政府签订了《胶澳租界条约》，把山东变成了它的势力范围。英帝国主义于1898年迫使清政府签订了《威海卫租借专条》，“租借”威海卫25年。1899年到1904年，德国修筑了胶济铁路。1899年，德国又与英国诱迫清政府与英德签订了津浦铁借款合同，以740万英镑取得该路修筑和经营管理大权，1908年始建至1911年筑成。胶济铁路与津浦铁路的筑成，大大方便了外国资本向中国的输出和对山东经济资源的掠夺。1901年德国开办了坊子煤矿，1903年又开办了淄川煤矿。1909年前后，两矿的煤产量达到40余万吨。德国还利用山东廉价的劳动力和原料，在青岛等地建立了一批工厂。德国帝国主义在山东的殖民经营活动，激化了帝国主义对山东的争夺。第一次世界大战期间，日本和美国乘机扩大对华侵略。日本帝国主义1914年11月占据青岛，1915年1月又向北洋军阀政府提出了灭亡中国的“二十一条”，最重要的条款就是规定将德国在山东的一切权益让给日本。北洋军阀政府媚外卖国的政策，大大纵容了日本帝国主义侵占山东的野心。1919年，各国在巴黎签订的《凡尔赛和约》，把德国原来强占山东的领土、铁路、矿山及其他一切特权又都划归日本。山东问题上中国外交的失败，导致“五四”爱国运动的爆发。

日本帝国主义对山东进行军事占领的同时，也扩大和加强了对山东省的经济掠夺。日本的三井、正星、日信、江商、大文等各行，先后在青岛开设了支店。经营进出口贸易的日商，派员到济南、泰安等地收买花生、棉花等，使一向由德国和中国商人经营的贸易大部分转到日商之手。日本在占领青岛的8年当中，先后建立了6个纺织厂，1922年后在青岛又陆续增加了3个厂，在青岛市仅有华新纺织公司一家属于中国，日本独占了青岛纺织工业。此外，在大战期间及

以后，日本还在青岛建立了制粉公司、火柴厂、制油厂以及铁工厂等。到1932年为止，外国在青岛投资开办的50多家工厂中，日本占48家。日本还在济南开办屠宰、皮革、肉干、骨粉等畜产品加工业以及轧花等工厂。抗战前，日本在山东的总投资额不下3.2亿日元。其中，银行交易所行业1 000万日元；贸易及商业6 000万日元；不动产投资和零星企业投资3 000万日元；各种工业投资1亿日元；胶济铁路、矿山、合办事业及对中国企业和省政府借款1.2亿日元。第一次世界大战及其以后的一段时间内，山东的民族工业曾得到一定程度的发展，但工业资本仅及日本资本的1/10，日本垄断资本操纵山东经济命脉的状况可见一斑。日本帝国主义在山东的统治，是山东民族经济发展的最主要的障碍。

四、抗日战争爆发后日本对山东加紧侵略

1937年10月，日本侵略军由平、津沿津浦铁路南下，侵入山东德州，继占平原、禹城、齐河等地。12月24日，日军分两路强渡黄河，25日侵占周村，27日侵占济南。由于韩复榘不战而逃，使渡河的日军得以沿津浦、胶济两路南侵东犯，31日侵占泰安。1938年1月4日侵占兖州、曲阜、泗水，5日侵占邹县。1月10日侵占潍县，日本海军也在同一天占领青岛。2月侵占烟台，3月侵占威海卫。不到半年时间，沿津浦铁路和胶济铁路两侧的山东大部分地区都沦于日寇之手，山东人民更陷入水深火热之中。为了镇压山东的抗日活动，日本侵略者在山东集结了相当数量的军队，最多时达8万人。到1940年年底，日本侵略军几乎侵占了山东所有的县城，控制了全部铁路和将近5 000公里的公路（1937年山东有公路6 045公里），建立了1 156个据点。到1942年，日本侵略军控制山东境内公路达6 900余公里（包括敌人新增修的）。到1943年5月，敌人据点增加到2 184个。其中，鲁南占21.9%，冀鲁边占20.8%，鲁中占19.7%，胶东占14.6%，清河占14.2%，滨海占8.9%。全省封锁沟、封锁墙共8 494里，可绕山东2周多。敌伪据点最多的冀鲁边

区，平均每 8 个村就有 1 处，山东人民遭受了空前灾难。

山东的工矿业在战火中遭受严重破坏。据国民党政府经济部调查，山东民族工业资本损失总额有 13 492 212 元。对于残存的工业，日本侵略者又进行了野蛮的军事掠夺，恣意没收和侵占，以形成日本垄断资本的独占。这种方式在华北叫“军管理”，主权操诸军队。山东受到“军管理”的有 18 个大的民族企业，如青岛的华新纺织厂、济南的成通、仁丰、成大等纺织厂先后为日军鲸吞。由于“军管理”的办法并不高明，于是日本侵略者又玩弄“中日合办”的花招，达到其“以战养战”的目的。日本军阀、政府和垄断资产阶级成立了“华北开发会社”和“华中振兴会社”。前者在华北进行普遍开发，经营中心偏重于铁、煤矿产、交通运输。“华北开发会社”规定，所属企业，中国出资 45%，日本出资 55%。1940 年，由满铁、三菱、三井等垄断公司出面，联合若干小煤区设立山东煤矿产销公司。仅 1940 年运到青岛地区的煤即达 1 548 734 吨，其中只有 30 余万吨留在青岛消费，被日本掠夺回国的达 123 万多吨。抗战前经青岛出港的煤仅 86 919 吨，1940 年煤炭输出量比 1935 年增加了 13 倍。太平洋战争爆发后，山东煤的对日输出量，1942 年比 1939 年增长了 83%，1943 年为 70%。同年，日本掠夺山东物资运往本国、朝鲜等地还有盐 142 649 吨，铁矿石 2 170 吨。

日本侵略者还利用统制贸易的手段掠夺中国的物资。在第四次和第五次“治安强化”运动开展后，日伪山东省境内的占领区中，对各种重要物资和产品，都设立了专门的统制机关，进行掠夺。例如，设有“华北石油协会济南出贩所”、“华北纤维组合济南支部”、“济南木材商组合”、“济南地方烟草批发配给组合”、“中华全国火柴联合社济南支社”、“山东盐务管理局”、“济南砂糖配给组合”、“济南地区纸商组合”等。所有这些“组合”、“会社”，都是掠夺山东资源的专门机构，完全听命和效忠于日本军部，专事物资控制、调配和分配。这些组合是日本对中国实行经济垄断侵略的直接爪牙，可以任意调剂价格，获得暴利。到 1943 年，随着山东抗日根据地的扩大，日军侵夺物资受到极大的限制，军费日显窘态。为此，日寇以暴力手

段直接掠夺中国商人。伪警察署以查暴利为名在济南逮捕了100多户商号的经理人，查出所谓“暴利”3 200余万元上解日本军部，换得日本首相东条英机颁发的“感谢状”一纸。

日本侵略者采取“中日满农业一元化”的政策，对占领区的农业进行掠夺，认为日本主要食粮应由“满洲”“中国”等近距离之处供给，故应扩充产量。在山东确定福山、昌乐、平度、昌邑、潍县、安丘、长山、益都、惠民、邹平、历城、德县、郓城、巨野、城武、汶上、曲阜、邹县、滋阳、济宁、嘉祥、滕县、金乡、峄县、泰安、肥城、东平、临沂、桓台等县为产粮重点县。日本对粮食的掠夺，主要是采取武力强征的方式。例如，鲁南郯城县沂河两岸40多个村庄，长期受日伪残酷掠夺。1944年夏季，每庄要小麦45 500斤，40个庄共出182万斤。另外是低价收购的方式。例如益都县，1942年小麦征购价格每百斤27.85元，而市价是40元，只相当于市价的一半多一点。全省收粮400万担。山东盛产花生。日伪在胶东占领区，向民众强征花生和花生油。招远县每两地丁银征350斤，全县共征花生2 500吨。据统计，1940年日本掠夺山东花生28 134吨，花生油19 839吨运往本国。山东为华北产棉区，仅渤海地区每年产棉约有2 000万斤。棉花也是日寇掠夺的重要对象。1940年，日本通过胶济铁路运送到青岛出口的棉花达22 384.6吨。这就是自1941年日本侵略者实行“治安强化”运动以来，进行所谓“总力战”在经济上的表现。1942年至1943年，日本计划在山东掠夺粮食400万吨，植物油1 500万吨，棉花100万担，烟草12万吨。在山东抗日军民的打击下，其掠夺计划未能如愿以偿。

山东沦陷区的壮丁也是日本侵略者掠夺的对象之一。山东省劳力资源丰富，农民的身体素质好，日本侵略者对山东的劳力掠夺特别猖狂。1940年年底以前，山东被劫走的壮丁约30余万人。1942年11月27日，日本内阁会议决定，实行由中国向日本“移入华工方针”。直到1944年，日本仍计划在山东掠夺劳动力40万人，大县3 000人，小县1 000人。在日本侵华战争期间，被其掳走和诱骗去日本和东北的山东壮丁不下200万人。

牲畜也是日本侵略者掠夺的重要对象。早在抗战前，日本就通过买办商人收买山东农村的耕牛，严重地破坏着农村生产力。抗日战争时期，日本侵略军更是公开地掠夺。1941 年，日本侵略军对南沂蒙县大“扫荡”，有的区耕牛损失 60% 以上。1944 年下半年，日伪还计划在山东抢耕牛 10 万头。抗战前全省有牲畜 500 万余头，经八年抗战，损失约 300 万头以上，占总数的 60%，是全国各战区牲畜损失最严重的省份。

第二节　中国共产党领导山东人民进行的英勇斗争

一、第二次国内革命战争时期中国共产党领导的农民暴动

长期以来，山东人民为了反对封建势力和帝国主义残酷的剥削压迫，进行着抗捐、抗税、抗租、抗粮、抗债、抗征和要求增加工资的自发的经济斗争。1921 年，伟大的中国共产党诞生后，山东人民的革命斗争发生了新的变化。

第一次国内革命战争时期，中国共产党在山东主要是集中领导了工人运动。1925 年开展的“五卅”反帝爱国运动，给帝国主义、尤其是日本帝国主义及其豢养的奉系军阀以沉重打击，连续数月的罢工及其他方面的斗争，搅得敌人不得安宁，对广东革命政府组织力量进行北伐革命战争的准备工作，起到了配合作用。山东“五卅”反帝爱国运动，虽然被帝国主义和军阀镇压下去，工人运动转入低潮，但却扩大了中国共产党的影响，播下了革命的火种。

第一次国内革命战争失败后，革命处于低潮。1927 年 10 月 10 日，中共山东省委遵照“八七会议”确定的土地革命和武装反抗国民党反动派的总方针，从 1927 年年底至 1928 年 5 月，在山东一些地区发动了农村武装暴动，其中影响最大的是鲁西北地区的阳谷坡里暴动和高唐红团暴动。1928 年 1 月，中共东昌县委争取阳谷县绿林武装，接受中国共产党的政治主张，和一部分农会会员举行暴动，占领了勾结地主豪绅、压迫剥削群众的坡里天主教堂。东昌县委以东临地区革命委员会的名义发布文告，揭露军阀勾结帝国主义的黑暗统治，号召贫苦大众，要一致奋起反抗，打倒军阀，打倒贪官污吏，打倒帝国主义，提出要开放民权、民选县政府的主张，并将教堂储存的粮食分给贫苦农民。暴动队伍发展到 300 人左右。东临道调集 20 余县的军警和地主民团 1 000 余人攻打教堂。各县民团人数虽多，但战斗力不强。暴动武装顽强抵抗，打退敌人数次进攻，坚守教堂 20 余天。后因张宗昌派军队协助镇压，终因寡不敌众，暴动武装被迫撤退，在转移过程中被打垮。坡里暴动虽然失败了，但它震动四方，扩大了革命的政治军事影响。同一年春，共产党员金谷兰、李春荣领导了高唐县的红枪会组织的“红团”（后改称农民自卫团），总团部下有 7 个大队，分布在 20 个村庄。中共鲁北特委决定于 5 月 4 日举行暴动。由于暴动日期泄露，高唐县警备队提前袭击了总团部，暴动的领导者被杀害，暴动流产。但红团在组织暴动的过程中进行了抗捐抗税的宣传，杀死了作恶多端的恶霸地主和盐警数名，震动全县，迫使官府半年不敢征收粮税。

在新旧军阀的反动统治下，山东共产党人的斗争是艰难曲折的。从 1928 年至 1933 年期间，仅省委机关就连续遭到十多次大破坏，大批革命同志被逮捕、被杀害。但是，他们没有被敌人的凶残所吓倒，同敌人开展了顽强不屈的斗争。从 1932 年下半年至 1933 年上半年，中共山东省委接连组织了博兴暴动、益都暴动、日照暴动、沂水暴动、苍山暴动和龙须崮暴动。其中规模最大的是博兴暴动、日照暴动和苍山暴动。1932 年 8 月，中共博兴县委组成“鲁东工农革命军第一支队”，领导群众烧地契、分地主粮会。暴动队伍发展到 700 人，300 多支枪，活动范围东到广饶，南至临淄。同年 10 月 13 日，日照县委发动日照暴动，决定建立以五莲山为中心的日（照）诸（城）莒（县）三县边区的革命根据地，成立了数百人的“中国工农红军

鲁南游击纵队”，在12天中进行大小战斗30多次。1933年7月6日，苍山县委发动了苍山暴动，成立了“中国工农红军鲁南游击总队”，占领了苍山县城及其附近的村庄，宣布成立苏维埃政府。这些暴动，由于受“左”倾盲动主义错误路线的影响，未能广泛深入发动群众，先后都失败了。但是，也都在不同程度上打击了国民党的反动统治，扩大了党的影响，锻炼和保存了一部分革命的骨干。1935年11月，胶东特委领导的胶东大暴动失败后，幸存的一部分革命骨干在于得水等带领下进入昆仑山区坚持斗争，直到抗日武装起义的崛起。

二、在民族危亡关头山东各阶层人民奋起抗日

抗日战争爆发后，韩复榘率10万大军望风而逃，济南等地相继沦陷。日本军国主义者所到之处实行残暴的奸淫、烧杀。1938年1月31日至2月4日，日本侵略军仅在侵占淄博矿区期间，就接连制造了“血洗河东村”、“火烧杨家庄”、“火烧龙口村”这三起大屠杀事件，共枪杀无辜群众459人，烧毁房屋3 100余间。面对日本军国主义的野蛮暴行，在国家危亡、民族危机的严重关头，中国共产党山东省委根据党在敌后开展游击战争的方针和抗日救国十大纲领，以及中共中央北方局提出的“每个优秀共产党员脱下长衫，到游击队去”的号召，结合山东的实际情况，制定了发动抗日武装起义和组织抗日武装的十条纲领。在中共山东省委的统一部署和各地党组织的直接领导下，举行了大小数十次抗日武装起义，抗日武装起义的烽火迅速燃遍了山东大地。

1. 冀鲁边区抗日武装起义。1937年10月初，日本侵略军沿津浦铁路线南犯、冀鲁边各县国民党政府官员相继逃跑。在鲁北特委组织推动下，在盐山的旧县镇、乐陵的黄夹镇及宁津、庆云、无棣等地，举行了抗日武装起义。各地武装于10月上旬在盐山县旧县镇集结，组成“华北民众抗日救国军”，领导人为于文彬、马振华等。他们多次袭击盐山县城的敌人，扩大了抗日救国军的政治影响，群众踊跃参加，还争取了一些土匪武装。但由于缺乏领导武装斗争和改造土匪武

装的经验，部队迅速发生分化。鲁北特委直接领导的武装只有300人。部队经过整顿后，于1938年春，先后攻打盐山、无棣、乐陵、庆云等县城，消灭大量伪军，摧毁伪政权，部队发展到1 000多人。

2. 鲁西北地区人民武装起义。1937年11月，由洪涛和堂邑县的一些共产党员在堂邑县凤凰集发动武装起义，成立了“堂邑第一游击大队”，后来又有赵健民在冠县争取的一个营的地方武装和馆陶县的一部分民团来汇合，合编为范筑先的第十支队。在此期间，中国共产党推动与帮助范筑先后收编了鲁西北地区的大批杂牌武装，编为30余个支队。在其中十几个支队中建立了中国共产党的组织，同时还在范部建立了实际上是中共鲁西北特委领导下的政训处，委派了一些共产党员担任县长，开创了鲁西北抗日的大好局面。

3. 天福山及胶东各地抗日武装起义。1937年12月24日，在胶东特委领导下，以昆仑山游击队为基础，在文登县的天福山举行武装起义，建立了“山东人民抗日救国军第三军”第一大队。1938年1月中旬，中共胶东特委在威海领导起义，扩大了100多支枪，壮大了起义部队，2月上旬，正式成立了第三军领导机关即司令部，理琪任司令员，林一山任政治部主任。部队编为第一、第二两个大队。2月12日夜，第一大队夜袭牟平城，俘伪县长以下百余人。次日，大队撤出牟平，理琪等一部分同志在城南的雷神庙被日军包围，一直战斗到黄昏，敌人被迫撤退。这期间，蓬莱县中共党组织建立了一支武装，编为第三军第三大队。这支武装两次攻克蓬莱城，并于3月25日成立了蓬莱县抗日民主政府。这期间，中共胶东党组织还在黄县、牟平、即墨等地广泛联合了当地各阶层抗日人士，发动组织武装，举行了起义，并相继将各地起义部队分别编号为山东人民抗日救国军第三军第五、七、九大队。

4. 黑铁山及鲁中地区的抗日武装起义。1937年10月底，中共山东省委派姚仲明、廖容标等到达长山县，与长山中学校长马耀南密切合作，开展抗日救亡活动。11月21日，张天民、孙学之等人领导的洪沟工人铁路游击小组袭击了张店火车站警务所，一举缴获200支枪和大批军用物资。廖容标等率领长山中学师生与矿区工委带领的游击小组100余人在黑铁山会合。300多名工人、农民、学生和教师，于11月26日在黑铁山竖起了起义的红旗，宣布成立了“山东人民抗日救国军第五军”。1938年1月8日，夜袭长山县城，消灭伪组织“维持会”武装30余人。19日在小清河伏击敌人，击沉敌汽艇一艘，毙敌12人。2月间，起义部队在周村西部白云山区三官庙与敌激战一昼夜，毙伤日伪军近百人。这些胜利大大提高了第五军的声威，鼓舞了群众的抗日热情。临淄、益都、章丘、历城等县组织的抗日武装，先后与第五军汇合，起义部队迅速发展到2 000余人，在小清河以南、胶济路北的广大地区开展抗日游击战争。这支部队后来编为八路军山东纵队第三支队，马耀南任司令员。

5. 鲁东地区抗日武装起义。1937年12月29日，在中共鲁东工委和寿光县委的领导下，张文通、马保三等带领部分党员和群众，在寿光牛头镇举行武装起义，起义部队命名为“八路军鲁东抗日游击队第八支队”，共700余人，1938年1月，这支起义部队在寿光城西之三里庄设伏，击毁敌汽车3辆，表现了积极主动打击敌人的抗战精神。1937年12月间，中共鲁东工委书记鹿省三等在潍县北部的蔡家秧子和昌邑北部的瓦城发动了抗日武装起义。起义部队命名为“八路军鲁东抗日游击队第七支队”。1938年4月2日，第七、八支队会师后，共同袭击昌邑城北的敌伪据点柳疃镇，毙伤日伪军一部。这两支部队转战鲁东地区，很快发展到近2 000人。随后，鲁东工委决定将两个支队合编为八路军鲁东游击指挥部，马保三、韩明柱任正副司令员，鹿省三任政委，大大加强了部队的战斗力。

6. 徂徕山起义。日军占领济南后沿津浦铁路继续南侵，中共山东省委即转入泰安城东南的徂徕山区。这时，泰安县委已在徂徕山南麓的山阳村、楼德一带掌握了部分武装，组建了“民众自卫团”。12月31日，日军占领泰安县城。1938年1月1日，在中共山东省委直接领导下，省委机关的干部、抗日民族先锋队队员、平津和济南来的流亡学生，泰安民众抗日自卫团成员等百余人，50余支枪，于徂徕山光华寺举行抗日武装起义，宣布成立“八路军山东抗游第四支队”，洪涛任支队司令员，黎玉任政治委员。接着，莱芜县委在莲花

山、新泰县委在观山发动组织的武装起义队伍也先后到徂徕山汇合。1月26日，抗日起义队伍在大汶口至新泰公路上的寺岭村伏击日军马车，毙伤日军4人；2月下旬，又在泰安至新泰之间的四槐树村，炸毁敌人汽车两辆，歼敌一部。从此，四支队的抗日声威大振。不久，中共党组织在临沂的兰陵和莒县的十字路建立的两支武装，也北上与四支队汇合，成为四支队的第三团。由于各地起义武装的会师与人民的踊跃参加，到1938年4月，第四支队已成为辖3个团有4 000余人的队伍。

7. 泰（山）西抗日武装起义。1937年11月，中共山东省委派张北华、远静沧等到泰安西部地区开展抗日救亡活动，取得了部分民间枪支，组织了一支民众自卫武装。泰安县城被日军占领的第二天，即在泰安城西南的夏张镇举行抗日武装起义。1938年1月中旬，起义部队与肥城县进步人士葛阳斋组织的抗日武装汇合，组成“山东西区人民抗敌自卫团”，张北华任主席，葛阳斋任副主席，远静沧任政治部主任，下辖三个大队，共200余人。自卫团遂即攻克肥城，全歼城内伪军。1月28日夜，自卫团部分精干队员奇袭界首日军，缴枪3支，毙伤日军8人。2月，中共在长清县组织的武装开到肥城，编为自卫团第四大队。3月底，起义部队在泰安以南津浦路进行破击战。4月，炸毁泰肥公路上的全部桥梁，使敌人10天不能通车。这支起义部队在对敌斗争中很快发展到3 000余人，后来编为八路军山东纵队第六支队。

8. 鲁南地区抗日武装起义。1938年3月，日军迫近滕县，鲁南形势紧张，中共苏鲁豫皖边区特委在徐州一带广泛开展抗日民族统一战线工作，决定建立抗日武装，并向第五战区争取到“苏鲁人民抗日义勇队”的合法番号。随后，分别在沛县、滕县、峄县等地领导人民举行抗日武装起义。5月1日，三县武装力量在枣庄以西的墓山汇合，正式成立了“苏鲁人民抗日义勇队第一总队”，共600余人，张光中任总队长，何一萍任政委。起义部队在临（城）枣（庄）公路上和徐州以北的津浦路上伏击敌人，直接配合了保卫徐州战役。

9. 1938年3月7日，中共掖县县委领导“掖县民众抗敌动员委

员会”成员400余人，在玉皇顶举行抗日武装起义。9日，收复掖县城后，起义部队命名为“胶东游击第三支队”。同年4月，中共益都和临朐县党组织领导的抗日武装汇合，约300人，成立了“八路军鲁东抗日游击第十支队”。5月，徐州失守后，湖西地区各县共产党组织纷纷组织抗日武装起义，6月13日正式组成“苏鲁人民抗日义勇队第二总队。”

第三节　山东抗日根据地的创立与发展概况

一、山东抗日根据地的创建

抗日战争时期的山东革命根据地，是中国共产党领导下的地方行政区。它包括津浦铁路以东的山东省大部，河北、江苏两省各一部。东濒黄海、渤海，西依津浦路与冀鲁豫区毗连，北迄天津，与冀中、冀东两区相接；南至陇海路，与华中苏北区相邻。

山东抗日根据地的创建，是山东革命历史上的壮举。它是在中共中央和山东地方党组织领导下，在八路军115师的协助下，经过广大军民的艰苦奋战，从无到有，从小到大，逐步建立发展起来的。从1938年上半年初创，到1945年抗日战争胜利，历时8年，先后经历了创建发展、受挫、再发展三个阶段，最后成为华北敌后战场上一块坚强的革命阵地。

山东抗日根据地的建立，是抗日武装斗争、群众运动和抗日民主政权三者的结合。从1938年1月至5月各地抗日武装起义，在鲁中、鲁南、清河、胶东、冀鲁边、泰西、湖西、鲁西北等地开辟了若干活动基地，作战100余次，先后袭击或攻克了十几座县城，配合了正面战场的作战，壮大了抗日力量，扩大了中国共产党的政治影响，为创建山东抗日根据地准备了条件。这个时期虽有蓬、黄、掖抗日民主政

权的建立，但人们对建立抗日民主政权的意义和作用还普遍认识不够。1938 年 5 月，根据山东省委的要求，中央派郭洪涛等干部 50 余名由延安到达山东。5 月 21 日，在泰安南上庄召开干部会议，传达了毛泽东、刘少奇同志关于“要建立民主政权，创建山东根据地，使山东成为八路军在华北的一个战略据点”的重要指示，郭洪涛作了《为创建山东抗日根据地而奋斗》报告，讨论制定了《发展和坚持山东游击战争的战略计划》，确定在山东各地创建抗日根据地。从此，山东各地积极开辟和创建了抗日根据地。

冀鲁边区。1939 年春，随着起义部队的不断发展和第 115 师主力部队进入山东，津南、鲁北两个民主专员公署和 15 个县的抗日民主政权建立起来，初步完成创建冀鲁边平原抗日根据地的战略任务。115 师部分主力转入鲁西地区后，津南地区的部队，开展平原游击战争，在津南的新海、吴桥、南皮一带开辟了新区；鲁北到 1940 年 4 月，在陵县、临邑、平原、禹城、商河、齐东地区坚持斗争的同时，向东开辟了惠民、阳信、无棣、沾化等地区。

鲁西区。1939 年 2 月，鲁西北地区的抗日武装力量粉碎了敌人的“扫荡”，创建了以冠县、馆陶和邱县为中心的平原游击根据地，成立了 6 个县的抗日民主政权。在泰西区，八路军山东纵队第六支队初步开辟了平阴、东阿山区和东平、汶上地区抗日游击根据地。经过 1940 年讨伐顽固派石友三的战役后，又开辟了范县、观城、濮阳之间的广大地区。在湖西区，苏鲁支队东进微山湖畔，接连在沛县城北歼灭伪军千余人，并争取当地伪军 3 000 余人反正，3 月又粉碎了日伪对湖西区的首次“扫荡”，创建了以丰县、沛县、单县、鱼台为中心的湖西平原抗日游击根据地。到 1940 年年底，鲁西区的运西、泰西、运东、鲁西北等 4 个地区基本连成一片，并与冀鲁豫、冀南、湖西、冀鲁边、鲁南等地打通了联系。

胶东区。1938 年 8 月，在蓬、黄、掖三县抗日民主政权基础上成立了北海专员公署。1939 年上半年，八路军山东纵队第五支队经过对伪军刘桂棠等部的多次打击，不仅保卫了蓬、黄、掖根据地，并且在平度、招远、莱阳、掖县边区开辟了新的抗日游击根据地。到

1940 年年底，胶东地区虽还有顽固派、投降派的势力存在，但八路军又开辟了西海、东海地区，并向南海地区发展。

清河区。1939 年春，八路军山东纵队第三支队在淄博山区以北，小清河以南，东至寿光、潍东，西至章丘的广大地区内开展游击战争，创建了清河平原抗日游击根据地。1940 年 2 月八路军突过小清河，插入博兴、高苑等地，在小清河北，开辟了新区。

鲁中区。1939 年 2 月，胶东 61 团进入鲁中山区与八路军山东纵队第四支队汇合后，南下开辟了临费边地区，沟通了鲁中与鲁南游击区的联系，并向东南临沂、费县地区发展。鲁东南区，1938 年年底，第 2 支队由沂水、莒县向东发展，进入诸城、日照、莒县山区后，继续向东、北发展，进入诸城胶县边区，取得了多次胜利，开辟了活动基地。

鲁南区。1939 年 10 月，115 师师部和 686 团等部进入鲁南后，拔除了费县城南的白山、上下石河等日伪据点，打垮了当地勾结日伪军的地主武装，巩固了以大炉为中心的基本区，打开了抱犊崮山区的局面。与此同时，115 师派部队进入郯城马头地区，攻克李家庄等伪军据点，11 月解放马头，并一度攻克郯城，开辟了陇海路北侧的郯马平原游击区。不久，八路军又开辟了费西地区和邹（县）滕（县）曲（阜）泗（水）边区。到 1940 年年底，开拓了鲁南抗日根据地，打通了鲁中、湖西、鲁西区的联系，为坚持鲁南抗战打下了稳固的基础。

1940 年 7 月，在中共山东分局领导下，成立了山东省临时参议会和山东省战时工作推行委员会（简称“省战工会”），是山东抗日根据地统一的行政权力机关，到 1940 年年底，山东已建立了 70 余县抗日民主政权，14 个专员公署，1 个行政主任公署。山东抗日根据地面积已达 3.6 万平方公里，人口 1200 余万人，已初具规模。八路军山东部队比 1938 年秋扩大了两倍，拥有相当的实力。

二、山东抗日根据地的自然、经济环境

山东省属暖温带季风气候，夏热多雨，冬寒晴燥，四季分明。年雨量 600—900 毫米，无霜期 180—220 天，光照时间长、适宜农作物

的生长。地质构造复杂，矿藏资源比较丰富，以金矿最为有名，而煤矿亦很丰富，为中国四大产煤区之一。山东耕地面积1.1亿多亩，90%以上的人口从事农业的经营。小麦、高粱、粟子是普遍的农作物，尤其是小麦和粟子在全国以鲁豫两者为最盛。山东小麦常年产量4 899.1万担，1933年多达5 193.4万担，居全国产量的首位。1934年小麦培植面积为5 270.1万亩，产量6 782.1万担；粟子面积1 625.7万亩，产量416.7万担；高粱1 672.4万亩，产量3 519.6万担。土质较差的山区、丘陵地带可培植玉米和地瓜。全省每年可生产粮食800万吨，供给3 800万民众吃饭是没有什么困难的。由于有着优越的自然条件和发达的农业，山东抗日根据地在日伪的封锁之下，才有可能自给自足，赖以存在下去。

近代中国资本主义机器工业的发展和帝国主义掠夺原料的需要，加速了山东农产品商品化的进程，棉花、花生和烟草等经济作物在全国也都占有重要的地位。20世纪30年代，山东省棉花种植面积在600万亩左右，1930年和1931年产量超过200万担，占全国第一位；1932年至1936年产量大致稳定在140万担左右。抗日战争期间和抗战胜利后，山东的棉花种植面积和产量只相当于抗战前的一半。山东省的气候与土壤比较适合花生的生长，1933年全省种植面积达3 798 950亩，总产量为1 059万担，常年产量约800万担，占全国第一位。1934年3月18日《大公报》载："山东的花生油出口至少亦在3 000万元以上，占全国出口的70%。"抗日战争时期，花生、棉花的产量都有所减少，但仍然是山东抗日根据地的重要出口物资，成为根据地的重要财源之一。

山东省有广袤的海域、漫长的海岸线，气候和海岸十分适宜海盐的提取，北起渤海湾、莱州湾，到山东半岛南北两岸均有盐场分布，是全国四大盐产地之一。

山东地区丰富的蕴藏，是山东人民赖以生存的物质基础，是山东革命根据地财政的源泉。革命战争年代，山东军民在中国共产党的领导下充分地利用这个有利条件，在发展革命根据地经济的基础上，不断地解决战时财政问题。

三、山东抗日根据地的地理形势与战略地位

山东抗日根据地除位于胶济路以北、昌邑以西的渤海区，系一辽阔的平原，便利于日本侵略军机械化部队活动，其余各区都是群山起伏的地形。泰山山脉蜿蜒于鲁中一带，支脉在中部有沂蒙山、鲁山、沂山、以至南部的抱犊崮，山岳耸巍盘郁而成高地。东部半岛为崂山山脉，其主峰在即墨县东南海滨，北延宋家山，尽于登川岬，由宋家山东延，起昆仑山，尽于成山头。但这些山区之间又有平原相隔，形成山地与平原交错的地形，非常便利军队的运动与隐蔽，是开展敌后游击战争的有利条件。山东抗日根据地是以沂蒙山区为坚持敌后抗战的中心，向南可以助鲁南、滨海，向北可支援渤海、胶东。山东抗日根据地内有黄河、小清河、运河、徒骇河、马颊河、沂河、沭河、汶河、潍河、胶莱河等河流，有津浦、胶济、陇海等干线，另有张（店）博（山）支线，磁（阳）济（宁）支线，临（城）赵（墩）支线等铁路，公路全区总长约 1.3 万公里。这些河流、铁路和公路，在抗日战争初期和中期大都被日本侵略者利用来对抗日根据地实行分割封锁。

山东地处华北敌后战场的东南端，成为华北和华中两大敌后战场联系的枢纽。它战略上不仅能够配合华北邻区作战，更可以直接配合华中新四军行动。从另一个角度看，山东的泰山、与晋察冀的五台山、晋冀豫的太行山相互呼应，形成鼎足之势，使坚持冀鲁豫大平原抗战的军民，在东西两面都能得到有力的支援与依托。抗日战争时期，山东抗日根据地牵制了大量的日伪军队，八路军山东部队对敌作战 2.6 万多次，毙、伤、俘日伪军 51.3 万余人，有力地配合了兄弟地区和其他战场的作战，为夺取抗日战争的胜利做出了巨大的贡献。

四、山东抗日根据地的发展

1941 年和 1942 年，是抗日战争最艰苦最困难的阶段。日本侵略军对山东抗日根据地频繁“扫荡”，实行残酷的“三光”政策。国民党顽固派的反共投降活动也更加猖狂。敌伪顽反动势力的联合进攻，造成了山东抗日根据地的暂时缩小，使其发展受到严重挫折。1941年以后，山东抗日根据地各区都遭到不同程度的“蚕食”。1941年底，鲁南区根据地较1940年缩小一半；1942年年底，抱犊崮东南的基本区仅剩下10余村庄，形成“南北10余里，东西一线连”的局面。1942年年底，洼河根据地几乎都成了游击区。在对敌斗争最紧张的1942年，山东抗日根据地划出鲁西区归冀鲁豫区以后，人口为730万人，比1940年减少2/3；面积为2.5万平方公里，比1940年减少近1/3。整个山东抗日根据地，除滨海、鲁中、胶东尚有较大的基本区外，其他各区大都被分割成小块分散的根据地或游击区，与敌伪顽形成犬牙交错的局面。

从1943年起，山东军民在中共山东分局的领导下，正确贯彻党的方针、政策，粉碎了敌人的“扫荡”，山东抗日根据地的形势有了很大的好转。清河区恢复了小清河以南地区，摧毁了敌人利（津）博（兴）边封锁线，打通了与冀鲁边的联系，经中共中央北方局批准，于1944年1月将冀鲁边与清河区合并为渤海区，成为全省五大战略区之一。鲁中和滨海区有了相当大的发展，八路军控制了沂鲁山区和诸、日、莒山区等战略要地的大部。李仙洲部入鲁反共失败后，国民党在山东的军队由1942年年底的9万人下降到6万人，对顽斗争也取得初步优势，开始扭转了日伪顽军对抗日根据地夹击的不利局面，为1944年春季开始的局部反攻打下良好的基础。

八路军山东部队自1944年春季开始局部反攻，至1945年夏季，共歼灭日伪军和顽军12万人，先后解放了沂水、利津、文登、荣成、莒县、蒙阴、泗水、郯城、沾化、费县等18座县城。解放区面积，由1944年年初占津浦路以东地区的35%扩大到80%以上，使胶济路以南三个战略区完全连成一片，胶济路以北的两大战略区也扩大了联系，进一步巩固和扩大山东解放区。八路军驻山东部队也由1944年年初的9万人发展到23万人，占八路军、新四军总数的1/4强。山东民兵发展到40余万人，占全国民兵总数的1/5。

从1945年8月起，八路军山东部队27万人遵照毛泽东和中央军委的命令，分为5个前线部队向敌人展开大反攻。鲁中、滨海、胶东、渤海、鲁南5个军区的前线部队相互配合作战，取得重大胜利。从大反攻开始，到抗日战争结束，解放县城46座和烟台、威海两市，收复港口6处、火车站35处，歼灭日伪军6万余人，津浦路以东，陇海路以北地区，除铁路沿线以外，已全部获得解放。与此同时，山东省战时行政委员会改为山东省政府，下辖胶东、渤海、鲁中、滨海、鲁南5个行政主任公署，22个专员公署，127个县。经过八年艰苦抗战，山东抗日根据地已发展成为拥有2400万人口，控制着12.5万平方公里土地的山东解放区。

上篇

抗日战争时期山东革命根据地的财政

（1937年年底—1945年8月）

第一章
抗日根据地财政工作的初创时期

（1937 年年底—1940 年 7 月）

第一节　抗日民主政权建立前部队经费的筹措

一、抗日武装部队从走到哪里吃到哪里到要求指定地点筹集粮款

1938 年 1 月至 5 月，中共山东省委领导的各地抗日起义武装，在鲁中、鲁南、清河、冀鲁边、胶东、泰西、湖西、鲁西北等地开辟了若干活动基地，作战百余次，先后袭击或攻克过长山、盐山、庆云、乐陵、无棣、肥城、莱芜、淄川、博山、蓬莱、黄县、掖县、牟平、福山等十几座县城，有力地配合了津浦前线正面战场的作战。由于中国共产党领导的抗日武装力量不断打击敌人，政治影响日益扩大，起义的武装得到迅速发展，到 1938 年夏季，已经发展到 4 万余人。抗日武装力量遇到的首要问题，就是解决部队的吃、穿、用问题。为了坚持长期的敌后抗日游击战争，必须妥善解决部队的供应问题，这是第二次国内革命战争时期南方红军战争中已经解决了的问

题，然而，在山东却是面临着的新问题。不解决部队的吃饭、穿衣和花钱等问题，抗日武装力量就无法存在和发展。原八路军山东抗日游击第四支队的经理部长马馥塘在回顾1938年1月徂徕山抗日武装起义后的供应情况时说：“部队集合以后要吃饭、穿衣、花钱，第一天我就忙着做饭，当时省委存着20元钱，我有20元钱，共40元钱。头几天就买着吃，以后下山就靠群众供给。”随着抗战局势的变化，战争的残酷性与持久性日益明显。1938年1月15日，中共中央给山东省委的指示信中强调指出：“最重要的，应当估计山东游击战争是比较长期性的，因此，必须准备长期艰苦斗争。”“在山东被占后，省委的工作将进到一个较困难的时期，应当抱定在山东坚持长期的艰苦斗争，即使在与中央的关系断绝后，也应根据抗日民族统一战线的方针，独立地进行工作，依靠中国正规军队恢复山东不是短期内的事。因此省委应当在保存力量、积蓄力量的原则下，发展群众运动和游击战争、坚持在山东与日寇作斗争。”〔1〕 面对战争的持久性，保障抗日武装部队的供给，绝不是权宜之计，必须有长久的打算，战时财政问题自然而然地提到相当重要的地位，中共山东省委对此十分重视。1938年5月下旬，中央决定将山东省委扩大为苏鲁豫皖边区省委。下半年，边区省委就建立了财委会，领导全省军队和地方的财政工作。同年10月，财委会在沂水县举办了财政训练班。参加学习的20多人，都是各地保送的，具有初中文化水平，也有少数是已担任过财政工作有实际经验的同志。训练班学习时间只有一个月，学习最基本的财会知识和财政政策。各地区的党委领导对财政工作也很重视。中共清河特委在研究部队财政工作建设时提出：“首先要抓好会计人员训练，因为有了懂得会计的人才，才能为建立和健全财务制度创造必要的条件。”〔2〕 1938年年底，清河地区经过积极筹备，从各团体和有关单位抽调了近20名学员，也办起了地区的财政训练班。学员在短期学习中，领会了《抗日救国十大纲领》中提出的“有钱

〔1〕《山东革命历史档案资料选编》第4辑，第18—19页。
〔2〕李继祥：《回忆抗日战争和解放战争期间山东的财政工作和商业工作》。

出钱和没收汉奸财产作为抗日经费为原则”的财政政策的实质，并具备了初步的财会知识和技能。学员回到各地，就积极地投入了战时财政工作，许多人成了战时财政工作的骨干。

但是，在此期间，抗日根据地尚未正式建立，在斗争中发展起来的抗日武装也从来没有得到国民党政府的什么军饷。因此，抗日武装部队没有正常的供给来源，只好走到哪里吃到哪里。部队中也没有炊事员，每顿饭都是根据需要数量由村长、保长向各户派收熟食，窝窝头、饼子、煎饼，样样都有。一般都是高粱面做的，小米做的就是好的。在开饭时，由连队司务长好坏搭配分给各班。因此，抗日武装部队在征用粮款时要同当时的各种政权打交道。一种是国民党原有的旧政权，如区、乡公所，需要什么东西，找他们的区、乡长。这些人是谁的武装来，就应付谁。抗日武装部队就利用这一点，解决部队的供给问题。另一种是抗日力量派人参加政权，使原来的政权更好地为抗日武装部队办事。这样，有两面负担或多面负担的政权，难免负担过重。在这种情况下，中国共产党领导的抗日部队注意发扬红军艰苦奋斗的革命传统，关心群众的疾苦。廖容标率领的八路军第三支队活动在益都、博山边境时，这里的群众很贫困，群众供给有糠的酸煎饼已觉很吃力。当时有人建议筹集白面食为部队改善生活，干部和战士坚决表示同群众同甘共苦，谢绝了吃面食的建议。群众很受感动，称廖容标同志为“廖菩萨”，称这支部队为廖菩萨的部队。1940 年夏，苏鲁支队开辟邹、滕、曲、泗边抗日根据地时，条件也极为困难。这里本来是地瘠民贫的山区，又遇到大灾歉收，加上日、伪、顽连续扫荡、抢掠、焚烧、破坏，造成严重饥荒。苏鲁支队不向当地群众筹募粮款，尽量减轻群众的负担。没有粮食吃，开始吃山上的红枣子，枣皮不易消化，不少人患肠胃病，许多人还流鼻血。后来又用柿子皮和梗子磨碎，与野菜、豆饼、花生饼、地瓜叶、杨柳叶掺在一起吃。地瓜干成了珍贵食品，只能给伤员当保健饭。由于敌人封锁，布匹和一切用品都进不来，干部战士将麻纺成粗布，用槐叶水染黄，做成衣服，用葫芦壳作纽扣。部队在那种艰苦环境下，也没有向群众强索给养。“一切是关心民众的痛苦，地瓜小米是八路军经常的给养，并不

像某些部队只要上等面粉，只要油饼，带焦花的还要罚……等等情况的发生。即使在最初有些支队还没有打出八路军旗子的时候，老百姓就呼为‘八路军’、‘学生军’，‘八路军讲公道’、‘八路军有纪律’，人人敢亲近，个个要参加。”[1] 八路军山东纵队就是在这种与群众的同甘共苦中发展壮大起来的。与此相对照，是国民党游击队的横征暴敛。他们总认为群众地里有吃不完的麦子，一开条便是几百斤几千斤的白面限期送到。没有油饼或伺候不到就打骂群众。老百姓痛恨地说：“不怕天上飞机来下蛋（炸弹），就怕地上游鸡（击）要白面。”在顽固派头子秦启荣地区内流行一首歌谣：“油饼队，吃饱睡，鬼子来了往后退，鬼子走了收粮要税，秦启荣、蔡晋康，不是好玩艺。”尤其恶毒的是他们造谣破坏，向八路军脸上抹黑。他们“伪装共产党，伪装八路军捐款、要粮、杀人、越货，进攻友军，捕捉群众。”“以便向蒋委员长告状，驱逐八路出鲁！”[2] 国民党在山东的土顽部队抗战不足，从事破坏有余。对上述罪恶行径，中国共产党不断向群众揭露。在这种情况下，中共中央山东分局[3]决定：“我军粮款政府不能发给时，仍需自筹粮款，与沈交涉（凡八路番号不能取消）”![4] 为了减少摩擦，山东抗日军民以八路军的名义向国民党各级地方政府交涉，要求划分供应地区或采取批条子指定地区筹粮的办法。1938 年 10 月武汉失守以前，大部分地方旧政权还未阻挠抗日运动，要求地方政权指定地区筹集粮款，大体上尚能行得通。但是，山东的国共合作问题始终未具体解决好。国民党山东省政府不仅不发给八路军粮款，甚至三番五次地密令各级政府、各地官民，如有“供给八路军粮食者，依资敌论罪。”[5] 更有甚者，顽固派在“宁亡于日，不亡于共”的反动口号下，大搞反共军事摩擦，使抗日武装遭到不应有的损失。仅就 1939 年 6 月至 11 月的不完全统计，顽固派

---

〔1〕《山东革命历史档案资料选编》第 4 辑，第 203 页。

〔2〕《山东革命历史档案资料选编》第 4 辑，第 146 页。

〔3〕1938 年 12 月，中共中央决定苏鲁豫皖边区省委改为中共中央山东分局。

〔4〕《山东革命历史档案资料选编》第 4 辑，第 52 页。

〔5〕《山东革命历史档案资料选编》第 4 辑，第 145 页。

就发动大小军事进攻和摩擦90次，杀害350人，扣押812人，缴去枪支2 057支，子弹19 000粒，掳去骡马47匹、资财24 400元、粮食150 000斤、被服463套，罚款（只沂蒙两地）7 000元，烧房（只寿光一村）100户。在上述情况下，要求国民党山东省政府明确划分八路军与国民党军队筹集粮款的地区，是难以实现的。特别是抗日战争进入相持阶段以后，日本帝国主义对国民党采取以政治诱降为主，军事进攻为辅的政策，山东顽固派的倒退活动日趋严重。要想解决抗日武装的给养问题，就必须走独立自主、自力更生的道路。

二、建立募集队，分散到各地进行募捐

随着抗日武装力量的扩大和机关人员逐渐增多，部队走到哪里吃到哪里，自筹自用的供给办法已不适应。这种办法往往造成常驻部队和机关的地方负担过重。如莒南界首、相底乡，沭水县的板泉、兴云二区的负担特重。板泉区，1939年4个月就筹粮100余万斤，超过应负担数目的1—2倍。村与村、区与区、县与县之间负担不平衡的问题日渐突出。为了解决这个问题，省委财委会提出实行“平衡负担”的办法。当时为“平衡负担”采取了三项具体措施：一是在我占区内根据部队机关人数实行划区供应，部队转移到哪里就临时划定地区，不许越界；二是部队机关吃粮一律按标准发给盖有公章的收据，以便事后收集起来统一核算，多吃多用一律扣还；三是派人到边沿区甚至敌占区，动员群众送粮到中心区，以减轻中心区的负担。这是当时的一项重要政策，由于这一政策的实施，不但解除了区与区之间、村村之间的负担畸轻畸重现象，同时也严格了制度，减轻了群众负担。这对克服混乱现象，积蓄力量，支持抗战起了很大的作用。为了“平衡负担”而采取的一项重要措施，就是建立募集队分散到各地进行募捐。募捐的主要对象是大地主和有钱的商人，不搞平摊。有的地区规定：地主富农多拿，受苦农民少拿。每百斤募集的粮食中，地主富农占62.5斤，贫苦农占37.5斤，尽量做到地多地少不一样，地好地坏不一样。

募捐工作是建立在群众自觉的基础上，要做好工作，首先要提高募捐对象的认识。1939 年 5 月 27 日《大众日报》在题为“募捐”的散文中，生动地描绘了鲁迅艺术学校募捐鞋子的情景。作者写道：“一大群庄户人，大娘、大爷、年轻的妇女，和一群顽皮的孩子们都拥挤在他们的低屋的门前。庄长运用着沉重的严肃的话声告诉大家，‘兄弟们爷们，八路军是咱们老百姓的队伍，他们天天打鬼子，但是，你们看他们连鞋子穿也没有，咱们得帮助他们……’”“人流又汇集一起。有的手内拿着一双的，有的抱着两双的，还有的小孩子也拿着鞋，跟在大娘屁股后跑过来。鞋，便像干鱼一样堆成一大堆。老大娘说：‘兄弟们别嫌坏，没有很新的鞋，好在都是自己人！’在他们的面庞上闪出诚恳的微笑。我们抱起鞋子在归途的时候，感到这些鞋子中，发出阵阵的温暖与热力。”

为了“平衡负担”，抗日武装部队还要远到敌占区去募捐。例如，1938 年年底，八路军山东纵队第四支队已发展到 3 个团 2 000 多人，服装特别紧张。当时部队驻在沂水县王庄募捐一直募集到莒县的大店。部队派人深夜到敌占区找到商会会长，向他讲明八路军团结抗日的政策，晓以大义，限期让他们把 1 000 匹布送到指定地点。他亦能照办不误。

在商业比较发达的胶东地区实行了募集救国捐的办法。1938 年抗日民主政权未建立之前，由军事机关收荣户捐，方法是依靠了解的情况而酌收。抗日民主政权建立后，北海专署决定征收商业救国捐，并召集聘请地方士绅名流成立各界经济委员会，开始调查富户财产，印发了财产表分发各县执行。征收的比率是，1 万元起，征收 1%，每增 1 万元，增收 3%，增至 30% 为止。由于调查缺乏根据，统计难以准确，加上说服动员工作做得不够，一般有钱的富户或请求核实，或观望等待，历时 3 月余，成绩不佳。到 1938 年年底，军事吃紧，需款很急，遂把征收救国捐变为突击工作，由各军民机关团体派人分赴各县成立经济突击队分头进行。这次总计三县募捐约 150 万元。因逢年关，时间紧，任务重，事先动员工作不够，工作方式欠佳，致使部分民众产生怨言。1939 年县城失守后，各种税收停顿，救国捐成

为唯一的财政收入，上半年约占总收入的80%以上。可是工作方式未转变，致使一些富户士绅逃避海外或迁移城内。1939年5月13日，中共中央向北方局、山东分局发出《关于胶东工作的指示》，其中就筹款问题指出："向汉奸筹款应有适当的政策，向商店富户筹款，亦应有一定限度和次数，不能随时大筹，引起他们反对我们。"[1] 同年10月，山东分局负责同志去胶东检查工作时，也特别强调提出筹款应注意方式方法，募捐应变成群众运动，保证敌占区人民权利，争取敌占区人民的支持。蓬、黄、掖联合办事处成立时，对募捐问题，曾详细讨论，决定征收救国捐交各县动委会执行，并以县长名义写信或请地方士绅共同办理。调查研究和说服动员工作均有改进。到1941年2月，胶东行政联合办事处明令取消救国捐。募捐工作在其他地区亦有所开展，但所取得的成绩不如胶东突出。

中国共产党和八路军坚持敌后抗日游击战争的壮举，深得山东各界民众的拥护，因而得到广大民众自动的捐款捐物始终不断。从1939年2月至5月，《大众日报》曾刊载过大量的"捐献名单"，"鸣谢启事"和"纵队感谢"的消息和报道。例如，1939年2月19日，《大众日报》刊载"第八路军山东纵队指挥部鸣谢启事"："废年承蒙各界团体热心捐募送来诸多物品，纷纷慰劳，充分表示沂水同胞们，对于我们前线战士的深切关怀与救国热情，尤其四区妇女救国会的女同胞，数十里外赴几重山，满腔热忱的前来慰劳，使我们感到非常激奋。本部仅代表山东全体战士向诸位致亲爱的革命敬礼！并将各方送来的慰劳物品公诸报端以伸谢悃。"又如，1939年4月1日，《大众日报》刊载"鸣谢启事"："兹蒙范明枢先生捐助国币200元，特此鸣谢！八路军山东纵队抚恤委员会启"。再如，1939年5月9日《大众日报》刊载"鸣谢"："今收到刘醒吾先生所捐之物件列下，特此鸣谢。汽油机一部，轴瓦5个，元轴1根，2尺皮带轮1个，1尺皮带轮1个，3寸方铁1根，滑机油1桶，电嘴4个，皮带2根，铁板1块。八路军山东纵队指挥部启"。诸如此类事例，不胜枚举。这

[1] 《山东革命历史档案资料选编》第4辑，第69页。

部分捐献反映了山东各阶层人民的爱国抗日热情，也显示了中国共产党的抗日民族统一战线政策具有巨大的威力和坚实的基础。

群众积极为抗日部队捐献的物品是很可观的。仅据 1940 年夏秋之际 3 个月的不完全统计，全省募捐鞋 72 433 双，袜 25 960 双，毛巾 7 051 条，背包 6 280 个，棉被 450 床，棉花 500 斤，子弹袋 2 270 条，口罩 5 000 个，衬衣裤 410 件，枪套 85 个，牙粉 211 包，枕头 17 个（给受伤战士做的），肥皂 212 条，耳套 12 000 副（仅是清河区的），凯旋帽 400 顶。吃的东西有鸡蛋 173 770 个，肉 700 斤，羊 7 只，点心 170 盒。此外，还有大米、白面、鱼、纸烟等，难以统计。募捐慰劳军队的钱达 30 多万元（这一数字不是 3 个月的）。妇救会不仅积极参加募捐活动，并且为军队缝衣服。仅 1939 年冬季，各地妇救会员就为军队缝制了 104 914 件棉衣。募集队募捐与群众募捐相结合，成为抗日战争初期中国共产党领导的山东抗日武装部队供应的主要来源。1938 年，胶东地区捐款占财政收入的 71%，1939 年占 66%。1940 年逐渐停止了募捐。这一年，胶东、清河、滨海 3 个地区的募捐仍占财政收入的 32%。

三、“打资敌”和在对敌作战中缴获各种战备物资武装自己

日本帝国主义为了达到“以战养战”的目的，不断对山东抗日根据地进行侵犯与掠夺，并用滥发伪币的方式攫取现金、金银原料和粮食，抗日根据地的物资则日感短缺。针对这种情况，抗日武装力量开展了“反资敌”和“打资敌”的斗争。所谓“打资敌”，主要是打击和没收向敌占区贩运禁运物资，并用来补充抗日部队的供给。例如 1940 年春，鲁苏边区粮食出境资敌现象甚严重，郯城自卫队在 2 月 21 日夜间放哨时，一次就查获偷运 40 石小米资敌，当即予以没收。对那些民愤极大的外逃汉奸的财产加以没收，土地分给农民，钱财大都充为军用。抗日武装部队还经常深入敌占区向奸商筹款。例如 1938 年，八路军山东纵队第四支队，随着部队发展，出现了人多枪少和穿衣困难等问题急待解决。该部第 12 中队，查明金岭镇有个叫

丁珍亭的资本家，开着钱庄、皮行、药店等，有枪有钱，并与敌伪顽势力勾结。他们就选派了20多名武装人员，化妆进入金岭镇大街。先是用武力胁迫丁到卫固镇的庙寺大院，然后晓以抗战救国大义，要他资助抗日经费。最后丁珍亭捐出长短枪10支，大洋500元，用这些钱，部队换了新服装。“打资敌”工作对胶东地区的帮助较大。1938年3月，掖县建立了抗日民主政权，成立了财经委员会，除一般税收外，通过没收汉奸财产，打击奸商贩毒走私，对地主富农、巨商征收爱国捐等，每月的总收入达20万元左右，保证了部队的供给。但是，在全省普遍建立抗日民主政权之前，财政政策极不统一，有些政策界限也欠明确。如莒南县，除了募捐外，还辅之以抓赌罚款罚布作为财政收入的来源。八路军山东抗日部队所需要的武器弹药，有相当一部分是在战场上从敌伪手中缴获来的。根据1938年1月至1940年4月的不完全统计，山东抗日武装部队进行大小战斗共2 061次，两年来共伤毙敌伪军41 621名。在这些战斗中，缴获大量的战利品。详见表1－1：[1]

表1－1　第八路军山东纵队抗战二年来缴获战备物资统计表

名称	数量	名称	数量
重机枪	3挺	大枪弹	194 386发
轻机枪	36挺	短枪弹	1 709发
迫击炮	7门	掷弹筒弹	20发
掷弹筒	5个	机枪弹	30 000发
步马枪	4 115支	炮弹	221发
短枪	2 051支	手榴弹	595发又1箱
无线电台	8	钢盔	125顶
小电台	9	电话机	25个
汽车	26辆	防毒面具	9个

〔1〕《山东革命历史档案资料选编》第4辑，第264—267页。

续表

名称	数量	名称	数量
战马	267 匹	呢大衣	97 件
自行车	189 辆	军衣	625 件
望远镜	7 架	军毯	25 床
指挥刀	8 把	电线	7 980 斤
铅印机	12 架	刺刀	69 把
子弹壳	100 500 个	大刀	117 把

说明：上述统计资料不包括八路军 115 师在山东作战中所缴获的战利品。

抗战初期，我们没有兵工厂，各地民兵所用的武器也是想方设法从敌人手中夺取，并且有效地配合了主力部队。1939 年秋，郓城县民兵大队在夜间 11 点钟插入日军盘踞的郓城南关关帝庙，把站岗的日本兵活活勒死，缴获敌人 3 个掷弹筒、6 挺歪把子机枪，30 支“三八”大盖枪。队伍回到红船集，民兵们摸着缴获的武器，高兴地唱道：“好！好！好！妙！妙！妙！我们用枪敌人造。鬼子发枪我们领，领了不用打收条！”1940 年春，冀鲁边陵县大常村民兵接受了县武工队交给的搞一部分子弹的任务后，就借着大雾弥漫的凌晨，巧妙地进攻敌人据点，打开弹药库，缴获 2 万发子弹。淄博、枣庄、新汶煤矿的工人，在中共党的地下组织领导下，冒着生命危险，窃取敌人的雷管、炸药、引信、钢轨等战略物资，支援抗日部队。1940 年前后，淄博各矿两个月左右，就搞到炸药 600 斤，雷管 200 多个，导火线 150 米，运往根据地，受到鲁中区党委的通报表扬。著名的铁道游击队，以微山湖为依托，活跃在津浦铁路线上，创造了许多动人的战斗业绩。1940 年 7 月，鲁南军区成立时，部队活动经费缺乏，生活极端困难，要求铁道游击队搞一部分资金。铁道游击队获悉有向济南送钱的专车，就拟定了打票车的战斗计划。这次战斗打得十分漂亮，消灭日伪军 20 余名，缴获短枪 8 支，长枪 12 支，手炮 1 门，轻机枪一挺，现金 8 万元，解决了部队的燃眉之急。

第二节 整顿和建立财政制度，开始实行统筹统支

一、财政经济工作方针逐步明确与财政制度的初步建立

抗战初期，山东的战时财政工作，是在中共中央《抗日救国十大纲领》中提出的“有钱出钱和没收汉奸财产作抗日经费为原则”指导下摸索前进，财政经济工作方针是逐步明确起来的。

1938 年 9 月 26 日，苏鲁豫皖边区省委书记郭洪涛在边区县委书记联席会上的报告中指出：“财政方面：没收日寇、汉奸财产，实行有钱出钱、有粮出粮的既定国策，实行统一的累进税，采取动员的方式，向群众进行动员，这些都是开源的基本政策。适当保存军粮，实行预决算制度，军费提到最高度，可能取消薪饷制度，实行平等生活，这些都是节流而且使财政使用适当的最基本的办法。要办到上述的财政方针，我提议必须统一收入统一支出，建立统一的财政制度。”[1] 这是中国共产党山东党的领导机构对财政工作提出的最早的指导性的方针。

1939 年 3 月 11 日，山东分局在《关于当前各项工作情况的报告》中，对财政经济工作提出了 8 项纲领性的意见，即建立自给自足及集中的财政经济；开发及整理胶东财政工作；开办商业与合作事业；实行征收田赋与入口税；整理银行，推广纸币发行；建立统支统一的供给制度；厉行节约，开展反贪污腐化、反浪费运动；整理军需工业，扩大机、步枪与弹药的制造。山东抗日根据地财经工作的任务逐步明确化。

---

〔1〕《山东革命历史档案资料选编》第 4 辑，第 36 页。

1939年春，国民党摩擦专家秦启荣破坏抗战，制造了骇人听闻的“太和惨案”。在各地摩擦事件不断发生的形势下，同年5月19日，中共中央发出《关于山东工作方针》的指示，指出：“山东今后摩擦会更多，……不要设想让步可以解决问题。在我各支队活动区域问题上，应尽力争取有利地区，决不放弃已得地区。在政权问题上，应认识如无政权决不能发展巩固与建立根据地，因此，已得的政权决不应放弃并还应努力争取新的县区政权。在财政经济问题上，已得的财源决不应放弃，公开说明八路军及游击队打仗不能不吃饭。”还指出“对付顽固分子无理举动，以态度强硬为原则。”[1] 党中央的指示指明了山东根据地的发展方向。山东分局根据党中央的指示，于5月24日做出《关于山东工作方针原则的决定》，提出改正过去忽视建立根据地的错误，加强抗日根据地的建设，加紧建立专署、县、区抗日民主政权。抗战斗争的实践已经表明，没有抗日民主政权，抗日武装的供给，就难以得到保障，根据地也无法巩固。1939年6月，日军两万余人侵入鲁中地区，企图围歼中共中央山东分局和八路军山东纵队领导机关。在这次敌人“扫荡”中，驻鲁中地区的国民党沈鸿烈部一触即溃，纷纷逃散，国民党的县区政权大部分垮台。山东分局抓住这一有利时机，发出恢复县、区、乡政权的指示，在反“扫荡”斗争取得胜利的基础上，不仅恢复原有的抗日政权，还在鲁中地区相继建立了淄川、博山、邹平、泰安、莱芜、新泰、蒙阴、东平、宁阳、莒县、和曲泗宁等县级政权。1938年8月9日，为了统一领导山东党政军民工作，经中共北方局批准，成立了山东军政委员会。这就为建立山东的统一财政制度创造了前提条件。

1939年8月21日，为统一山东财政制度，保证供给，山东分局向中共中央及北方局写了《关于实行统一累进税的请示报告》。报告具体阐述了实行统一累进税的基本原则：“（一）是适合于抗战的原则。因此，就必须保证战费的供给，做到财政上的收支平衡，应量出计入，征收累进税的数额，相等于战费的数额，税少则不敷支出，税

[1] 《山东革命历史档案资料选编》第4辑，第70—71页。

多则加重群众的负担。（二）是适合统一战线的原则。因此，就必须按照各阶级的财产力量而规定税率，而适合于钱多多出、钱少少出的原则。（三）是适合于发展新民主主义经济。因此，必须防止、削弱地主阶级发展与大资本垄断国民生计，保护小生产经济、国有企业。”报告对累进税率规定：“中农贫农不超过所得的5%，富农不超过10%，小地主20%，中地主30%，大地主35%。”[1] 另外，还参考晋察冀边区的《统一累进税法规草案》，拟订了山东的累进税章程草案。虽然由于各方面的条件不成熟，累进税章程在山东没有付诸实施，但累进税制的原则适合于抗战，适合于统一战线，适合于发展新民主主义经济，得到各阶层大多数人的拥护。

战时财政工作本身的任务，既要保证本地区的抗战费用，又要供给上级调剂其他根据地。但在抗战初期自筹经费阶段，没有统一的制度，强迫摊派，自收自用，各自为政的现象严重存在。有的收了不交，有的支了不报。针对这种情况，必须加强党的集中领导，克服分散主义，本位主义。为此，1938 年下半年建立省委财委会，以后为山东分局财委会。财委会是党的机构，分局书记兼任财委书记，用党的纪律保证财政方针的实施。山东分局财委会作为财政设计机关，既是党的决策机构，也是具体办事机构，以分局财委会的名义可以收，也可以付。具体收款和付款工作由金库负责。很明显，这时的财政制度还很不完善。

1940 年 2 月 29 日，中共山东分局在《关于对各种工作的指示》中强调指出，在财政经济建设方面，过去的缺点是收支不统一，浪费；未利用有利地方（如政权与军队）大胆抓紧开发建设与整理；制度未建立健全。今后决定：（一）扩大分局财委会，以一纵供给部兼财政部为最高设计及执行机关。山东及苏鲁边各区财委会、财政机关，必须立即向分局财委会及财政部建立关系。（二）整理北海银行，筹办鲁西、鲁北、清河三银行，扩大及整理泰莱区流通券，发行曲、泗、宁自治区流通券。上述银行及流通券一切业务，收支管理统

[1] 《山东革命历史档案资料选编》第 4 辑，第 22 页。

归分局财委会及财政部。（三）建立各级金库，统一由山东财政部管理，绝对建立预决算统一筹支及统一收入与支出的管理。一切收入归金库，一切支收有预算，一切出纳经批准。（四）从党内、部队内、从党所领导的一切工作、部队开展深入广泛的节约及反浪费、贪污的斗争，但必须给予模范的领导。（五）有计划开源，如经营商业、举办合作社、挖矿（尤在鲁南、胶东）、整理及开征田赋及收入口税、实行累进税制。（六）各区委自办财经训练班，培养干部。[1] 由此，山东分局对山东抗日根据地的财经工作做出了更明确的规定和部署。1940 年 3 月，山东分局成立了财政经济委员会，黎玉任财委主任，艾楚南任副主任，初步建立了统一的财政制度；实行统筹统支，建立征收公款、田赋税收制度。山东地区地委以上的各级党委也都建立了相应的财委机构与制度。

在这一阶段，各地财政制度的建立仍然是初步的。以财政制度建立最早的胶东地区为例。1938 年 10 月，胶东地区即建立了统一收支制度，所有军政民机关团体的收支，概向金库缴领，并建立了会计制度。1939 年 3 月建立了供给制度、金库制度及预算制度，8 月又重新规定了供给标准。1940 年 2 月，颁布了会计制度简则，重新规定了会计科目，修正了金库、预决算及会计制度，规定了收支预决算审核程序与编造程序，以及款项的收支手续，规定了税目与税则。但各级各地对制度执行的程度差别很大，且经历了一个不断完善的过程。例如，1938 年只是特定的或较显明的收支才能上交政府，乱筹乱用的现象还很严重。1939 年，县级以上都能较严格的向金库解款，紊乱现象减轻。但民众动员委员会罚款自留自用，村区级及游击队乱筹乱用的情况仍比较严重。1940 年区级紊乱现象较少，其他部门改正仍旧不够。会计制度虽逐步完善，但强迫支款、乱行借支的事情仍时有发生。这些情况，在抗日民主政权建立稍晚的滨海地区就更为严重，财政制度不健全，工作紊乱，从而造成财政开支的浪费，增加了人民的负担。1940 年年初在沂南县开始征税时，各税务所征收的税款，

〔1〕《山东革命历史档案资料选编》第 4 辑，第 165 页。

本应先解县征收处，然后由征收处集中解交金库，但当时征收处没有会计，只好由各税务所直接交县金库，由金库扯给三联收款书，其中一联金库查存，一联给税务所收据，一联由金库转财政科总会计凭此记账。征收处需要了解征收数时，由总会计提供。税款提解手续尚不够完备。这也反映了财政制度的建立仍然是初步的。

二、整理及开征田赋

抗战爆发之后，田赋即停止征收。随着抗日民主政权的建立，考虑到田赋是旧税中比较合理的税收，并且是一项比较可靠的财源，因此各地抗日民主政府相继整理和开征田赋。

抗日战争前，田赋的税额或税率的规定，系以县为单位，县与县之间轻重悬殊。同一县内土地肥饶程度相同，但派征田赋悬殊。如曹县内 48 里为每 46.1 亩派银 1 两，外 48 里则为每 18 亩派银 1 两。胶东的东海区每 50—80 亩，土地缴田赋银 1 两；西海区合 20—25 亩；北海区合 20 亩；南海区合 60 亩。粮银畸轻畸重的原因，与地质好坏有关。如西海区和北海区熟地多，历史久且为平原地，东海、南海区多山地，新开土地历史短，地质差，所以粮银轻，但更主要的原因是因为各地隐瞒土地的情况很严重。农民为了抗拒反动无端的横征暴敛，采取了隐瞒土地的办法来抵抗；地主富农更是以隐瞒土地的手段来逃避和转嫁负担，匿损粮银。再加上多年土地转移、变动以及粮银种类的变动失考。因此，抗日民主政府要开征田赋，必须首先对田赋加以整理。

1938 年 8 月，胶东地区在蓬莱、黄县、掖县三个抗日民主县政府的基础上，建立北海行政督察专员公署，当即拟定土地登记办法，预备整理田赋，登记土地。但没有来得及执行就退出县城。1939 年，掖县自动将土地整理，其办法是根据旧地亩册子，把匿藏的查出加以登记，按产量略加分等后，按亩征收。这种办法，在整理田赋上还不尽合理，但比银两制还是好一些，在收入上也略有增加。1940 年，掖县即按地亩征收田赋。胶东各县对田赋银两的调查历年都有，但没有完整的统计。仅就1940年的统计，东海区荣成县增加12两2钱2分，牟海县豁免了无主粮银3两7钱1分7厘，文登豁免了赤贫抗属银两2两1钱4分4厘，无主粮银2两5钱9分3厘，荒山粮银1两4钱零5毫。牟平县豁免了1两2钱1分4厘。北海区东栖增加151两，西栖增加142两，蓬东增加105两，黄县增加1 390两，福山增加94两，共计增加1 886两。鲁南地区隐瞒土地的情形更为严重。1940年，仅据费县常庄乡17个庄清丈的结果，从7顷地中清出60顷零74亩，增加10倍的土地。沂蒙区仅沂南县即查出黑地20余万亩。各地政权巩固的程度和群众发动的水平不同，田赋工作开展进度和深度不一样。

胶东地区在征收方式上，废除了乡约地保操纵征收与附征津贴费、粮串费等，而代之以村长征收。1939年，北海专署曾规定征收田赋暂行办法：一是各行署设田赋征收股；二是在各征收股未成立之前，传令各乡约、保正及各村村长指挥共同负责限期提交，如置之不理或执行不力者，得密派便衣拘留或严办；三是如有纳粮资敌者及地痞土棍阻挠征收或通敌告密者，均以汉奸论罪；四是田赋串票为节省手续暂用三联单（一份交粮户，一份县府存根）。这是在局势不稳定的情况下，采取的必要的过渡方式。

在滨海地区，抗日民主政府建立较晚，田赋征收方式多种多样。一种是预借。1940年春赣榆县的粮册尚未找到，临东县地亩银两也没有数目可据，莒县、日照正开始清丈土地，为了保证军政费用的供给，则实行预借。其具体办法有三：一是由莒南、日照、临沭、海陵四县办事处将田赋任务分配到各县，县长召开区长会议评议分配到区，区长召开乡长及公正人士会议分配到村。二是先向比较富裕的花户预借，然后平均摊派。三是借条每村1张，由村长保存，于征收下期田赋时清理付退。对上述预借的方式，由于宣传解释不够，结果有的人误认为是富户捐，不愿缴纳，有的平均摊派，失掉预借意义；有的乡区长将借款挪用了；有的将预借款拐跑了。这些都给清还时带来了极大的困难。另一种方式，是由乡公所代收走向直接征收。这是因为1941年以前，征收机构不健全，人员不足，有的地区就由乡公所代收。但这种方式因检查不严，不仅容易自收自用，而且村、乡长易把田赋、鞋子费、慰劳费以及村杂费混在一起征收，搞得一塌糊涂，从中贪污。比较好的方式，是全面布置，集中使用干部，由抗日民主政府组织突击队，突击一点。如军费急需时，能突击征收迅速解决问题；一般情况下也能用于抓紧征收易于恶化的地区。在干部少的海陵县则集中突击一个区；在干部多的莒南县则分段实行，一个阶段解决一两个区。突击队分宣传组和征收组。前者主要召开会议向群众宣传征收田赋的重要意义，使群众自觉地踊跃缴纳。征收组集中力量协助村长，使用新的收款书、粮串或三联单。在边缘地区，突击队早出晚归，并由我武装组织保护协助下，开展这一工作。

在敌占区，则让伪区、保长代收。1939 年，黄县因敌占区田赋无法征收，经县政会议决议，按亩计算征收军事附加，每亩征国币 2 元，不足 1 亩之户免征。由各敌占区区长负责。但在群众工作缺乏基础的敌占区，处于日伪的威胁与国民党顽固分子捣乱的情况下，征收更加困难。自 8 月 1 日起，只收起 25 527 元零 6 分，约占 4 个月总收入的 16.3% 强，不足预期数目的 1/10。

田赋征收额，是根据农民负担能力、粮价物价增长情形以及抗日经费的需要和其他税收的把握而斟酌确定。在胶东地区，平均每两银征收数，1938 年为 6 元，1939 年 8 元，1940 年 36 元。因为我们能掌握的民粮数额，随着政权区域的增减，历年有所变动。胶东地区，1938 年抗日民主政府掌握的银两数为 78 258 两，占原有银两总数的 20.53%；1939 年为 301.62 两，占原有银两数的 7.9%；1940 年为 36 090两，占原有银两数的 9.46%。但不论变动有多大，从 1938 年至 1940 年两个年度，胶东地区的田赋在财政总收入中一直占第 2 位。田赋成为财政的主要来源之一。田赋征收额历年虽有增加，然而政府在安排时，较之物价粮价与经费需要，总是力求其平衡，详见表 1－2。

表 1－2　胶东行政区历年田赋负担数与主要物价逐年比较表〔1〕　单位：元

年度	田赋负担数		苞米		洋布		猪肉	
	每亩地平均实征数	百分比	每斤市价	百分比	每匹市价	百分比	每斤市价	百分比
1938	0.30	100	0.07	100	12	100	0.18	100
1939	0.40	133.3	0.28	400	21	175	0.30	166.6
1940	1.80	600	0.40	571.5	42	350	0.75	416.6

当时，有我占区、敌占区、顽占区和敌我争夺或顽我争夺的游击区。敌占区和顽占区的田赋仍沿用旧制，并随意巧立名目，一任搜刮。敌伪顽势力对我占区则千方百计地诱迫群众缴纳田赋。对我占优势的地区，敌顽烧杀逮捕，抗日政权以民族气节造成舆论运动，抗拒不纳。对敌顽占优势的地区，抗日民主政权则尽量动员人民不纳、少纳、迟纳。我退却区域，则动员人民不报银两，或尽量少报、迟报、假报、乱报，多立户头，抗日民主政府控制乡约地保及熟悉银两者，对不遵守而报告者打击之。

在田赋问题上，经过多方面曲折的斗争，不同的区域负担有所不同。

田赋经过抗日民主政府整治后，大部分地区能做到按亩征收，纠正旧粮银的不公平现象，并且采用了直接征收制，废除过去乡约地保粮头等中间剥削。在敌我争夺的游击区，因为是两面负担，田赋征收额则较高。

在山东抗日根据地内，因各地条件不同，田赋在财政收入中所占的地位也不一样。1940 年，胶东地区田赋收入 1 299 240 元，在各项财政收入中居第二位。清河地区田赋收入 556 418 元，占财政总收入的 50% 以上，则居第一位。滨海地区的莒县、日照和临沭三县田赋共收入 118 842.55 元，在各项财政收入中也居第一位，详见表 1－3。

---

〔1〕《山东革命根据地财政史料选编》第 1 辑，第 209 页折算。

表 1－3　　　　1940 年滨海地区敌我游击区负担的统计[1]

种类＼数目＼县别		莒南县	日照县	临沭县	海陵县	莒临边（西北庄）
	中地银两	一亩	一两	一亩	摊公粮	一个庄计算
秋粮麦粮杂支正数	我占区	15 斤	500 斤	12－27 斤	12 斤	11 200 斤
	游击区	60 斤	600—1 200 斤	48 斤		
	敌占区				68 斤	12 900 斤
	我占区	10 斤	250 斤	30 斤		
	游击区	50 斤	800 斤			
	敌占区	不详				
	我占区	1 元				
	游击区	10 元				
	敌占区	不详				
	我占区	5 元	14.2 元	5 元	3.5 元	3 000 元
	游击区	6 元	60 元	150 元	8 元	
	敌占区	60 元	700 元	130 元	37 元	11 250 元

三、整治货物税与盐税

1938 年，胶东蓬黄掖抗日民主政府建立后，即明令取消了一部分抗战前国民党政府设立的税种，其中有印花税、牲畜税、屠宰税、牙税、建设契纸附捐、教育契纸附捐、地摊税、警察税、冬防捐、锅房警捐、商号捐、车船捐、屠宰附捐共 13 种，无形中取消了的有网场捐、草称捐、海产捐、码头捐、门牌捐、娼妓捐、火油捐、扁担捐、剿赤捐、烧锅捐、船篷捐、斗捐、席捐、赌捐、盐税附捐、货物附捐等 17 种，共计 30 种。尚保留的税项有：田赋、契税、契纸税、矿租、盐捐、油类营业税、当税、统税、关税、营业税、烟酒牌照税、所得税、烟酒税费、救国捐、货物救国捐、荒地租、民佃灶课共

〔1〕《滨海地区政权工作总结》（油印本），第 129 页。

17种。1939年，抗日民主政府退出蓬黄掖县城，各种税收一度暂停。后来除营业税、统税、关税、当税、所得税5种税外，其他的又逐渐恢复。全省相继废除抗战前的苛捐杂税约40余种。

关税的征收。烟台沦陷后，东海关为日伪政权掌握。龙口海关虽属烟台，但暂时尚在国民党政府手中。龙口海关的分关有虎头崖、石虎咀、八角、黄河营、栾家口、刘家旺、三山岛、桑岛、庙岛、刘沟、平畅河等11个，每月收入60万至100余万元。“七·七”卢沟桥事变后，每月减到3万至30万元。1938年北海专署成立后，即邀请龙口海关副税务司仲伟忠谈判，迫使其以60%的收入资助抗日经费，并召集分卡主任联席会议作解释，同时派员接收海关印信，设龙口海关办事处，以事监督。4个月内，收款约20万元。1939年春，抗日民主政府退出县城后，即行停止。但在掖县的石虎咀、虎头崖、黑港口、栾家口等地均仍有海关分卡，抗日民主政府因有海关的地方外船准来，能进货物，所以未予破坏。《货物救国捐条例》公布后，一度与海关税则发生矛盾。因货物入口海关要上税，抗日民主政府所奖励入口之货物则每多减税或免征税，关税或轻或重不能一致，而且形成一货二税的弊端。于是，抗日民主政府向海关交涉，凡持抗日民主政府之证明文件者，一律照民主政府规定办理，予以减税或免税。

货物税的征收。胶东地区于1938年已经设立救国捐，成立缉私委员会，各县设分会，厉行缉私，但是很快就引起商人的叫苦和日用品的缺乏。如八支队一次即没收日本工厂生产的洋布1 800余匹，其他日货也予以没收。抗日民主政府不久即发觉这种政策不利于战时经济的发展。为奖励必需品入口，统制土产品出口，抗日民主政府制定了《货物救国捐条例》，并召集蓬、黄、掖三县商会说明征收货物捐（货物税）的意义，取消缉私委员会，改设货物救国捐征收处。这是抗日民主政府撤出县城后一次重要的政策转变。但《货物救国捐条例》公布后，与《海关税则》发生矛盾，形成一货二税，为此一度停征货物救国捐，到1939年7月始得恢复，同年12月31日，又对该条例进行了修订。《货物救国捐条例》的总则是“以保护工商业，提倡手工业而补充抗战经费为原则”。捐率规定：凡出入境货物有关军需物品及药品、粮食、文化书籍等，除入境免征外，并禁止出境与流入敌占区，其余货物概依下列标准征收救国捐。第一，洋货20%，棉布10%，棉纱、毛织物及其织成品、瓷器、钟表、木器、鞋帽及其他一切之舶来物品，均按20%征收。第二，国产机制品棉布5%，棉纱、毛织物，毛绒及其成品、陶瓷、钟表及其一切国产机制品，均按10%征收。第三，国产手工品及农产品、土布、席、竹制物、茶叶、粉丝、织品、水果、蔬菜等5%。第四，奢侈品50%，化妆品、装饰品、丝织品、人造丝及其织成品及其他涉于奢侈之物品。国产烟酒60%，洋烟酒50%。第五，迷信物品80%，神香、烧纸、锡箔、冥币及一切供给迷信行为之物品。此外，对征收方法及漏捐也都作了具体规定。

《货物救国捐条例》的颁行，使货物税成为比较稳定的财源。1938年，北海专署共收货物税9万元，占财政收入的4.56%，居各项财政收入的第3位。撤出县城后，抗日民主政权占据的山区地瘠民贫收入不多，1939年货物税仅收入23 019.2元，占财政收入的0.72%，居第6位。1940年收入157 162.61元，占财政收入的3.38%，居第5位。胶东区征收货物税实行较早，不仅有《货物救国捐暂行条例》的公布，并且制定了《货物救国捐征收总处办事细则》，为其他地区提供了有益的经验教训。

1939年以后，其他地区也相继征收货物税。1940年秋，滨海地区开始征收货物税。除配备税收人员在要道和集市设税卡征收外，还委托各区乡公所代收。税票由各县自印，多不统一。这种征收办法问题很多。税卡散布各地，谁碰着谁收，异常凌乱，往往单纯为了收入，不太顾及税收政策。不少地方出现收双重税的现象。有的出了本县所开的税票就不管用了，到外县须另开一张；有的税收人员，收了不给票，查住再上；有的入口时已缴税，但到集市出卖时又收一次。关于在集上按摊收税，就更无统一的标准。因此，货物税的征收，一时有“百货捐”之称。这些问题不仅给抗日根据地的商业发展带来损害，而且直接影响到抗日民主政府的威信。产生上述问题的原因固然与税收人员缺乏经验有关，但主要是领导部门对税收工作不重视造成的。一般干部都不愿做税收工作，配备的税收人员质量较差，不懂业务，以致不了解货物税主要是为了调剂出入口物资，不是单纯为了增加财政收入。再加上平时不注意加强对税收人员的教育，监督检查不够，发生问题事先不能预防，事后也不能及时处理，因此，发生这样或那样的问题也就在所难免。

从 1940 年起，鲁中、清河地区也开始征收商业税。由于战争的影响，大商业受到削弱或停闭，但群众性的小商业却普遍发展，增加了基本群众的收入。由于采取恰当的贸易管理政策，对保护抗日根据地生产与统制物资以及对敌斗争中也发挥了一定的作用。这样做，既满足了群众的需要，又增加了政府的财政收入。1940 年，清河地区商业税收入 159 687 元，占到财政收入的 15%。有的地区还将出入口货物按必需品、非必需品、通用品、奢侈品，分成禁止、奖励、允许等类，规定不同的税率。但总的说来，抗日战争初期，税收工作的游击主义作风还比较严重，尚缺乏比较完备的统一的税收制度。

盐税的征收。盐是山东省大宗特产之一。盐税是沿海抗日根据地的重要财政来源之一。

1938 年蓬、掖、黄抗日民主政府建立后，即在掖县开始沿旧制征收盐税（当时称盐捐），退出县城后暂告停顿，1939 年春恢复。1938 年，掖县有朱家、崔家、仓上、隋家、土山、海仓、于家、李家 8 处盐场，1939 年因日伪顽反动势力的进攻，只剩下朱家、崔家、仓上及海仓的一部，1940 年仍无进展。但这时东海区的文登、荣成建立抗日民主政权。荣成开辟了姜家、海崖、龙家、曲家、神道、慕家、泊子、东墩 8 处盐场，文登县也开辟了慈家、南廒、花岛、雀岛、叶家、崔家、涨蒙、竹村共 8 处盐场。东西海两地区共 20 处。

盐税税率的规定原则是，斟酌物价涨落、人民负担的情形、收入的需要、销路的消长及不影响盐民生活等条件而定。其历年数目详见表 1－4。[1]

---

〔1〕《山东革命根据地财政史料选编》第 1 辑，第 226 页。

表 1-4　　胶东历年盐价税增长比较表

年 度	月 份	盐 价	盐 税
1938	1—6	7 角	1 元
	7—12	6 角	8 角
1939	1—6	6 角	1 元
	7—12	6 角	6 角
1940	1—6	1 元 2 角	6 角
	7—12	1 元 6 角	6 角

过去盐业交易，由官方统制，不得自由买卖，沿海产盐不少，内地人民却患淡食之苦。抗日民主政府建立后，取消交易统制，实行自由买卖。胶东盐税自开征之始即设关卡，初归征收处，后归税务局管理，征税多由货税稽征所兼管。虽单独设立过盐税所卡，但盐税所卡及盐税干部无单独统计，并与货税干部同样待遇。盐税征收开始就是一道出场税，就场征税，征收员亲自开票验放；解款是每 5 日一解，每月清解。初时舞弊和迟解情形不少，发觉后均予严格惩治，进行普遍教育，以后减少。1940 年秋，滨海地区盐业也开始整理。赣榆民主政府建立后，改造旧盐槽建立交易所，减轻中间剥削，增加了政府税收。盐税收入在整个财政收入中居重要地位。胶东地区，1939 年盐税收入 48 377.46 元，占财政收入的 1.5%，居各项财政收入的第 4 位；1940 年收入 91 042.84 元，占财政收入的 1.96%，居第 6 位。1940 年，加上滨海和清河地区，全省盐税收入占财政总收入的 9%，居第 5 位。

由于盐和盐税是关系国计民生和财政收入的大事，敌我之间的争夺自然也就很剧烈。1940 年掖县敌人要到仓上武装抢盐，抗日政权立即动员人民事先搬移疏散，粉碎了敌人的阴谋；掖县敌人又到土山武装押卖积存的盐，抗日政权则早已动员人民抢运。清河地区的主要盐场都为日伪政权控制，斗争的表现形式也就不同。农救会为解决贫苦农民生活，救济灾民，曾多次发动抢盐斗争，动员民众数千人，在武装配合下到敌占区盐场抢盐。

四、其他税项收入

矿税收入。在胶东区和鲁中区有矿。旧政府对矿税征收的办法不一。牟平水道金矿是矿商直接在国民党政府实业部注册，每年每公亩20元，开采后矿税按产量征5%到20%。招远金矿归原山东省政府，设采金局，取包租制，先以廉价出租，再转租给矿商。转包一般是酌照产量的10%到20%。日本占领招远金矿后，主要在九曲以新技术自己经营。其不能自营者，则每一矿洞开始先征3两黄金才得开采权，到正式开采后，按磨数征收，每盘磨每日征2分到3分黄金。1938年北海专署成立后，当即组织金矿管理委员会，派人员到招远的九曲、玲珑山等地办理矿务，征收矿税。首先是取消了旧政府的一套办法与额外剥削。接着对矿务的收入实行两种办法，一种是自己投资开采的，收税很少，并且都用在经营的开支上；另一种是包租的，分别矿洞好坏，定出标底，开会由矿商选择加价认标，以出最高价者得标，取得开采权。标底是在不使商人裹足、增加政府收入的原则下酌定的，一般是3%，最多不过10%。由于在包租时间上定得太短，有时矿商不愿保护矿洞而被破坏；在奖励试采上期限太短，矿商裹足不前，妨碍矿业的发展。当年收入了很少的税款，作了矿场经费。1939年退出县城后一度停顿。到1940年冬成立了矿务局，重新建立招远的九曲、金翅岭、灵山金矿。同年冬，又建立了平度旧店金矿。各矿都能征收矿租，发展是空前的。1940年，胶东地区矿税收入达769 502.68元，占财政收入的16.57%，居各项财政收入的第3位。

油类营业税。它是抗日战争前的省地方税。1938年北海专署成立后，即援旧例按榨的数目征收，每年分两次征收。黄县自1938年下半年起，重新查定税级，只征收1 500余元，1939年大部分征起，1940年停止征收。

烟酒税费。在抗日战争以前，国民党政府采取招商包办收税的办法。抗日民主政府成立后，废除包商制由专署或各县政府直接继续征收，烟酒这两种与人们生活密切的商品流通的范围较广泛，漏税、偷税的办法也很多。胶东地区曾采取缉私提成的办法，并动员群众团体与武装部队协助缉私，取得一定成效。1939 年 8 月，首先在黄县制定了《黄县修正烟酒营业牌照税暂行章程》。营业牌照分烟类酒类两种。每年分四季换领。其种类税率如下：凡批发大宗烟类者为整卖营业，计分二级，卷烟厂商之分公司暨经分销处，每季纳税国币 100 元。趸批买卖之烟行或批发店，每季纳税 40 元。凡零星销售烟类者为零售营业，计分为三级，每季纳税 23 元、8 元、5 角不等。酒类营业牌照分整类、零类两种：凡批发大宗酒类者为整卖营业，计分三级。每年批发在 2 000 担以上者，每季纳税 32 元；1 000 担以上者，每季纳税 24 元；1 000 担以下者纳税 16 元。凡零星销售酒类者为零卖营业，计分三级：每季分别纳税 8 元、4 元、5 角不等。此外，对洋酒类营业牌照亦分整卖零卖两种，分级征税。但该章程并未很好地执行。1939 年，黄县计收 1 549.12 元，1940 年仅收 180 元。同年，蓬、黄、掖县联合办事处成立后，将酒烟税并入货物捐内，列入奢侈品类征收货物捐。1940 年北海专署修正税收条例后，于 5 月通令各县征收，税率从 15% 增加到 100%。不久，因奢侈品禁止入口，即停止征收烟酒税。

当税。在抗日战争前也为地方税款，一般系按当商资本额 2% 定税，每年分两次征收。黄县原有当铺两家，分当一家，龙口、北马代当各一家，每年共征 8 000 余元。1938 年抗日民主政府建立后，开始征收普通营业税时，各当商借口市面萧条，请求援普通营业税 7 折征收之例减征，但未照准，仍按原定税率征收。1939 年撤出县城后，该项税无法征收，即告停止。其他地区的县城和重要市镇多为日伪占领，当税则从未起征。

契税。契税也是旧有的地方税收。抗日民主政府成立后，为保障人民产权，规定民间买典田房，按章领契投税。胶东地区，1938 年 10 月间开征契税，定税率为买契 5%，典契 1.5%。因战争关系和注意不够，动员工作又差，没有专业干部，收入很少，撤出县城后一度停止。1939 年北海专署恢复征收，并修订章则，成为山东抗日根据地第一个成文的《田房契税暂行章程》。田房买典契约定为三联式，

暂由专署印制，转发各县备用，第一联为契纸，发给业户；第二联为缴查，呈送上级查核；第三联为契根，留县府存查。在税契手续上比较简便，不像旧官府一年年的压税，很受人民的欢迎。1940 年，胶东地区收契税 6 554.92 元。

山东抗日民主政权在胶东建立最早，再加上该地区经济基础较好，各类税收的项目比较齐全，其他如营业税、统税、烟酒牌照税、荒地岁租、公产租等因收入极少，且时间短暂，不一一赘述。在抗日政权建立较晚的滨海地区，地方税收整理工作开展也比较迟缓。1940 年莒、日、临、赣四县联合办事处成立时，因无税收人员征税，各县市大都出包了牲畜屠宰税，并且一度把这项税收当作苛捐杂税取消，旋即恢复。过去粮食交易，必须用斗子量，因而粮行中有斗子佃等中间剥削。由于旧习惯一时改不过来，滨海地区就发动抗日军属及贫苦农民量斗，收 1% 的税，公私分用，是一种过渡的办法。

第三节　实行合理负担，开辟新的财源

一、救国公粮的征收与管理

随着抗战形势的发展，抗日武装力量的扩大和抗日民主政权的逐步建立，各地相继开始征收救国公粮，试行“合理负担”的政策，实行粮食的统筹统支，以保证战时财政的运行和部队的供给。

1938 年 4 月，胶东抗日武装部队进驻蓬、黄、掖县城，初创蓬、黄、掖抗日根据地。为了财粮统一筹支，确定每人每月发给伙食费 6 元，按照实有人数随月经费预算支拨。同时，根据“有钱出钱、有粮出粮”的原则，筹募公粮 50 万斤。其中，掖县 20 万斤，蓬莱、黄县各 15 万斤。1939 年春，抗日武装部队退出县城后，即以 1938 年筹募的公粮分发领用。个别自筹自用现象仍有发生。为了搞好公粮的统

一筹支，掖县的抗日武装部队与地方各机关成立联合供给部，蓬莱、黄县政府与地方驻军成立粮食委员会，共同计划筹集粮食与制定供给标准。与此同时，联合供给部设置粮库3处，粮食委员会设置粮站2处，分别负责粮食的支拨运输和保管工作。1939年筹募公粮3 305 625斤，另由胶东区党委财政部拨款140万元买讫粮食500万斤，共计筹购粮食8 305 625斤。1940年4月，北海专署为统一北海区所辖蓬莱、掖县、黄县、栖霞、招远、福山6个县的粮食工作，成立了北海区粮食管理委员会。该委员会做出3项决定：第一，本年麦秋以军事附加筹募小麦250万斤；第二，由各地政府根据手续清理各地游击队在各地筹募的粮食与摊派的熟饭；第三，建立粮食预算制度，并提出粮食预决算迎头赶上财政预决算的口号。这是由军政共同管理粮食，开始向抗日民主政府单独负责管理过渡。为了解决各地负担不平衡，以及下级政府为了减轻根据地人民负担则向敌占区多派公粮等问题，开始试行"甲种公平负担"。本年度胶东的北海、西海、东海、南海4区实行公平负担征收公粮的村庄1342个，占行政村的60%，共计征讫公粮23 647 310斤，平均每亩负担公粮10斤。

鲁西地区。1940年主任公署成立后，积极实施抗战法令，动员组织武装民众，坚持平原游击战争。同年6月，开始实行合理负担，收到较好的效果。鲁西北区实行的合理负担办法又称累进法，是由冀南地区学来的。具体办法是把各农户的土地按数量分为六级：第一级为3亩，二级为6亩，三级为9亩，依次至六级为18亩。除第一级有3亩田地者按田赋交纳正税外，其余各级皆以累进法每多3亩加入2分负担。例如，第二级有6亩，其比第一级多的3亩每亩要加2分负担，也就是说，第二级实际缴纳6亩6分的税，比原来加重6分田赋的负担。依次类推，第三级有9亩地者，要缴纳10亩8分的赋税，加重1亩8分的负担。推至第六级，则多负担9亩的赋税。这种办法，对土地多的农户负担相对加重，一般农民群众都很欢迎。

鲁中地区。1939年秋，莱芜县建立抗日民主政权后，为了合理负担，首先实行乡区统筹统给，接着颁布了累进税法则。沂水县建立合理负担制度也较早。为了推行合理负担采取了一些强有力的措施。

例如，1940 年夏，沂水十区组织了军政民联合突击委员会，由各方面的干部 20 余人参加，分赴各乡，以战斗姿态排除阻力，帮助完成合理负担等项工作。

滨海地区。这里的抗日民主政权建立较晚，救国公粮统筹统支的制度仍不完善。1940 年公粮筹集处成立后，一般只给各区确定一个负担数目，各部队由筹集处拿到批拨证明，直接到各村催征。从形式上看，好像是统筹统支，实际上仍然是自筹自用，没有预决算制度，只是部队征粮要批条子，在负担上也仍是因袭旧政权的按银两地亩摊派制度。

实行合理负担，是根据“为了抗战，实行有钱出钱、有粮出粮”的原则，把抗战负担加一点在有钱和有粮人的身上，是很正当的。尤其是在抗日游击战争开始发动与发展的地区，这样做是非常必要的，而且是筹钱筹粮的主要办法。这个办法对于保障战时需要，建立和巩固抗日民族统一战线，有着重大的意义。但在抗战初期，由于缺乏经验，缺乏统一的政策，各级合理负担委员会又不健全，没有统筹机关，存在着无计划、无原则的乱筹、乱征等现象，各阶层之间的负担仍不够公平。1938 年胶东区贫农负担占其收入的 16%，渤海区占 17.8%，滨海区占 10.5%，鲁中区占 13.5%，鲁南区占 13.9%；1939 年各地略有减轻，但除滨海区外，都仍然超过其收入的 10% 以上。1938 年胶东区中农的负担占其收入的 20.8%，渤海区占 20.2%，滨海区占 13.5%，鲁中区占 21.9%，鲁南区占 22.8%；1939 年除滨海地区外，各地都超过其收入的 16%，约在 20%。很明显，抗日战争初期，山东各战略区中农和贫农的负担较之其他阶层偏重，尚未达到比较合理的程度。

二、开展贸易生产

为了广辟财源，保护并促进战时生产建设事业的发展，平衡物价、繁荣市场，增加税收，加强对敌斗争的经济实力，各抗日根据地开展了贸易工作。当时采取的主要措施，就是组织中小商人，充分发挥他们的作用。仅泰山区和胶东区，就组织了商号614家。这样，一方面供给了抗日根据地军民的必需品，另一方面也可以有计划地输出剩余产品。山东省贸易局还通过各种途径吸收地方游资，用以发展抗战的经济事业。到1940年年底，省贸易局曾用50万元的资本赚到20万元的巨大红利，解决了财政上的急需。在贸易工作中，还组织了一批合作社。当时有消费合作社126处，股金112 642元，信用合作社26处，股金12 580元；运输合作社18处，股金32 501元。从总的情况看，抗战初期的贸易工作还主要是为军队代办所需的布匹等用品，尚未起到积极调剂市场的作用。

抗日根据地的工业，最早是各抗日武装力量靠自力更生建立起来的简陋的军事工业，借以解决武器弹药的急需。1938年，胶东的山东人民抗日救国军第三军，在黄县的圈杨家建立了山东抗日根据地的第一个兵工厂。到1939年年初，该厂已拥有职工500余人，机器设备50余台，生产能力达到月产79步枪30余支，迫击炮3—5门，炮弹400发，复制子弹6万余发，手榴弹5 000余枚，地雷200多个。到1939年11月，胶东地区的兵工厂已发展到5个，职工2 000余人。鲁中的八路军山东纵队第四支队在临淄郑家庄和莱芜南峪建立了八路军山东纵队第一、二兵工厂，除能生产武器弹药外，还建立了专门的刺刀厂、铁工厂等，到1940年已拥有职工250余人。八路军山东纵队第三支队，最初在寿光崔家庄创建了6个人的随军修械所，很快就发展成拥有200人的鲁东兵工厂。1938年5月，鲁南人民抗日义勇队第一总队建立了30人的修械所，1939年10月，115师供给部在此基础上发展为兵工生产社。1940年6月，115师供给部军工科，又在莒南县胡子一带建立了拥有100余人的兵工厂。

在大力发展军事工业的同时，各抗日民主政府还创办了一批小型的日用品工业。到1940年秋，已有织布工厂4处，铁机10余架；织机工厂两处；制鞋工厂3处，掖县一处规模较大，有工人七八十人。淄博开办煤矿10余处；胶东开办了隆兴金矿，工人200余人，两个月赚纯利5万元。鲁西地区创办了织布工厂10余处，内有铁机工厂3处。清河地区也已成立能制作全区抗日军队服装的裁缝工厂一

所，织布工厂若干所。为发展工业生产，各地推行了合作运动。莱芜推行产销合作运动，清河成立木业席业合作社，胶东成立渔业、花边、发网合作社，湖西成立产销合作社。工业生产的建立与发展，为保证抗日军队的需要，巩固山东抗日根据地，起了重大的作用。

三、建立北海银行，发行“北海币”

抗战初期，山东各地的货币金融状况极为紊乱。既有国民党政府的中央银行、中国银行、交通银行和中国农民银行发行的“法币”，也有韩复榘统治山东后期成立的民生银行发行的钞票。由于法币主要是元以上的大钞，致使市场上出现辅币短缺的现象。由于金融呆滞，各种纸币乘机纷纷出笼，一些私人经营的钱庄和商店也发行了大量的流通券与“钱帖子”。当时的滨海地区各种土杂钞不下数十种。货币种类复杂，数量又多，扰乱了市场贸易的正常秩序，坑害了广大群众。日寇占领华北后，于1938年3月宣布成立伪联合准备银行，大量发行伪联银券，不但迅速普及沦陷区，而且侵入抗日根据地。然而，初建的抗日民主政权由于没有自己的银行和货币，就无法运用金融手段筹集和调剂资金，借以保证战时的财政需要和促进根据地生产事业的发展，也难以开展打击伪币的金融斗争，要想把伟大的民族革命战争坚持下去十分困难。正是在这样的形势下，毛泽东同志在1938年10月召开的扩大的六中全会所作的《论新阶段》的报告中指出：要有计划地与敌人发行伪币及破坏法币的政策作斗争，允许被隔断区域设立地方银行，发行地方货币。根据党中央的指示，1938年10月，北海专署率先在掖县建立了北海银行。

最初议定筹集25万元作资金。除山东人民抗日救国军第三军投资7.5万元外，其余由蓬、掖、黄三县负责征集私人资金。因战争的影响，民股金只募集了10万余元。1938年秋，北海银行在掖县正式开张。发行了1角、2角、5角、1元四种票面的“北海币”，颇受人民欢迎。不久，经胶东区党委批准，北海银行扩大为整个胶东区的银行，“北海币”流通于全胶东根据地。1939年，抗日军政机关被迫撤

出蓬、黄、掖三县城后，北海银行曾一度停业，但“北海币”仍在胶东根据地流通，信誉很高。到1939年9月，北海银行又在山沟里重新开业。1940年秋，北海银行又改为山东北海银行，各地区相继成立分行、支行。胶东银行亦成为分行。驻鲁中的山东省军政领导机关的财经工作，最初是由山东纵队供给部统一筹划。因此，山东北海银行也设立山东纵队供给部，总行兼办鲁中区的业务。为解决战时财经困难，于1940年春开始发行“北海币”。由于印制钞票的材料缺乏，在很长一段时间，北海币的发行赶不上抗日民主根据地扩大的需要。因此，有些地区也曾发行过地力流通券。例如，鲁南区曾发行过“临、郯、费、峄边流通券”。鲁中区的莱芜县发行了莱芜县“农民合作社流通券”。益都、寿光、临淄、广饶四县民主政府，曾联合发行过“益寿临广四县边区流通辅券”。1940年春，原清河区北海银行一度搬到临淄县许家庄，也秘密印刷发行过“益寿临广四县边区流通辅券”。

北海银行除了在取缔私钞打击伪币的金融斗争中发挥了应有的作用外，在广开财源、保障供给等方面也发挥了很好的作用。第一，由于银行监督使用经费，节制浪费，代理金库，强调及时入库，严格按照财政支付命令办事，对加强财政制度管理，发挥了促进作用。第二，通过在敌占区建立的地下商店，与伪银行或商店建立来往透支关系，在组织外汇、吸收外汇、保证外汇支付和支持军队需用，外地采购等方面，起了充量供应的作用。第三，举办低息或免息农、副、渔业贷款，打击高利贷，推动了生产运动的开展。例如1940年春，北海专区曾放出春耕免息贷款18万元，泰山区发放低利贷款达18 544元。湖西建立纺织厂，鲁南搞的集体养鸡养鸭，胶东妇女曾组织了生产委员会，经费都是经过政府向银行借贷。这不但对保证军需民用起了很大的作用，而且提高了抗日民主政权的威信。第四，提供费用，帮助群众救灾渡荒。1938年胶东地区秋粮歉收，莱阳、牟平、栖霞、招远敌顽势力严禁粮食出境，蓬莱、黄县山区根据地人民粮食极度缺乏，1939年5月抗日民主政府通过北海银行拨款5 000元，作为调剂粮食基金，自栾家口、山后等海口购买外粮，以原价出售给贫苦农民。1940 年春，胶东各地春荒更为严重，政府又向北海银行无息贷款 10 万元，作各县调剂基金。同年，清河地区在春荒中，支出了 3 万元充作救济费；鲁西主任公署为救济东平湖灾民，一次就筹了 15 万斤粮食。

四、肃清贪污，反对浪费，节约开支

在这一时期，处于初创阶段的山东抗日根据地，在日、伪、顽反动势力的不断“扫荡”、“摩擦”和“封锁”之中，财政工作十分困难，即使在比较富裕的胶东区，由于需要支持省财政，财政收支亦出现入不敷出的情况。

像渤海区，财政收支不平衡的问题更是十分突出。1940 年渤海区财政收入 1 077 796.2 元，财政支出 1 249 155.34 元，其中军需支出占 72.55%，不得不向银行透支 337 474 元以应急用。

基于上述情况，为了保证战时财政供给，各级抗日民主政府在尽力恢复扩大农村手工业和农业生产，扶持对外贸易，发展合作事业，广开财源的同时，要求抗日军政机关和部队发扬艰苦奋斗的精神，反对贪污腐化，反对浪费，节约开支。

反对贪污的斗争，是结合改造旧政权，实行合理负担等工作同时进行的。由于未经改造的乡村政权中的村长、保长、绝大多数都有不同程度的贪污行为。因此，要想真正建立起各级抗日民主政权，就必须改造原来的区乡村政权，同时开展反贪污的斗争。最典型的事例是 1940 年在泰西地区两个月间就罢免了 5 个坏县长，选了 7 个新县长，40 个区长，60% 以上的乡、村长。各地的青年团体都曾普遍地展开反对贪污腐化的斗争，使过去各种收支不符的现象大大减少。同时，对那些阻挠改造政权、破坏减租减息、破坏合理负担的捣乱分子，给予适当的打击。1940 年鲁西主任公署成立后，部署了鲁西政权工作的五月突击。两个月的时间，改造的村就有 2 325 个，能推行合理负担的有 3 317 个，成立农会的有 2 452 个。

在抗日战争初期，财政经济工作就把讲求节流，反对浪费提到很重要的地位上。要求尽量节省各项开支，同时严防暗中贪污腐化现象发生。日用品都尽可能用国货、土货，如用土纸代替机制纸印报、印书，自造墨水、浆糊等。在生产中，力求节省人力、物力、财力，提倡合理化。特别要求节省粮食，反对任何浪费粮食的现象发生。在贸易中，严禁必需品的输出（如粮食）与奢侈品的输入。在军队中，提倡爱护武器、弹药和军用品，特别讲求提高射击技术，爱惜子弹。为了实现上述要求，一方面注意建立健全财政经济制度，要求制定预决算；财政经济机关的收支等都要按期公布；军队的收入要按时上报，开支必须严格遵守审定数。另一方面，要求各级领导强调法令与纪律，加强政治教育，实行政治上的保障，提高广大干部遵纪守法、厉行节约的自觉性，为夺取抗日战争的胜利，节省每一个铜板。所以，尽管抗战初期的财政经济工作还存在着游击主义倾向等问题，但经过各方面的努力，总算解决了军民的吃饭、穿衣，保证了战时财政物资的供给。

第二章 山东根据地财政工作逐步走上统一的时期

（1940 年 8 月—1943 年 8 月）

第一节　山东抗日根据地大发展的局面

一、山东省战时工作推行委员会的建立，根据地由分散走上统一

抗日战争进入相持阶段以后，中国的政治、军事形势发生了重大变化。首先是日本帝国主义改变了对华的政策重点。抗战初期，日本帝国主义重视国民党，轻视共产党，用其主力向国民党正面战场进攻，采取以军事打击为主，政治诱降为辅的政策。武汉失守以后，日本帝国主义则对国民党采取以政治诱降为主，军事打击为辅的政策，转移其主力对付共产党，进攻抗日根据地。为了实现其“以华制华”“以战养战”的阴谋，逐步推行一种屠杀与怀柔相结合的政策。对其占领区，加紧扶植和建立伪政权，实行经济压榨和奴化教育；对敌我争夺的游击区，推行所谓“治安肃正”，以军事上的肃正作战与政治上的收买汉奸相结合，同时加紧经济掠夺；对抗日根据地，疯狂地进行“扫荡”，实行“三光政策”，妄图一举消灭八路军和抗日民主政

权。而“山东北控平津，南制徐海，西胁平汉，东迫青烟，总缩津浦胶济，联系华中华北，因形势之重要，必欲全部占领，以巩固其华北之统制”。[1]

蒋介石集团则加紧推行“消极抗战、积极反共”的政策。1939年1月下旬，国民党召开五届五中全会，通过了《限制异党活动办法》，制定了一整套“限共”、“溶共”、“反共”的反动政策，与日本帝国主义则大搞妥协投降活动。在敌后，他们支持顽固派与共产党、八路军搞摩擦，破坏抗战。国民党山东省政府主席沈鸿烈，秉承蒋介石的旨意，坚持反共反人民的顽固态度，迅速委派各地的所谓专员、县长，建立反动统治体系，并向各地派出所谓“工作团”，挑拨离间，限制共产党发动群众，壮大抗日武装力量。1939 年和 1940 年，是山东摩擦最频繁的时期。这时山东反共军内流传着三个口号：“宁匪化、勿赤化”，“宁亡于日、勿亡于共”；“日可以不抗、共不可不打”。他们对待抗日人民的办法是，“见人就捉，见枪就下，见干部就杀”。对八路军大小规模的进攻、活埋、暗杀等事件，各地不断发生。罪恶昭彰的反共摩擦专家秦启荣，先后制造了骇人听闻的“太河惨案”、“雪野惨案”、“淄河惨案”等，残杀了大批革命干部和抗战群众，直接间接地配合日寇向我进攻。1940 年，八路军因此所受的损失超过了受日寇“扫荡”的损失。原借抗战名义发展起来的反动武装，纷纷投降日寇，使山东的抗战面临严重的局势。这促使山东抗日军民认识到，必须迅速壮大自己的力量，建立自己的政权，否则便无法生存，无法对敌人进行长期的战争。

从 1938 年到 1940 年，山东的革命力量得到了迅速发展。自 1938 年春，蓬莱、黄县、掖县抗日民主政权建立后，各地抗日民主政权如雨后春笋般地建立起来。到 1940 年秋，全省 108 个县，已有 70 多个县建立了抗日民主政权，并建立了泰西、运西、鲁西北、运东、鲁南、泰山、清河、北海、东海、鲁北 10 个专署和鲁西主任公署。山东抗日根据地的面积达到 3.6 万平方公里，人口 1 200 余万。抗日武

---

[1] 《山东革命历史档案资料选编》第 5 辑，第 270 页。

装力量也比1938年秋扩大了两倍。进入山东地区的115师主力和地方武装已发展到7万余人；整编后的山东纵队下辖5个旅，4个支队，共4.9万余人，有组织的群众近百万人。仅就政权数量看，山东的抗日民主政权已经占优势，但抗日民主政权实际控制的区域还不及一半，且星散各地，未能打成一片，与敌伪政权犬牙交错，政权本身的效能还很低，缺乏全省统一的政权组织和政府法令，各地各自为政。在财政方面，表现得尤其突出。收支不统一，预决算制度未能完全建立起来；政府、军队、群众团体各自筹款、募捐、罚款、筹粮；司法罚款不归公，教育经费不受统一支配，等等。人员无定制，开支无计划，吃粮无定数的问题十分突出。有些机关、团体的吃粮人数不固定，随便吃粮，有的超过人数1—5倍。有的部队则不按编制随便要给养。这样不仅加重了人民负担，而且也降低了八路军的威信。在这种形势下，尽快建立一个统一的全省行政领导机构，以便在工作上有一个划时代的大整顿、大转变、大加强，实现政令统一、行动统一、财政统一、地区统一、上下统一，团结和领导全省人民进行持久的民族战争，就成为山东抗日军民的迫切要求。

1940年7月26日，山东省国大代表复选大会，山东省民众总动员委员会成立大会，山东省工、农、青、妇、文各界总会成立大会，山东省各界救国联合会成立大会的联合大会在临沂县青驼寺镇（今属沂南县）隆重开幕。大会历时1个月。到会的代表300余人。抗战老人范明枢致开幕词，中共中央山东分局书记朱瑞作了题为《从国际到山东》的政治报告，黎玉作了《论山东目前投降与反投降》的报告，李澄之作了《宪政与民主》的报告，李竹如作了《战斗中的山东人民》的报告，还有关于职工运动、农民工作、青年运动、妇女运动、新文化运动和政权工作、宪政促进会筹备工作等报告。联合大会代表全省3 800万人民郑重声明，否认那些国民党圈定的国大代表的资格，并从各地区初选出的150人中，投票复选出真正代表山东民意的国大代表61人，候补代表21人。联合大会通过了《山东省临时参议会组织条例》，选举参议员81人，组成山东省临时参议会，推举范明枢为议长、马保三、刘民生为副议长，正式成立了全省统一的

民意机关。大会制定了《山东省战时工作推行委员会组织大纲》，选举成立了全省统一的行政权力机关“山东省战时工作推行委员会”（简称省战工会），黎玉、张经武、李澄之、罗舜初等23人当选为委员，并讨论通过了施政纲领提请山东省临时参议会审议。省战工会下设政治、军事、财政经济、教育、民众动员五个组。财经组由艾楚南、冯平、耿光波、郝伊人（即辛葭舟）组成，艾楚南为组长，耿光波为副组长。各组公推黎玉为首席组长，李澄之为副首席组长，陈明为秘书长。在联会大会期间，山东省民众总动员委员会，山东省各界救国联合总会、山东省职工救国联合总会、山东省农民救国总会、山东省青年救国联合会、山东省妇女救国总会、山东省文化界救亡协会总会分别举行成立大会，讨论通过了各总会的组织章程和工作纲领，选举成立了各总会的领导机构。从此，实现了全省抗日群众组织的统一领导。

这次大会是隆重的大会，胜利的大会。大会在中共山东分局的直接领导下，胜利地完成了大会的任务，对于统一山东抗日根据地起了重大的作用。1943年8月，黎玉在省临时参议会一届二次大会上的施政报告中指出，这次大会“相继产生了山东省临时参议会与战时工作推行委员会，第一次提出了山东战时施政纲领，并通过了各种法规条例，解决了各地区工作原则上的分歧。从此，山东抗日民主政权从‘人治’到初步‘法治’，从不统一到统一，从对民主政治之模糊认识到民主政治之普遍发展。几千年来封建统治，黑暗重重的山东，遍地揭起了民主的鲜明旗帜。[1] 以联合大会的召开和山东省战时工作推行委员会的成立为标志，山东抗日战争进入了新的发展阶段；山东抗日根据地的建设由分散走向统一，开始了一个正规建设的新时期。

1941年2月20日，中共中央军委指示，八路军115师及山东纵队分别成立军政委员会，山东成立总的军政委员会，进一步统一山东的军政领导。同年4月1日，中共山东分局做出《关于政府工作委员

〔1〕《山东革命历史档案资料选编》第10辑，第230页。

会与战工会工作的决定》，决定撤销分局政府工作部，山东所有的民政、财政、经济、地方武装、国民教育、公安、司法等工作，统归战工会管辖。战工会在民主民选半合法半群众性的形式下，成为实际的全省行政最高领导机关。各主任公署及联合办事处，专员公署等应向战工会作定期及经常的报告。为了加强党对政府工作的领导，山东分局成立政府工作委员会，以朱瑞、黎玉、陈明、艾楚南、刘居英、马保三、李竹如 7 人为委员，并以朱瑞、陈明为正副主任。在战工会内建立党团，以黎玉、陈明为正副书记。由于各级政权仍不够巩固，所以党内之财委会不但只作为党内讨论计划财政经济工作、开源节流办法与监督财政收支状况等工作，而且仍然统管财政收入、支出、保管等行政工作。战工会之财政机关对外则以政府财政部门出现。战工会得到进一步加强，设立常务委员会，推举黎玉为主任委员，陈明、李澄之为副主任委员，各组均改为处，并增设高级审判处和公安处。4 月 23 日，省战工会做出决定，将全省划分为胶东，清河、冀鲁边区、鲁中、鲁南、鲁西 6 个行政主任区，以便与战略区相统一，实行统一的行政领导。

为了保障华北、华中联系，加强山东方面的军政领导和统一作战指挥，中共中央书记处，中央军委于 1941 年 8 月 19 日发出《关于统一山东领导的指示》，决定山东分局为统一山东党政军民的领导机关，分局暂时由朱瑞、罗荣桓、黎玉、陈光同志组成，朱瑞为书记；山东纵队归 115 师首长指挥，配合作战；山东纵队及 115 师两军政委员会合组为山东军政委员会，罗荣桓、黎玉、陈光、肖华、陈士榘、罗舜初、江华 7 人为委员，罗荣桓为书记。由此，一切财政统一收支，银行与税局对外统一于山东战工会，财政处和经济建设处对内完全统一于分局财委会，坚决纠正地方性和各自为政现象。一切支出应按需要经过批准，如入不敷出，则依比例支配。其余则由财委会经常维持平衡。至此，山东抗日根据地达到了真正统一，党、政、军联合一致，中共中央山东分局、山东省战工会、山东省军政委员会分工协作，密切配合。一系列政策措施得到逐步贯彻和落实，出现了前所未有的统一局面。

二、《山东省战时施政纲领》的颁布和中共中央山东分局关于财经供给工作总方针的确定

抗日战争进入相持阶段之后，敌我在经济方面的斗争也越来越激烈。能否在财政经济上厉行正确的方针政策，建设自给自足的敌后根据地财政经济，对于坚持长期抗战具有决定的意义。

1940 年 8 月 4 日，《大众日报》发表“展开敌后经济争夺战，粉碎敌人‘以战养战’”的社论，指出：“坚持敌后抗战的最重要的任务之一，建设自足自给的敌后财政经济，粉碎敌寇的‘以战养战’阴谋，今天更为迫切的提到我们的议事日程上来了。”“展开我之经济争夺战，以粉碎敌人的‘以战养战’阴谋，保证敌后抗战的胜利，是当前各抗日政府、军队、团体与全体民众共同的刻不容缓的任务。”社论认为，第一要在自力更生的原则下，展开各种生产建设运动，充实经济实力。第二要有计划地统制出入口，保护与奖励大小商业，鼓励非日用品出口，严禁粮食及日用必需品出口；分别情形严禁或用高税限制奢侈品入口，适当的调剂日用品或必需品入口；建立正确的出入口税收制度，严格缉私，捕捉运输资敌的奸商。第三要安定地方金融，整理地方财政。要采取累进税的原则，主要征收田赋，营业、遗产税；要建立统一税收的制度与严明的法令，严防偷税漏收或多收的流弊；要巩固法币的信用，禁止法币流出和伪钞流入，发行地方流通券以保护法币的信用；要建立各种正常的供给制度，以公平合理负担的办法来保障抗日部队的给养；禁止滥施捐派，穷征暴敛，反对任何鱼肉乡民，营私舞弊的罪恶行为。这篇社论实际上是山东省战工会在根据地推行统一的战时财政经济政策的先声，初步勾画出统一的财政经济的雏形。

8 月 7 日，山东省战工会颁布了经山东省临时参议会审议通过的《山东省战时施政纲领》。该《纲领》对山东抗日根据地的政治、军事、财政经济、文化教育等方针政策作了原则性的规定，成为战工会指导全省抗战，进行根据地建设的总章程。在财政经济方面，纲领规

定，“实行民生主义，改善人民生活。各民主政府应斟酌情形，立即实行减租减息，按照公平负担，实行给养统筹统支，减轻人民负担，敬养耆老，优待抗属，安置抗战伤残人员，救济灾民难民及失业人民，以杜绝壮丁外流；举办低利借贷，提高人民抗战的积极性；以巩固阶级合作，巩固抗日民族统一战线，”“努力战时财政经济建设，充裕抗战经费，发展国民经济，实行自力更生。提倡造林，开发水利，杜绝水患，垦殖荒田，开采矿产，改良农产，严防虫害，发展合作事业，调剂粮食，提倡土货生产，抵制仇货，发展渔盐业，废除苛杂，整理税收，实行累进税制，整理金融，巩固法币，发行辅币，取缔乡票，禁用伪钞，打破敌人‘以战养战’的阴谋，统制对外贸易，严格禁烟、禁毒、禁赌、禁酿，禁止运粮资敌并限制种植资敌产物。各级政府实行预决算制度、金库制度、审计制度，财政公开，提倡开源节流，严惩贪污，反对浪费。”〔1〕

“努力战时财政经济建设，充裕抗战经费，发展国民经济，实行自力更生，”这是《山东省战时施政纲领》中关于战时财政经济的总的指导思想。围绕这一指导思想，山东分局和省战工会的负责同志曾进行过多次阐述，逐步形成了山东根据地财经供给工作总的指导方针。例如，1940 年 8 月，艾楚南曾指出：“战时的财政经济问题，干脆说来，就是解决战时军民吃饭、穿衣、军火的问题，就是要建树战时物质资源的基础，保证战时物质资财的供给，以利持久抗战的问题”。〔2〕 同年 11 月，黎玉在山东省第一次行政会议上指出，抗日根据地的财政经济，要以“支持长期抗战为出发点，要站在爱护根据地的立场上，要真正做到根据地的自足自给，要培树支持长期抗战的战争资财。我们应明确地看到，要支持长期抗战，军队必须扩大，各种资财的供给必然增多，一切要为了保证战争的胜利。因此我们必须注意到，不只是消极的设法，而更要积极的建设。如不能发展工商业，繁荣地方经济，改善人民生活也不能彻底做好；不能建立起坚强

〔1〕《山东革命历史档案资料选编》第 5 辑，第 134 页。
〔2〕《山东革命历史档案资料选编》第 5 辑，第 298 页。

的抗战经济堡垒，打不破敌人的封锁政策，我们就会饿死”。[1] 朱瑞在向中共中央北方局及中央军委汇报山东工作时指出，“确定以扩大生产、整理田赋、增加税收为主，要自足自给的收入，停止捐款，厉行节约，严格制度，统一收支，培养干部，反对贪污浪费等，为今后财政经济供给工作总方针”。[2] 1941 年夏，山东省战工会召开了全省文教财经大会，来自鲁中、鲁南、清河、胶东等区 40 多名财粮干部，经过 50 余天的时间，认真总结了抗战以来山东财政经济建设的成绩与经验教训，研究部署了今后的任务，接受了山东分局和省战工会负责同志关于战时财政经济供给总方针的提法，指出“抗日民主政权财政经济建设工作的基本方针，必须以抗战需用出发”。力争自力更生，达到自给自足；发挥民力，发展生产建设；实行统筹统支，严格各种制度；开源节流，反对贪污浪费。[3] 至此，山东抗日根据地关于发展经济，自力更生，保证供给，自给自足的战时财政经济供给工作总方针基本形成。在这一方针的指导下，全省财政工作逐步走上统一和正规。

为了贯彻《山东省战时施政纲领》，实行统一的财政经济政策，1940 年 9 月，全省第一次行政会议把财政经济问题作为重要议题进行了研究，并把财经工作列为中心工作之一。会议提出要执行正规的财政经济政策，“甲、按公平负担办法，实行统一征收救国公粮，实行粮食支票制度，统一支付给养，节省粮食”。“乙、实行统一财政收支，建立严格预决算制度，肃清贪污浪费。”“丙、开源节流，领导生产建设工作。”[4] 11 月 7 日，山东省战工会又做出《关于统一财政之决定》，对统一山东财政工作作了一系列具体规定。《决定》指出，凡各项税收、田赋、官产、逆产、行政罚金、募捐等款项一律为国家收入，非经每个地区最高政权及财政负责人允许，概不得动用。要求各部队、各级机关、群众团体以及乡村政权所需经费必须按

---

〔1〕《山东革命历史档案资料选编》第 6 辑，60 页。
〔2〕《山东革命历史档案资料选编》第 6 辑，第 142 页。
〔3〕《山东革命历史档案资料选编》第 7 辑，182 页。
〔4〕《山东革命历史档案资料选编》第 6 辑，第 50、52 页。

规定定期编选预决算，交当地最高行政机关审核批准后始得开支，否则一律停止供给。《决定》强调指出，希望各部队、机关、团体切实执行并传达所属各单位，保证百分之百地做到，绝对不许再有忽视制度自收自用的现象发生，以便根据整个收入合理的统筹与分配，以免在支付上顾此失彼。

为了保证战时财政政策的贯彻执行，必须提高财经干部及工作人员的实际能力与业务水平，山东抗日民主政权非常注意财政经济干部的培养与训练。1941 年 6 月初，省战工会决定，成立财经学校 1 处，聘请八路军第 115 师师长陈光为校长，战工会艾楚南、耿光波为副校长。财经学校共分财政、经济建设、银行、税务等四队。学习期限 4 个月。第一期于 8 月 1 日开学。学员由鲁南专署保送 50 名，代招 30 名；清河专署保送 40 名，代招 30 名；沂蒙专署保送 20 名，代招 10 名；泰山、滨海两专署各送 20 名，代招 15 名。1942 年 4 月，根据中央的指示又设立了华北财经学校第二分校，专门培养县级以上的财经干部，每期学员 100 名。与此同时，各地区还自行开办了短期训练班，培养县级以下的干部。省战工会把办训练班列为各地检查汇报工作的主要内容之一。据统计，从 1941 年到 1942 年两年中，山东抗日根据地共培训区以上干部 2 450 人，其中送抗大 12 期，培训 722 人，财政训练班培训 120 人，泰山区培训 165 人，沂蒙区培训 360 人，清河区培训 212 人，冀鲁边区培训 290 人，滨海区培训 30 人，胶东区培训 551 人。此外，经战工会村级轮训队及各地训练之村级干部共 7 354 人，其中滨海地区 1 748 人，泰山区 2 323 人，清河区 577 人，北海区 906 人，西海区 788 人，东海区 1 022 人。虽然，这些干部不只是财政经济方面的，但其中财经干部要占很大一部分，尤其是村级干部中更多。

各地行政公署也围绕《山东省战时施政纲领》中的财经政策和省战工会关于财政工作的具体规定，结合本区内情况，相继制定了具体的实施方案。例如，1940 年 10 月，鲁西行政公署召开各专署二、四科长联席会议，对鲁西财政税收、生产贸易、民生改善、粮食征发，杜绝贪污浪费等问题，展开讨论，确定了鲁西行政公署的战时财

政经济政策。具体规定：第一，粮食统筹统支，减轻人民负担。决定按每年所征粮食实行粮票制度，如无粮票，任何人不得派敛粮食；各级政府成立粮食委员会负责办理。第二，确定保护税则，打击敌人封锁。整理税收田赋，征收出入口税，保护与抗战有利的土产贸易，打破敌人的经济掠夺。第三，建立财政制度，杜绝贪污浪费。实行预决算，成立金库，统一收支，整理乡村开支，严格规定各级经费。第四，实行合理负担，优待抗战家属。第五，奖励农村生产，提倡合作事业，调剂人民生活。

由于中共中央山东分局和省战工会制定了财政经济工作的正确方针政策，全省抗日军民的努力奋斗，山东抗日根据地的财政经济取得了可喜的成绩。第一，初步建立了比较完整的财政经济制度，建立了一套新的机构、法令和规章，培养了一批新的干部，使每个抗日民主政权的财政经济建设初步奠定了基础。第二，由于财政经济制度的逐渐建立，因此开展了财政经济建设各方面的工作。同时打击了敌人掠夺及抢粮的企图，使敌人“以战养战”的计划归于失败。第三，初步实行了合理负担、公平负担，“五一”减租等办法，同时废除了一切苛捐杂税，减轻了人民负担，整顿了国家税制，促进了生产事业的发展。第四，由于发行北海银行钞票，打击了敌人伪钞的发行，缩小了伪钞流通的范围，保证了法币的平价，调节了市场金融的周转，刺激了生产事业的发展。第五，在工业方面也有了许多发展，并且各地区的手工业也逐渐走上大生产的道路。第六，初步建立了对敌的关税壁垒，保护了抗日根据地内的商业贸易，打击了敌货的倾销，缩小了敌货的倾销市场，冲破了敌人的封锁。第七，合作事业方面，各个地区都有了很大成绩，许多手工业都是采取合作社的形式发展的。在改善民生方面，实行了减租减息（五一减租，分半减息），低利借贷，救济灾荒。入不敷出的财政收支状况也发生了根本性的变化。1941 年上半年，仅胶东、鲁中、鲁南主任区和湖西直属专区的统计，财政收入 5 434 135.94 元，财政支出为 3 483 893.91 元，收支相较，盈余 1 950 242.03元。即使加上胶东区的主力军费、地方军费和财务费等，再加上清河区的地方军费支出，收支相较，也仍有余（详见表 2－1、

表2－2）。

表 2－1　　1941 年上半年山东各区财政收入统计　　单位：元

科目	地区					
	胶东主任区	清河主任区	鲁中主任区	鲁南主任区	湖西直属专区	合计
结转			100 260.96	27 169.97	65 767.80	193 198.73
田赋正税	959 304.74		561 329.62	86 455.95	156 659.30	1 763 746.61
田赋附加	559 915.68		77 915.74	42 739.50		680 570.92
地方税	71 635.50		237 342.73	34 765.05	12 371.08	356 114.36
矿税	78 697.00		16.00	400.00		79 113.00
盐税	359 322.45			271 002.27		630 324.72
出入口货物税	219 709.57		88 456.56	3 493.50	6 722.95	318 382.58
捐款	200 597.01		124 145.50	9 256.50	7 851.00	341 847.01
罚款	67 540.65		76 620.64	78 540.90	15 715.00	238 417.19
公款			20 606.71	1 850.00		22 456.71
没收财产	33 759.93		13 311.88	5 588.76		52 660.57
官产收益	2 311.44		2 958.15			5 269.59
学田款收益			15 933.99	8 080.00		24 013.99
公营事业收益	220 124.28		120.00	240.00		220 484.28
其他			109 924.11	59 326.57		169 250.68
合计	2 772 915.25	638 282.00	1 428 942.59	628 908.00	265 087.13	5 434 135.94

备注：1. 鲁南收支仅5个县的统计。

2. 鲁中区田赋附加项只泰山区的，其他区皆并入正税内。

3. 清河结转无数字，恐因超支。

4. 鲁中超支盐税未列入。

5. 冀鲁边无统计。

表 2－2　　1941 年上半年山东各区财政支出统计　　单位：元

科目	地区					
	胶东主任区	清河主任区	鲁中主任区	鲁南主任区	湖西直属专区	合计
主力军费		31 454.00	144 687.00	83 874.88	112 502.97	372 518.85
地方军费			202 894.95	187 881.51	37 935.66	428 712.12
行政经常费	148 498.88	235 818.00	177 399.33	48 588.13	45 435.99	655 740.33
教育费	9 336.50	33 506.00	23 863.78	10 460.26		77 166.54
建设费	12 447.24	29 238.00	24 209.65	19 926.00		85 820.89
财务费		217.00	7 787.32	6 596.24		14 600.56
群众团体补助费	84 826.10	31 262.00	20 021.65	9 498.83		145 608.58

续表

科目	地区					
	胶东主任区	清河主任区	鲁中主任区	鲁南主任区	湖西直属专区	合计
战时动员特别补助费			9 197.13	5 520.02	14 712.50	29 431.65
缴款		536 974.00	451 830.57	150 686.45		1 139 471.02
其他	13 605.80	1 750.00	495 667.23	16 001.76	7 798.58	534 823.37
合计	268 714.00	900 219.00	1 557 558.61	539 016.08	218 385.70	3 483 893.91

备注：1. 鲁南收支仅5个县的统计。

2. 胶东支出项中之军费与战时动员特别补助费原报告无数字。

3. 冀鲁边无统计。

三、各级财粮机构的建立

为了落实《山东省战时施政纲领》，贯彻中共中央山东分局确定的财政经济供给工作的总方针，必须建立一套与各级抗日民主政权相适应的财政、税收、粮食、贸易管理机构。1940年秋，随着山东根据地的巩固与发展，在山东省战工会下建立起各级抗日民主政权的财粮机构，形成了中共山东分局财委会领导下的统一的山东根据地财粮系统，从而在组织上保证了战时财经政策的实行，保证了抗日军民的财粮供给。

（一）财税机构

1. 各级财经处、科的建立。山东省战工会成立后，在其内部设立了战时财政经济建设组，作为全省财政经济的指导与督察机关。1941年3月，经山东省临时参议会决议，财政经济组改为财政经济处。同年5月，财政经济处又分为财政、经建两处，艾楚南为财政处处长，耿光波为经建处处长。财政机构得到加强。战工会财政处认真贯彻执行了山东分局制定的战时财政政策，自上而下建立了预决算制度、会计制度、汇报制度，税收制度、粮食支票制度、金库制度等

一系列财粮制度，先后制定和颁发了数十种关于财粮方面的条例和法令，使各级财粮人员在工作中有所遵循；在财粮的征收与供给上，纠正了随意捐罚和乱筹乱支的现象，制定了正规的田赋税收政策，规定了财粮开支标准，并先后颁发了甲、乙、丙三种合理负担办法，征粮新办法，财粮收支达到初步统一与合理，使各地财粮工作漫无组织各自为政的现象逐步得到纠正；建立健全了北海银行，发行了本币，创立了战时金融等。

各个行署和专署先后设立了财政处或财政科。每个科（或处）由科长 1 人，副科长 1 人，科员 3 人组成。县设有财政科，由科长 1 人，副科长 1 人，科员 2 人组成。区公所设财经助理员。各行署、专署和县级财政处、科的任务与职权是，贯彻省战工会统一颁发的财政条例与法令，结合本地情况，制定具体政策；征解田赋、税收，公款、公债事项；编制审核同级及下级政权机构的经费预决算及金库收支情况；各地金融之监督、调查、取缔事项；执行改善人民生活之财政经济政策等。

省、行署、专署和县的各级财政机构之间，不存在隶属关系，而是分属于各级抗日民主政府。省战工会财政处对下级财政机构一般只起指导与监督作用，不发指示、指令等，但下级财政机构必须定期向上级汇报。省战工会财政处规定，区向县每 15 天报告 1 次，县向专署每 1 月报告 1 次，专署向本处每 3 月 1 次，报告时要有切实的数字及材料，并将工作进度及发展情形具体反映。

2. 设立金库。为了统一财政收支，加强现金管理，严格收支制度，1940 年 2 月 29 日，山东分局即指示各地建立分金库，统由山东财政部管理。省战工会成立后，财政处设总金库，主任公署设分金库，专员公署设支金库，县政府设县金库。金库一般设主任 1 人，出纳员、记账员 2—3 人。各级金库负责一切财政收入保管及支付事项，监督各机关之财政收入不交金库事项及保管有关财务事项。

为了统一金库管理，严格金库收支制度，省战工会于 1941 年 6 月公布了《山东省金库暂行条例》。《条例》规定：各机关一切财政收入，尽交金库核收，一切支出，非奉上级金库支付命令，不得动支。但各地分金库因特殊环境，未得到总金库支付命令，可由主任公署会同省战工会财政特派员签发命令，通知金库付款。《条例》明确规定了各级金库之间的领导关系。总金库直接受省战工会财政处领导；分金库直接受总金库领导，并受主任公署之监督与指导；支金库直接受分金库领导，并受专员公署之监督与指导；县金库直接受支金库领导，并受县政府之监督与指导，以保持金库之独立系统。各级金库收支款项，须即填收入或支出款书，并随时向上级金库报告；下级金库所存之款其直属上级金库有提用之权，总金库有超级提款或通知付款之权。省战工会所属机关，按预算单位由总金库分别发给支票。上级金库按照预算批准数目给下一级金库发总支票，下一级金库接到总支票再分发给所属机关。县府总会计按县金库发给的总支票向金库领款，分别发给各预算单位。各级机关每月按预算数持支票和支付命令到所属金库领款。为了方便起见，经上级批准，也可从本机关应解交款项内拨付和坐支。各机关向金库解款用三联解款书；下级金库向上级金库解款用二联解款书；各级金库所用支票均为三联。各级金库实行报告制度，县金库，支金库、分金库分别于每月 5 日、10 日、月底以前向直属上级金库报告，报告须附有库存表及日计表、日报表。

金库制度建立后，由于各地执行得不甚严格，许多违反制度的现象依然存在。如“浮支乱报”、“先斩后奏”、“乱收乱用”，不按规定开支，行政负责人不按手续向金库借款，随意支配；有的金库工作人员贪污严重、账目不清，造成现金管理混乱。为了进一步加强现金管理，完善金库制度，巩固财政基础，保证抗战经费之供给，山东省战工会于 1942 年 5 月 30 日公布了《山东省经管收支款项统一处理办法》。《办法》规定，各机关直接收入款及所属机关收入款，均交就近金库核收代解取据，按期制表报各主管机关汇总报告；各机关及所属机关之经费，统由战工会（或主署）统筹核发。该办法强化了解交款、请领款的手续，改原来的三联单为五联单或四联单，加强了同财政机构、审计部门的联系；划分了省款与地方款，规定地方款收入也均须交金库核收保管，不准随便动用等。与此同时，省战工会重新

修订颁发了《山东省金库暂行条例》，对金库的职权、设置、归属、管理与监督等问题作了进一步规定。修订后的《条例》规定，金库为政府经管现金、票据、证券及其他财物之机关。其设立得由战工会责成北海银行办理。省战工会设总金库，主署设总分金库，专署设分金库，县设支金库。各级金库承战工会之命办理省之公款公物（金银有价证券）之保管、出纳、移转等事项外，并须办理地方款之保管出纳事项，但一切收支不得与省款混淆，并不得相互流用；各级金库收存之省款，非奉有战工会财政处（或主署财政处）之支付命令，不得支付任何机关或部队。一切岁入之款，概由金库按收款手续收纳保管，任何收入机关不得收款不交，更不得于未交金库前擅自动用，违者金库应加干涉，并报告该管上级机关及财政处予以处分。条例还增加了检查制度，规定战工会或主署财政处及该管审计机关，均可随时派员检查各级金库账簿单据及库存现金、票据、证券等。以各级行政负责人、财政科长、审计机关负责人及金库负责人等3—5人共同组成金库委员会，具体负责管理金库事宜。金库委员会对金库有指导、监督、检查之权，没有支配财产之权，其支配权属于上级金库。金库制度得到进一步完善。

3. 税务局、所的设立。山东抗日根据地财政工作处于初创阶段时，税收在财政收入中占的比例很小，部队的给养主要是靠田赋和捐款收入。税收工作由财政部门兼代和临时派人征收，无常设税收机构。随着根据地的日益巩固与发展，税收工作提上了议事日程。1941年7月，山东省战工会在《关于响应中共山东分局建设山东抗日根据地十项建设运动号召的决定》中提出要建立税务局，直接受省财政处与各主署财政处领导。随即建立起各级税务局。为了整理税收，增加财政收入，省战工会又颁发了《山东省税收暂行条例》、《田房契税暂行办法》等文件，作为各地税务人员征税的依据，使税收工作逐步走上正轨。

各级税务人员原为无给职，山东抗日根据地对税务人员实行津贴制。1941年10月，省战工会做出《关于各级税务人员待遇之决定》，规定税局内部之工作人员月给津贴8—10元；各税卡及经常在外的稽查人员，月给津贴10—15元；税警及什务人员，月给津贴6—8元。具体数额由各局在规定限度内，按其成绩差别酌量核定。工作有特殊成绩者，税局可提出另行奖励。税务人员除津贴（包括鞋袜菜金在内）外，其给养服装等均由公家按规定发给，不折合津贴计算。

为了保证税收的正常进行，在中共山东分局和省战工会的督促下，各地先后建立起税务局、税务所、税卡和税收武装。以胶东区为例。胶东主署于1943年5月颁布了《胶东主署税务局组织暂行条例》。主署设税务局，受主署财经处直接领导。税务局设正副局长、秘书各1名，下设总务、税务二科，科下设若干股，负责具体工作。专署设税务分局，县设支局。分局直接领导所属地区的各支局，并受同级政府财政科的领导监督。分局设正副局长各1名，内设总务股和税务股；支局设局长1人，会计员2人，检查员3人。为工作便利，支局一般和一个稽征所合并。在重要村镇交通要口设立稽征所、卡，专管征收货物税和缉私工作。一般稽征所设所长1人、会计员1人、稽征员1人、检查员若干人；各分卡设卡长1人，稽征员1人；检查员1人。在游击区，县支局与县署一同活动办公，区以下工作人员附驻在区公所，为区公所人员之一，受区公所领导与保护，并领导各村之缉私人员及缉私网的组织。为保护税收，胶东区特组织税收武装一个团，分驻各县区实行武装缉私，保护税收，对敌展开经济斗争。

4. 盐业交易所的设立。盐业交易所的前身“盐槽子”，是食盐运销路线上的转运站和交易场所，也是盐贩与盐滩的媒介。在旧社会，只要谁向当时的政府交一笔款，谁就可以设立。所以“盐槽子”往往为地痞流氓及盐经纪所把持、操纵，三里五里便设一个，甚至有一个村设数个的，强拉买卖，欺诈商民，同行之间钩心斗角，互相倾轧，遂成为黑暗场所。抗日民主政权建立后，即着手整理旧盐槽子，在盐运路线上的适当地点建立盐业交易所。一方面经过交易所，可以自由买卖，公平交易；另一方面又可借以平抑盐价，调剂盐的运销，防止大盐商的垄断居奇，满足根据地民众的需要。1941年底，省战工会制定了《盐业交易所组织暂行办法》，指导各地对旧盐槽子的整

理与盐业交易所的建立。办法指出，各县应在重要集镇交通要道建立盐业交易所，直接受县政府财政科领导，并受所在地区公所的指导与监督。交易所设主任1人，负责计划领导，检查督促盐业交易事宜。主任以下，设司账员1人，负责登记账簿，填发运单及统计；司称员1人，负责过称及收发盐斤事宜；事务员1—3人，负责检查偷漏盐税，帮助过称等。在设有交易所的地方，来往盐商如愿买卖，须经过交易所过称，发给运单，并交纳手续费5%，其中买方3%，卖方2%。对经过交易所而不出售的运盐商贩，交易所有检查盐运税票及运单之权，如查有偷漏者，交税务机关处理。

（二）粮食机构

1. 粮食局、科的建立。各县抗日民主政府建立后，一般都设立了粮税科，帮助部队、机关筹集给养。省战工会成立后，粮食供给为财经组的工作任务之一，没有专门设立全省性的粮食管理机构。1940年11月，山东省临时参议会通过《山东省战时县区乡村各级政府组织条例》，规定在县政府之下设立粮食科，负责调查统计全县每年出产粮食总额及其种类；调查统计全县人口每年用粮总额及主要食粮种类；调查统计全县各区食粮盈亏情形；调剂全县人民食粮；筹征、保管及分配救国公粮；调查审核统计部队、机关、团体食粮人数，发放粮食支票；统筹部队、机关、团体烧柴及草料。粮食科设科长1人，科员2人，事务员若干人。为了加强粮秣工作的组织与领导，健全粮食机构，1941年1月省战工会做出《关于粮秣工作的决定》，要求专署设粮秣科，办理全专区粮秣事宜。科下设统计调查股、会计股、粮票股。各县设粮秣科，分设三股办事。人员编制上大大超过了原定数，增至十几人，分工也越来越细，职能越来越全。区设粮秣助理员1人，干事2人，办理本区粮秣分配、征集及收集粮票等。乡设粮秣干事。部队中各旅要在自己驻区内成立粮食管理局，负责征集、储藏、分配所需之公粮。各级粮税机关实行双重领导，即除受各该级行政首长监督与领导外，并受上级粮税机关直接领导，成立垂直系统。决定还明确要求，各级粮税机关要在1941年1月建立起来，同

时撤销各级给养委员会。1941 年 5 月 5 日，山东省战工会召开全省粮食会议，各地方政府粮秣工作负责人及八路军 115 师和山东纵队供给部负责人参加会议。会议做出《关于粮食与征收救国公粮的决议》，决定在战工会设粮食管理局，各主任公署亦设粮食管理局，作为各地粮食工作的执行机关。战工会粮食管理局于 5 月 28 日成立。从而形成了由粮食管理局、粮食科、粮食助理员组成的全省粮食管理系统。

2. 粮食委员会的建立。山东根据地建立初期，在一些部队常驻地区，由当地党政军民负责人联合组成粮食委员会，负责部队的粮食筹集分配等。1941 年 5 月，全省粮食会议提议，在县以上成立各级粮食委员会，负责粮食政策的制定、决定征收公粮数目、比例及分配的原则，交各级粮食科执行。参加人是各地区党政军民的负责人和各级政权机关及军队粮食部门的主要工作人员。各级粮食委员会是直接领导系统。1941 年年底到 1942 年春，省战工会又决定以县以上的各个地区为单位，由各地区的党政军民的主要负责人组织粮食委员会，党政主要负责人为正副主任，在各地政府领导下统一计划关于粮食问题的统一筹划、分配、开源节流等具体方案，分别交付政府粮食科、经建科、群众团体执行。不久，即组建山东省粮食委员会，聘请朱瑞、陈光、黎玉、李澄之、陈明、艾楚南、李竹如、冯平、何敬之等为委员，各地区的党政重要负责人 1 人参加为委员，以朱、陈、黎 3 人为正副主任。粮食委员会仅是战时粮食工作的决策机构，但不是常设机构，一般不对外发布命令和指示，而是通过政府发布命令执行。粮食委员会的成员都是兼职。

3. 粮食仓库制度的制定与实施。为了便于粮食保管，及时供给，方便运输，1940 年后，根据地的各区、乡设立了粮库，由区、乡财政助理员负责管理。各部队在一定地区设立粮站，随部队移动，粮库与粮站之间设有运粮站。由于粮库制度不健全，管理不善，贪污浪费严重，加之设立不科学，运输耗费大量人力物力，给部队供给带来一定困难。为实现粮食的统筹统支，有计划的储存保管，减少损失与浪费，及时保证军粮供给，1942 年 6 月 23 日，省战工会做出《关于建

立粮食仓库之决定》。决定设立县仓库，县仓库以下得在县境各地按实际情形设立若干分仓库。选择条件较好的村庄分散存储，责成村财政委员会负责。县仓库设主任1人，会计员1人；分仓库设主任、会计员、出纳员各1人。县仓库在粮食开支上受专署粮食科领导，并受县粮食科监督与指导；分仓库在粮食开支上受县库领导，并受所在地区公所的协助、监督与指导。仓库主要负责粮食的收入支出；计划、检查与监督粮食之保管与储藏；协助政府检举浪费粮食、违反制度等行为。

仓库内部建立了严格的工作制度。关于收入支出制度，规定各级政府所征收的公粮，必须交仓库统一保管，不得自收自用；为避免粮食亏耗，各级仓库一律改用十五两五发称；各级仓库对收入的粮食应注意检查，如质量太差则不收；仓库收入公粮必须给以正式收据，并得按时汇报上级；粮食开支权属于各战略区最高政府（主署或专署），下级政府及各级仓库不得随便支配。由战略区最高政府签发支付通知书至专署（或县），专署（或县）签发三联支票，一联存根，一联交县仓库（或分仓库），一联交领粮机关，领粮后交县仓库（或分仓库）报查。各存粮村长，没有分仓库正式条据不得发粮。凡不按规定手续擅自动用或自借者，要受行政处分。关于汇报、会计、检查制度，规定在征收期间，分仓库每5日向县仓库汇报粮食收支情形，县仓库每旬向专署粮食科汇报粮食收支情形。在非征收期间，分仓库每旬向县仓库汇报一次，县仓库每半月向专署粮食科汇报一次。县仓库及分仓库最起码要具备总记、日记、分存三种账簿。县、分仓库应定期或不定期的经常检查所属下级的工作，必要时专署以上粮食部门得派员检查仓库工作。

（三）审计处的设立

为了保证正确地执行财政制度，防止贪污浪费及破坏财政制度的现象发生，1942年6月，经山东省临时参议会通过，省战工会决定设立审计处，并颁发《山东省审计处暂行组织条例》、《山东省审计暂行条侧》，施行财政司法监督。省设审计处，主署设审计分处，专署设审计员。省审计处设主任1人，审计员4人，统计员1人；审计分处设主任1人，审计员3人，统计员1人；专署设审计员1人，审计干事2人。各级审计处受各地区检查委员会的领导，并受行政委员会的指导，但仍保持其独立系统。审计处主要负责审核各机关、团体、地方部队开支决算事项；审核各级财政粮食机关征税征粮与一切开支事项；审核各机关团体部队公有财物事项；审核各级金库及公管事业收支事项；关于贪污舞弊及浪费的检举事项。审计方法分为三种：书面审计，包括各机关团体部队收支预算书、决算书，公营事业之营业报告，金库之收支报告及其应附表册等；实地审查，对上列书表认为有疑义者，或发现某机关团体、部队有贪污浪费时，得派员随时进行实地检查；委托审查，为工作的便利和监督的周密，审计机构可将一部分审计任务委托某些机关，团体、部队代为审查。如发现问题，即通知其主管首长，或派人实地审查核实，发现有贪污舞弊情节时，得提请同级检察委员会检举。

第二节　建立统一的财政制度

一、规定财粮开支标准

规定财粮开支标准，是实行财政统一收支，建立预决算制度的前提条件之一。为此，山东省战工会先后制定颁布了关于部队、机关、团体及企事业人员的粮食供应标准，以及行政费、军费、教育费、经建费、邮政费、优抚和社会救济费等项经费开支标准。

（一）粮食供应标准

1940年11月20日，山东省战工会发出《关于各机关部队团体口粮标准及领取、食用办法的通令》，规定自12月起，凡部队、学员每人每日改发粗粮（高粱、麦子、谷子）2.4斤或细粮（小米、绿豆、白面、大米）1.5 斤；各机关团体人员每人每日发粗粮 2 斤或细粮 1.4 斤；事务人员与部队同；电台机要科做夜工的技术人员及工厂工人等，每人每日发夜餐费 1 角；各单位每月按规定由管理人员编造预算，向供给机关领取。月终如有结余，即全数退回原发粮机关，不得浪费；各机关部队团体一律自做自食，不得向群众以生换熟，更不得以粗换细。如遇战斗环境必须换熟时，须经乡村政权向群众动员说服，按供给机关规定的数目兑换，不得随意增减。各机关领发粮食以 16 两称为标准。1941 年 5 月，省战工会又对粮食供应的种类作了适当调整，原则上认为医院伤病员和军需工厂工人应多吃麦子，以至全吃麦子；其次则多分配些麦子给主力部队，学校也应优待，多给一些麦子；再次是机关和地方武装。这一切由各级粮食委员会做出具体决定。

1942 年 7 月，省战工会又对村镇脱产人员的粮食供给做出决定。凡按村政组织新决定建立村公所的行政村，由区公所呈准县政府按月发给粮食津贴 60—80 斤，200 户以上者得酌量增至 100 斤。村公所所领的粮食津贴，由村政委员会决定发给脱产或半脱产的村长、副村长或文书 30—60 斤。倘有剩余，可酌量津贴其他需要津贴的负责人员或扩充本村公益费用。

各地区根据本地具体情况，在执行过程中作了适当调整和补充。例如，清河区规定：部队战士及机关长途交通员，如供应麦子，每人每天 2.5 斤；如供应小米，每人每天 2 斤；如供应高粱、大豆，每人每天 2.4 斤。机关人员，如供应麦子，每人每天 2.4 斤；如供应小米，每人每天 1 斤 12 两；如供应高粱、大豆，每人每天 2 斤。关于粮食比例：部队供应麦子的比数，由军区自行规定；供应小米，每月 6 天；除供应麦子、小米外，余皆供应高粱、大豆。地方工作人员，每月供应麦子半天，小米 5 天，高粱 15 天半，豆子 9 天。轻病号，每月麦子 15 天，小米 15 天。工人，每月麦子 3 天，小米 7 天，高粱 12 天，豆子 8 天。关于招待客人的给养追加：部队机关中之来往非脱产人员招待时所用给养，由招待部门出条据，凭条追加和报销；调动工作的政工人员，须由原属部门领取本月的粮票，并于介绍信上说

明其带的给养数目，不得再行追加。胶东区，曾先后几次改定供给标准。1941 年 12 月，胶东区行署做出关于粮秣供给标准的决定，要求党、政、军民（各机关团体、部队）吃小麦时剩余的麸子，一律交给各地政府统一管理；机炮连驮骡，每天增加谷草 2 斤，即 12 斤，其他部门不增加。女同志在产前产后 1 个月，每天发小麦 2.4 斤，柴 4 斤；1942 年 9 月又重新公布了新的标准。关于粮食、木柴，部队每人每日粮 2 斤，柴 2.5 斤；机关人员（团级以上及学校教职员在内，但通讯排电台挑夫均除外），每人每日粮 1 斤 12 两，柴 2.5 斤；中学学生每人每日粮 1.5 斤，柴 2.5 斤；病号每人每日粮 2 斤，柴 4 斤；女同志在产前产后各 1 月，每日小麦 1 斤 12 两，柴 4 斤；旅级机关（军区、主署、区党委、五旅）每月外加木柴 1 000 斤，抗协总会每月外加柴 300 斤；团级机关（军分区、地委、专署）；每月外加木柴 300 斤，胶东抗大每月外加木柴 500 斤；县政府每月外加木柴 300 斤；各部队团体的卫生处，每月加消毒柴 10 斤。关于马干、谷草，马每匹每日谷草 10 斤，麸子 2 斤，豆子 2 斤；机炮驮骡每匹每日谷草 12 斤，麸子 3 斤，豆子 3 斤；战马每匹每日谷草 10 斤，马干 6 斤。关于民伕供给标准：民伕每人每日粮 2 斤，柴 2 斤半；牲畜每日每头草 10 斤，马干 4 斤。另外，对米面及熟饭的折合也一一作了规定。

（二）经费开支标准

山东省战工会一成立，就着手制定颁布各项开支标准，对一些临时的开支也作了具体规定，曾先后对烤火费、年节费、行政费、优救费、教育费、鞋子衣服费、经建费、邮政费、保育费、保健费、公安费和招待费等做出过决定。

1. 行政费。1941 年 10 月 8 日，省战工会发出《关于公布各级政府用费开支标准的通知》。《通知》要求各级政权机关深刻认识这一规定系统一财政收支、监督浪费的有力保证，在一切收入军费占 70%、政费占 30% 总的开支原则下切实执行，以保证主力及政府之开支为要。《山东省各级政府用费开支标准》简要如下：

（1）公特杂费。专员公署：一等专署，每月办公费 150 元，特别费 120 元，杂支费 90 元；二等专署，每月办公费 120 元，特别费 100 元，杂支费 80 元；三等专署，每月办公费 100 元，特别费 90 元，杂支费 70 元；各专区参议会，每月办公费 10 元，特别费 30 元。

县政府：一等县府，每月办公费 100 元，特别费 90 元，杂支费 70 元；二等县府，每月办公费 90 元，特别费 80 元，杂支费 60 元；三等县府，每月办公费 80 元，特别费 70 元，杂支费 50 元；各县参议会，每月办公费 8 元，特别费 25 元。

区公所：一等区公所每月 25 元，二等每月 20 元，三等区公所（10 人以下者）每月 15 元；区参议会每月办公费 3—5 元。

乡公所，每月办公费 5—8 元。

村公所：行政村，100 户以上者每月 5 元，200 户以上者每月 6 元；300 户以上者每月 8 元；副村，20—40 户者每月 3 元，40—90 户者每月 4 元；县直属市镇，500 户以上者每月 10 元，1 000 户以上者每月 15 元。

（2）预备费。专员公署。一等 5 000 元，二等 4 000 元，三等 3 000元。县不单设预备费，临时需要时呈请专署核准，由专署预备费内借支。预备费系供专署、县府临时发生大批正当用费不及追造预算者暂支之用。

（3）津贴费。职级津贴，按月计算。专员每人 5 元；县长、专署公安局长，每人 4 元；专署秘书主任、科长、县公安局长，每人 3.5 元；县政府秘书、科长、专署股长、区长，每人 3 元；专署及县科员，每人 2.5 元；区助理员、干事、文书、工作人员、特务长、录事、乡长，每人 2 元；警卫员、学员、练习生，每人 1.5 元；班长、战士、炊事员、通讯员、饲养员、勤务员，每人 1 元。

普通津贴，不分等级，每人每月一律 1 元。

各级参议员为无给职，但如系脱产的主席团成员得与同级政府工作人员享受同等待遇。如开会时，赴会议员来往路费由政府发给，但限于不在职的特殊统战人员，每日不得超过 3 角至 5 角。

（4）临时费。被服、鞋袜、弹药等费，由专署以上政权机关每半年编造预算一次，统一筹办，各县不得另报预算；抚恤、埋葬及其他特殊费用在未划定专款前，各县需要开支时，得呈专署批准后，临时由预备费内借支，随后归还；一切临时费开支标准，由专署以上审计机关临时核定，按月向上级报销。

（5）菜金。县政府以下的政府机关，每人每日菜金7分；专署以上的政府机关每人每日菜金1角；村级政权不发菜金；各级参议会与各级政府工作人员同。因年老力衰及有疾病者，菜金增加1倍，但须事先呈上级批准；专署以上干部学校的教员学员菜金每人每日1.2角。

（6）招待费。招待统战来宾及士绅名流，每人每日不得超过4角；一般上下级往来概不招待；烟酒费概不准报销；区政府不报招待费。

（7）会餐费。凡有政治意义的会议，经上级批准，除原有菜金外，每日可增加菜金1.5角（什务人员不得增加），在会议期间不另会餐；一般的座谈会不准会餐，特别的士绅名流座谈会，经上级批准，每人发给会餐费3角，一般会议不准会餐，亦不得增加菜金；区级政权机关不准会餐；训练班不论长短一律不准会餐；正式学校每期在毕业时只准会餐1次，每人增加会餐费2角；开会期间来自机关部队者一律带菜金粮票。

（8）马干费。每匹每日发草钱1角；乘马驮马每匹每日发料6斤；驴子每头每日发料4斤；掌缰费每匹每月2元，驴子不发。

（9）被服标准。单衣：各级政府群众团体及区级以下地方武装，每年发单军衣或便衣1套；县级武装及警卫部队每年发单军衣1套。棉衣：各级政府机关团体工作人员及地方武装部队连级以上的干部，每两年发棉衣1套（军装或便衣），县政府机关团体中的什务人员及武装部队排以下者每人每年发棉衣1套（军衣或便衣），但未破烂者得由各级政府收集拆洗补充下年度用。棉袍：政府机关的县科长、专署股长、主署科员以上干部，每人发棉袍1件，每件穿2年再交还公家；群众团体在县工农青妇文主要负责人及专署级科长以上干部，每人发棉袍1件，每件穿两年；地方武装及警卫部队连级以上干部，每人发大衣1件，每件穿两年，战斗班每班发放哨大衣1件，通讯班、饲养班每两人发1件。棉被：县级主要负责人及武装部队连级以上干部每人发棉被1床，其余人员每两人发棉被1床。干部每床至少盖4年，战士每床至少要盖3年，但有被者则不补充。帽子、裹腿、子弹带每人每年发1次，便帽、腿带可用两年。

（10）鞋袜标准。县级及县级以上的地方武装部队、学员、管理员、通讯员、巡视员，每人每年发布鞋3双，草鞋2双；县级及县级以上的机关工作人员、教员、事务人员，每人每年发布鞋3双，草鞋1双；骑马的人员，每人每年发布鞋3双；区级机关部队照上列规定减少1/3；各级机关团体地方武装每人每年发布袜1双；乡村两级不发鞋袜。

（11）医药费。专署及专署以上的机关团体武装，每人每月医药费3角；县区两级每人每月2角。

此后，由于根据地经济困难，物价高涨，省战工会又颁布了一些条例、条令，对其中一些开支标准作了补充和修定。1942年2月7日，省战工会做出《关于招待会餐费之决定》，规定各机关、团体、部队的来宾，除带有统战性质的外宾，一律给以普通饭菜，不得额外招待，亦不得报销招待费。对统战来宾的招待，每人每餐不得超过8角，如需特别招待，得经团级或县级以上首长批准可酌量增加，但在决算单上必须注明招待的人，否则不能报销。一般的会议不得增加菜金，亦不得举行会餐。带有政治意义的会议需要增加菜金者，除自带外，增加一倍；各种集会、过节及学校训练班开学、结业等，一律不准会餐，亦不得额外增加菜金。同年3月27日，战工会又做出《关于各机关团体之用费菜金及节省鞋子的新决定》，规定各机关团体的办公、特别、杂支等费，如因物价高涨，确实不敷应用时，得由各地最高政权机关讨论增加，但不得超过原数的1/3，并报省战工会批准；自1942年4月起，区级以上的各级政权机关及群众团体、地方部队的菜金每人每日增为2角，伤病员增为4角，工人技术工人及3个月以上正式学校的教员、学员增为3角。关于鞋子，要求每个伙食单位在100人以上者，得添鞋匠1名，这样每人每年可节省鞋子1~2双；鞋子的筹办，须按规定数分期由政权机关动员群众代做，每双一律发布料费6角。5月30日又规定，自7月份起，各机关部队团体一律不准以官价发动民众定做鞋子，军队及县以上政权机关可按需用量酌设鞋厂自做，如生产不足时，可以市价向各级妇联会定购或收买。

2. 干部保健及育婴费用。山东省战工会曾于1940年11月做出《关于保健养病及育婴等费的决定》。各级机关、部队、团体连级或县级以上干部，经医生检查有长期病者（肺病、胃病等），按病情轻重每人每月发2—5元保健费。工作人员年老力衰需要保养者，经县级以上机关批准，每月发给2—5元保健费。养病费，临时病号如病重住院者，一切生活由医院管理，不另发养病费；如病轻在原单位休养者，经医生核准，每天发菜金1.5角，食粮由机关调剂。育婴费，凡男女双方均在机关、部队及法定团体工作而无家庭供给者，婴儿自哺乳者每月发津贴费5元，雇人代育者发津贴费7元，婴儿长至3周岁后，比照成人供给衣服、给养、菜金。生育费，女子在生产时发给生育费20元。卫生费，14岁以上脱产的女工作人员每月加发卫生费5角。以上费用均由所在单位造入预算。1941年3月，省战工会又发出《关于妇女干部保健及婴儿保育规定的通知》，规定女工作人员，在产前休假一个月至一个半月，产后休养一个半月，并在可能范围内改善其生活；生产时发给生产费30元，休养期间给养津贴照发。1942年2月10日，省战工会又规定，女工作人员卫生费增为1.5元，有妇女病者，由各单位负责医治，生产时发给生产费40元。关于婴儿保育办法；生产前1个月发给布两丈，棉花2斤；婴儿2周岁前，自己哺育者，每月发给养育费10元，雇人哺育者每月发给公粮60斤；2周岁以上至6岁以下者，如不在婴儿所，每月给保育费10元，细粮20—30斤；如雇人哺育者，仍照发奶母粮食60斤；婴儿自出生之日起，每冬、春两季发给单、棉衣两套。

此外，1940年11月20日，省战工会还曾做出关于烤火费的规定：电台报务人员每月发6角；医院伤病员每人每月发3角；正规部队受训学员及县级以上机关、团体人员，每人每月1.5角；县级以下区乡村政权、群众团体及地方部队一律不发。烤火费自12月起至次年2月份止，共发3个月。

3. 教育经费。1940年12月，山东省战工会制定了《山东省战时国民教育实施方案》，规定教育经费至少应占政府经费预算的20%。经费的来源主要有四个：一是学田、庙产、田赋的教育附加捐、原有的教育基金等，全数拨给，不准移作他用；二是绝产、官产及其他一切公款，按25%拨作教育基金；三是热心教育辅助事业发展的社会人士的捐助；四是如以上各项不足时，由同级政府拨支。经费由同级政府统筹统支，筹集困难的地区，由上级政府酌量辅助，以求教育事业平衡发展。在经费分配上，基础教育占全部教育经费40%，继续教育占15%，社会教育占25%，干部训练占20%。教师实行最低生活费制。粮食、菜金，由公家按月发给，其数量与一般政府工作人员相同；服装由公家发给便衣费，包括单衣两套、衬衣1套、棉衣1套、大衣1件；每人每月发给固定津贴费3—5元；身体虚弱及患病者，经医生检验证明，每月发给保健费1—3元；患病由公家治疗，休假期间，享受日常待遇；教师家属按优抗条例予以优待。

为了保证教育经费在总的财政收支下保持相对独立与固定，1941年6月，省战工会专门做出《关于教育经费的决定》，规定中等学校及专署以上所办教育事业的经费，一律按照预决算由财政收入的正款中开支；县以下教育事业经费依靠地方教育款产的收入，如不足时，可由正款中拨一部分，再不足按需要由田赋中附加，以县为单位，实行统一收支。

各类学校教育经费具体开支标准如下：

（1）小学。教职员每人每日粮食2.4斤；生活费包括菜金服装每人每月初小正教员10元、代用教员8元，高小正教员14元、代用教员12元，中心小学校长兼教员者以高小正教员论，每年按12个月计算。办公费每班每月初小6元，每增1班加4元；高小10元，每增1班加8元。开办费，初小每班最多不得超过10元，由区批准后一次发给；高小每班最多不得超过50元，由县文教科按照预算发给。对抗日军人子弟及贫苦学生实行优待，受优待学生不超过20%。受

优待学生必需的课本完全由学校供给，文具费每人每年低、中级不得超过1元，高级不超过2元；抗属小学学生，书籍文具完全由学校供给；住校而贫困者由学校供给每人每日粮食2斤、菜金7分，贫苦者学校可酌补鞋袜服装费。

（2）民众学校。其费用由乡村按规定自筹，由县统支。

（3）中等学校。教职员每人每日粮食2.4斤；教员生活费每人每月20—40元不等，由校务会议评定交所属教育行政机关批准施行；职员每人每月10—20元，由校务会议自行规定。开办费每班不得超过300元。办公费每班每月30元，每增1班加20元；教育费每人每月1元；医药费每人每月3角。学生粮食与教师相同。师范及职业学生除免除一切费用外，由学校供给菜金每人每月3元，服装费每人每年单衣1套，棉衣两年1套；普通中学生以自费为原则，抗日军人子弟及贫苦学生受优待者以20%为原则，其最高待遇与师范相同。

（4）民众教育馆。办公费，主署民教馆每处每月30元，专署每处每月22元，县每处每月15元。事业费，主署民教馆每月150元，专署每月120元，县每月60元。区民教馆每处每月工作费10元。工作人员及杂务人员待遇与政府机关同。

（5）训练班。办公费，100人以上者每月20元；不足50人者，每月5—10元；50—100人者，每月10—15元。教育费每人每月5角。一个月以上的训练班学员待遇按师范标准。

1941年10月，省战工会又对以上决定作了修正补充，规定各县如教育款产太少，可按照不足的数目由专署统一在田赋中附加教育经费每亩1角（在附加5角之外）中拨发。乡村小学、中心小学及区以下的社会教育经费，一律以区为单位，由区公所负责按地亩分期统筹。1942年因各地物价上涨，原定各级教员生活费，学校办公费、学生优待费等已不敷开支，省战工会遂于4月4日做出《关于教育经费开支标准的修正决定》，适当增加了各种费用，一般教职员的生活费每月增加了5—6元。

4. 邮政经费。1942年以前，山东抗日根据地没有设立邮局，一

切交通与发行工作由党内和政府内的交通科或发行科负责。1942 年 2 月，省战工会决定建立战时邮局，负责党政军民的交通工作。省设战时邮务总局，主任区设管理局，专员区设区邮局，县设县邮局，区或中心村镇设代办所。全省的邮务经费由总局编造预算，呈请战工会核发。邮局实行垂直领导，下级经费由上级负责核发。各级邮务干部待遇与同级政府干部同，技术人员享受技术人员待遇；递信员享受工人待遇，每月津贴 3 元，菜金每日 2 角，鞋袜代金 5 元，给养每人每天 2.4 斤；各代办所主任为义务职，每月给津贴办公费 3 元。同年 6 月 22 日，省战工会又发出《关于统一邮政经费及员工待遇通知》，决定自 7 月份起，按照战邮经费的规定，由专区以上邮局直接向同级政府的财经科按月造报预决算，直接支领报销。关于邮政经费：办公费主署区管理局、专署区邮局每月 20 元，县邮局每月 10 元，邮站每月 5 元，区代办所每月 3 元。印刷费管理局、专署邮局每月 80 元，得按实际需要酌情增减；县局由专署邮局供给。教育费，以每人每月不超过 1 元为原则，以专区邮局为单位，有计划买书报等。医药费，每人每月 5 角，作为集体购买药品用。追加费，如临时发生紧急用项，正项预算不敷开支，可造报临时追加预算。员工津贴费分为两种。职级津贴，总局以下邮局长与各级政府科长同；各级股长、邮务员与各级政府科员同；我占区站长、递信员，每人每月 17 元，包括菜金、津贴、鞋袜等费在内，8 月份以后为 20 元；敌顽占区站长、递信员，每人每月 20 元，8 月份以后为 25 元。普通津贴，干部每人每月一律 1 元。各级邮务员工家境赤贫无法维持生活者，得与抗日军人享受同样待遇。因工作遇难牺牲，得请求抚恤费。

5. 经建费。1941 年以前，山东抗日根据地的经建工作处于自发状态。1941 年春，省战工会和各地政权机关都设立经建科，加强对经建工作的领导，但各县经济建设经费没有明确规定。1942 年 6 月，省战工会做出《关于各县经建费的决定》，决定自 7 月份起，各种研究试验场所（如农场、林场、研究室等）的经常费用，以专署为单位，每半年造预算一次，经上级机关批准，就地拨款开支。一般专署每半年应以 3 万元为标准，并应保证执行。其他企业，则应向银行取

得低利贷款，不得动用经费，影响其他工作。

在抗战期间，山东抗日根据地对公营企业技术人员实行薪金制，其数量多少根据技术人员和技术工人的技术水平、服务年限、工作勤惰以及对器材爱护程度来定。1942 年 9 月 7 日，省战工会规定：一般技术人员（技师、工程师）的薪金，每月 200—300 元（包括津贴、菜金、衣服、鞋袜、食粮等在内）；普通技术工人每月 180—250 元；学徒工或工厂练习生，每月 140—160 元；特殊技术人员或技术工人，依其技术水平，酌量提高其待遇，并按照工作年限、成绩优异情形，发给适当奖金；对有特殊发明与创造者，予以奖励。

6. 优救费。山东抗日根据地创立初期，优救工作基本上没有开展。省战工会成立之初，也没有设立专门优救费。一般优救粮与公粮同时征收，一起保管。各级优救粮款主要是根据所需数目，由基层政府通过群众团体动员募集和将没收汉奸财产的 30% 作为优救基金。优救基金不足，则由政府补助，补助总数不超过所需粮款的 20%。对生活困难的抗属，每年分 4 次救济，即春节、清明节、端午节、中秋节各 1 次。实际上，好多地方做得不够好，优救粮款的保存与发放也相当混乱。

1941 年 9 月，省战工会做出《关于保管优救粮食及优救会工作的决定》，要求各级政府建立健全优抗委员会及救济灾贫委员会，接收保管优救公粮，并负责发放。优救粮食以 60% 作为优救生产基金，40% 作为临时救济之用。自此，各地优救工作有了明显进展。例如，鲁西区的优抗工作就很有成绩，一专区优待抗属 2 573 户，用粮 296 820 斤；二专区优待抗属 1 668 户，用粮 542 789 斤；三专区优待抗属 421 户，用粮 212 774 斤；四专区优待抗属 655 户，用粮 44 675 斤。其他地区大部分则于春耕秋收大忙季节组织代耕队或代收队，帮助抗属收割、播种。1942 年，各地先后对优抗户数进行了调查统计，有的按月优待，有的按季优待，有的不定期优待，形式不一。对一些生活无着的贫困户，除按季优待外并按月优救。对敌占区的则采用秘密方式进行。泰山区只秋季就从地方公粮中抽出 1/2 作为优救粮，以其中 50 万斤用作优抗，20 万斤用于救济灾贫。

各地优抗情况，详见表2－3。[1]

表2－3　　山东各地区优抗情况统计

类别/数目/地区	抗属户数	人口数	粮数（斤）	款数（元）
胶东区	31 447	130 980	6 505 089	3 216
清河区	22 788		3 449 680	73 183.7
鲁中区	10 672	19 005	954 446	15 784
滨海区	27 003	124 418	2 154 723	
冀鲁边区	747		248 875	
总计	93 157 （92 657）	274 403	13 312 813	89 183.7 92 183.7

注：1. 本表缺鲁南材料。优待人口总计数目，不包括清河区、冀鲁边。

2. 胶东区是1942年上半年6个月的材料，且缺南海全区、北海隔山县材料，而且是按月优待。

3. 清河区是1941年、1942年两年的材料，而且是按月优待。

4. 鲁中区是1941年下半年，1942年上半年的材料，且只是当时部分地区的材料，每年大多分二次优待。

5. 滨海区是1941年、1942年两年的材料，1941年不定期优待，1942年是按四期优待。

6. 冀鲁边只有二专署是1942年的数字，是按月优待，且只是几个零星材料汇总起来。

抗日战争进入困难时期之后，部队减员情况日益严重，做好优抗工作，稳定军心，动员群众参军参战的重要意义更加突出。从1943年初开始，省战工会多次发出关于优抗工作的指示，颁发了拥军决定和优抗决定，制定了《荣誉军人抚恤条例》和《阵亡将士家属抚恤办法》等，使全省优抗工作有了统一标准，并且配合群众团体，在全省发起了拥军运动，使优抗工作出现了新的局面。

〔1〕《山东革命历史档案资料选编》第10辑，第253页。

1943 年 1 月，省战工会发出《关于优抗工作的指示》，明确地把抗属与抗工属分开，并规定了抗属优待数目。县独立营以上主力部队的贫苦抗属，甲等每户每次优待粮食 300 斤，乙等 150 斤，丙等 100 斤。县大队、区中队等地方武装的贫苦抗属，甲等每户每次优待粮食 150 斤，乙等 100 斤，丙等 50 斤。抗属居住敌占区者，可改发代金。同年 3 月，省战工会颁布了《山东省民兵奖励抚恤暂行办法》，规定民兵有下列情形者，给以奖励：积极配合主力打击或牵制敌人致获胜利者，给以 40—200 元的奖金；生俘敌伪官兵者，给以 100—200 元的奖金；夺获敌人的各种炮及炮弹、轻重机枪、电台、电话机、重要文件，以及军用品者，给 100—200 元奖金。对因作战伤亡的民兵实行抚恤，规定战斗致伤者送公家医院治疗；伤残者酌情予以抚恤，一等残废每年发给抚恤金 300 元，二等残废 200 元，三等残废 100 元。民兵因参战光荣殉国者，发给公葬费 200 元，并一次发给善后抚恤金 400 元。4 月省战工会又颁布了《山东省抚恤阵亡将士、荣誉军人暂行条例》，规定对阵亡和伤亡将士，由主管部队或地方政府办理埋葬，其埋葬费不得超过 300 元，并发给其亲属抚恤金 500 元。对荣誉军人则分别情形优待：仍留部队者，除生活所需随军供给外，每年按等级发给抚恤金，一至三等优待金额与上述抚恤标准相同，四等只一次发给 50 元；归政府管理时，一、二等除粮、柴、菜金、衣服等随地按时供给外，并照规定发给抚恤金；三等能担任工作者负责介绍工作，其生活待遇仍按荣誉军人供给标准办理。退伍荣誉军人回原籍时，一、二等由主管部队或地方政府发给路费并负责遣送外，得凭荣誉证向所在地县政府领取粮柴、菜金、衣服及抚恤金；如非民主区域者，除由主管部队或地方政府一次发给两年的抚恤金与抚恤证外，并按照路程远近发给 300—600 元的川资。如外省又非民主区域者，除发给两年的抚恤金与抚恤证外，并按路程远近发给 500—800 元的川资。三等退伍回籍时，一律发给 1 年的抚恤金，并按路程给以路费。退伍荣誉军人在所在地安家者，按其等级分别给以钱粮和公田 3 亩；无公田者，由政府发给一次性生产资本，一、二等 1 000 元，三等 500 元。

如果死亡，则由所在地县政府发给300元的埋葬费。不久，省战工会又颁布了《山东省抚恤因公伤亡抗日政民工作人员暂行条例》，其待遇基本与民兵抚恤条例相同。

社会救济也是山东抗日民主政权的经常性工作之一。每年春季有春荒救济，发生水、旱灾害有临时救济，被敌人“扫荡”后民众损失惨重也立即进行救济。1940年秋，东平发生水灾，鲁西主任公署马上拨粮50万斤进行救济。1941年秋，泰山、清河两地区先后遭到敌人洗劫，损失严重。省战工会立即做出《关于救济与抚恤泰山清河两地区被敌烧杀掳掠的人民的决定》，号召募捐15万元作为救济基金，对受损失严重的人民，免除田赋及公粮负担。战工会还拨款2 000元，交泰山区办理急赈。在1941年，日寇的“扫荡”中，沂蒙区大批耕牛被抢走，群众生产困难，战工会又拨出5万元的急赈款。除了政府拨粮拨款外，更多的是号召群众捐款。1943年春，鲁南、泰山、淄河敌占区发生大饥荒，难民流入根据地，战工会号召全省干部每人每日节粮1两救难，并发动各界展开救济运动。例如，日照魏伯华先生借出粮食3 000斤，救济了51户贫民；莒南士绅徐正亭，捐花生饼100片救济难胞，推动本村捐粮200斤，款800元；蛟山区士绅自愿借出花生米3 600斤，帮助贫民组织打油合作社；莒中县救济委员会募得粮食4 850斤，款2 851元，以2/3作为急赈，1/3购买生产工具，发动难民生产；柘汪士绅商船户三日内献金27 150元；沂南募捐粮食2 500斤，款730元，救济难民128户。据不完全统计，泰山区流入沂蒙的灾民，得救者2万户。在胶东，牟平县半月内就安插好200户外来难民，海阳县参议员刘某两个月募款6万元。

据不完全统计，1941—1942年全省救灾工作，详见表2-4。[1]

---

〔1〕《山东革命历史档案资料选编》第10辑，第255页。

表 2-4　　　　　　　　　　山东各地救灾情况

类别 数目 地区	户数	人数	粮数（斤）	款数（元）
胶东	6 342	42 241	2 654 648	55 906.25
清河	7 636		184 541	212 709.5
鲁中	8 159	24 964	146 850	71 639
滨海	3 104	6 809	89 043	35 623
总计	25 241	74 014	3 075 082	375 877.75

注：1. 胶东是1942年上半年材料（缺南海区、北海区及西海区之南北掖县材料）。
2. 清河是1941年、1942年材料。
3. 鲁中是1941年下半年、1942年上半年材料。
4. 滨海区是1941年、1942年两年材料。

由此可见，山东抗日根据地的社会救济工作采取了政府拨粮拨款与发动群众自觉捐助相结合的办法，既安置了难民，救济了贫困群众，又大大推动了根据地建设事业发展，使财政工作更好地保证了抗战的需要。

总之，由于比较严格、实事求是地规定了财粮开支标准，使战时财政工作的计划性大大增强。据1943年统计，山东抗日根据地各种财政开支比例为：军费占财政总支出的71.15%，行政费占19.1%，财务费占0.97%，建设费占0.4%，教育费占2.22%（小学教育费不在内），群众团体补助费6.09%，基本上符合计划开支比例。

二、严格预决算，实行支粮票制度

山东省战工会成立以后，各地抗日民主政权，部队与群众团体的财政收支逐渐由各地统一管理发展到由省战工会财政处及地方财政科统一管理，并先后建立了预算决算制度。但是由于处在战争环境，财政预决算制度还不健全，有的地区执行不严格，有的新开辟区尚未

建立。尤其是有些主要领导不习惯于正规的预决算制度和经费支领手续，仍然用一纸命令随意开支，使预决算制度不能实行。有的地区不按期造报预决算，造成全省财政统一管理的困难。随着根据地的统一和发展，部队、机关、团体人员大量增加，根据地建设日益加强，财政开支的范围由原来单纯的军队和机关开支扩展到经济建设、教育、邮政、公安司法、社会救济和优属等多方面，开支的数目也越来越大。如果没有严格的预决算，就会造成混乱，妨碍根据地的健康发展和抗战的顺利进行。为此，省战工会在相继制定各种开支标准和经费比例的基础上，把建立严格的预决算制度作为一项重要工作来抓。

1940 年 11 月 7 日，山东省战工会做出《关于统一财政之决定》，要求“各级行政费，群众团体补助费，每月开支按规定编造预算，经该地区审核机关审核批准后，由该地区最高行政机关指定某种款项内拨用之。但其经费不得超过总款预算 30%。群众团体经费以自足自给为原则，万一不能自给时，其补助费按规定数目每月不得超过 60%；初开辟地区之群众团体，尚不能征收会费时，可酌量增加补助费”。“凡正规军，每月经费须按规定开支数目编造预算，呈报上级批核，就各该驻军地区最高财政机关拨支。地方部队及脱离生产的游击队，每月经费按规定数目编造预算，经各该地最高审核机关批准，由该区最高财政机关拨支”。“各级部队（地方基本兵团在内）、机关团体之预决算，应按山东财委会 1940 年 2 月 18 日之规定编造正规预决算，送由最高上级领导机关审核（或电请审核）。县级以下政府及地方部队的预决算，由县政府编造汇集专署。直属军政部队由军区司令部编造，均送由各该地区最高审核机关审核。由各该审核机关每月编造总预决算表，送交本会备查或电请本会备查。各地区最高财政机关必须每月将各该地区所有财政收入汇报本会备查。”“乡村两级政权之经费由县政府计算，每半年在所属各乡内统筹一次，所筹之款由县府二科代为保管，每月开支由县府按规定发给之”。[1] 同时规定，如无预决算的机关、部队，不得随便开支。同年召开的全省行政会议

〔1〕《山东革命历史档案资料选编》第 6 辑，第 40 页。

进一步强调了这一要求。到 1940 年年底，在各部队、机关、团体中普遍地建立健全了严格的预决算制度。预决算制度由经费预决算发展到粮秣预决算，由部队、行政扩展到教育、经建、邮政、公安司法等各个方面，并做到专款专用。以胶东区为例。胶东联合办事处公布的预决算制度规定：各会计单位及附属会计单位，每年须编造全年总预算书 1 次，全年总决算书 1 次，分期预算书 4 次，分期决算书 4 次，计算书 12 次；县级全年总预算书，须在年度未开始 6 个月以前送交专署；专署全年总预算书，须在年度未开始 5 个月以前送交办事处；办事处全年总预算书，须在年度未开始 4 个月以前送交胶东审计处。县级全年总决算书，须在年度终了后 1 个月以内送交专署；专署级全年总决算书，须在年度终了后 2 个月内送交办事处；办事处全年总决算书，须在年度终了后 3 个月内送交胶东审计处。县级分期预算书，须在预算期末开始 2 个半月以前送交专署；专署分期预算书须在预算期末开始 2 个月以前送交办事处；办事处分期预算书，须在预算期末开始 1 个半月以前送胶东审计处。县级分期决算书，须在每次预算期终了后 15 日以内送交专署；专署级分期决算书，须在预算期终了后 1 个月内送交办事处；办事处分期决算书，须在预算期终了后 45 日内送交胶东审计处。县级每月计算书，须在每月终了后 10 日内送交专署；专署级每月计算书，须在每月终了后 20 日内送交办事处；办事处每月计算书，须在每月终了后 1 个月内送交胶东审计处。不论任何会计单位，如不按期编造预决算，即停发其经费。

预决算制度不仅贯彻在财政经费收支上，而且贯彻在公粮征收和粮食供给上，贯彻在其他各种收支上。省战工会强调粮秣预决算应和经费预决算同等重要，应按粮秣规定，按期造送；不造者即停止发放，剩余者一定要归还。这样既能保证供给，又可以量入为出，减少浪费，减轻人民负担。征收公粮以主任区为单位，按照各地区一定吃粮人数和每人每天规定供给标准编造预算，另外加 30% 的预备粮食，确定应征收公粮的数目。但在粮食供应时，各单位则是按照主力部队、地方基干兵团、学校每人每天麦子、高粱 2.5 斤（小米另折），县以下地方武装、专署以上的机关、团体、政党每人每天 2 斤发给。

在具体程序上各个地区大致相同。如胶东区规定，部队机关团体根据编制编造粮秣预算送由主署核批，分散发给粮秣票；粮秣预算定为半年一期，在预算期开始一个月前造送，在期前半个月审核完竣；粮秣预算之编造须由机关最高首长署名，否则无效；根据实销按月编送计算，不按月编送或审核不合者，得随时停止供给粮秣；决算在本期终了一个月内，分别造送审核，审核机关在收到决算半月内审核完竣，发给准销通知书。

为了保证粮秣预算制度的实施，各地区普遍建立支粮票制度。自1941年1月起，各单位不论食用多少，凭粮票支粮，月终汇报，无粮票者不准领用。1941年5月，省战工会做出《关于支粮票使用办法的规定》，全省按沂蒙、泰山、滨海、胶东、清河、鲁南等6个地区实行。支粮票是二联的，式样由战工会统一颁发，全省有统一号码，由战工会规定各地区起讫数目。面值分1斤、1斤2两、2斤、2斤4两、2斤半、4斤半、5斤、10斤、20斤、50斤、100斤、200斤、500斤、1 000斤等16种。各地区最高行政机关（专署）按辖区内的党政军民吃公粮数目，照规定式样统一编订、印制，按规定数目发放，其他部队机关团体不得仿制。支粮票每月领用一次，余者交还，过期作废。各级机关团体部队需用公粮时，即将支粮票上加盖公用戳记，持支粮票向县区政府指定的发粮机关领取。发粮机关照票发放后，即加盖注销戳记。因公出差人员亦得携带支粮票，临时向乡村政权或民间换取普通熟食，但须有文件证明。支粮票的使用，不受地区限制。但如甲地的支粮票到乙地使用时，得由乙地专署随时函送甲地专署报销或议定交换条件，互相调剂。各发粮机关每月初，应将上月所收支粮票按级汇报专署，以便核算报销。各领票的机关团体、部队，每月应将支粮票存根交还发票机关结算，并对照查考，否则停发下月的支粮票。

三、整理村镇财政，统一支差办法

村镇财政是抗日根据地财政工作的基础。村镇财政搞得好与坏不仅直接关系到战时财政政策的贯彻和战时供给问题，而且也关系到党的公平负担政策能否落实，人民负担轻重的问题，实质上是能否调动社会各阶层的力量，顺利进行抗战的问题。

抗战初期，由于各级民主政权尚未全部建立起来，对村镇财政工作也未给予足够的重视，各地村镇财政收支紊乱、人民负担偏重，贪污浪费的现象普遍存在。其原因有以下几个方面：首先，抗战前一般村镇的财政大权都掌握在地主、富农及富裕人家手中。抗日民主政权建立后，曾对村政权进行了改造，实行民选村长等。据不完全统计，到 1942 年底，共计改造 8 170 村，如按山东抗日根据地行政区（游击区在内，有 25 858 村计算，仅占 31%）。在那些未改造的和未改造好的村镇，公平负担的政策不易落实。其次，由于抗日根据地及其财政制度都处于初创时期，财政工作只能限于统一收支，保证供给上，还没有对村财政做出明确规定，村财政费由村自行决定，自筹自用，难免要发生乱筹乱支现象。再加上村干部中，有一部分人素质很差，损公肥私，贪污受贿，挥霍浪费，无所不为。正款不足，再收附加，附加之外则另立科目，甚至摊派，使群众不堪负担。如滨海区的张夏庄，1943 年全年负担田赋 17 702 元，而额外负担竟达 81 581 元，超过田赋的 4.7 倍。鲁中李家庄子共有地 390 亩，麦季负担 2 300 斤，全年额外负担 6 536 元，合每亩 16.5 元，额外负担超过麦粮 950 斤。一般村镇开支项目有拥军费、武装费、教育费、文娱费、救济费、村政费、送礼费、迷信费等，多达 33 种。地区性质不同，开支多少也不同。滨海区根据地内的水泉头，全村村镇费 3 728 元，武装费 845 元，拥军费 232 元，教育费 1 044 元，共计 5 849 元。其中以村政费为最多。地处边沿区的张夏庄，全年村政费 3 884 元，武装费 72 697 元，拥军和教育费很少，共 81 581 元，武装费超过村政费 21 倍。很明显，边沿区武装斗争剧烈，武装费开支多；根据地环境较安定，政权建设费则比较多，在这种情况下，为了减轻人民负担，改善人民生活，巩固民主政权，保证战争需要，整理和统一村镇财政，建立正规的财政制度，就成为十分迫切的任务。为此，省战工会决定，从 1942 年 5 月开始，对村镇财政进行整理，以巩固抗日根据地的财政

基础。5月30日，省战工会做出《关于统一村镇财政及人民负担的决定》，发出《关于配合减租减息整理村镇财政工作的指示》，明确指出，整理村镇财政是统一村镇财政的先决条件。同时，整理村镇财政，可以使群众了解以往村镇财政积弊，自动地起来监督村镇政权的财政开支。从这个意义上说，整理村镇财政又是一项发动群众、组织群众、活跃群众民主生活的极有意义的工作。

整理的方法，首先是把各村镇过去的财政收支情形，村镇长好坏程度及其在群众中的威信等作详细的调查统计。然后根据当地具体情况，斟酌轻重缓急，决定处理办法。一般以积弊最深、贪污最多、群众最痛恨者为主。在此基础上，发动群众进行清算工作。清算账目的种类，以征收公粮公款财物负担及公共款产等为主，时间从事变后算起，不追索以前旧账。清算时十分注意上级政府摊派的粮款与全村各户分配的数目是否相符，全村征收起来的数目与上解的数目是否相符，经理的公有款产开支是否得当，是否有伪造单据、账簿行为，粮款用处有无不正当处。整理的目的，主要是为了减轻人民的负担及统一村镇财政。因此，整理过去不是专门找岔子，更不是全面的清算、普遍的惩罚。要顾及乡村的一般情况，防止忽左忽右的现象发生。每个村镇清算完毕后，即进行村政改造工作，以民主方式由全体民众中选举3—5名公正、忠实、负责、为民众所信任者组成财政委员会，负责村镇财政工作；重新建立账簿和制度，刷新以往积弊。原来征收起来的粮款，应按群众负担情况决定征收或豁免；为了防止村镇财政的浪费，应执行严格的概算制度。村公所经费在规定限度内，按需用数量每半年由区政府造具概算一次，按级呈报主署（或直辖专署）批准后，在田赋附加中统一征收保管，照批准数按月发给。镇公所经费，亦按月造具预算呈县，按月发给。村镇公所每至月终应造决算一次报县。各村镇之教育、建设等一切公益事业用费必须开支时，须由村民大会讨论通过，经区公所派人参加，并呈请县政府批准备案后始得筹集，否则一概不准向人民私行摊派；村镇长或财政委员会更动时，实行交代制度，交代不清者，按情节轻重给以处分。到这年7月1日，山东分局也做出《关于整理村镇财政的决定》。在此前后，各根据地先后

召开会议，研究了整理村镇财政问题，并根据各地情况，制定了统一与整理村镇财政的具体办法。整理村镇财政工作在各地相继展开。

在整理中，一般地区是发动群众，清理村公款及取消村民的额外负担。只有胶东地区因公家借用和损坏群众的财物很多，实行双方大清算的办法，即将抗战后群众欠交公家及公家应补偿给群众的财物，给以彻底的清算。通过整理，各地清理出大量的贪污、浪费问题。例如清河区，1943 年整理了 55 村，清理出贪污款 8 万余元，粮食 2.2 万余斤。滨海区整理 281 个村，清理出贪污款 630 491 元，粮 76 139 斤。各地对整理出来的问题，分别情况给予处理。滨海区对一般贪污村长的处置，大都是令其吐出私吞款项，教其改过自新。对于个别情节严重的，则给以严厉惩处。如临沭县挂剑区后城村村长宋怀印，除了贪污公粮 2 800 余斤、田赋 480 元外，还作恶多端。经公审后，县政府将其处以死刑。据不完全统计，到 1943 年 9 月，山东抗日根据地内有 2 200 余村的财政进行了整理。

在整理村镇财政，改进财政工作的同时，为了节省人力、物力，保证根据地农业生产有足够的劳动力，以便发展生产，扩大财源，省战工会先后制定和修改了山东省支差办法。所谓支差，就是部队机关临时支用根据地内的人力物力，包括人、畜、车 3 种。所称的人，指年在 18 岁以上、50 岁以下的男子；所谓畜，指一对牙以上之驴骡牛马等；所称车，指大车、小车及两人大车。

1941 年 1 月，山东省战工会规定：支差统由县政府制定支差票，由部队团以上政治机关或相等的机关颁发各部从机关使用。各部队机关要差 10 人以下者，即持支差票向就近村公所要差；要差 10 人以上不满 100 人者，须经由乡公所统筹拨派；要差 100 人以上者，须经由区公所统筹拨派。除战斗运输及特殊情形外，严禁任何部队不持支差票就向村庄要差。各部队、机关每月支差的最高限度，由颁发支差票的机关规定。平时除了运输伤病员、军需用品，救国公粮及其他特殊事项，一律不准支差。春耕、秋收及农忙季节，一般停止支差。公私企业或部队、机关的合作社等营业机关需用人、畜、车辆时，得按时价出资雇用，禁止以任何理由要差。凡要人、畜、车辆支差，去时

一般按日供给饭食、草料，不给差价。差毕返回时，人夫每名每日发给食宿费5角，牲畜每头每日发给草料费5角。差价由用差部队机关直接付给，不得让各级政权机关代付。各区、乡、村支差多寡比例，由县区政权机关按照人口、牲畜、车辆分布实况，根据有力出力的原则，每3个月规定一次，按规定每月制发一次支差票。各区、乡、村每月实际支差数目有超过规定比例者，由其上级机关根据每月终的报告，在下月支差中加以调剂。各村庄应行支差的村民，每人每月出差不得超过3日；全村每次出差人数，最多不得超过应行出差村民的半数。对残废和患有重病、贫寒的抗日军人直系亲属、乡级以上的行政工作人员、村长、自卫团长、指导员、小学教员，及工农青商文各抗日群众团体的团长、会长、主任及其他规定脱产人员可以免其本人支差。对违反规定，任意抓差者，准由民众扣送县政府，处以7日以下的拘役；属于部队者，则送原部队处理。

各地区根据战工会的规定，还制定了一些具体的支差办法。如胶东区，在调剂劳役负担中，曾规定雇差及组织包输队办法。雇差除持有雇差证外，完全按照重量与里数计价，一般标准为每斤每里3厘；如系运送人的，每人照150斤定差价。雇差概不管饭。但总的来看，这时的支差办法还不够完善，有些规定伸缩性较大，如所谓“特殊事项”就很不明确，要差人数规定太多，而调拨手续简单不严格，支差时间与里程没有限制，免差人数也太多等，加之战争环境，战斗频繁，支差办法很难贯彻，支差仍然很混乱。据滨海鲁中9个地区的统计，群众支差，每人每月3天、4天、5天、6天不等，一般都要超过规定的天数。有的单位只顾眼前不顾将来，只顾本身不顾整体利益，不惜民力。有的地区和单位不论农忙农闲随便支差，严重地影响了正常的农业生产。到1942年，各地对支差办法重新进行了修订。如滨海区规定，支差票统由专署印发；如支差机关半年一期编造预算，由团以上机关签发。需民夫10人牲口3头以下者，可直接到村公所支发；需民夫10人牲口3头以上者，须由区公所统筹拨支，需民夫100人牲口3头以上者，须由县府统一支派。支差行程不得超过70里，运送重量要适合人力畜力，不得过重。各县、区负责调剂各区、村支差的多少；各村支差由行政村长决定，应按民夫家庭劳动力强弱，出差路程长短，人力畜力多寡，决定其出差次数，以求合理。支差的民夫和牲口，应和部队一样负责供给给养，在其返回途中，30里以内不供给，30里以外者按所需时日供给。凡民夫牲畜半途患病者，除负责给予医治外，并准予回家；如受损失，由出差支差双方负责处理。同时，强调支差为公民对抗战应尽之义务，不得随意拒绝，如支差不按规定，准由群众拒绝，并交县府与其所属部队处理。

山东省战工会根据各地实行情况，1943 年秋，对《山东省支差办法》作了部分调整。各地可以学习胶东区实行雇差的办法，改变了过去严禁雇差的规定。关于劳役制度，推广鲁中李家庄子的办法，把全庄服劳役的人员分为三等：一等由 18 岁至 45 岁，走远路，负重担；二等由 14 岁至 17 岁，走近路，输送粮草；三等由 45 岁至 52 岁，送信、布置会场及下通知等。村内免劳役的人数不得过多，最多不超过 5 人。这些规定弥补了原办法的不足。

第三节　公粮税收政策的制定与实施

一、按公平负担办法统一征收救国公粮

救国公粮是抗日民主政权向农业经营者征收的一种农业收益税。这种税带有一定义务性质，是山东人民为进行民族战争，反对外来侵略应尽的一种职责，也是对抗战的一份贡献。救国公粮征收制度是随着抗日民主政权的建立和发展而逐步建立和完善起来的。

抗日根据地建立初期，救国公粮的征收是采取动员劝募方式，部队走到哪里就吃到哪里，现筹现用，筹收没有一定的标准，筹集的数量、时间、次数完全根据所驻部队的需要而定，负担极不平衡，影响群众抗战情绪。随着根据地的巩固与发展，人民抗日武装迅速壮大。

抗日民主政权的普遍建立，游击区的不断扩大，部队、机关的粮食需求越来越大，供给任务越来越繁重，负担不平衡的问题也就越来越突出。1940 年初，中共山东分局曾一再指示，要按照合理负担的办法，统筹统支。但由于当时还没有制定出具体的实施方案，各地仍无章可循。虽然部分地区在粮食的征集办法上做到了统筹统支，但在人民负担程度上仍难做到合理。首先是表现在地区之间负担不公平。不仅驻军地区与非驻军地区之间负担不公平，驻军队多的地方负担重，少的地方负担轻，而且山地重，平原轻，正规地区负担重，游击区负担轻。其次，按地亩摊派造成村与村之间负担不合理，每个村各阶层之间也不合理。这是因为各地隐瞒土地的情况严重，加之“许多村乡长不按照有粮出粮原则，公平负担办法去分派给养，或者曲解公平负担办法，致使许多粮食负担加重在中农以下人民中，而村乡长自己或地多粮多者负担很少”。[1] 土地有好坏，产量有高低。而各地质量好产量高的土地多在地主富农手中。据 1942 年滨海地区的统计，各阶层土地的年产量以经营地主最高，平均亩产 250 斤，富农 220 斤，一般地主 200 斤，中农 160 斤，贫农仅 100 斤。在旧社会，地主豪绅勾结税吏，隐瞒地亩，转嫁负担。因此，地主田多赋少，农民田少赋多的现象普遍存在。如鲁南滕费边地区，未实行合理负担的村庄，贫农负担平均占其收入 19.8%，中农负担平均占其收入 19.6%，富农负担平均占其收入 16.9%，地主负担平均占其收入 15.3%。这说明沿用过去按银两摊派负担的办法很不合理。

为了遵奉抗战建国纲领，贯彻“有钱出钱”的原则，真正实行公平负担，以改善人民生活，保证抗战供给，山东省战工会成立后，立即组织制定公平负担办法，并根据实行情况及时修正，使社会各阶层负担日趋公平合理。

（一）甲、乙、丙三种公平负担暂行办法的制定与实施

1940 年秋，全省行政会议提出要按照公平负担的原则征收救国

[1] 《山东革命历史档案资料选编》第 6 辑，第 50 页。

公粮。以行政区为单位，实行统一征收，一年分两次进行，偏远地区可收给养代金，力求地区上平均负担。并指出在政权比较巩固地区，有了各种群众团体组织，并已实行二五减租、一分减息、五一增加工人工资地区，则按照晋察冀办法，完全按照收入，不论土地或不动产、工资薪俸等收入，一律以每人每年除去 200 斤粮食收入不负担外，其余按累进原则征收救国公粮。在工作比较薄弱的地区，可采用过渡办法。公平负担累进的原则是，等级要多分，累进比例不要太长，负担最高不能超过其余全部收入的 35%，免负担之人数不能超过全区人口 20%。经山东省临时参议通过，省战工会于 1940 年 11 月公布了甲、乙、丙三种公平负担暂行办法。

1. 甲种公平负担办法。该办法以户为负担单位，以村为实行单位。各村除特别穷的户无力负担者及特别富的户应特别负担者外，其余村户均按贫富程度分为十等分别负担。一等户负担 15 分，二等户负担 12 分，三等户负担 9.5 分，四等户负担 7.5 分，五等户负担 6 分，六等户负担 4.5 分，七等户负担 3 分，八等户负担 2 分，九等户负担 1 分，十等户负担 0.5 分。划分等级的根据是依其农田、园地、商业、工业、利贷及其他一切不动产总收入量之多寡及有无负债、人口多寡等估计决定。这种税收负担实际上是融田赋、工商业税、财产税以及收入税为一体的综合税。

甲种负担办法，比冀鲁边地区由冀南学来的将各种农户田地数目分为六级的无免税点的累进法，有所改进。该办法第七条规定：凡村中之特别穷户无负担能力者，及全户每人每年全部平均收入之价值折合不足 200 斤小麦者，应不列入负担户。负担能力特别大的富户，由区乡代表会议决定其特别负担，由区公所实行募集或委托村公所代为收集，不计入本村负担总数目之内。贫寒的抗日军人家属，依照优待抗日军人家属条例的规定，经县政府批准并发有免除负担证者，可免其负担。凡在本办法实施后开垦的荒地，一律免其负担 3 年。负担数量，由县政府决定征收救国公款或救国公捐的总数后，县、区、乡各级政府逐级召开联席会议，按照各区、乡、村的负担能力、贫富程度，决定其负担数目。各村再按照上级分配给的负担数目

和各户的负担比例，确定各户负担数目，进行统一征收。

甲种公平负担办法，是比较合理的一种办法，但仍带有捐款和摊派的性质。当时所谓特户，其负担竟有超过其收入80%以上者。如莒南县三界首村共有5个特户，有100亩地负担数，与全村3 000亩地的负担数一样，同占全乡摊派总数的10%。全村负担粮2.5万斤，这5个特户也负担2.5万斤。莒南朱梅村不负担户占全村60%，负担户只占40%。这种办法带有过渡性的特点，不能长期使用，一般只在新开辟的地区实行。

2. 乙种公平负担办法。该办法以人为单位，视其平均地的多寡及其他动产不动产收益的数目划分等级，实行累进法。地亩计算以现有数为标准，出租出佃者其现有地为法定，典当地产的计算，列入承典人。地亩以外的动产或不动产，如工商业有利润收入者，存放现金有利息收入者，大宗房屋出租有租金收入者，出产果品的林木每年有大宗进款者，每户有牛5只以上、有羊50只以上者，成年人的其他大宗收入财款等，均应酌计折合其与田亩之比例，交纳公平负担。除以上六项外，家庭畜养牲禽及资以耕种的牛马驴骡一概不纳公平负担。人口计算，以本家为标准，女子出嫁者列入夫家，雇工及长年寄居亲友家者均列入本家。儿童亦按成年人计算，经常在敌区居住的人口及外出3年以上无音信者，均不列入计算。负担分配办法是，先按全县土地肥瘠将各村分为上中下三等。一等村每人除去7分，二等村每人除去1亩，三等村每人除去1亩3分不负担地，超过此标准的土地即为按累进法缴纳负担的土地。负担的计算，每人应缴纳负担的土地，以2亩（以折合亩计算）为一级，平均有地在2亩以下者为第一级，2亩1分以上4亩以下者为第二级（不足1分者不予计入），以此类推，直至22亩为第十一级为止，超过22亩者均按第十一级计算。累进的办法是以第一级为基本单位，第一级之每亩仍按1亩计算，然后逐级累进，各级累进之差为每亩1分，即每进一级每亩加1分。这样第二级的每1亩就按1亩1分计算，至十一级每亩则按2亩计算。每户应纳负担地亩的计算公式为，（第一级亩数+第二级亩数×1.1亩+第三级亩数×1.2亩+第四级亩数×1.3亩+第五级亩数

×1.4 亩 + 第六级亩数 ×1.5 亩 + 第七级亩数 ×1.6 亩 + 第八级亩数 ×1.7 亩 + 第九级亩数 ×1.8 亩 + 第十级亩数 ×1.9 亩 + 第十一级亩数 ×2 亩）×该户人口数 = 应负担地亩数。每户应纳负担款额的计算，以该村负担地的总数除该村应纳负担款总数所得之商数，即为每亩应纳负担款数；再乘以每户应纳负担地亩数所得之积数，即为每户应负担款额数。

这种累进负担办法，规定了起征点和免征额，对出租、自耕和佃耕地作了不同的规定，因而基本上体现了“有钱出钱”的合理负担原则。但这个办法也经历了一个逐步完善的过程。1941 年 4 月 4 日，山东省战工会根据乙种办法实施情况，又作了补充与修正。首先，对负担人数及免负担地作了修改。为使不负担人数减少，80% 以上的绝大多数公民负担抗战供给，规定 18—45 岁的壮丁不免除负担地。妇女及 45 岁以上的老人，现役抗日军人及按照规定脱离生产的政府工作人员、群众团体负责人员、现任小学教师、不能劳动的残疾人、小孩，得免除负担地。8—18 岁的学龄儿童，不进学校及 8 岁以下的小孩，均以 2 人当 1 人折合免除负担地。其次，对地亩折合与计算作了修改与补充。为使地主、自耕农、佃农之间实行真正公平负担起见，规定凡出租的土地以折合之中中亩 1.5 亩当 1 亩地负担，自耕的土地 1 亩当 1 亩，佃种的土地以 3 亩当 1 亩负担。土地肥瘠程度，改过去的三个等级为按收获量多寡分为三等九级，即以普通收获年成每亩全年小麦收获量（秋杂粮折合为麦子）来分等级，不及 30 斤者不列等负担。然后以中等中级土地 1 亩为基准折合其他各等各级土地。具体办法，详见表 2－5。

表 2－5　　三等九级地亩折合标准

地等	下等			中等			上等		
级别	下下	下中	下上	中下	中中	中上	上下	上中	上上
产量（斤）	31—50	51—75	76—100	101—125	126—150	151—200	201—250	251—300	301—400
折合地亩比例	6	4	2	1.5	1	0.75	0.5	0.45	0.4

小麦与秋杂粮的折合比例是，小麦 10 斤等于高粱 12 斤，谷子 16 斤，小米 11 斤，豆子 13 斤，花生、地瓜等，以时价折合。1941 年 6 月 5 日，省战工会《关于陈报清查土地决定与乙种公平负担办法及其修正决定的几个修正》，比较合理地解决了农业收入的计算标准问题。这个标准就是常年产量，即根据土地的自然条件和当地一般经营条件及种植习惯，在即非丰收也非歉收的情况下所得到的产量。这种常年产量的土地称为“中中亩”，并以此作为“标准亩”。由于各地土地的状况不同，因而各地规定了不同的“标准亩”。如鲁中、鲁南山地，地质较差，产量较低者，就以 76—100 斤为第五级地，即标准中地 1 亩，详见表 2－6。

表 2－6　　鲁中、鲁南山地地亩析合标准

地级	全年产量	折合标准中地商数
一级地	30—40 斤	2.5 亩
二级地	41—50 斤	2 亩
三级地	51—60 斤	1.5 亩
四级地	61—75 斤	1.25 亩
五级地（标准中地）	76—100 斤	1 亩
六级地	101—120 斤	0.85 亩
七级地	121—140 斤	0.7 亩
八级地	141—160 斤	0.6 亩
九级地	161—190 斤	0.5 亩
十级地	191—220 斤	0.45 亩
十一级地	221—250 斤	0.4 亩
十二级地	251—300 斤	0.3 亩

鲁西、清河等平原地区，地质较好，产量较高，则以产量 151 至 180 斤为标准中地 1 亩，详见表 2－7。

表 2-7　　　　　　鲁西、清河平原地亩析合标准

地级	全年产量	折合标准中地亩数
一级地	50—70 斤	3 亩
二级地	71—90 斤	2 亩
三级地	91—120 斤	1.5 亩
四级地	121—150 斤	1.25 亩
五级地（标准中地）	151—180 斤	1 亩
六级地	181—210 斤	0.85 亩
七级地	211—250 斤	0.7 亩
八级地	251—300 斤	0.6 亩
九级地	301—350 斤	0.5 亩
十级地	351—400 斤	0.45 亩
十一级地	401—450 斤	0.4 亩
十二级地	451—500 斤	0.35 亩

如果在全专区范围内，土地产量一般都在 300 斤以上，则以产量 251—300 斤为标准中地。

1941 年 7 月，省战工会又拟订了《修正山东省乙种公平负担暂行办法草案》，交各专署及县政府讨论修改后，于 10 月 2 日正式公布施行。修改后的办法规定，实行公平负担暂以土地为范围，土地以外的动产不动产负担不在此列。这样便于估量、折合，更趋于合理。

3. 丙种公平负担办法。为调节各阶级利益，逐步走向真正合理化起见，除了实施甲、乙两种公平负担暂行办法外，省战工会又制定了丙种公平负担实施办法，要求在抗日民主政权比较巩固的地区实行。

丙种公平负担办法，以县为分配单位，以村为计算单位，完全按照收入，不论土地或动产、工资等收入，一律以每人每年除去 200 斤小麦收入不负担外，其余皆依负担分数按累进原则征收。其起征点及比例数是：每人每年平均收入小麦在 200 斤以下者免征；200 斤以上 220 斤以下者征收 1%；220 斤以上 250 斤以下者征收 2%；250 斤以上 300 斤以下者征收 3%；300 斤以上 400 斤以下者征收 4%；400 斤

以上者，每增100斤增收1%，直至20%为止；不足100斤者，亦以100斤的比例计算。其他粮食折合小麦征收，如不便折合时，可按各地具体情况，以他种主要食粮为征粮标准。这种办法是从外地学来的分数制，不易为一般负担者所理解，未能在山东普遍实行。

4. 甲、乙两种办法的实施。山东各个地区，主要实行了甲乙两种公平负担办法。鲁中区，1941年有半数左右村庄实行了甲种合理负担办法，1942年有1 000余村实行了乙种公平负担办法，也占半数；滨海区，1941年实行乙种办法的281村，实行甲种办法的532村；清河区，实行乙种办法的171村，实行甲种办法的601村；胶东区，较普遍地实行了甲种办法；鲁南亦曾实行过甲乙两种公平负担办法。

1940年，甲、乙两种公平负担办法公布后，胶东区各地根据自己的具体情况，修改甲种公平负担办法，添分添等，极不一致。有的20分、30分到60分；有的在每等中间又添上三等；还有的组织举手队以便于斗争时表决；有的地区免负担户过多，如掖县侯吕村300余户，仅40户交纳公粮；有的不分贫富一律负担。加上任务分配不均，形成各地负担的不平衡。东海区每亩负担13斤，南海区每亩20斤，北海区每亩16斤，西海区每亩14斤。下级政府为了减轻根据地人民负担，则向敌占区多派公粮。如南掖敌占区任务占全县的2/5。据统计，1940年施行公平负担征收公粮的村庄有1 342个，占行政村的60%，共计征讫公粮23 647 310斤，平均每亩负担公粮10斤。1941年，胶东联合办事处成立后，为彻底推行"甲种公平负担"，成立了训练班，抽调各县干部受训。各县也普遍成立了短期训练班，轮训区、村干部。在这一推动下，各地形成推行公平负担的热潮。为了纠正过去各地的一些错误做法，规定敌占区人民比根据地人民减轻负担1/4，游击区人民比根据地人民减轻负担1/5，三角斗争区人民比根据地人民减轻负担1/3；敌占优势区应沿用当地比较合理的习惯办法征收，但坚决废除以"人口"、"门牌"办法征收。通过采取这一系列措施，粮食工作提高到了一个新的水平，即使在"反扫荡"、"反投降"战斗时期，也都保证了供应。据统计，1941年执行"甲种

公平负担”的有 2 128 个行政村，占行政区的 71%，共征讫公粮 43 073 801斤，占行政区产量的 13. 8%，每亩平均16 斤。

清河区实行的甲种合理负担办法，最初是各地自流，执行中十分混乱，直到 1941 年下半年才把办法统一了。这个办法打破了过去旧的摊派制度，受到基本群众的欢迎，这是好的一方面。其缺点是：第一，基本精神是由上而下摊派的，而且负担决定权属于村级干部或村内一部分人，极易发生流弊，以致有的免负担户太多，负担集中在少数人身上。如小码头 400 户，负担者只 70 户；央上 800 户，负担者只 200 户；昌邑姜家坡 300 户，负担者只 76 户。特别对商人的负担（在外经商的）一般的都超过 50%，有的到 120%，违反了争取商人的原则。有的等级累进过大，如寿光羊头五等户每亩负担相当于一等户负担的 20 倍，邹平地主曲本乔被列为区特户，负担数占全区 1/3，超过其收入。第二，这办法是估计财富决定负担的，估计中又把耕牛、水车、果树、工商业一并估计，只要有一长物即可影响其等级提高，因此妨害农业生产和副业生产。甲种负担办法在清河区实行的时间较长，地区较广，影响也较大。五种合理负担办法在清河区只是昙花一现，影响较小。

甲、乙两种公平负担办法，虽然比募捐和摊派制度前进了一大步，但实行的结果表明，仍存在不少问题。甲种合理负担办法，负担户数太少，只能占全体户数 30%—50%，富农地主负担较重。所谓特户，其负担竟有超过其收入 80% 以上，甚至有的产量不足交纳公粮，被迫典当土地者。当时即有“特户”—“驼户”之称，致使部分地主逃亡敌占区。乙种合理负担办法较甲种为合适，在技术上也有优点，在工作基础比较好的地区，如沂蒙，5 天就可以完成 1 个区的征粮，3 天完成 1 个区的田赋。但乙种合理负担办法，首先是免征人口仍嫌太多，免征户数仍有可能超过总户数的 3%—40%，且计算困难，易为乡村中上层分子操纵，从中渔利。其次是累进差额太少，较低征收率（1 亩作 1 亩）与较高征收率（1 亩作 2 亩）只相差 1 倍，而且由于用级数方法计算负担亩，实际只是相差半倍，而其收入却相差 10 倍以上，仍欠公平。

（二）“征粮新办法”的制定与实施

1942年，在山东省战时工作推行委员会的统一指导下，各地抗日民主政府对甲乙两种公平负担办法的实行情况进行了调查，广泛听取了群众的意见和各阶层反映，对负担办法本身存在的缺点和执行过程中存在的问题进行了分析研究。1942年8月16日，省战工会做出了《关于修正征粮办法的决定》，废止甲乙两种公平负担办法，在乙种公平负担办法的基础上，提出了新的办法，简称“征粮新办法”。办法规定，征收救国公粮的基本原则是根据每户每年的收获量，按累进比例征收。征收公粮以户为单位，按人口计算（不论大小）。每人每年产量不足100斤者不负担，101斤为起征点，累进征收，级差为50斤，分为十五级。101—250斤为一—三级，一级征收1%，每进一级加征1%；251—550斤为四—九级，每进一级加征2%；551—750斤为十—十三级，每进一级加征3%；751—800斤为十四级，每级加征4%；801—1 000斤为第十五级，第十五级征收到35%；1 000斤以上，一般皆按35%征收。但遇军粮困难，或富裕地主负担能力特强的，征得户主同意，经战略区政府批准后，可以提高累进，直至45%。但不论任何理由，均不得超过45%。公草公柴的征收，依征收公粮的比例及累进征收，一般以交纳1斤公粮交2斤公草公柴为原则。为了奖励富农生产，规定雇工得列入雇主家计算负担，但以3人为限，超过3人者亦以3人计算。游击区、敌占区征收数目，应以本征收率1/3、至多1/2为原则。随后，战工会又于8月26日发出了《关于按产量征收救国公粮实施办法的指示》。针对《征粮新办法》在实施过程中可能出现的问题及困难，如有的同志对新方法不易接受，实行不彻底，产量陈报难以确定，甚至可能发生全村有计划的匿报情形，以及征收公粮数可能比过去减少等，提出了解决办法。要求各地利用各种形式宣传实行《征粮新办法》的意义，提高干部群众的认识；要求切实加强领导，成立各级征粮委员会，由县长担任主任委员具体负责；以县为单位，将所有的征收干部组织成征粮突击队，分别到各区帮助征收，区长任突击队长，村组织征粮小

组，村长任小组长；各区成立评议会，由正副村长、农救会长及工青妇代表、雇工佃农中的积极分子与进步士绅参加，除评议产量外，并负责动员村民交纳公粮，进行产量调查，陈报地亩，登记人口。征收前，由县政府制定统计表格发至村，采取自报公议办法，首先由村民自动报告其实种亩数、产量、人口，召开各种会议，进行调查，最后由评议会评议。

《征粮新办法》公布后，各地根据实际情况制定出具体措施，使征粮新办法在1942年秋季征收公粮中得到了贯彻执行。1942年9月13日《大众日报》载，鲁中区秋季救国公粮，现已开始征收……该区征粮办法，基本上依照省战工会按产量征粮办法施行，并首先在中心区村做起，以积累经验，逐渐推及全区；至于今年曾因年来战争频繁，地区缩小，但因全区党政军民实行精兵简政，厉行节约，故在征粮数目上不仅未稍增加，且较前年减轻1/2（去年减轻1/3），故一般民众反映均好。有的说，去年征粮不用政府操心，咱10天就送齐了粮；今年咱不用10天就送到！滨海区开始实行征粮新办法，按秋季产量占全年60%为标准，以每人秋季收入粮食61斤为起点，每30斤累进一级，粮食以高粱、谷子为标准，其他按此标准折合，各县征粮委员会、区征粮队、村征粮小组，已陆续建立，主署决定抽调1/2政权干部，部队亦抽出粮食干部200名，配合群众团体集中力量突击征粮工作。向敌占区人民征粮数目标准，按根据地内征收率的1/2，并决定一律征收粮食代金，在边缘地区征收1/2的柴草代金。10月7日《大众日报》报道：沂蒙区秋季征粮自8月18日开始布置，定10月10日可全部完成。此次征收办法，是一方面根据战工会《征粮新办法》的基本精神，一方面根据全地区今年的产量和军粮民食的需要，暂确定每亩征收高粱29斤（公粮25斤、地方粮4斤），征收总数较去年减少1/3。因负担公粮为人民之光荣义务，故对过去免除负担地，今年一律征收。贫苦负担过重者减半征收（即过去免负担地），并在中心地区，实行按产量征收办法，创造经验，到秋后各地再按新办法整理，以调剂各阶层负担，求得更加合理。莒南县实行《征粮新办法》后，实行过乙种公平负担的村庄提出了改进意见，而

在过去实行银两摊派制的地区，贫农、中农、富农皆感到新办法非常公平，但也出现两个比较突出的问题。一是人均有中中地 5 亩左右的中农或富农，负担比去秋重 1 倍上下；二是起征点（60 斤）太低，很多贫农都得负担。经过县政府和工作队研究后，进行了改进，将起征点提高到 80—100 斤，免去部分贫农负担，把两级之间的差数加大到 60 斤或 80 斤，降低了中农和部分富农负担的百分比。经过改进后，一般地主富户比去年减轻百分之四五十；公粮收入虽有减少，但影响不到军粮，因按新办法，有的村庄比去年多收 1 倍。各地也都反映出征粮新办法实行后的一些问题，如负担轻重不合理，地亩陈报清丈、人口登记不准确，雇工和粮食折合不合理，少报产量多报人口等。针对出现的问题，各地一般都作了纠正，采取了补救措施，使征粮工作顺利进行。鲁南专署集中有力干部配合农会在黄崮、劳山两区进行突击（土地陈报、清丈土地），采用中心突破方式，经区村深入动员和土地登记，65 个村中查出黑地 32 644 亩，负担产数增加了 5 倍，群众负担大为减轻，也更加合理。北沂水黑地面积几乎占全县百分之三四十，县政府为纠正这一严重现象，积极举办土地陈报，并成立土地陈报委员会，组织土地陈报工作队，以金泉区为中心进行试点，创造经验，推动全县。

《征粮新办法》是一种以农业收入为课征对象有免征额的金额累进税制。这种办法完全废除了摊派，较之甲乙两种公平负担办法，要正规、合理得多。它既照顾到贫农中农的利益，也照顾到地主富农的利益，确定了征收的最高额，使地主富农在减租减息增资后负担减轻，生活有保障，是与中共中央提出的土地政策原则相符合的。但是实际执行结果，问题仍然很多。首先表现在产量和收入多少不易正确估计，匿报土地及产量、虚报人口不易查出，特别在未进行土地陈报及群众基础不好的地区执行，反匿报更不容易，结果正确报告的村庄吃亏，少报的村庄占了便宜。这不但减少了公粮的收入，而且也极不公平。其次，由于按产量累进，累进率跳跃发展，因而使支付了巨大代价的富农或上中农的负担反比坐收地租的地主负担重；加工施肥者所增加的收入非但不能归自己所有，反因产量增加提高了他的累进等级，懒汉二流子反倒赚了便宜；雇工算入主家者只限 3 口，妨害了奖励生产和发展富农经营的原则。

（三）1943 年《征粮新办法》的修定与实施

根据《征粮新办法》在实行过程中出现的问题，中共山东分局于 1943 年 5 月 10 日又发出了《关于征收救国公粮的指示》。指出，征收救国公粮乃关系国计民生之大事。其征收标准，应首先充分保障军粮，并在此原则下尽量减轻人民负担。其次，应使各阶层负担公平合理，即收入多者多负担，少者少负担，不应平均摊派，亦不应过分加重少数富有者负担。再次，则应奖励生产，奖励劳动。并对山东几年来实行的几种征粮办法进行了评议，同时提出三种修正办法。1943 年 5 月 11 日，《大众日报》发表社论《救国公粮征收办法评议》，公布了修改办法。

第一种是按照乙种公平负担办法酌量修改。减少免征地亩（每人至多免征半亩）；取消级数计算方法；修改累进比率；出租或租入土地每两亩折 1 亩；为便于计算，可规定第一级每亩征收数及第二级每亩征收数，依此累进至最高级。

第二种是按照“征粮新办法”略加修改。自耕农民及雇工经营所得收入，应当除去生产费用（约占总收入的 20%），然后计算公粮；产量不应按照实产数计算，而应按照同级土地的平均产量计算，使加工增肥增加的收入，可以仍归生产者自己所有；各区调查收获实际情形，估计各级土地平均产量，呈报县政府审核决定，各村均按此项估计计算各家收入，如有特殊情形，必须呈报上级批准，方得修改。

第三种是综合采用上面两种办法的优点。登记各户土地，按照每人平均所有标准地亩数来分成若干级，租入土地每两亩折 1 亩；按照每户总收入来征粮，各级的征收率按实际需要由政府临时决定公布。

不论采用何种办法，都必须注意下列几个原则：第一，免征贫户不能超过总户数的 20%；第二，最高征收率不得超过总收入的 35%；超过此项限度，须得被征者的同意，并得上级政府批准；第三，贫农

的征收率约占收入的1%—8%，最高不得超过10%；中农约占收入的9%—16%，最高不得超过20%；富农约占收入的17%—24%，最高不得超过30%；第四，计算方法力求简单，俾能家喻户晓，难于欺骗隐瞒。

1943年8月，山东省参议会第二次会议根据中共山东分局同5月指示，相应地确定了征收救国公粮的原则。规定已办理土地呈报者，其按亩征收的亩数按产量折合中中亩，并须根据每个人平均亩数累进征收；租种地及出租地均以两亩作1亩计算，但收入特多或特少时，可依据实际情况变通办理。未办理土地呈报的地区，仍可按产量及收入在扣去20%成本后，按照同级土地平均产量和每人平均收入累进征收。起征点或免征额的规定，也逐渐做到因地制宜，更加符合各地农村的实际情况。

修改办法公布以后，各地根据新规定的原则，先后修正了本地区的征粮办法。1943年6月1日，《大众日报》报道了《滨海专署颁布夏季征收公粮新办法》，具体规定了征收标准、人口计算和征收办法。征收标准是：征收夏季公粮以人口计算产量，以户口为征收单位，用累进办法征收，起征点为31斤，最高额为247斤，征收率最低为1%，最高为35%，收入特多产量超过征收率35%者，在征得本人同意，与经县以上政府之批准，可累进增征，但最高不得超过45%。为奖励根据地农业生产，增加战时粮食收入起见，凡系自耕或雇工耕种及佃种土地者，均将其产量八折后再累进征收，[1] 以减轻农本等之消费。土地出租者，按其实得产量征收，凡系雇工直接生产者，不论多寡，皆得列入雇主家作1口人计算负担。但非直接生产之雇工（如办饭、管家、杂役等），雇主皆不得列入作人口计算负担。抗日军人及工作人员家属因无生产能力不得不将其土地出租者，不得以出租者论，可将其产量九折折合后再行征收，其家庭贫苦与鳏寡孤独实无负担能力者，经县以上之政府批准后，可酌量减免其负担。

〔1〕 1943年6月19日《大众日报》载，又将此条改为“均得将其产量收入依以上征收率计算，累进负担后，八折折合征收”。

人口计算是：按产量负担之人口，系以本家嫡系为限，暂时寄居之亲友不得列入，但有特殊原因者（如无家可归者、长年寄居者），经村长农救会长之证明，方得列入计算。抗日军人脱离生产之工作人员仍得列入本家作 1 口人计算负担。常年在外经商或有其他职业，不仰给于家庭生活者不得列入本家作 1 口人计算负担，但仍须登记与证明。逃亡者不论其人口地亩多寡均作 1 口人计算负担。征收办法是：为便于评议产量及奠定秋收之基础，在陈报麦田时，仍得呈报所有土地，并认真发动反黑地斗争。为求得产量之逐趋确实，区成立评议会踏验全区麦田情形，并以村为单位，根据产量与地质情形，将全村麦田划成几种地段，根据地段内一般麦田情形确定一标准产量，作为该地段之一般产量，再根据不同地段计算产量征收。但每段产量的规定要确实，必要时得抽查；伪造人口或匿报麦田者，除应追征其少负担数目公粮外，并科以 1—2 倍之处罚；公粮征收后，应一律发给花户以正式收据，并须将全村征收数目公布以昭公允。

1943 年 6 月 15 日，胶东区公布了《征收救国公粮暂行办法》。该办法是根据《征粮新办法》和《大众日报》社论，在分局及战工会巡视团直接帮助下拟定的，所以较为周密，原则把握亦较正确。其办法要点是：第一，征收公粮以产量为标准，以土地为计算产量标准，以户口为负担单位，以人口为计算单位。第二，根据胶东各地区土质之优劣，依抗战爆发后平常年景之一般产量，确定土地分为十七级，并根据每年一般产量，确定各级地之每亩平均产量，以此为计算征收标准。第三，累进率。每人每年平均产量 150 斤以下免征，150 斤以上每加 1 斤累进率增加 0.02%，至 200 斤为 2%，300 斤为 4%；300 斤以上每加 1 斤累进率增加 0.04%，至 400 斤为 8%，500 斤为 12%，550 斤为 14%；550 斤以上每加 1 斤累进率增加 0.06%，至 600 斤为 17%，700 斤为 23%，800 斤为 29%，900 斤为 35%。900 斤以上即不再增加。第四，征收救国公粮，按平均产量一年一次计算，分夏秋两季征收。夏季征收小麦，占全年交纳数 35%；秋季征收苞米 40%，豆子 15%，小米 10%。第五，自耕或雇人经营的土地减征 20%，租佃土地者并先扣除地租。地主出租的土地，按其地租

收入计算负担。第六，计算人口。各户以现有人口计算，参加田地劳动之雇工列入雇主方面计算，脱离生产之武装及工作人员，中小学教员及自费学生皆得列入家人计算。

鲁南区制定了《修正征收救国公粮办法草案》。作了如下规定：以户为征收单位，以人为计算单位，以每人平均所有负担地的多少作为累进分级标准，以每亩每年平均产量300斤之土地为1负担亩。每人平均有负担地2分（60斤）以下者免征，2分者全年每负担亩征粮6斤（2%），此后，每增2分为一级，每加一级多征4斤，至1亩（300斤）为26斤（8.7%），2亩（600斤）为46斤（15.3%），3亩（900斤）为66斤（22%），4亩（1 200斤）为86斤（28.7%），5亩（1 500斤）为106斤（35.3%），过此不再增加。地主出租出佃之土地及佃户租佃之土地，业佃双方各以两亩折1亩计算，人口计算法与胶东、滨海大致相同。全年应负担之公粮分两季征收，夏收征40%，秋收征60%。

清河区制定了《征收救国公粮暂行办法》。规定把人划分为地主（一等户）、富农（二等）、中农（三等户）和贫农（四等户）四类，划分的标准不是“一般经济状况”，而是“生产方式”（剥削或被剥削），亦即“生活资料获得的方式”。每人每年收入在100斤以下者免征，100斤以上者则按等规定其累进征收率，详见表2－8。人口计算方法与其他地区大致相同。

表2－8　　清河区救国公粮征收累进率划分

收入数	四等户	三等户	二等户	一等户
100斤	1%	10%	20%	30%
200斤	2%	10%	20%	30%
300斤	3%	11%	20%	30%
400斤	4%	13%	21%	30%
500斤	5%	15%	23%	30%
600斤	6%	17%	25%	31%
700斤	7%	19%	27%	33%
800斤	8%	19%	29%	35%

鲁中区的征粮办法比较落后。一则它没有一个较完整的征粮办法，不但泰山、泰南、沂蒙各区各有各的征粮办法，即在同一专员区中，各县也不同；二则除极少数地区外，一般尚未采取累进原则，地主、富农、中农、贫农均按同一标准征收，即有累进亦是差额太小，未起多大作用。

综上可以看出，从1943年夏季征收公粮开始，各地已经基本上按中共山东分局1943年5月《关于征收救国公粮的指示》修定了征粮办法。尽管各地的办法不尽相同，但除了鲁中区，其他地区都采用了累进征收的原则。一般来说，就征粮办法本身没有大的缺点，只在累进率的高低上不一致。大都纠正了以往征粮办法的缺点，一些具体规定较之甲、乙两种公平负担办法和《征粮新办法》则更加公平合理。据估计，山东抗日根据地执行1942年和1943年两种《征粮新办法》的村庄，尚不足2/3，还有约1/3的村庄执行摊派制。

从1940年秋天到1943年秋，山东省战工会先后颁布了《甲、乙、丙三种公平负担暂行办法》，《征粮新办法》和《1943年征粮办法》。这些办法逐步完善并趋向公平合理，为山东省《救国公粮条例》的制订打下了基础。这些办法先后在山东抗日根据地内大部分地区得到了贯彻执行。受到根据地广大农民的拥护，他们发挥了高度的爱国精神，把公粮叫做“救国粮”，争先恐后，踊跃缴纳，从而保证了战时粮食供给。据统计，从1938年到1943年共征收粮食291 797 793斤。其中，胶东占39.14%，滨海占25.07%，清河占11.53%，鲁南占6.75%，鲁中占17.51%，详见表2－9。[1]

山东根据地的合理负担政策，尽管在5年中经历了三次大的变化，但每变化一次都比前一次进步和公平合理，人民的负担也逐步减轻，详见表2－10。[2]

从整个山东省来看，把敌、我、友和游击区等几种不同的区域相比较，以抗日根据地人民的负担为最轻。以1942年胶东地区为例，

---

〔1〕《山东革命根据地财政史料选编》第5辑，第447—448页。

〔2〕《山东革命根据地工商税收史料选编》第6辑，第433页。

表 2－9　　**山东各地粮食收支比较表**　　单位：斤

地区	收支	1938 年	1939 年	1940 年	1941 年	1942 年	1943 年	总计
胶东区	收入	500 000	3 300 000	23 650 000	43 070 000	51 320 000	84 220 000	206 060 000
	支出	500 000	3 300 000	23 650 000	43 070 000	51 320 000	74 150 000	205 990 000
滨海区	收入			7 500 000	32 320 525	29 978 820	51 531 535	121 330 830
	支出							
鲁南区	收入				8 238 134	7 243 992	17 198 340	32 680 466
	支出							
鲁中区	收入				35 688 362	17 779 073	31 264 361	84 731 796
	支出							
渤海区	收入				17 118 068	14 076 734	20 108 956	51 303 758
	支出						15 264 303	15 264 303
合计	收入	500 000	3 300 000	31 150 000	136 435 089	120 398 619	204 323 192	496 106 900
	支出	500 000	3 300 000	23 650 000	43 070 000	51 320 000	89 414 303	221 254 303

据《胶东区 1938—1946 年粮食收支对照表》、《历年各地征收比较表》、《渤海区历年粮食收支统计表》并参照《两年来（1941—1942）山东各地粮食征收统计表整理》。

说明：本表粮食收入总数与文中征收总数出入较大，据分析，文中的数字不完全，表中的数字是据现有数据整理得出，更准确一些。

表 2－10　　山东省历年各阶层的负担状况（%）

地区	阶层＼年份	1938 年	1939	1940	1941	1942	1943
胶东	地主	33. 2	33. 1	31. 8	30. 5	30. 2	28. 9
	富农	30. 9	28. 7	30. 6	28. 7	28. 9	22. 4
	中农	20. 8	18. 9	15. 7	12. 2	12. 1	9. 6
	贫农	16. 3	12. 7	9. 9	7. 9	8. 7	3. 7
渤海	地主	35. 8	35. 9	31. 2	30. 5	30. 1	30. 1
	富农	30. 1	28. 3	28. 0	27. 7	28. 7	25. 4
	中农	22. 2	20. 1	19. 1	22. 1	20. 2	14. 6
	贫农	17. 8	16. 1	15. 2	14. 1	14. 4	4. 9
滨海	地主	35. 4	33. 1	31. 2	30. 2	32. 4	30. 0
	富农	25. 1	22. 2	20. 1	20. 7	21. 7	17. 1
	中农	13. 5	7. 9	8. 9	9. 9	10. 3	7. 6
	贫农	10. 5	8. 8	3. 9	4. 1	3. 5	3. 1
鲁中	地主	36. 0	35. 7	35. 6	35. 1	35. 0	32. 8
	富农	24. 1	22. 8	21. 1	20. 2	19. 8	15. 9
	中农	21. 9	19. 6	16. 6	15. 7	15. 8	9. 4
	贫农	13. 5	10. 9	10. 7	10. 6	10. 5	4. 5
鲁南	地主	34. 9	33. 8	35. 2	33. 9	34. 3	32. 8
	富农	27. 5	27. 0	23. 0	24. 9	25. 5	18. 5
	中农	22. 8	22. 1	21. 5	20. 5	20. 1	13. 5
	贫农	13. 9	11. 1	10. 4	9. 9	9. 8	6. 4

根据地每亩负担 11. 25 元，国统区每亩负担 47. 5 元，比根据地重 4 倍；敌我交错的游击区 76 元（其中我 10 元，敌 66 元），比根据地重 6 倍；敌占区每亩负担 140 元，比根据地重 12 倍。在滨海区，1942 年分别对敌我友占区负担进行调查，根据地每亩每月平均负担 2. 57 元，敌占区每亩每月负担 10. 36 元，比根据地重 5 倍；国统区每亩每月负担 22. 5 元，比我根据地重 8 倍；多面负担的游击区，每亩每月负担 49. 39 元，比根据地重 19. 2 倍。清河区，1941—1943 年，根据地、游击区、敌占区负担统计（包括田赋公粮等一切负担在内，每市亩负担以元计），详见表 2－11。

表 2-11　　清河区历年各区域负担统计　　单位：元/每市亩

年份	根据地	游击区	敌占区
1941	17.40	41.62	53.65
1942	61.20	89.00	123.50
1943	70.08	363.60	732.15

如按粮食实价为标准来看，上列负担情形（以 1941 年根据地负担作 100），详见 2-12。

表 2-12　清河区历年各区域负担（按粮食实价）统计 1941 根据地 =100

年份	根据地	游击区	敌占区
1941	100	239.20	308.40
1942	87.90	127.90	177.70
1943	33.50	174.10	350.60

由上可以看出，1941 年敌占区人民负担为根据地人民负担的 3 倍，1942 年为 2.5 倍，1943 年为 10 倍。如以粮食实价计算，1943 年根据地人民的负担较 1941 年减轻 66%，敌占区人民负担则加重 42%。

二、《山东省税收暂行条例》的颁布与实施

1940 年以前，山东抗日根据地已有部分地区开始进行正常的税收工作，但是数量很小，根据地的财政收入主要依靠捐款和摊派。各地苛捐杂税盛行，人民负担沉重而不平衡。这既不正常也不合理，不利于调动各阶层的力量。1940 年 8 月，山东省战工会在施政纲领中提出：废除苛杂，整理税收，实行累进税制。随后，省战工会财经组组长艾楚南发表文章指出，因为抗战是长期的，应该由合理负担逐渐过渡到为执行正税的统一累进税收，就是把征收正税作为人民负担的主体，而把合理负担作为辅助办法。这是抗战发展过程中一个进步的现象。征收正税的正确途径，一是废除苛捐杂税，征收正税，包括

田赋，所得税，货物出入口、契约、消费税等；二是征收应该按统一的累进率（5%—45%），确定免税点，缩小敌占区消费税等；三是必要时实行累进的超额税（对于非必需品、奢侈品加以重税）；四是确立征收机关与征收办法；五是按照统一办法统一征收，在特殊情形下亦可允许一定区域的驻军，按照统一办法分别征收；六是不合理的内地关卡税收应予取缔，同时不得征收重税或实行包税制。各地相继废除了各种苛捐杂税，捐款和摊派也逐渐减少。为了贯彻正常的税收政策，加强各地募捐及罚款的管理，1940 年 11 月 7 日，省战工会做出了《关于募捐及罚款的决定》，规定凡在山东抗日民主政府所属地区以内的机关、部队、团体，有向人民举行募捐的必要时，须将募捐的理由及地区范围，与募捐数目及用途，报告该地区最高行政机关或本会批准，并通知各该地区政府后，才能进行募捐。否则不许募捐。募捐结束后，必须将募得的财物数目及捐助人姓名，逐一公布，并报告该地区最高行政机关备查。对未经批准而自行募捐，或在募捐过程中有舞弊及敲诈、勒索等不法行为者，按情节轻重分别给予惩处。除司法及县以上政权机关以外，一切团体机关均无实行税收与罚款之权，如有违者，依法制裁。同年 12 月 15 日，山东省临时参议会讨论通过了《山东省税收暂行条例》，以及《货物税征收施行细则》、《整理及征收田赋暂行办法》、《县税务局征收处组织大纲》等税收法规，为各地制定正规的税收政策，提供了依据和标准。

《山东省税收暂行条例》规定，税收种类为田赋、盐税、矿务税、货物税、营业牌照印花税、田房契税、牲畜屠宰税等 7 种，各地不得另立名目。凡未经本条例列入之税，而事实有征收之必要，须呈由专署转呈上级核准后方准征收。关于税率，条例规定：田赋暂定全年每两银征收正税 4 元，附加不得超过正税。土地登记完善之县，可按地亩累进征收，每标准地 1 亩征收 5 角（约等于小麦 1.5 斤的价格）。食盐每百斤征收出场税 3 元，鱼、盐酌量减轻，在产盐区内由政府统一办理；由敌占区运来者每百斤征收入境税 1 元（各地可根据实际情形酌量增减）。矿务税按产量每月向矿主征收，其税率不得超过10%（金矿另定）。田房买卖契约税，按买价5%征收，所有抗战以前未纳税的白契，一律补征契纸费，每张5角。货物税分4类：必需品，即军需品及公私必需品不能以土产土制代替者均禁止出境，免征入境税。如军火材料、钢铁、军用化学物品、煤油、汽油、棉纱等。通用货物税，根据必需程度分别制定不同出入境税率或免征出境税。除了肥料禁出和木质器材免征外，最高征100%，如五金品，其他一般征5%—10%。入境税除火柴、煤炭、五金品、肥料等几种免征外，其他最高征20%，大部分征5%，少数征10%。非必需品，本着奖励出境的原则，出境税一般征5%—10%，少数征20%—50%，入境税除了与军工有关的免征外，其他则征5%—100%不等，大部分征30%以上。奢侈品，出境税一半免征，除了金银珠宝外，其他一律征5%。入境税则征20%—100%不等。在17种货物中，征50%以上的就有10种。在抗日民主政权达到之区，烟酒一律禁绝。酒入口时，得征入口税100%；黄酒（老酒）以营业为目的者，按价征30%；烟叶出口征税10%，内地买卖免征；土制纸烟出口征税10%，内地买卖免征，外制纸烟入口征税100%。牲畜屠宰税，牛、马、驴、骡买卖税，按价向买主征收3%，猪羊免征，猪、牛犊、驴驹出口，按价征收10%—20%；大小骡、马、耕牛、羊禁止出境，猪牛羊每头按价征屠宰税3%（耕牛禁杀）。关于税收办法，条例规定：各种税收，以自办为原则，不准出包，如需出包，须将出包的情形转报上级；税务机关应加督察，防止一切足以扰民之事发生；凡出入口货物只收一道税，不准重征；凡外来之必需品，由迷信品或奢侈品掩护输入者，其必需品在80%以上者，得将应纳税额减轻80%，必需品在30%以上者减轻30%。关于奖罚规定：凡延税、漏税或匿价取巧者，一经查获，除补应纳税款外，并按情形轻重，处以应纳税额50%—100%的罚金，特殊情况专案办理；凡商人因违犯税章所出的罚款或没收物品拍卖款，如系人民告发或查获，得提10%作奖金，但总数不得超过100元；如系税收人员或机关团体人员，得提5%作奖金，但总数不得超过20元。

《山东省税收暂行条例》及其他一些税收法令的公布，标志着山

东抗日根据地的税收工作初步走上正轨。从此，山东革命根据地在实践中逐步建立起完整的税收制度。1941 年 7 月 7 日，山东省战时工作推行委员会在《关于响应中共山东分局建设山东抗日根据地十项建设运动号召的决定》中，对税收问题做出了统一规定。决定要切实整理各种国税，如田赋、盐税、出入口货物税和烟酒税等，使能照正规的财政收入，供给主力军的开支，保证抗战的胜利，切实停止募捐解决军费的临时办法。田赋征收要能做到按乙种公平负担办法标准的累进原则征收。盐税做到征收一次产销税后不再征收。对出入口货物税，只征一次后，即在根据地通行无阻。做到地方政府行政费完全由地方税如屠宰税、牲畜税、田房契税、田赋附加税及生产贸易的收入来解决。村乡行政费与县以下教育费，由县政府在田赋附加与公产、逆产、教育款产等统一征收、统一分配来解决，使教育经费与乡村行政费存的款，按照一定开支标准开支，减轻人民负担，并便利工作进行。1941 年 9 月，根据这些原则，省战工会结合《山东省税收暂行条例》执行情况，对条例进行部分修正。把税收分为国家收入和地方收入两部分。国家收入包括田赋、盐税、矿务税、货物税、营业牌照印花税；地方收入包括田房契税、牲畜屠宰税。并对田赋、盐税、货物税等某些税目税率作了必要修正。从此，这个条例就在山东抗日根据地沿用下去。

从 1938 年到 1943 年 5 个财政年度，山东抗日根据地的财政收入共 161 093 478.19 元。其中（胶东 6 年、鲁中 5 年、滨海 4 年，鲁南 3 年），胶东区占总收入的 25.5%（1943 年田赋粮未卖，未在内），鲁中区占 16.54%，鲁南区占 14.43%，清河区占 10.78%，滨海区占 32.75%。这些收入，在抗战初期大部分是由捐募得来，从 1940 年起各地逐渐停止了捐募，开始财政的正规收入。

胶东区 1938 年捐款占总收入的 71.39%，1939 年占 66.03%，1940 年占 37.02%，1941 年占 9.7%，1942 年占 0.81%，1943 年就没有了；鲁中区，1938—1942 年捐款占总收入的 3%，1943 年没有了；清河区，1940 年捐款占总收入的 21.8%，1941 年占 8.7%，1942 年占 0.04%，1943 年没有了；滨海区 1940 年捐款占总收入

5.3%，1941 年占 0.11%，1942 年没有了；鲁南区没有统计。随着捐款收入的减少，税收逐渐增加，全省税收在财政收入中所占比例和在各项收入中的位次逐年提高，1940 年占财政收入 9%，居第 5 位；1941 年占 19%，居第 2 位；1942 年 41%，居第 2 位。田赋占财政收入的比例是，1940 年占财政收入 32%，居第 2 位；1941 年占 54%，居第 1 位。全省 6 年平均各项收入比例为，田赋占总收入的 49.01%，税收占 34.66%，捐款占 2.55%，行政收入占 1.45%，矿税占 1.45%，杂项收入占 3.99%，契税占 0.16%，柴粮代金占 5.66%。如果将各种税收累计起来，税收占总收入的比例高达 82% 以上，充分说明税收确已成为财政收入的主要来源。各种税收执行情况大致如下：

（一）田赋

1940 年前，各地抗日民主政权一般以旧有征收钱粮的办法为基础，废除苛捐杂税，仍按银两征收。但按银两征收很不合理，出现田多赋少，田少赋多，有地无赋，有赋无地等现象。为了贯彻公平负担的原则，达到粮地相符的目的，1940 年 12 月，山东省战工会颁发了《整理及征收田赋暂行办法》，以统一全省的田赋收入。该办法规定，粮册未遗失的地方，仍按旧粮册征收，但应按现在区乡村系统，以村为单位另行誊编，将民户一律换成现名；旧粮册遗失的地方，应尽一切办法寻找或收买。如找不到时，可责成各村村长，农救会的主任等，会同各户将全村地亩钱粮数量另行整理，订立粮册。如报告不确，政府得清丈地亩，重新规定粮银数目，但在未确定前，县府得酌量预征。征收办法以区或乡为单位，由征收机关派员办理，并责成各区乡长协助，必要时征收人员得亲自到各村流动征收。田赋每年按两期征收，第一期自 2 月初开始至 4 月底征收完毕，第二期自 8 月初开始至 11 月底征收完毕。各民户如果故意延期不纳者，得照下列处罚：延期 1 个月以上未满 3 个月者，除补交应纳钱粮外，并处以 50% 罚金；延期在 3 个月以上未满半年者，除补交应纳钱粮外，并处以 70% 罚金；延期在半年以上者，除补交应纳钱粮外，并处以 1 倍的罚

金。各地按照省战工会颁发的办法，对田赋进行整理，从1941年开始，大部分地区能做到按亩征收，纠正了旧粮银的不公平现象，并且采取了直接征收制，废除了过去地保粮头的中间剥削。1943年前田赋完全是征款。自1943年秋季开始，因币值不稳，改征粮食。每年每亩征粮5斤，麦季2斤，秋季3斤。各个地区田赋征收标准也不尽一致。总计全省历年田赋收入占财政收入的比例是，1940年全省田赋收入占财政收入32.48%（胶、清、滨），1941年占54.51%（加鲁中），1942年占51.71%（5个地区），1943年占40.83%，减少原因是征粮后粮价跌落。按6年来全省财政总收入算，田赋占46.01%，居各项收入的第1位。

（二）税收（货物税）

为了完善税收制度，增加税收收入，1940年12月，省战工会制定了《货物税收征收施行细则》，规定货物在起运前与运入时，承办人应将货物名称、数量、价值及运输地点连同货单向就近的征收机关报请纳税始得起运；如货物数量或价值与货主报告不符，征收机关得协同当地公正人士或村政权按市价估计征收，物主如不愿意得备价收买；各种货物只收一道税即可通行各地，但入口货经根据地再运敌占区者，得按出境货征收；各税收机关在所辖区域内之冲重地点或市镇得酌派稽查员随时查验往来货物以防偷税；凡漏税货物除补征纳税外，并处以50%—100%的罚金。偷税商人在半年内重犯者，按应纳税额处以1—2倍的罚金，三犯者将货物没收并得视情节轻重课以罚金，但不得超过其货物之总价格。省战工会先后于1940年12月、1941年9月、1942年5月多次修改颁发货物税率表，作为税收的依据。1942年5月30日，省战工会又做出《关于税务问题的决议》，为彻底执行一道税制，规定根据地与根据地之间商人运销货物，由商业联合会及贸易局出具证明者，税收机关得发给运销证不收出境税。规定的奢侈品，一律禁止入境。

在各抗日民主政权区域内，从1940年后，一般开始征收货物税。在征收方式上，最初完全沿用旧办法，出包集市和上集征收，以后改

为上集征收及征收所、稽查站、专卖、出场税等方式。鲁南一直采用出包方式。在征收种类上取消了旧有的苛捐杂税，将货物出入口按必需品、非必需品、通用品、奢侈品、迷信品，分成奖励、禁止、允许、特许等4种规定税率，逐步建立起正规的税收制度。通过收税，不仅增加了财政收入，保证了战时供给，而且保护了根据地生产事业的发展，防止敌人的倾销与掠夺，改善了民生。山东抗日根据地的税收逐年增加，1940年税收占全部财政收入9.19%，1941年占19.88%，1942年占38.57%，1943年占33.19%，表面数字有所减少，是因其他收入增加了，而税收的绝对值还是在增加。按6年平均，税收占全省总收入的34.66%，居第2位。

（三）契税

1940年12月，山东省战工会颁布了《田房契税暂行办法》，规定民间置买田房，须于契约成立后3个月内照章纳税领契，始为合法买卖；契税按买价5%征收，并随收契纸费5角，典契不税；民间未纳税的白契，于公布6个月内照章投税，否则以延税论，因故损失契约者，在6个月内申请补契，只纳税额之半，但延税6个月者按延税论罚；外国人在我国内，对于田房有租赁权无购买权，其用教会或其他名义买卖田房者，依法无效，拒绝其投税；机关团体及其他公益法人为不动产的买卖者，免纳契税。田房买契纸式样定为三联单式，第一联交业主，第二联交专署，第三联由县存查。各县征收契税，除由县征收办理外，并得酌情委托区公所代办。凡无故不纳税或匿写契价者，根据近期情况和匿价多少处以交纳税额50%或1倍的罚金；凡根据地的人民，有向伪组织交纳契税者，除将契约作废外，以资敌论罚；敌占区人民向伪组织交纳契税者，一律无效。

契税在胶东区实行最早，效果也较好。1940年，胶东规定契税率为：买税6%，典税3%。1940年底，省战工会颁布《田房契税暂行办法》后，定买5%，典契不税，从1941年开始执行。由于税率低，手续简便，加之宣传动员好，人民投税的情绪高涨，甚至敌占区人民都愿向我投税。当然也有对契税认识不够，抓得不紧，影响收入的。据统计，胶东区 1940 年契税征收 6 554.92 元，占总收入的 0.14%；1941 年征收 159 141.17 元，占总收入的 1.54%；1942 年征收 306 811.75 元，占总收入的 1.36%。3 年累计征收 909 557.84 元，占 3 年总收入的 2.13%。在收入中所占的地位，1940 年占第 10 位，1941 年占第 7 位，1942 年占第 6 位。其他各区执行较晚，一般从 1942 年或 1943 年开始。1943 年，全省有田房契税收入的有 4 个区，胶东区（缺下半年）收入 153 274.26 元，鲁南区 117 089.10 元，滨海区 350 000 元，清河区 92 316.5 元，共计 712 679.86 元，占总收入的 0.43%。

（四）矿产收入

仅胶东和鲁中有金矿，鲁南有煤矿。从 1940 年开始征收，废除了旧政府的税收办法，采用了投资经营和包租制，取消了额外剥削。胶东是矿产收入的主要地区。1940 年冬胶东建立了矿务局后，矿税收入增加，在发展上是空前的。1941 年春，敌人在招远蚕庄建立了据点，灵山、金翅岭、九曲等金矿被敌人破坏，矿租停止，只剩下附近零星矿场及平度金矿能收到很少的矿租。同年 4 月，东海又开辟了水道金矿，开征矿租。1942 年罗山（即九曲）、灵山、平度、水道等金矿均有开采，收入略增。这时的征收方式是灰色办法，利用矿商的两面态度从事征收，由矿务局直接掌握办理，虽各矿税仍称矿租，并未由财政部门派员征税。对各县开采沙金的不征税。鲁中区，在金矿管理中，废除了旧政府的税收办法，而改用累进法，并较诸旧政府时代减轻 12% 的税率，废除封建剥削，发展成群众性开采，成为群众自己的生产。政府方面只是负责管理和解决纠纷。据统计，胶东区 1940 年矿务税收入 769 502.68 元，占其总收入 6.57%；1941 年 634 392.78 元，占 6.17%；1942 年 123 856.91 元。占 0.55%，3 年累计收入 1 527 752.37 元，占其总收入的 3.58%。从 1940 年到 1942 年 3 年间，矿产收入占全省总收入的 1.5%。1943 年，全省仅鲁中有矿税收入 1 355 139.46 元，占全省财政总收入的 0.82%。

（五）整理公产

公产（指区以上政权所管理的公产），包括公有款产、教育款产、没收地、代管地等。1941 年 6 月，山东省战工会做出决定，地方教育经费的基本来源，是依靠地方教育款产的收入。地方教育款产除原有的学田基金外，凡属公产庙地及已经没收充公的汉奸财产，70% 拨归教育款产。也就是说，当时的公产收入大部分作为地方教育经费，由县文教科和县财政科两部门共同负责整理。结果因无人负责，形成两不管现象。1943 年 11 月省战工会又发出《关于整理官方逆产及教育款产的指示》提出把整理官产、逆产及教育款产作为今后财政和教育工作中的重要任务，以期达到迅速办理彻底完成。教育款产的整理由教育部门与财政部门负责，其收入通过教育科交由财政科负责保管，这是财政科的主要职责，不得推诿不管，反对将全部收入交由教育科自由使用不负责任现象。由此，各地对公产的整理才走上了正轨。

对公产的整理各地情况不一，部分县份从 1942 年开始。渤海的垦利、沾化二县就清理出公田 60 420. 51 亩，学田 24 972. 25 亩，都是好地。1942 年和 1943 年，沾化县公田收款 207 270 元，学田收款 426 246. 75 元；垦利县公田收款 556 676 元，学田收款 168 543 元。1943 年 1 月，鲁中区联合办事处颁布了《公产学田管理暂行办法》，统一进行了整理，收获很大。他们审查了租户，以免坏分子把持。为了照顾荣誉军人、贫苦的抗属及农民的生活，确定其租种的优先权。与土地陈报配合进行清丈，确定地级。并按减租规定确定租额，实行定租制。明确规定由财政部门负专责整理，租谷收入，统归仓库保存，不得随便动支。仅沂蒙区整理出的土地 7 203. 61 亩，可收入租谷 269 431 斤。

第四节　抗日战争最困难阶段巩固根据地的财政措施

一、根据地最困难时期的到来及中共山东分局新的财经政策

1941 年和 1942 年，是中国抗日战争最艰苦、最困难的阶段。在这一阶段，山东敌伪兵力增加，“扫荡”及“清剿”加剧，据点及封锁沟墙增多，封锁分割及逐步逐地逐村地蚕食，使山东抗日根据地处于极端困难的境地。据统计，1939—1940 年，敌人千人以上的“扫荡”25 次，其中万人以上的 2 次；而 1941—1942 年，敌千人以上扫荡达 70 余次，其中万人以上的 9 次，千人以下扫荡几乎天天都有。鲁中、清河、鲁南、冀鲁边、胶东各区无一幸免。以鲁中为例，1942 年敌人大扫荡 9 次，共用兵力 5 万人，时间累计 137 天。敌人为扩大其面上的占领，还配合“扫荡”，加紧推行其蚕食政策，强化封锁线，对抗日根据地实行紧缩包围。1942 年，敌人在山东设立据点已达 2 418 处，占据公路 13 852 里，建筑封锁沟墙约 8 494 里，被蚕食村庄达 2 291 个。在敌人“扫荡”“蚕食”下，抗日根据地遭到严重破坏与损失。1941 年冬，敌人“扫荡”沂蒙山区，抓去壮丁近万人，杀害群众 3 500 余人，抢走粮食 160 余万斤，房屋 1/4 以上被焚毁。1942 年秋，敌人“扫荡”鲁中，我部队伤亡及失去联络者 300 余人，黎玉负伤、汪洋、李竹如、钟效培等 10 余位领导人牺牲。在对敌斗争较残酷较紧张的 1942 年，山东抗日根据地划出鲁西区以后，人口为 730 万人，比 1940 年减少 2/3；面积为 2.5 万平方公里，比 1940 年减少近 1/3。除滨海、鲁中、胶东有较大基本区外，其他各区都被分割为小块分散的根据地或游击区，与敌伪顽形成犬牙交错的局面。

在此期间，山东地区又连续发生自然灾害。1941 年水旱灾害交替，夏秋歉收，粮食极感困难。1941 年鲁南春荒严重，军民没有粮食吃，树皮被剥光，很多群众长期不动烟火。1942 年春荒夏旱严重，鲁南、泰山、淄河敌占区人民大饥荒，几万户难民流入根据地，给根据地增加了巨大压力。此外，随着根据地的发展，抗日武装不断扩大，机关、团体增多，财粮需求量越来越大。面对严重的困难局面，中共山东分局和山东省战工会，采取了一系列有力的财政对策，开源节流，胜利地渡过了难关。

1942 年 1 月 31 日，山东省战工会财政处发出《关于一九四二年财政工作的指示》。指出：为了适应敌我经济斗争日益复杂与尖锐的新形势，各地区应积极发挥独立工作与创造精神，一切工作的决定、制度的建立和人员的配备，都要按照当地具体环境与具体要求而自行处理；各地要彻底转变工作作风，克服过去那种铺张、表面、拖拉、迟缓、坐机关和抓一把现象，点滴深入、实事求是，从艰苦奋斗中开出一条“血路”，积极创造与研究对敌经济斗争新的方式方法，以克服目前困难。这是每个财政人员应有的任务。各地要精兵简政、厉行节约、紧缩经费开支，除莱金津贴外，一切用费得比照去年颁发之各级政府用费开支标准减少 1/3—1/2，禁止一切浮支、滥报、会餐、招待等（除招待外宾）开支。要特别着重整理、开展各种税收，使税收要占总收入的 60% 以上。禁止一切违反政策的捐款、罚款、任意摊派，克服视敌占区为殖民地的坏现象。应迅速确定以北票及抗日民主政权所发行之纸票为本位币，对法币实行七折、八折、九折等使用，禁止伪钞杂钞在我占区流通和使用。

为了认真总结财经工作，采取正确对策，以便更顺利地度过困难时期，1942 年 4 月初，中共山东分局财委会召开扩大会议。会议对几年来山东财政工作进行了详细而深刻的检讨，严肃指出了工作中存在的缺点与弱点。首先指出，山东财经工作之所以不能迅速开展，达到应有的要求，一个重要原因，就是财委会对财税工作领导上的疏忽，上下关系上不密切，有布置无检查，在实际工作中没起领导作用。第二是各级财委会对敌后抗战的严重性与长期性缺乏足够的重

视与认识。有个别党政领导负责人把财经工作认为是次要的工作，敷衍了事，没有提到议事日程上。第三是各级财委会在工作的配合协调上，统一计划集体推动上，显示了极大的不够，如只知责成财经机关开支经费，而对财政开源毫无过问，不能及时利用有利时机和条件，而因各方配合不够使工作受到极大损失。第四是许多地方在运用政策上发生严重错误而得不到及时纠正。如把敌区认为是殖民地，乱捐乱派，增加敌区人民负担；重重收税，绑吊勒索等不时发生；其他如强调公营事业，限制私人生产的发展，因统制贸易影响了根据地的商业，忽视了敌区商人的争取等。第五是财政制度不严格，不科学，许多违反制度的现象依然存在着，如“浮支乱报”、“先斩后奏”、“乱收乱用”，随意向金库借支、预决算不按时造报等。第六是对财经干部充实与配备不力。第七对开展全面的对敌经济斗争，用全力建立自力更生的基础，冲破敌人的封锁网的重要性认识不够。会议认为，“开展财经工作，克服物质需用的困难，在目前说应有头等重要意义。没有财经工作的建设，就没有巩固的根据地的创造，更没有抗战的胜利”。[1] 会议对今后的财经工作做出了具体部署。根据财委会扩大会议的精神，中共山东分局财委会做出《对各财委会工作指示》：第一，健全各地财委会的组织。各地应定期召开财委会议（一月一次），按期向分局财委会报告工作（三月一次）。各财委会可增设一秘书长期驻会，具体负责收集实际工作中一些材料和具体问题，以供参考。第二，解决财政问题应同改善人民生活联系起来，注意“取之合理，用之有节”，不是单顾解决财政上困难而加重人民负担。第三，开源节流，以合理负担田赋、税收为主要来源；精兵简政，减少财政开支；开展反贪污浪费斗争。第四，统一财政，不仅是收支上的统一，而且在组织领导上都要统一，生产贸易上也要统一，建立统一与严格的预决算、会计、审计、金库等制度。第五，加强生产贸易工作，每个机关人员及部队战士发25元生产费，有组织地进行生产，要求来年内自动解决3个月的用费，逐步达到自力更生。县团级以上

〔1〕《山东革命历史档案资料选编》第8辑，第243页。

单位可以组织合作社。可由供给人员及政府的财政经建科长5—7人组成生产委员会，统一领导生产；根据地生产以农业为主，帮助农民解决生产中的实际困难。工业生产以人民日用品、军用品和文化用品为主，解决军需民用。第六，开展贸易合作事业，贸易局工作应以活跃市场、平衡物价、调剂金融、统制出入口为主要任务，吸收农村中广大游资投入贸易合作事业中。第七，北海银行，1942年发行新钞1 000万元，其中胶东、总行各500万元；以50%投资农业生产，20%投资于农村工业、合作事业、小商人，15%投资于贸易局，15%投资于部队兵工生产。第八，山东省战工会设立华北财经学校第二分校，培养县级以上的财经干部，每期学员100名。各地区可自行开办短期训练班，培养县级以下干部。同年12月，中共山东分局财委会又发出《关于今后财经工作的指示》。提出今后财经工作方针是：在经济建设上，必须以发展农业，发展家庭手工业和各种兵工生产，保证军队抗日机关的供给与人民的生活，求得根据地自给自足的实现；大胆地开展贸易，实行对外的统一，做到以货易货，贸易局改为联合公司或贸易公司等名义，使其社会化、群众化；财政开源以整理田赋、税收为主，重要税收要组织武装保护；稳定金融，平稳物价，发展合作事业；厉行节约，严惩贪污，彻底消灭浪费；建立财政调查研究工作和报告制度。

1942年4月中旬，刘少奇由苏北到达山东，召开了中共山东分局与山东军政委员会联席会议，对山东根据地的工作作了指示。中共山东分局根据刘少奇的指示精神，对抗战4年来的工作进行了认真总结，做出了《山东抗战四年工作总结》。强调要发展农业，奖励农民的手工业，调剂金融，增加收入，建设自足自给的财政经济，并把减租减息、改善雇工待遇作为发展工农业生产的先决条件和1942年建设山东根据地的第一位斗争任务。与此同时，中共山东分局和省战工会先后做出关于进行精兵简政，整理村镇政权，生产节约，开展货币斗争，加强贸易管理等决定，使山东根据地的财政经济工作向前推进了一步。这一系列措施的制定与实施，保证了山东抗日根据地的军民能够顺利渡过经济困难时期，迎来了1943年以后的全面深入发展，详见表2－13、表2－14。

表 2-13　　山东省一九四三年财政收入统计表〔1〕　　单位：元

科　目	胶东区	鲁中区	鲁南区	滨海区	清河区	统　计
田赋	8 306 314. 53	7 718 304. 89	16 436 789. 14	20 000 000	10 267 608. 02	62 729 016. 58
田房契税	153 274. 26		117 089. 10	350 000	92 316. 50	712 679. 86
税收款	6 428 320. 33	3 725 761. 70	5 986 779. 72	43 000 000	6 078 636. 30	65 219 498. 05
行政收入	273 740. 19	1 466 503. 86	1 118 252. 37	2 368 635	526 528. 50	5 753 659. 92
其他收入	266 383. 62	629 248. 38	688 607. 96	1 200 000		2 784 239. 96
退还款	252 504. 76		129 597. 30	200 000	113 616. 52	695 718. 58
矿税收入		1 355 139. 46				1 355 139. 46
杂项收入		781 139. 67			260 193. 95	1 041 333. 62
公粮贷金			13 241 880. 70			13 241 880. 70
省协款		3 997 337. 50				3 997 337. 50
银行贷款		2 760 541. 60	943 609. 36		3 290 940. 82	6 995 091. 78
总计	15 680 537. 69	22 433 977. 06	38 662 605. 65	67 118 635	20 629 340. 61	164 525 596. 01

说明：1. 财政收支统计表不够完全，因胶东缺下半年，鲁中缺部分材料。

2. 政委会支出之款，即借银行 12 月底结计 8 537 346. 91 元，又收胶东解款 11 886 481. 50 元，付鲁中 3 645 661. 78 元，滨海 5 101 823. 86 元。

3. 胶东税收包括货税，矿税、盐税（矿税 428 733. 60 元）。

4. 鲁中“其他收入”为没收变卖；“行政收入”为公产收入、公营事业收入。“省协款”即由政委会协助鲁中之款。

5. 鲁南“田赋”为田赋、上期陈欠、正税、附加四科目合并；“税收”为牲屠税、盐税、烟酒税、出入口货物税四科目合并；“行政收入”为没收、罚款、学田收益、官产收益四科目合并。

6. 滨海区只报告总数，未分开科目，这是我们主观依总数分开的。

7. 清河区是从报告统计收支中摘出来的。

〔1〕《山东革命历史档案资料选编》第 11 辑，第 226 页。

表 2－14　山东省一九四三年财政支出统计表[1]　单位：元

科目 \ 金额 \ 地区	政委会	胶东区	鲁中区	鲁南区	清河区	滨海区	统计
军务费		7 600 000.00	11 702 871.55	23 180 095.67	14 428 363.30	51 439 774.89	108 351 105.41
行政费	2 566 215.913	4 093 976.18	8 671 362.44	8 166 831.54	2 419 506.54	18 423 864.42	44 341 756.02
补助费	22 249.10		198 718.40	80 499.15	10 858.00		312 324.65
教育费	314 261.50			110 343.70	356 392.60		780 997.80
建设费	71 345.20			255 743.00	263 910.00		590 998.20
财务费				142 258.05	1 167 251.80		1 309 509.85
邮政费	169 872.20			168 012.51			337 884.71
生产费	436 954.10		50 200.00				487 154.10
救济费	300 000.00						300 000.00
协款	8 747 485.64						8 747 485.64
贸易基金		10 000 000.00					10 000 000.00
总计	12 628 383.64	21 693 976.18	20 623 152.39	32 103 783.62	18 616 282.24	69 863 639.31	175 559 217.38

说明：1. 政委会的材料只是一部分，因上半年滨专直解政委会，滨专全年收支已统计在内，且滨专亦未来详细统计，故除掉滨海区的及军区后勤的支出。“行政费”中包括滨专去年支出，今年才转部分在内。“协款”为协助鲁中 3 645 661.78 元，滨海 5 101 823.86 元。

2. 胶东区的材料是上半年的，下半年不在内。该区统计未详细分开，故“行政费”统计一起，上解款 5 506 446.67 元未统计入表内。

3. 鲁中区的材料尚缺泰山、泰南专署，政权开支之款不在内。

4. 鲁南行政费包括军需费，军务费中又包括滕沛边区运北政权的支出。

5. 清河区的摘抄于 1943 年报告收支对照表。

6. 滨海区的是摘录报告中总数，按其军政支出比例而乘出来的，故无详细科目。

〔1〕《山东革命历史档案资料选编》第 11 辑，第 228 页。

二、建立独立的北海银行组织系统，开展货币斗争与加强金融管理

（一）北海银行独立系统的基本建立

1939年北海银行重新开张后，对于解决胶东区的战时供给起了很大的作用。但是，由于根据地不断扩大，需求日益增加，北海银行发行的北海票远远满足不了需要。所以，1940年各地普遍发行了流通券作为根据地辅币，暂时起到调节金融货币的作用。随着山东抗日根据地的巩固与发展，各地普遍感到，没有自己的银行和货币，财政供给很难保证，急需建立银行作为金融调节机构。1940年6月，清河区建立了北海银行清河分行。省战工会成立后，在鲁中区设立了“山东北海银行总行”，划归财政处领导，财政处长艾楚南兼任总行行长。胶东区的北海银行改为分行。这个时期，北海银行发行北海币，主要是为解决战时财经困难，其他业务还谈不上。总行和分行各自独立经营。1941年和1942年又分别建立了滨海区分行和鲁南区支行。1941年在全省财经文教大会上，专门研究了银行的统一问题，决定加强北海银行工作，扩大北海币的发行，推行北海票，加强货币斗争。不久，银行便从财政处独立出来。这年7月，中共山东分局提出“建立独立的银行业务，使银行成为调剂金融、巩固法币、投资生产的经济命脉的中心系统。”[1] 省战工会也做出决定“立刻建立独立的北海银行组织系统，直接受战工会财政处领导，印发一定数量北海票作为本位币，维持市面流通。保存法币，防阻法币外流，并将印发纸币全部投资生产建设事业。保证一定基金，发展银行业务，如储蓄、汇兑、借贷、投资等工作，并在各地建立北海银行分行办事处与银行网，便利于金融流通。”[2] 随后，独立的北海银行系统逐步建立

〔1〕《山东革命历史档案资料选编》第7辑，第159页。
〔2〕同上书，第169页。

起来。总行之下设分行，分行之下设支行，支行之下设县办事处，县办事处之下设代办所。全省设有胶东、清河、冀鲁边、滨海四个分行，受总行领导，鲁南支行受滨海分行领导，总行兼鲁中区工作。但各分行仍然是各管各的。总行的账目，不反映各分行情况。票子也是分区发行，票子上印有各区字头，互相之间不能流通使用。

从1942年夏天开始，省战工会为了统一进行货币斗争，控制货币发行量，给总行和各个分行下达发行数目，并要求各区除将以往发行数统计报告总行外，还要将每月发行数目以电报向总行报告。银行制度逐步健全。1943年春，北海银行总行由鲁中迁到滨海，滨海分行与总行合并，鲁中区建立分行。同年6月，省战工会制定了《北海银行组织章程》，对银行的组织领导及业务范围作了统一规定，作为统一全省银行工作的准则。章程规定："各级银行除受上级银行之垂直领导外，并受同级政府之指导与监督"，"总行对各分行及直属支行除在工作上作原则的领导督促外，其一切银行业务，得按各地区之需要自行统一办理之，但本币发行数目应事先报告总行批准。"[1] 至此，北海银行系统基本建立起来。

（二）开展金融货币斗争

北海银行总行及各地分行，针对当时土杂钞泛滥，敌伪币入侵，敌人"利用法币"、"套取法币"等情况，1942年前采取了"坚决保护法币，严禁使用伪币，部分地发行地方货币，取缔土杂钞"的政策，对敌展开了货币金融斗争。

首先是打击伪钞。敌伪在华北发行大量伪准备银行票，在各大城市及交通沿线流通，并逐渐向抗日根据地推行。日伪除了大肆搜刮"法币"外，还强迫据点附近的集市并到据点里，诱使群众到据点里赶集，用伪钞成交。并常常出动小股部队围集，搜索群众腰包，对法币实行没收或压价收兑。抗日民主政府针锋相对，严厉查禁伪币，对将伪钞带入根据地者予以处罚没收，并且组织查缉，进行提奖。动员

〔1〕《山东革命历史档案资料选编》第9辑，第499页。

群众不得使用，使伪币流通范围日渐缩小，不但根据地不能流通，游击区一般的也不使用。为了对付敌人的并集、打集，在据点周围增设小集，便于群众交易，使其免受损失。1941 年冬，山东省平市官钱局及民生银行被敌伪接收后，省战工会遂于 1942 年 1 月 11 日和 1 月 20 日发出通知，禁止民生银行钞票和伪平市官钱局纸币的流通使用，使其在根据地无市场，只能在个别游击区和个别商人中隐蔽使用。

其次是取缔土杂钞。抗战初期，因秩序紊乱，金融滞涩，各地商民大量发行土杂钞。1941 年，仅滨海地区即有土杂钞 300 余种。山东地区国民党政府和军队发行的货币也达二三十种，给人民生活造成极大困难。1943 年夏，国民党山东省政府所在地的临朐，高粱每斤要价 1 005 元（北币 4 元 1 斤），猪肉每斤 400 元（北币 7 元）。"裕民银行"发行的纸币 400 余元才能兑换北海币 1 元。在莱阳顽固派赵保原统治区，赶集的人身上都背着个大纸币包袱，如要买 1 头价格 13 万元的毛驴，需先借驴驮此巨款。有的死了人不用烧纸，烧赵保原的纸票。对此，各地分别情况，采取不同办法，进行清除。如对地方商会、商号、士绅发行的钱帖子，由抗日民主政府通知发票人进行登记，限期清理，或由发票人交出发行基金代为收回，或发动民众持票向发票人兑现，对汉奸或逃亡者，则以其财产变价进行收兑；对国民党地方武装政权发行的杂钞，抗日民主政府概不承认，并严禁其流入根据地；对投降派或顽固派的票子，视情况采取以没收其财产予以适当收兑的办法，尽量减少人民的损失。由于这些措施符合人民的利益，得到群众的拥护，使土杂钞很快在抗日根据地绝迹。

最后是进行"排法"斗争，建立独立自主的本币市场。1942 年前，由于北海币发行量尚少，在根据地内尚不能发挥本币的作用。1939 年，胶东区发行北海币 32.41 万元；1940 年扩大到鲁中、清河区，三区共发行北海币 290.54 万元；1941 年发行北海币 1 455.79 万元，发行量虽有增加，但扣除抗日根据地扩大和物价上涨近 3 倍等因素，相对来讲，发行量仍增长不大。3 年累计，发行量不过 2 278.79 万元。这说明，当时北海币只能作为抗日根据地的辅币和财政来源的一种补充，因此，采取了依靠法币，保护法币的政策。太平洋战争爆发后，情况发生骤变。日本向美、英等国宣战，存于上海、天津等租界外商银行的70余亿元法币落入日寇手中。法币作为国际货币失去向英美套取物资的作用，在日本侵略者手里已成废纸。因此，日伪政权一方面在占领区内全面禁用法币，另一方面千方百计驱赶法币流向抗日根据地，以便掠取物资。法币大量流入，物资大量流出，造成抗日根据地一度通货膨胀，人民生活受到严重危害。面对这一严重局势，如果使北币与法币继续保持联系，并肩在市场上流通，北海币势必成为法币的附庸，那就无法战胜敌人的货币进攻，摆脱经济困境。为此，山东根据地先后采取了法币贬值和停用法币的政策，开展了“排法”斗争。

1942年1月，省战工会指示各地，为提高北海票信用，巩固抗战金融，各地区应迅速确定以北票及民主政权所发行之纸票为本位币，对法币实行七折、八折、九折等使用。4月，中共山东分局财委会和省战工会又先后发出指示，实行法币贬值或降价政策，要求各巩固地区，逐渐做到禁止法币流通，扩大我北海票的流通范围，提高其信用。在未超过规定数目的前提下，应大量印发北海票。同时增加本币的面值种类，如规定五角、二角五分、二角、一角应占总数1/3，一元以上占2/3，十元票尽量少印，以便于流通。

从1942年4月1日起，南京汪伪政权采取压低法币价格的手段，5月份又停止“中央”、“中农”两行法币在沦陷区流通。同时，限沦陷区人民自6月8日起于半月内将法币以1:2的比例兑换伪中央票。这样，就将有80亿法币失去市场，而流入抗日根据地。为粉碎敌人倾销法币，掠夺根据地物资的阴谋，对敌展开金融斗争，5月29日，中共山东分局财委会做出《关于法币问题的指示》，要求各地立即实行贸易统一管制，严格实行以货易货，阻止法币内流及物资低价外流。宣布以北海银行票为山东抗日根据地的本位币。自7月1日起，所有军政民间之来往账目，借约契据，一律以北币计算。北币与法币则应以北海银行规定比价折合使用，如能真正做到以货易货时，则还可能将北票的价值提到伪币的高度，以完全停止法币的流通。并以此钞吸收一部分伪币，储存一部分金银作基金，以便将来更困难时购买军用品。7月中旬，省战工会财经处召开扩大金融会议，到会者有北海银行主任、税务局局长，沂蒙区、滨海区贸易局局长及战工会各常委。会议总结了几年来对敌经济斗争的经验教训，对今后对敌经济斗争的方式方法和对策以及如何取得经济斗争主动权等问题展开了热烈讨论。会议提出了今后的中心任务。北海银行的中心任务是，实行以北海币为山东各抗日根据地的唯一本位币，预先要做好废除法币的准备工作；建立各个根据地向外的汇兑；加强银行的业务，和群众的利益联系起来。生产贸易的中心任务是，建立生产贸易管理局，统一生产，统一贸易；加强出入口货的统制，普遍组织合作社；平抑物价，争取出超；禁止奢侈品入口，保证税收。税务局的中心任务是，加强边沿区缉私工作，彻底根绝税务人员的贪污腐化现象，开发盐田，增加税源。

在中共山东分局和省战工会的统一布置和领导下，各地先后展开了“排法”斗争。滨海专署布告：自8月1日起，以北海银行票为本位币，凡一切财政收支，市面交易一律以北海币为标准，并作为公共和企业机关会计计算单位。自8月15日起，法币一律五折使用，并逐渐达到停止法币在市面上流通。自布告之日起，凡敌占区商人带法币100元以下者，须按五折向当地政府机关或北海银行兑换北海票使用；在100元以上者，须交当地政府贸易局代为封存保管，限期带回。8月15日起，凡由敌占区带法币入境在500元以上者，禁止入境，一经查获，即予没收。奖励以货易货办法，一切出入货物，须向贸易局或县政府领取运销证，始得起运，违者依法论处。运出的土产，必须换回相当价格之必需品，否则政府有权停止其贸易。奖励缉私，人人有权报告或查缉，一切缉获提成30%。胶东区行政公署也于9月份公布了《关于停止法币流通的布告》。这次“排法”斗争除胶东成功，沂蒙中心地区部分成功外，其他地区几乎是完全失败了。在滨海区，实施法币贬值不过两周，乃竟谣言四起，弊端百出。土匪、汉奸、特务乘机假借政府检查法币之名，掠夺人民财产，破坏政府威信。有些商人则停止营业，静观变化，甚至破坏政府法令，从事投机生意。致使民心与商业顿失正常状态。例如，莒南土沟、沟头、

良店等区集市上与民间所见，法币仍1元按1元、1角按1角畅行流通。群众如此，地方党政军民各界亦复如此。恶果的影响，造成物价剧烈波动。麦子从18元飞涨到28元，白布每匹470元涨到600多元，严重影响民生。在费县与滕县交界的白彦集上，法币八折仅在税收上实行了，但在市面绝大多数仍是元顶元的使用，而使物价飞涨。只有在胶东区，至1943年上半年，停用法币建立本位币的斗争取得了基本的成功。不但贬低与停用了法币，肃清了土杂钞，而且打击了伪币，提高了本币，降低了物价。这一点，从北海地区1942年物价变动情况中可以看出。3—5月份物价上升趋势，7—8月份基本达到高峰，9—10月明显下降，并渐趋稳定，详见表2－15。

表2－15　　北海地区1942年物价变动情况　　单位：元

月份	粮食（斤）		细布（尺）		花生米（斤）		小报纸（令）	
	最高	最低	最高	最低	最高	最低	最高	最低
1—2月	0.75	0.75	140	120	1.30	1.20	100	80
3—4月	1.10	0.90	180	140	1.80	1.60	135	120
5—6月	1.10	1.00	350	200	2.40	2.00	280	240
7—8月	1.70	0.95	500	450	4.00	3.50	140	130
9—10月	0.90	0.70	165	140	5.00	3.00	80	70
11—12月	1.10	0.75	230	140	1.80	1.50	80	68

为此，1943年6月30日中共山东分局发出《关于货币斗争的指示》，指出“货币斗争已到更严重阶段，如我货币斗争失败，则坚持敌后抗战将会遭到更严重的困难。各级党领导机关须亲自来研究这个问题，亲自来组织和领导货币斗争工作”。[1] 滨海专署曾于6月20日做出关于停用法币的决定，通知各地，“自布告之日起，粮食交易一律不准使用法币，自7月21日起，停止市面流通，自7月21日至8月10日为兑换期，7月31日以前，法币1元换本币1元，8月1日以后，法币2元换本币1元。自8月11日起查出行使法币者概予没

〔1〕《山东革命历史档案资料选编》第9辑，第517页。

收。为集中力量，统一工作步调，各级政府成立停用法币委员会，由各级党政军民及有关部门主要负责人组成，村可组成停用法币小组，推行停用法令，有组织地将法币输送到敌占区，买回物资”。[1] 为了加强对敌经济斗争，9月份，又成立了山东省工商管理局，以便加强统一领导。从1943年下半年起，山东各抗日根据地的货币斗争开始出现新的局面。

（三）加强金融管理，促进经济发展

北海银行在同敌伪进行金融斗争的同时，逐步扩大业务范围，开展了储蓄、汇兑、借贷、投资等工作，既便利了群众，又扶持了根据地工农业生产及商业贸易的发展，从而扩大了财政来源，支持了抗战。

在银行业务上，借贷是其主要方面。省战工会成立之初，就提出要“举办低利贷款”，各地先后成立了贷款所。初期贷款主要是农业贷款，贷款的用途有救济性质的，也有生产性质的，对象多为贫民和抗属。1940年，胶东区北海银行不仅限制了伪钞，而且直接地帮助了农业的发展，帮助了贸易，政府几十次的贷款，北海银行都拿出了很大数字。1941年初泰山区成立低利贷款所5处，就贷出44 556元，贷户167户，大都贷给贫苦农民和抗属，用在生产事业的建设上。寿光县发放生产贷款，办法极其简便，按合作社利息7厘，贫苦抗属及其他贷户利息9厘，贷款用途为畜牧、垦荒、掘井、纺织业、编席业，其他有关生产事项者如制造农具等也均可贷款。鲁西银行发行贷款40%是投资在工业上，30%是投资在商业与农村，稳定了根据地的金融，活跃了市场，打击了敌伪的经济封锁与破坏。

1942年以后，农村贷款由北海银行统一办理，加强了贷款管理。贷款的数量增多，范围扩大，而且经常。每年春天，山东地区多春旱，农村资金、粮食短缺，出现青荒不接的现象，有的农户没有肥料和种子，银行就发放春耕贷款，发展农业生产。秋天，购置农具，肥

[1] 1943年7月9日《大众日报》。

料开支大，银行则发放秋耕贷款。有的地方发生自然灾害或遭到敌人洗劫，银行即发放临时贷款。1942 年 2 月，为了帮助各抗日根据地展开春耕运动，北海银行决定在鲁中、鲁南、胶东、清河各地区分别举办春耕贷款。其总数定为 800 万元。全年实发放贷款 938 万元，其中农贷 483 万元，占总数的 51.5%；工贷 441 万元，占总数的 47%。1943 年，北海银行又发放春耕贷款 580 万元。通过贷款工作，救济了贫民，发展了工农业生产，巩固了抗日根据地。

银行贷款的第二个方面，就是扶持手工纺织业，实现布匹自给。滨海区发放纺织贷款，土机每张 500—1 000 元，洋机每张 2 000—4 000元，纺车每架 50—80 元。并规定凡用贷款而制成的成品，无论是棉纱或是布匹，均能自由在根据地市场上销售。如在市场上销售不了，政府保证按一定的价格收买。由于发放纺织贷款，滨海区的纺织业得到空前发展。从 1942 年 11 月到 1943 年 2 月底，滨海区出布总值达 420 万元，群众获利 223.5 万元，增加私人资本 109.5 万元。1942 年新棉上市后，泰山专署立即召开全区纺织会议，决定在各县划定实验区，由北海银行泰山办事处贷款 5 万元，帮助群众购买棉花，组织纺织小组。1942 年 11 月底，鲁南沂蒙两区相继成立纺织局，北海银行投资 10 万元，协助该地纺织业发展。胶东各区贷款的方式不甚一致。东海地区的文西、牟海、牟平县都是由贸易公司负责买棉花，银行负责办贷款手续，群众凭借券到公司买棉花，公司按原价每斤 11 元出售，最后统一交银行转账；荣成、文登、海阳则由银行直接贷款，写信介绍到贸易公司买棉花；边缘区只在工作有基础的村贷了一部分，由贷户自己到市上买。1943 年东海地区共贷出 2 824 623.38元。北海地区纺织贷款有两种方式。一种是合作社负责，由联社统一领导，发棉花，收土纱，支付工资，然后将纱制成土布，运到市场或贸易局销售，银行统一贷款给联合社；另一种是银行直接贷给纺织小组，由妇救会介绍并作保证，但因地区大，贷款少，许多群众仍是领棉花卖土纱支工资，和第一种方式差不多。1943 年第二季度共贷出 354 993 元。北海银行通过发放纺织贷款，使各地纺织业得到了迅速发展，不但解决了根据地军民衣服问题，改善了人民群众的生活。也提高了妇女的社会、经济地位。

在1942—1943年两年间，北海银行还在胶东、鲁中等地区进行过投资经营工作。有的是直接创办工厂、商店，有的投资于私人商业、工厂进行合办，对于繁荣根据地经济起了重要作用。

总之，到1943年，北海银行已基本上建立起独立的组织系统，在同敌伪的金融货币斗争中取得了初步胜利，根据地基本建立起本币市场。同时，银行业务也逐步健全起来，本币的用途越来越广。据统计，1943年本币用途，农业贷款占25.41%，工业贷款占12.25%。合作贸易贷款占10.43%，信用贷款占6.52%，政府往来占14.39%，基金占12.52%，材料费占4.45%，损失费占2.25%，现存款占11.78%。由上可以看出，本币以农业贷款最多，其次是工业，再次是合作贸易及其他信用贷款。基本上符合发展根据地农工商业的政策要求，使山东抗日根据地有比较坚实的物质基础，扩大了财政来源，保证了战时供给。

三、禁止粮棉资敌，实行“以货易货”

禁止粮棉资敌，实行“以货易货”，这是山东抗日根据地对敌开展经济斗争，稳定物价，排斥法币，保证战时财粮供给的重要措施之一。

1940年8月，在全省联合大会上山东省战工会把“统制对外贸易”和“禁止运粮资敌并限制种植资敌产物”，作为战时财经政策的一个重要方面列入了《山东省战时施政纲领》，使之成为山东根据地财经工作的经常性任务。

1940年9月19日《大众日报》发表《展开藏粮节约与禁止运粮资敌的斗争》的社论，全面论述了粮食问题的严重性与展开藏粮节约与禁止运粮资敌斗争的迫切性，要求在禁粮资敌方面，要研究如何禁绝周严，在我省区的流通又不受阻碍，更要有计划的利用一部分粮食输出，换取一部分更重要的抗战必需品。1941年春，日伪配合其军事“扫荡”，加紧对根据地的经济封锁。日伪政权成立了经济统制

委员会，专事统制经济与封锁根据地的工作，造成根据地物价上涨，人民生活发生不安定现象。在这种情况下，粉碎敌人的经济封锁，已不仅是一个单纯的经济问题，而且是粉碎敌人全部掌握占领区阴谋，巩固根据地的重要一环，是根据地党政军民共同的重要任务之一。只有反封锁，才能粉碎敌人的封锁。反封锁的办法，第一是冲破敌人的封锁，第二是积极封锁敌人。其主要方法就是尽力发展根据地生产，做到粮食和其他日用品自给自足；加强贸易管理，严禁主要物资输入敌占区。在封锁敌人方面，应做到一切粮食柴草、牛羊猪鸡及各种蔬菜油盐一律禁止资敌；一切原料品，如棉花、丝麻、羊毛、兽皮、猪鬃等，均实行统制出口；金银煤铁及各种金属矿产绝对禁止出口；健全并扩大各地的贸易局，成立输出合作社，统制一切出口货物，逐渐达到以贸易货的目的；统制对外汇兑，绝对禁止使用伪秒。这样不但可以打击敌人的封锁，并且可以发展根据地的生产事业。这些都是粉碎敌人经济封锁的较好的办法。尤其禁止食粮的输出，则是正确的贸易政策。政府要采取的禁出办法，由重税到没收，到惩罚公布命令，彻底执行。同时要奖励输入，撤销食粮入口税，并给以运输上的种种便利，保护民众和粮商利用一切关系和方法，求得食粮的大量输入。政府还可向一切同情中国抗战的国家有计划的采购，这样在对食粮的补助上也会有大的成效。同时要制定合理的粮食价格，以安定人民生活。

为了确保根据地棉产数量足够供给抗战军民需用，禁止运输资敌，1941 年 9 月初，省战工会特制定《禁止运棉资敌暂行办法》，又于 9 月 18 日发出关于禁运棉花出境的通知，加强根据地内棉花管理。规定在根据地内，凡购买棉花自用者，每人每次不得超过 20 斤；各地棉商运棉重量在 20 斤以上 100 斤以下者，须持所在地政府登记证到购买地的区公所登记领取运销证，超过 100 斤者，须持登记证到购买地县政府登记领取运销证，并注明起止地点、运棉数量及期限，方得起运。需要调剂的地区由贸易局有计划的统一运销。各级机关、团体、部队需用棉花时，由贸易局统一购买分配，不得自由买卖或营业。1942 年 6 月，省战工会又制定了《关于奖励粮食入境及严禁粮食出口资敌暂行办法》，规定，凡接近敌占区的抗日民主政府，应大量的发动民资、游资或低利贷款给贫民，使民众集体或私人到敌占区贩运粮食，并给予武装保护，为鼓励敌占区粮商把粮食大量贩运到根据地，对从敌占区运入之粮食予以通行证，不交关税，在根据地不受任何限制，对销售不完的粮食，政府则按市价收购，或以土货交换其粮食。在根据地内部购粮100斤以内者，可以自由流通；超过100斤者须有村长及农救会长的证明。粮商在根据地内贩运粮食在100斤以上200斤以下者，须有区公所证明；超过200斤者，须有县级证明。为了做到禁止粮食出境，接敌区和海岸线、沿交通要道的县份，在边区村庄制定警戒封锁线，凡在此线内往外运输粮食，一律阻挡扣留；对边区村庄的粮商小贩进行严格登记，注意监督，以防其偷运粮食出境。对确系运粮资敌者，则将其粮食全部没收充公。对没收的出口粮食，除以10%奖励查获人或告发人之外，其余归政府粮食科处理，补充军食。

由于日伪的频繁扫荡，不断抢夺和焚烧公粮，使根据地的粮食日益紧张。仅1942年冬，一次扫荡，胶东地区公粮损失23万余斤，民粮损失达510万斤。同时，敌人还在靠近根据地的公路、据点建立粮库，设交易所，专事粮食和土产品的收买。针对敌人的掠夺政策，山东省战工会及时做出法币贬值和停用的决定，阻止法币大量流入和粮食物资外流。为了保证根据地军事用品的供给，统制对外贸易，实行以货易货。以我所有，换我所无。用根据地的土产，到敌占区换取急需的军用和民用物资，并有计划的调剂粮食出口。针对敌人利用奸商和特务向根据地高价收买粮食和土产的问题，各地在边沿区建立封锁带，加强封锁和缉私工作。

在中共山东分局和省战工会的统一领导下，各地对敌经济斗争都采取了适当措施，取得了一定成绩。1942年末，鲁中联合办事处做出《制止粮食资敌、对敌展开粮食战的决定》，规定：各地政府及民兵，税收贸易机关，应即严格缉私，凡粮食运往敌占区资敌者，查获后一律没收；粮食在10斤以下者得自由买卖，10斤以上须向村长、农救会长领取购买证，查获无证者，看情节如何予以处理；没收粮食一律交政府粮食部门，不得私行处置，一般民众及民兵，提奖三成，军队及机关提奖一成；油坊、豆腐坊、馒头铺可向政府领取长期购粮证，运往灾区救济的粮食，须由县级以上机关证明；商贩由敌占区大量向根据地运粮者，政府得予以保护和奖励。赣榆县政府，为免奸商运粮资敌，决定每区成立粮食交易所两处，一切买卖粮食者，均须经过交易所，区与区之间，经过粮食合作社，同时统计面坊，发予表册，规定买数，以便实行对敌粮食封锁，安定民生。沂蒙专署制定严禁棉花出境办法，取消了以前颁发的棉花买卖证，并限期交贸易局；指定中心集市5处为棉花交易市集，其他市集不得销售；对不产棉地区，由政府指定合作社或商人运销调剂；无纺织局或贸易局证明而运棉5斤以上至边缘地区者，得查缉充公，情节严重者，从严惩处。胶东区在对敌进行粮食战方面取得的成绩比较显著。早在1939年，蓬黄士绅就成立粮食调剂委员会。1940年春荒严重，日伪封锁加紧，政府向北海银行借贷10万元作为各县调剂基金。西海区由海庙后、石虎嘴、山后等海口，从安东、营口、利津、天津、沾化进粮达20万斤；东海区文登县也发动绅商从海外购进大批粮食。1941年又从海外购进粮食93.84万斤。1942年，辽宁及海北等地粮食被敌统制不能出口，仅清河一带粮食尚能入口，胶东大小港口封锁更加严密，胶东联合办事处拨款60万元办理粮食运销合作社，调剂民粮。后因粮价跌落，存粮拨归公粮。敌人在夏收前以2 000万元伪钞办理“官仓”及“组合”“配给”，并配合货币战向抗日根据地倾销。胶东区针对敌人的阴谋及时提出，自己粮自己藏，反对交到公仓；种什么吃什么，反对不合理的粮食配给；自己粮食自己处理，有权自由买，自由卖。动员敌区人民不交、少交和晚交敌粮。为减轻人民负担，胶东区政府先后拨款4 756 439元购买军粮，保存根据地食粮，粉碎了日伪利用所谓“官仓”、“公库”掠夺粮食的阴谋。这一年由清河运来粮食达19 630 720斤，从苏北由海上运来9 500斤，并由胶东拨小麦4 000石给清河调剂种子。但这一年由于某些地区和部门管理不善，出口粮食1 870万斤，造成了很大损失。但从总的情况看，在这一时期针对敌人封锁与倾销的阴谋，抗日根据地初步地建立了封锁线，加强了税务上的缉私工作，并部分的开展了群众性缉私运动，使根据地的物资输出减少，打击了奢侈品的输入。胶东由于群众缉私作得好，一般的奢侈品、消耗品都禁绝输入。滨海区建立了边缘区的封锁带。鲁南、鲁中管理市集的工作也取得一定成绩。通过禁止粮食出口资敌，调剂了各根据地间的粮食使用，保证了军需民用。

四、实行精兵简政，节约财政开支

精兵简政，是中国共产党根据抗战进入困难时期对敌斗争的客观形势和各根据地党政军民机关的实际情况而提出的一项克服物质困难的极其重要的政策。实际上是以精兵和简政为中心的节约运动，也是一次大规模的机构改革和干部调整。山东抗日根据地的精兵简政从 1942 年 1 月开始，先后进行过三次，到 1942 年底基本结束。

1941 年 11 月 18 日，陕甘宁边区第二届参议会通过李鼎铭先生关于“政府应彻底计划经济，实行精兵简政主义，避免入不敷出、经济紊乱之现象”的财政提案。陕甘宁边区政府接受了这一建议，于 12 月 3 日发出了精兵简政的训令，第二天又发出为实行精兵简政给各县的指示信。12 月 6 日，《解放日报》发表了《精兵简政》的社论，认为“这不仅在陕甘宁边区，即在各敌后抗日根据地，也是非常恰合时宜的主张”。从此，精兵简政工作首先从陕甘宁边区开始，发展到全国各个根据地。

精兵简政的政策同样适合于山东抗日根据地。由于敌人的扫荡与经济封锁，1941 年以后根据地进入了困难时期。随着部队的不断增加，财政入不敷出的现象越来越严重。在政权机构建设上，贪多求全，庞大臃肿，而行政效率则很低。一般只停留于法令、条例、指示等一般化的领导方式上，缺乏深入细致、扎实的工作作风，滋长了官僚主义作风。上层积压干部很多，下层领导力量却十分薄弱，形成头重脚轻的现象。许多亟待充实加强的部门如财政、税收、经建、县区武装、敌伪工作等无人去做，甚至工作地区缩小了，仍保留原来庞大的机构而不做相应改变。军队也在一定程度上违背了依靠群众、就地

发展、分散活动的方针。机关架子大，人员多，战斗人员却不充实，以致在1941年冬鲁中反“扫荡”中某些直属部队的工作机关和后方机关遭受严重损失。残酷的现实，使中共山东分局认识到实行精兵简政对于渡过困难时期的重要性与迫切性。

1941年12月，中共山东分局认真总结了鲁中反“扫荡”的教训，提出了“充实部队，缩减机关，力求地方化”的任务，并制定了一些具体措施，如充实精干，编遣老弱，归并单位，缩减笨重机关，缩减预算，节省开支，取消额外骡马笨重，轻装便服，成立统一的后方勤务部门统一管理后方机关等。还确定地方党政军民机关平时减少编制的1/4—1/3，战时疏散1/3人员到下层工作，提倡一人做几人的事，兼职不误职，以提高工作效率。山东分局的这一指示，拉开了山东根据地实行精兵简政的帷幕。12月31日，中共山东分局书记朱瑞在干部大会上作题为《结束一九四一年，迎接一九四二年》的报告，正式提出了实行精兵简政的任务。从此，精兵简政工作就在山东根据地展开了。这一运动大体分为前后两个阶段。

1942年春、夏两季为第一阶段，特点是以紧缩编制为中心自上而下地逐步展开。1月14日，省战工会根据精简的原则重新研究制定了各级政府编制表。按新编制表规定，专员公署37人，县政府32人，区公所9人，较之上年10月颁发的编制表有所减少。2月7日，省战工会做出《关于实行精兵简政的决定》，再次强调要缩小编制，减少单位；轻装便服，加强与群众联系；建立正规工作制度，提高工作效率；彻底消灭浪费，节省民力；从保护干部、培养干部出发配备干部，调遣干部。并指出精兵简政这一正确方针，是适应新的战争环境和执行新的战斗任务的唯一指导。3月21日，省战工会对新编制表作了补充通知，按基本区、游击区和我占劣势的游击区三种不同地区，将县政府分为一、二、三等，以新编制表32人的规定作为二等县的编制标准，一、三等县在此标准基础上分别增加5—7人编制，区公所不分等级，一律9人。

精兵简政开始后，中共山东分局各机关首先带头执行，省级各机关团体纷纷响应，省战工会、各救总会皆缩减1/3，各战略区也相继讨论布置。部队的精简工作也迅速展开。八路军山东某部原有30多个指挥领导机关，后减为十几个，营连战斗单位也由42个减为22个，每个战斗单位都充实到150人以上，增强了战斗力。某兵团减出525名杂务人员，其中192名强壮者当战士，333名弱残者参加后方生产部门，整编后还抽出650名班长以上各级干部，一部分进学校受训，一部分加强地方工作。115师于4月20日发出精简指示后，直属队和后勤取消了重叠单位，将工作性质大体相同的科加以合并，减少了7个科，减少人员97名。为减少杂务人员和骡马，还规定干部行李不得超过6斤，有6名干部的科配备勤务人员1名，干部少的两个科配备1人。

这一阶段的精简工作虽然取得了初步成效，但由于思想认识还不够充分，因而在实际执行上一般是偏重于技术性的重编和紧缩，只满足于机关和人员的减少，而未充分重视工作效率的提高和工作作风的转变，在精简过程中还存在着拖延、打埋伏和明减暗不减的现象。

1942年春，刘少奇同志来山东检查指导工作，召开了中共山东分局与山东军政委员会联席会议，全面总结了抗战四年来的工作，决定一切领导集中山东分局，分局下设军政委员会。八路军115师师部、山东纵队司令部与山东分局合署办公，3个机关由万人减到3 500人。会议强调指出，在根据地及游击区内，必须彻底实行精兵简政。首先，严格地毫不折扣地遵照脱离生产人员不超过根据地内人口的3%（军队为2%，其他一切党政民为1%），军队做到机关精干，连队充实，训练加强，战斗力提高，一切党政民机关要求轻便、简单、群众化、战斗化，一切以适应战争情况及减轻群众负担为主。其次，不拘党政军民工作，应精细地考虑改变各种冗长、重复、迂曲、繁琐的工作方式，废除一切不必要的工作制度和设施，一切以提高干部质量和工作效率、节约时间、节约精力为主。更要在敌人残酷扫荡、清乡、“三光”政策的摧残下，照顾到群众的物力、人力，因生产力的不断下降，人力之不断地减少，使根据地受到难于支持的人力、物力枯竭的现象。从此，精简工作在中共山东分局的直接领导和整风运动的推动下，发展到一个新的阶段。

在此期间，全国的精兵简政工作掀起了新的高潮。9 月 7 日毛泽东同志发表《一个极其重要的政策》，进一步论述了精兵简政的必要性和迫切性。对全国精简工作起了很大的推动作用。山东抗日根据地为了加强对精简工作的领导和督促检查，中共山东分局成立了由陈光、江华、李竹如、谷牧、梁必业组成的精简委员会。9 月 7 日，该委员会发出《关于安置老弱残废人员的指示》，对一些地区的不恰当做法提出批评，强调指出正确地处理老弱残废人员是执行精简政策的一个重要组成部分，一定要以认真负责的态度做好这部分人的安置工作，使他们在政治上有合法地位，在生活上得到保证，反对粗枝大叶马马虎虎的做法，并且提出了一些具体安置意见。9 月 9 日，中共山东分局又做出《关于贯彻精兵简政的决定》，要求从思想上紧急动员起来，配合整风学习，深刻检讨执行精简任务中的不良倾向，坚决执行党中央提出的党政军民脱离生产人员不得超过根据地总人口 3% 的规定，坚决彻底地实行精简。精简下来的人员要到敌占区去，到连队里去，加强下层，发展民兵，开展经济建设。明确精简的目的不是简单地减少几个人员，而更重要的是如何合理地、科学地工作，提高工作效率。为此，组织上应力求精干，重叠的机关应予以合并，繁多的领导层次和庞大的后方机关必须裁减，要做到人力集中使用，工作明确分工。精简政策的另一个主要目的，就是一切为了达到减轻人民的负担，储蓄人民的人力、物力，准备坚持长期斗争。精简如不能达到减轻人民负担的目的，也就等于没有精简。规定今后经费、粮食的预、决算一律按脱产人员不超过根据地人口 3% 的比例发给，超过的一律停发。中共山东分局的这一指示，成为山东根据地精简工作走向新阶段的主要标志。9 月 12 日，中共山东分局提出将各级军区与党的组织机构合并。13 日，又决定在分局委员会下只单独成立财经、群众工作和调查研究三个委员会，原有其他各委员会均不单独成立。10 月 15 日，分局决定将各地党委之交通科（股）划归各级战时邮局统一管理。省战工会也于 10 月初发出《关于精简工作的指示》，强调精兵简政是一个积极的战斗任务，而不是单纯裁汰老弱减少冗员，要求各级政府成立精简委员会，把精简作为年底前的中心工作。并规定，抗日根据地的行政机关为主任公署（或直属专员公署）、县政府及行政村公所三级，一般的专员公署（非战略区的专署）和区公所，则为督察机关；而专署又须一律兼一县政府，以便直接取得经验，区公所则应将财政、经建、教育等工作并入县政府，以便减少人员。各主署、专署和县政府可以在不违背上级指示的原则下，根据当地实际情况独立地解决问题，以养成实事求是的工作作风。这一决定，对于政府机关的精简起了重要作用。

在中共山东分局和战工会的领导带动下，山东根据地的精简工作步步深入。115 师直属队再次整编后，人员减少 49%，单位减少 55%，杂务人员减少 79%，勤务人员全部取消，通讯员兼做勤务、通讯、警卫、喂马等 4 种工作，减下来的马匹组成运输队从事生产。胶东东海区将财政科的仓库、经建科的贷款所合并于银行，有些地区取消了乡公所。专署本身裁减人员 40%，牟平县政府裁减人员 54.5%。简政后全区每年可节约粮食 277 万余斤，经费 19 万元。此外强调了自己劳役的制度，自己动手拉给养、运木柴，减少了群众的劳役支差。西海区共裁减人员 37.5%，专署本身裁减 30%，被裁人员深入下层和转入生产部门。据统计简政后全区每月可节省经费 9 220 元，粮食 228 940 斤。滨海地委机关与滨海海军分区直属队合并行动和办公，联合组成整编委员会。整编后，军分区直属队由 46 个单位合并为 4 个，裁减干部 597 人、杂务人员 55 人、战士 71 人、马 34 匹；地委机关人数减去 2/3 多。省战工会于 9 月 15 日与滨海专署合署办公，工作干部和杂务人员减少 25%。抗大一分校校部、司令部与政治部实行合并，裁减干部 20 余人，勤务人员 100 多人，裁减人员占原数的 1/2。精简后全校人数减少 1/4。泰山区二次精简后，群众负担减轻。如泰北公粮数目仅占上年 40%，章丘仅占上年 48%，莱芜、博莱、新浦等县亦减去 1/2 上下。鲁南区党委及军区于 11 月初进行第四次精简，减少了 3 个伙食单位，减去干部及杂务人员达 70%，勤务人员全部取消，减少工作部门 50%，减去马匹 75%。

到 1942 年年底，山东根据地基本上完成了精简。115 师师直机

关（含后勤、医院、工厂）共1 200人。分局机关（党校、电台及警卫队除外）由1941年春的180余人减为50人。山东军区及司政各部机关、警卫、电台和勤务人员共200人。鲁南、鲁中军区均精简2/3。精简人员一部分学习，一部分到税收、财经、敌工及民兵工作中去。胶东由10万人减至6万人；除鲁南脱产人员占总人口3%外，其他各战略区均减至3%以下，滨海区仅占1.9%。全省精简人员占原脱产人员27%，精简后的脱产人员数约占基本区人口总数的（游击区人口在外）2.4%，低于中央规定的标准。在精简中，党的机关平均减少52%，政府机关约46%。精简后的区公所，只有区长助理员3至5人。县机关也缩小了，游击区的县政府有的只有县长、秘书和一两个科员，便于军事活动。全省精简前后之人数比较，详见表2－16。

表2－16　　山东省政权机关精简工作统计表〔1〕

地区	精简前政府人员数（人）	精简后政府人员数（人）	精简后占精简前百分比（%）
总计	17 212	10 293	59
胶东区	6 492	3 246	50
清河区	4 013	2 207	54
鲁中区	5 723	4 301	75
滨海区	984	539	54

注：①鲁南区、冀鲁边无统计。

②内有一部分包括区中队。

根据以上统计，全省政权干部共减少7 000人。若以每人每年所需鞋子衣服等合洋1 000元计算，7 000人就节省700万元；每人每天需粮食2.4斤，每年需821斤，7 000人就节省574.7万斤，以每斤5元计算，共节省3 873.5万元，根据地人口4 005 146人，每人每年可减轻负担8.9元。再加上军队的精简，一年可节省粮食3 000万斤，根据地平均每人可减征公粮5斤。实行简政后，各县需用经费数减少。如日照县简政后每年可节省334 458元。由此可见，党中央提出

〔1〕《山东革命历史档案资料选编》第10辑，第256页。

的精兵简政的政策，确是减轻人民负担，解决根据地困难时期财政供给的极其重要的政策。

五、开展生产节约运动

从1941年开始，山东抗日根据地的党政军领导在组织根据地人民群众生产的同时，在部队、机关、团体中开展了生产节约运动，成为渡过困难时期，解决财经供给紧张问题的重要措施之一。

勤俭节约，艰苦奋斗，是中国共产党和人民军队的光荣传统。在抗日战争进入困难时期以后，这一传统在山东抗日根据地得到了充分发扬。本来山东抗日根据地经济条件很差，部队和政府工作人员待遇很低，除了每人每天几分钱的菜金伙食费以外，别无长物。早在1940年12月10日，省战工会就做出《关于服装的决定》，指出，发扬艰苦，提倡节约，是我们抗战中应有的精神。目前物质来源不易，经费筹措尤难，想打破敌人封锁，争取抗战胜利，除在用度上、饮食上节约外，在穿着上也得要注意。规定凡机关、团体、工厂、营业等工作人员及部队连级以上干部，两年发一次衣服和被子；帽子和裹腿每半年发一次，实行以旧换新；正规部队每年一律发单衣两套，衬衣1套；地方部队及县以上机关团体人员，每年只发单衣两套，不发衬衣；县级以下之机关团体每年只发单衣1套；对收回的旧破衣服、被子由供给部门统一拆洗、保存。1941年8月25日，战工会又做出《关于各级政府群众团体人员冬衣之决定》。从1942年开始，山东根据地实行奖励保存棉衣的办法。凡是各机关团体工作人员及地方部队去年发的棉衣而能在今年再穿一季者，由公家发给5元奖励金，如上身整洁下身破烂者，发奖金3元，下身整洁上身破烂者，发奖金2元。通过这一措施，节省了大量财政开支，减轻了人民负担。

随着敌伪“扫荡”的频繁和对根据地经济封锁的加紧，山东根据地日益缩小，财政供给愈来愈困难。1941年9月3日，省战工会发出《关于节约问题的通知》，规定在10至11月两个月内，各级政府、机关、团体及地方武装一律减发一个月的菜金，其他各种用费亦力求节省。通知指出，节约的办法不是消极地减发菜金，而是积极地从生产一方面来解决问题。生产的办法是以种菜、喂猪、生豆芽、做豆腐、开磨坊、打油及开办各种合作社等为主。生产无基础、无成绩或因特殊情形不能进行生产的，则直接由吃菜中节约。10 月 8 日，省战工会又正式做出《关于政权机关团体生产节约的决定》，要求各级政权机关组织生产节约委员会，积极推动与提倡，造成一种热潮，以求得生产运动普遍开展。这一决定，成为山东根据地部队、机关开展大规模生产节约运动的动员会。1942 年，在山东根据地内，掀起了生产节约运动的高潮。在生产办法上提倡开荒、种地、打油、喂猪、开磨坊、粉坊与开办合作社等。节约办法上提倡节省经费、粮食的使用，停止一切不必要的开支，减少会餐、慰劳，限制支差，自磨自食，不准随意浪费人力物力财力。

在生产节约运动中，中共山东分局和省战工会的领导同志及时总结经验，发现问题，及时解决。黎玉曾在《山东民主导报》发刊词中严肃地批评了各地节约运动中存在的不良现象。为推动生产节约运动的开展，1942 年 4 月 12 日，中共山东分局财委会做出规定，部队与机关开展农业生产，达到能保证全军的蔬菜肉食的完全自给及一部分粮食自给，以求节省公款。以 40% 归公，60% 改善生活及教育学习费用。这一规定，克服了生产节约中的不良倾向，调动了机关部队开展生产节约运动中的积极性，使根据地各部队、机关的生产节约运动取得了新的成绩。八路军 115 师为了爱护民力，减轻群众负担，发动全体指战员自己背粮背柴磨面。仅教导 2 旅 1 部在近 4 个月中，共背粮 720 208 斤，背柴 1 201 279 斤，生产节约总额达 615 888 元。鲁南各地机关部队响应粮委会节粮号召，切实做到自做自食吃粗面。滨海区莒南县筵宾区在 1942 年秋曾做到经费完全自给，计莒南、赣榆有 4 万元，日照有万元之盈余。115 师滨海区部队生产节约成绩显著，10 个月中，经费预算节省 1/3，其中伙食办公费占 2/3，杂支费占 1/3。伙食按市价及日食定量，每人每天平均 9 角，公家只发 3 角，其余均由各单位自己解决。在粮食方面，麦子按每百斤出麸 20 斤计算，590 万斤麦子共出 118 万斤，全部抵做马料；同时又在日食

定量内节省麦子 71 162 斤，杂粮 14 万斤。粮食节约办法，以营为单位，建立给养合作社，负责碾磨，收集麸糠等事宜；合作社人员单位百人者不超过 2%；牲口则每 80 人配给 1 匹；同时开设油坊，联合商店，进行养猪、养鸡及采办用品等工作。各单位大部分均能集体吃饭，吃粗面吃黑面。在开荒种地方面，种植品有高粱、豆子、芝麻、棉花、烟叶等，以高粱花生为大宗。全滨海部队种菜可供全军 3 个月所需。在被服方面，因穿旧棉衣一项可节省经费 140 万元。在营业方面，半年收入已达 40 万元。他们的口号是“在明年做到全部伙食自行生产，不向公家报领”。第 115 师教 2 旅 1 月至 10 月，各种生产节约贸易共计获洋 862 974.3 元，拥有生产品价值 1 128 951 元。10 个月中全旅开支经费 1 142 377 元，生产节约贸易获利占开支经费的 75.5%，已交公家 366 134 元，成绩十分显著。

通过开展生产节约运动，开支大大减少，收入不断增加，部队、机关、团体的生活得到了改善，解决了财政供给不足的困难。全省 1942 年生产节约 17 783 377 106 元，以滨海和鲁中最好，详见表 2－17[1]。部分部队、机关、团体达到了自给，一部分达到了半自给。

表 2－17　　1942 年各战略区生产节约成绩统计表　　单位：元

项目 地区	贸易利	农产	节约	合计
滨海	245 987 848	51 846 925	488 934 250	786 769 023
胶东	31 000 000	16 066 000	322 478 500	369 544 500
清河	101 663 996		77 944 254	179 606 250
鲁中	50 453 423	59 324 750	332 677 160	442 455 333
合计	429 105 267	127 237 675	1 222 034 164	1 778 377 106

说明：①滨海内包括 115 师系统及山纵系统。

②清河、胶东、鲁中是根据大众报上的数字统计。

③清河农产因未分开，列入节约项内。

[1]《山东革命历史档案资料选编》第 9 辑，第 215 页。

1943年生产节约运动进一步开展，收入有所增加。例如，鲁中某团4个月生产节约56万元。该团全年计划生产节约60万元，已完成93%。部队生活已普遍改善，每人每天保证吃1斤菜5钱油，每月1斤猪肉。这在当时的困难条件下已经是相当不容易了。

第三章 山东抗日根据地财政工作全面深入发展的新时期

(1943 年 9 月—1945 年 8 月)

第一节 山东形势明显好转与财经工作进入新阶段

一、对敌顽斗争取得初步优势

在整个抗日战争时期，中国共产党领导下的主力部队、地方武装和人民武装三位一体的反对日本侵略者的武装斗争，始终是各敌后抗日根据地党政军民的中心任务。进入战略相持阶段后，由于国民党加紧推行消极抗日、积极反共的政策，人民的抗日武装斗争不可避免地同反击国民党顽固势力的进攻交织在一起，呈现出复杂的斗争形势。

在山东，1942 年以前，共产党领导的人民抗日武装力量在同日伪顽势力的斗争中，虽未取得真正的优势，但毕竟克服了困难，坚持了阵地，为后来山东抗日根据地的恢复与发展积蓄了力量，创造了经验。在斗争最困难的时刻，刘少奇受党中央的委托，于 1942 年春从华中来山东检查指导工作。在刘少奇的帮助下，中共山东分局召开会

议，进行了抗战四年工作总结，统一了思想认识，增强了党内团结，明确了依靠群众、开展全面对敌斗争的方向，从此，山东抗日根据地各方面的工作发生了明显转变。山东分局紧紧掌握民族矛盾，围绕抗日这个中心，从深入发动群众、开展减租减息入手，进一步巩固与建设根据地，为度过难关、争取形势好转创造了有利条件。1942 年下半年，罗荣桓从山东对敌斗争的实际情况出发，根据党中央“敌进我进”的方针，提出了著名的“翻边战术”，强调坚持边沿游击区的斗争，翻过边沿深入敌占区隐蔽活动，出其不意地打击敌人，迫使“扫荡”、“蚕食”根据地之敌后撤。11 月 16 日，山东分局在总结以往对敌斗争经验教训的基础上，明确提出“克服被动、争取主动”为今后对敌斗争的主要任务。同日，山东八路军趁日军大举“扫荡”沂蒙山区，后方比较空虚之机，在罗荣桓指挥下，于海陵地区发动反“蚕食”战役，6 天内连克敌伪据点 16 处，收复 80 里地区，取得很大胜利。进入 1943 年，这是山东人民抗日斗争历史上“扫荡”与反“扫荡”、“蚕食”与反“蚕食”斗争最激烈的一年，是山东形势发生重大转折的一年。年初，山东面临的对敌顽斗争的形势十分严峻复杂。当时山东境内有日军 3.7 万人，伪军经整理后由 11 万增至 18 万人，敌伪据点由 2500 余处增至 3700 处，敌人经常可抽出万人左右的机动兵力对抗日根据地实行分区“扫荡”，各战略区均处于分割缩小中。国民党军队原有 17 万人，因遭日军打击及内部公开投敌者日众，余约 9 万人，且内部动摇涣散。但屯兵安徽涡阳、蒙城一带的李仙洲部，按照蒋介石的命令加紧入鲁，先头部队已进抵湖西地区，欲取代反共不力的于学忠部东北军，充当山东国民党军队新的核心，以便统一内部，巩固其在山东的阵地，使敌我顽三角斗争的形势更加复杂化。粉碎日军对抗日根据地的残酷“扫荡”和“蚕食”推进，坚决阻止李仙洲部入鲁反共，并相机改善抗日军民的不利地位，是摆在山东广大军民面前的迫切任务。

为要争取对敌斗争的胜利，必先准备自己。1943 年春，山东抗日根据地掀起拥军优抗、拥政爱民的“双拥”运动热潮，进一步密切了军政军民关系。减租减息初步开展后，青年农民踊跃参军，主力部队和地方武装得到进一步充实与加强。3 月，新的山东军区建立，罗荣桓任司令员兼政委，主力部队实行整编和地方化，山东军区所辖各战略区军区及军分区，接受当地党委一元化领导。结合部队整编，山东根据地党政军民各机关实行了第三次精兵简政，全省政权干部精简 7 000 人，部队精简 5 000 人，提高了行政工作效率和部队战斗力，充实与加强了薄弱部门的力量，使之更加适应敌后群众性游击战争的艰苦环境，大大减轻了人民的负担。为统一军事部署和领导，山东分局于年初召开军事工作会议，3 月又召开军政委员会工作会议，进一步明确了以政治攻势为主、游击战争为辅的斗争方针，在党的一元化领导下，动员党政军民各方面的力量，在政治、军事、经济、文化等各条战线上，开展全面对敌斗争。接着，山东分局又召开扩大会议，由肖华传达北方局的指示，全面总结抗战五年来的工作，在武装斗争方面确立了争取发展、掌握主动的指导思想，并且提出了加强根据地全面建设的各项任务。在此基础上，山东八路军在对敌顽斗争中取得了重大胜利。

1943 年 1 月 19 日，滨海区八路军运用翻边战术，一举攻克南部重镇郯城，将郯城附近 10 余处据点一扫而光，打破了敌人“蚕食”滨海南部根据地的计划。6 月，清河区军民趁青纱帐起，以内线与外线相结合的打法，组织大规模的反“扫荡”反“蚕食”战役。奋战月余，摧毁了敌伪沿小清河的封锁线，使清河南部益都、寿光、临淄、广饶等地被蚕食分割的局面得以好转，打通了与鲁中、胶东的联系，扩大了清河根据地。与此同时，我与日伪争夺沂（山）鲁（山）山区和诸（城）日（照）莒（县）一带山区战略要地的斗争也取得了重大胜利。6 月上旬，蒋介石令东北军于学忠部撤出山东，企图由其嫡系李仙洲部代替于部占据沂鲁山区和诸日莒山区。中旬，李仙洲部在鲁西南地区向抗日根据地大举进攻。湖西和鲁南抗日部队，在冀鲁豫军区司令员杨得志统一指挥下，坚决反击了李部的进攻。7 月初，于学忠部自沂鲁山区和诸日莒一带山区西撤，日伪军企图乘机抢占这些地区。山东分局和山东军区立即部署了反对日伪军抢占这两处重要山区的战役。从 7 月 5 日到 8 月 6 日，滨海与鲁中军区部队打

退了伪军张步云、厉文礼、吴化文等部的进攻，在滨海区北部，基本上控制了诸日莒山区，打通了与胶东区的联系，与鲁中区建立了新的联系。在鲁中区，八路军控制了沂山山区全部和鲁山山区一部，极大地改善了对敌斗争的地位。在与敌争夺沂鲁山区的战斗激烈进行时，李仙洲部企图乘机侵入鲁南、鲁中地区。经冀鲁豫军区部队和鲁南部队坚决抗击，李部于8月25日撤回皖北。从此，山东地区无国民党的主力部队，国民党在山东的军队由9万人降到6万人，其内部矛盾更加尖锐复杂。国民党的山东省政府，也随于学忠的苏鲁战区总指挥部退到安徽阜阳。日伪顽军对抗日根据地夹击的不利局面开始扭转，抗日军民在对顽斗争中取得了初步优势。1943年冬，山东军民粉碎了敌人以鲁中、清河为重点的所谓“三个月轮回大扫荡”，并且把握时机，力争主动，取得了全歼刘桂棠、李亚藩两股伪军的重大胜利，山东形势进一步好转。山东日军因将部分主力南调，兵力严重不足，在抗日军民沉重打击下，不得不改变战略，收缩兵力，放弃次要据点，实行“重点配制”。山东八路军趁机扩大战果，从1944年春天开始，向敌伪发起局部反攻。山东抗日根据地进入了大发展的新时期。

为适应形势发展的客观需要，全面总结几年来行政工作和根据地建设的经验，1943年8月12日，山东省临时参议会一届二次大会隆重召开。毛泽东同志给大会发来了贺电。9月10日，根据大会的建议，山东省战时工作推行委员会改组为山东省战时行政委员会（简称政委会），黎玉继续当选为主任委员。与此同时，中共山东分局在人事上也有所变动，因朱瑞调回延安，分局书记由罗荣桓担任。政委会的建立，是山东抗日根据地在经受了严峻的困难考验之后又开始恢复和发展的必然产物，是山东抗日民主政权建设过程中新的里程碑。

二、财经工作面临的新情况、新任务

山东省战时行政委员会建立后，山东抗日根据地进入了新的发展时期，财经工作也面临着新的情况和新的任务。

第一，财政制度有待进一步完善。1940 年 6 月全省财经会议之后，特别是 1940 年 8 月战工会成立之后，山东抗日根据地的财政工作，逐步扭转了抗战初期机关部队自收自用、乱收乱用的混乱状况，开始按照统收统支的原则向制度化、正规化方向发展。各项开支有了统一的标准和严格的手续，从而减轻了群众负担，保障了机关部队的供给。但财政收支的各项制度、法令和条例，不可能一成不变，有的因不适应新的情况应当废止，有的需要在实践中加以补充和完善，有的因过去不需要而未制定，但在新形势下又必须尽快颁布实施。

第二，经济必须进一步发展。抗日战争不仅是中日双方军事力量的较量，而且是经济力量的对抗。军事也离不开经济这个基础。日本帝国主义之所以敢于发动侵略中国的战争，在经济上自恃其强是一个很重要的因素。战争爆发之后，日本侵略者推行“以战养战”的政策，加紧对抗日根据地的经济封锁和物资掠夺，千方百计地保持其在经济上的优势。从敌强我弱的基本形势出发，从根据地是“建立在个体经济基础上的、被敌人分割的、因而又是游击战争的农村环境这一点出发”[1]，决定了中国人民的抗日战争必然是在极为艰苦的物质条件下进行的，同时也就决定了发展经济对于巩固抗日根据地、夺取抗战胜利具有十分重要的意义。只有发展经济，才能保障供给。解决财政问题的根本出路，在于发展经济、开拓财源。1943 年 9 月之前，山东抗日根据地的经济工作取得了一定成绩，农业生产和纺织手工业初步有所发展，加上精兵简政的实行和机关部队生产节约运动的开展等因素，就为战胜严重困难、坚持斗争胜利创造了物质条件，在 1941 年和 1942 年抗战最艰苦的岁月中，实现了财政收支的基本平衡。应当指出，由于主观上对发展生产重视不够，客观上斗争环境的艰苦对发展生产非常不利，特别是由于减租减息运动没有普遍深入地开展，因而生产的发展未能取得更大的成绩。在斗争形势好转、根据地迅速恢复与发展的新形势下，只有大力发展生产，才能从根本上保证财经工作出现新的局面。

---

〔1〕《毛泽东选集》合订本，第 916 页。

第三，财政上应当开拓新的财源。1942 年 4、5 月间，山东分局召开财委扩大会议，从对敌斗争的全局需要出发，进一步提高了各级党组织和广大党员对财经工作重要性的认识，加强了党对财经工作的领导。由于重视了生产建设工作，并对田赋、税收等主要财政收入进行了认真整理，在开拓财源方面取得了比较显著的成绩。但总的来看，前进的步子还不够大，路子还比较窄，工作还不够主动，局面并没有真正打开。

开拓财源大致有三条路子：一是取之于民，二是取之于己，三是取之于敌。过去在这三个方面都存在一定问题。在取之于民方面，只注意向群众要粮要款，而忽视扶持群众发展经济，提高生产。在取之于己方面，号召机关部队厉行节约、紧缩开支是对的，但对生产自给比较忽视。在取之于敌方面，过去往往只着眼于对敌人的经济封锁和经济掠夺实行消极的防御，而对如何通过主动的对敌经济斗争来增加财政收入，则缺乏积极的考虑和通盘的计划。例如在贸易工作中，过去机械地执行“以货易货”的政策，固然对防止必需品出口资敌和对敌人实行经济上的反封锁起了很大作用，但也应当承认，有时也封锁了自己，并且使政府的财政收入受到了一定影响。军事斗争的不断胜利和根据地的恢复与发展，带来一系列新的问题：原有的根据地需要进一步建设与巩固；新解放的地区急需安定民生、恢复生产；新地区需要调配大批干部和工作人员，建立党和政府及群众团体的领导机关；大批农民参加主力部队和地方武装，部队人数急剧增加；在抗日军事力量和政治攻势的打击下，伪军政人员弃暗投明者日益增多，需要政府供给；民兵、自卫团等人民武装迅速发展，各级武委会逐步建立，增加了财政开支；反侵略战争在更广大的地域和规模上进行，为胜利实施对敌伪的局部反攻和准备将来的全面反攻，需要更强大的财力和物力基础。在此情况下，财政上收与支、供与求的矛盾势必更加突出。解决这个矛盾，增加财政收入，充裕抗战经费，增强根据地的经济实力，保证根据地建设和对敌斗争取得更大胜利，成为财经工作面临的紧迫任务。

在中共中央和北方局的领导下，中共山东分局在深入开展的整

风运动中，认真总结经验教训，不断提高思想水平和政策水平，进一步明确新形势下财经工作的方向和任务。1943 年 3 月 15 日，北方局在听取了肖华同志的汇报和全面研究了山东的情况之后，做出对山东工作的总结和指示，4 月 20 日，经中央书记处批示同意后正式下达。北方局充分肯定了山东几年来的工作成绩，同时严肃指出：山东在根据地建设上还存在着严重的缺点，地方的建设工作一般还落后于军事斗争，财政经济建设并未引起领导者应有的注意。山东的党还未深入了解财政经济建设乃是支持战争、巩固抗日根据地的物质基础。今后应当加强财政经济建设工作，展开对敌的经济斗争，为此就应当基本上依靠于农业生产。这是一个很大的组织工作，党必须以大力去经营。在对敌经济斗争方面，把握物资、统一与管理出入口特别重要，党必须抽调一批优秀干部去做这项工作。关于财经工作如何改进的问题，北方局指示：主要步骤在于进行整风运动，揭发领导机关中脱离实际的主观主义，应该首先从山东分局本身开始，切实进行自我批评，以改进党的领导工作。山东分局根据北方局的指示，立即召开有各战略区党委书记参加的分局扩大会议，全面总结抗战五年来，特别是 1942 年四年总结之后的工作，以整风精神肯定成绩，找出问题，总结经验教训，部署今后斗争任务。会议进行中，党中央于 6 月 18 日电示山东分局：工作总结应集中于对敌斗争、提高生产及整风学习三个问题上，把以生产为中心的财经工作明确列为会议总结的主要内容。在总结中山东分局认为，1942 年财经工作“已获有一些成绩，在可能条件下已完成了分局给予之任务，尤在贷款、织布、生节、财政收入及粮食政策方面。但拿敌后环境困难增多及依中央北方局指示与要求的标准，及我们可能发展之主观条件说，我们还有基本的主要任务未完成，这就是统制物资、发展贸易、货币斗争、改善征粮办法等。”“财经建设工作尤其未有做到面向群众、为了群众，动员组织群众参加，形成为根据地财经建设工作之群众性运动，更未能面向敌人，展开对敌人经济封锁的反封锁，从统制物资、发展贸易、稳定货币等办法上，打破敌人经济的进攻，争取主动。”认识工作中的不足，是走上更加正确的轨道和取得更大成绩的先导。山东分局扩

大会议根据形势发展的要求，从山东的实际情况出发，确定对敌斗争、财经建设、发动群众、深入整风为山东全党今后的四项中心任务。在财经建设方面，今后的主要目标是“提高生产，增加富力，着重对敌，力争主动。”[1] 具体工作有七项：一是加紧生产；二是加紧经济建设工作；三是实行物资统制，发展贸易；四是进行货币斗争；五是改善征粮、税收制度及办法；六是大量贷款；七是生产节约。当时，山东抗日根据地最困难的时期已经度过，山东分局对全盘工作的总的指导思想是争取主动、争取发展。财经工作目标与任务的确定，也体现了这一总的指导思想，从而成为财经工作开创新局面、夺取新胜利的有力保证。

根据山东分局扩大会议确定的争取主动、争取发展的方针和四项中心任务，山东分局于1943年8月1日提出了新的战时施政纲领，从总体上设计了根据地建设的蓝图。为推动根据地建设各项工作的全面发展，实现分局提出的四项中心任务和战时施政纲领中提出的奋斗目标，山东省临时参议会一届二次议员大会于8月初隆重召开。8月20日，战工会主任委员黎玉向大会作《山东抗日民主政权工作三年来的总结与今后施政之中心方案》的报告。黎玉指出，今后财粮工作的中心在于，健全制度，肃清贪污浪费，厉行生产节约，减轻人民负担，保障军队及政府之必需的开支，以期克服困难，迎接胜利。参议员们充分发扬民主，对黎玉的报告展开热烈讨论。在肯定财经工作所取得的成绩的同时，还结合各地实际情况，提出了许多宝贵意见，比较集中的是公粮田赋的征收办法和群众负担问题。山东分局和政府部门的调查研究室，在会议前后进行了深入细致的调查研究工作，为进一步修改、补充和完善财粮政策作了必要的准备。

在统一思想、明确方向和不断提高对财经工作重要性认识的基础上，财经工作的领导机构也有新的调整和加强。省政委会建立后，下设财政处，艾楚南、冯平为正副处长。为加强对工商管理工作的统一领导，主动开展对敌经济斗争，争取从取之于敌方面增加新的财

〔1〕《山东革命历史档案资料选编》第10辑，第70—71页。

源，政委会还专门设立工商管理处，由政委会主任委员黎玉兼任处长，吕麟为副处长，薛暮桥为监察委员。1943 年 9 月 10 日，山东分局决定，各战略区一律设立工商管理局，区党委亲自指导，并派 1 名委员参加。同时要求各级党委选派大批坚强的干部参加工商管理工作，并教育从事工商管理工作的同志注意了解情况，掌握党的政策，反对主观主义和狭隘经验主义，反对斗争方式上的简单化和机械化，以适应情况的变化，灵活运用各种斗争方法，争取对敌经济斗争的胜利。9 月 15 日，山东分局和政委会的驻地滨海区，首先成立工商管理局。不久，鲁中、胶东、鲁南、渤海（1944 年初由原清河、冀鲁边两区合并而成）各战略区的工商管理局也相继成立。各地工商管理局的建立，是山东抗日根据地财经工作进入全面深入发展新时期的重要标志，对促进财政工作与经济工作的结合，实现财政状况的基本好转，具有非常重要的意义。

三、党中央“十大政策”的指示指明了财经工作胜利发展的方向

1943 年 9 月 30 日，省政委会发出《关于半年财政工作的指示》和《关于半年工商管理工作的指示》。前者提出了组织与开发财源，开展正规收入；改善征粮办法，调整粮食机构（各战略区军政双方上层粮食部门合并为统一的粮食局），完成征粮任务；严格财粮制度，进一步开展节约运动；彻底整理村财政，减轻群众负担；加强银行工作的领导等五项任务。后者着重强调了货币斗争、贸易管理、生产建设三个方面的工作要点。总的意图是，加强党对财政工作和工商管理工作的领导，使二者紧密结合起来，以卓有成效的工作来保障军民生活，实现财政经济状况的好转，以便克服困难，坚持抗战。设立工商管理局，从对敌经济斗争和工商管理中增加政府的财政收入，使财政工作突破了以前比较狭小的范围，开辟了新的工作领域，在财政开源方面迈出了关键性的一步，这是山东抗日根据地后期财经工作的一大转机。但有一个至关重要的问题尚未得到很好地解决，就是减

租减息、发展农业生产的问题。农业是根据地的经济基础，是党政军民的衣食之源。不大力发展农业，不仅公粮田赋没有保证，对敌经济斗争无法进行，而且根据地的存在和游击战争的坚持都会受到严重威胁。山东抗日根据地农业生产发展比较缓慢，其主要原因并不是山东分局不重视农业生产，而在于忽视了减租减息。1942 年 5 月以后，山东抗日根据地的减租减息和雇工增资工作曾取得一定成绩。据滨海、鲁中、胶东及原清河区的不完全统计，有 4 735 村、270 057 亩土地实行了减租，平均每亩减租 31 斤 11 两；有 4 435 村、72 958 名雇工得到了增资，平均每名雇工增加粮食工资 165 斤。但双减工作发展很不平衡，不少地方根本未动。从领导方面检查，山东分局重视增资而忽视双减，双减工作在部分地区一阵高潮过后，便认为任务已经完成，因而过早地将工作重点转向开展民主文化运动，致使减租减息的群众运动偃旗息鼓，陷入了停顿状态。从深入开展双减运动入手，广泛发动群众，树立基本群众的政治优势，进一步调动农民群众抗日和生产的积极性，是关系到根据地巩固与发展的中心环节，也是财经工作开创新局面的重要条件。直到党中央发出“十大政策”的指示，这个问题在山东才得到彻底解决。

1943 年 10 月 1 日，中共中央政治局发出《关于减租、生产、拥政爱民及宣传十大政策的指示》[1]。这个文件主要是说明 1943 年减租、1944 年生产及春季举行拥政爱民运动的重要性，对敌后各抗日根据地的建设具有普遍的指导意义，在财政经济工作方面，也提出了明确的方针。

第一，发展经济的观点。早在 1942 年 12 月，毛泽东同志在陕甘宁边区高级干部会议上所作的《抗日时期的经济问题和财政问题》的报告中就已经指出：“发展经济，保障供给，是我们的经济工作和财政工作的总方针。”“财政政策的好坏固然足以影响经济，但是决定财政的却是经济。未有经济无基础而可以解决财政困难的，未有经

〔1〕 十大政策为：对敌斗争、精兵简政、统一领导、拥政爱民，发展生产、整顿三风、审查干部、时事教育、三三制、减租减息。

济不发展而可以使财政充裕的。”“财政困难，只有从切切实实的有效的经济发展上才能解决。忘记发展经济，忘记开辟财源，而企图从收缩必不可少的财政开支去解决财政困难的保守观点，是不能解决任何问题的。”在敌后各抗日根据地又开始上升的关键时刻，党中央的“十大政策”的指示把领导群众生产的任务，严肃地提到了全党同志的面前。文件强调，“各级党政军机关学校一切领导人员均须学会领导群众生产的一全套本领，凡不注重研究生产的人不算好的领导者，一切军民人等凡不注意生产反而好吃懒做的不算好的军人、好公民。”“在生产运动中，不注意发展经济，只片面地注重节省开支的保守的单纯的财政观点是错误的；不注重组织党政军群众与人民群众的广大劳动力，以开展群众生产运动，只片面地注意少数政府人员忙于收粮收税弄钱弄饭的观点是错误的；不知用全力帮助群众发展生产，只知向群众要粮要款的观点（国民党观点）是错误的。”在财政经济问题上，应以百分之九十的精力帮助农民增加生产，然后以百分之十的精力从农民取得税收；对前者用了苦工，对后者便轻而易举。

第二，改善群众生活的观点。共产党领导下的抗日根据地，是新民主主义社会的雏形；抗日民主政府，是代表群众利益的政府。为充裕抗日经费，保障机关部队的供给，共产党必须向群众要粮要款，向政府缴纳粮款也是群众为抗日所应尽的义务。但共产党决不搞竭泽而渔，而是在发展生产和适当改善民生、照顾群众负担能力的前提下，来解决财政供给问题的。“以为共产党员为着供给家庭生活（农村党员）及改善自己生活（机关学校党员），以利革命事业，而从事家庭生产及个人业余生产，为不光荣不道德的观点，是错误的；在有根据地的条件下，不提倡发展生产为改善物质生活而斗争，只片面地提倡艰苦奋斗的观点是错误的。”

第三，以农业为基础的观点。在经济的诸部门中，农业是基础；在生产的诸领域中，“以农业为主体”。彻底减租，是对“大规模发展生产的一个刺激，而发展生产的中心关节是组织劳动力”。[1]

---

〔1〕 以上引文均见《中共党史参考资料》（五），第182—184页。

山东分局认真学习领会党中央的指示，对党在抗日战争时期的财经工作的方针政策和财政与经济的相互关系，有了更深刻的理解。在高度重视并切实抓住工商管理这个环节之后，由于重新认识并紧紧抓住了减租减息、发展农业这个环节，山东分局在财经工作的指导上便认准了前进方向，确定了符合抗日武装斗争和根据地发展客观需要的指导方针。这就是：克服单纯的、保守的财政观点，立足发展，争取主动，在增收上大做文章，以发展经济特别是以深入减租减息、大力发展农业生产为基础，增加农村富力，改善群众生活，保证粮款征收，并从工商管理工作中开辟新的生财之道，以创造更坚实的物质基础，达到克服困难、迎接光明之目的。

在此方针指引下，从 1943 年秋直到抗战胜利，山东抗日根据地的财经工作主要沿着两条轨道前进：一是减租减息、发展农业；二是加强工商管理，使生产建设、货币斗争、贸易管理三者有机地结合起来，以生产增加物资，掌握重要物资发展贸易，用贸易支持货币斗争，又以货币斗争来扶持生产和贸易。结果，财经工作全盘搞活，进入了全面深入发展的新阶段。

第二节　大生产运动的开展和田赋公粮的征收

一、减租减息、劳动互助和政府贷款等措施，为大生产运动创造有利条件

在抗日民族统一战线的总政策下，通过减租减息调整农村阶级关系，减轻地主对农民的封建剥削，改善农民的生活，解放农村生产力，是开展大生产运动的先决条件。

1943 年山东分局扩大会议，把“继续发动与深入群众运动”列

为党的四大中心工作之一，提出了通过减租减息和发展生产来改善农民生活的任务。但在会议之后的一段时间内，群众工作的重心放在了开展民主文化运动方面，减租减息并未切实抓紧。党中央“十大政策”的指示发布后，山东分局于10月10日发出《为贯彻中央十月一日指示的决定》，针对前段工作中的弱点，要求各地党委抓紧贯彻减租减息和大生产运动两项政策。10月，山东分局召开群众工作会议，黎玉在大会上作了《六年来群众工作概括总结》的报告，会议的主题就是动员减租减息和准备大生产运动，揭开了重新发动与深入开展减租减息运动的序幕。在山东分局的直接领导下，莒南、沂南两县的双减工作先行一步，进展较快，取得了宝贵经验。但总的来看，运动的发展仍不普遍，群众还没有真正发动起来。究其原因，主要在于一部分领导干部对这项工作重视不够，抓得不紧。

山东抗日根据地的减租减息工作真正形成广泛的群众运动，是在1944年夏季之后。这年7月，山东分局发出《关于七八九十月群众工作补充指示》。文件指出，目前在一部分干部中存在的那种认为山东租佃关系少、土地分散、过去已进行过双减的缺乏群众观点的右倾思想，是阻碍运动深入发展的主要危险。为改善群众生活，树立基本群众的优势，必须普遍彻底地实行减租减息。老地区要消灭空白村，消灭明减暗不减的现象，在新开辟的一万多个村庄，也要完成大部分村庄的减租减息。到1944年7月，山东全区完成减租的村庄只有40%。为此，山东分局要求，7—10月的中心工作，是普遍彻底地进行减租减息。还指出，在开展这一工作时，必须彻底纠正各级领导干部中存在的恩赐及包办代替现象，要用算账的办法和进行“谁养活谁”的教育来启发群众的阶级觉悟，切实把握并宣讲党和政府的政策法令，发挥积极分子的骨干作用，团结群众的大多数。8月10日，省政委会发布《关于查减工作的训令》，要求各地在认真检查过去减租减息开展情况的基础上，继续把运动推向深入。为搞好查减，各级政权干部应深刻进行整风反省，打通思想，解决问题，反省的重点是检查群众观念，纠正官僚主义作风。查减工作的主要方式是扶持群众、组织群众，以党的土地政策和法令来启发教育群众，保证查减

工作的顺利进行。各地根据山东分局和省政委会的指示精神，结合整风开展了反右倾、反特殊论、反官僚主义的斗争，增强了广大干部的群众观念，使“双减”运动出现了新的高潮。11 月 5 日，山东分局宣传部批转了莒南县大店在工作队的领导下发动群众进行查减的经验，有力地推动了运动的发展。

为了保证“双减”运动的健康发展，防止“左”的偏向的出现，省政委会于 1944 年 12 月 11 日发出《关于具体执行“八·十”训令的决定》，重申了党的有关政策。在减租方面，按照抗战前的原租额减少 25%，游击区和敌占区酌量少减；中农、贫农出租少量土地，贫苦抗属和孤寡户因无劳力而出租土地者，可少减或不减；过去无故不减租者，承租人除要求减租外，可要求退还过去多交的租额；地租之外的额外剥削（如白带地、双出种、份子粮等），应一律废除；减租后主佃双方应订立 3—5 年的租约，租期未满之前地主不得无故撤佃。减息方面，1942 年前的息借关系，年息 1 分 5 厘为法定标准，但根据当时农村贫困的状况，分半行息会使贫苦农民告贷无门，因此特规定：从 1942 年起，借钱还钱者月息最高 3%，不得利上滚利；粮食春借秋还者最多加利 50%；借粮还钱不得利用物价涨落巧取豪夺；借钱还粮最高利息为 50%。在增资方面规定：成年男工长年工资以粮食 600 斤为最低标准，平原地区增资达 1 000 斤、山区达 800 斤者不应再增；增资均从当年增起，一般不应追算往年老账。

各地区认真学习推广大店的经验，正确执行党的政策法令，纠正“左”“右”两种偏向，保证了“双减”运动的深入发展。胶东区在 1944 年冬的 3 个月中，有 50 余万农民参加反封建斗争；有 4 495 个村庄、64 040 亩土地实行了减租，减租粮 2 807 372 斤，退租粮 321 763 斤，订租约 7 000 份；减息 17 334 元，减粮 1 716 斤，反高利贷退回被地主霸占的土地 7 678. 8 亩；有 3 723 个村、7 735 名雇工获得了增资，共增粮 317 590 斤，增钱 94 447 元。在双减运动中，各抗日群众团体发展会员 160 320 人，发展党员 887 人，新成立党支部 38 个，改造村政权 85 处。滨海中心地区到 1944 年底，在 2 765 个村庄中，已完成查减者达 2 124 村，占 75%。但运动发展仍不平衡，加上

受对敌斗争客观环境的限制，到抗日战争胜利，在山东抗日根据地23 417个村庄中，彻底查减的仅占17.31%，已减租但不彻底的占46.5%，空白村尚占36.1%。莒南、沂南、边联、沂中、沂北、赵镈、温河等县“双减”比较彻底。

在深入开展的减租减息群众运动中，广大农民的经济、政治地位都有很大提高，雇农大量上升为贫农，贫农大量上升为中农，地主阶级受到了一定程度的削弱，农村阶级结构和土地关系发生了很大变化。据当时对沭水、临沭、莒南11个村庄、3124户的调查，地主、富农、中农、贫农及其他阶层1937年和1944年的户数、土地亩数所占的百分比都发生较大变化，详见表3-1。

表3-1　1937年和1944年沭水等11村各阶级户数、土地亩数变化情况

项目		地主	富农	中农	贫农	雇农	其他
户数（%）	1937年	7.58	5.79	27	41.74	9.36	8.56
	1944年	6.14	4.36	37.52	44.81	2.17	5
亩数（%）	1937年	59.11	8.48	18.69	12.24	1.07	0.43
	1944年	30.39	9.44	38.11	20.73	0.44	0.89

“双减”运动中涌现出来的一大批积极分子加入了共产党，翻身农民踊跃参加民兵、自卫团和工农青妇各群众团体。到1944年底，山东抗日根据地有组织的群众达400万人，约占总人口的26%。农村广大党员、民兵和各群众团体的会员，成为响应党和政府的号召，带头参加大生产运动的中坚力量。由于正确贯彻了党的土地政策，减租减息增资后，主佃、主雇关系较前也有所改善，农村社会秩序更加安定，从而为开展大生产运动创造了必要的条件。

发展生产的关键是组织劳动力。1943年11月29日，毛泽东同志在招待陕甘宁边区劳动英雄大会上的讲话中指出：“把群众组织起来，把一切老百姓的力量、一切部队机关学校的力量、一切男女老少的全劳动力半劳动力，只要是可能的，就要毫无例外地动员起来，组织起来，成为一支劳动大军。”这是一条完全正确的方针。与此相反的还有一条错误的方针，“那就是缺乏群众观点，不依靠群众，不组

织群众，不注意把农村、部队、机关、学校、工厂的广大群众组织起来，而只注意组织财政机关、供给机关、贸易机关的一小部分人；不把经济工作看作一个广大的运动，一个广大的战线，而只看作一个用以补救财政不足的临时手段。”[1] 山东分局着眼于准备反攻、争取抗战胜利的大目标，把经济工作当作一个广大的运动和广大的战线，切实加强领导，发动千家万户普遍订立发展生产的兴家计划，引导农民走组织起来的道路，开展多种形式的劳动互助，解决生产中的困难，为农业生产的大发展开辟了广阔的道路。

劳动互助是建立在个体经济基础上的集体劳动，是适应当时农村生产力发展水平的一种劳动力组织形式。就其阶级结构来说，有贫农与贫农、贫农与中农、贫农与富农、中农与中农、富农与中农的结合。其中以贫农与中农的结合最为普遍，可以解决贫农有人力而缺乏畜力、中农又往往有畜力而缺乏劳力的困难，使双方互相调剂，不误农时，具有广泛的社会基础。这种以人力和畜力的结合为基本形式的劳动互助，习惯上称作变工组或搭犋组。各地的变工组，一般是以共产党员和劳动模范为核心，以民兵和农救会员为骨干组织起来的。编组时以自愿结合为原则，同时注意引导，尽可能地将地多人少户与地少人多户、有耕畜缺劳力户与无耕畜而劳力多余户编在一起，以便于互相帮助。变工组成立起来以后，能否巩固是个大问题。巩固的最好办法就是合理计工算账，实行人力和畜力的等价变工。各地计工算账的办法不尽相同，一般是 1 个牛工换 2—3 个人工。如莒南县，牛工有按天算的，有按耕 1 亩半或 2 亩算 1 个工的，也有按耕地的亩数和耕地的时间算的，1 天耕 2 亩以上的还 3 个人工，耕 2 亩以下的两天还 5 个人工，麦季还工可按 1 天顶 2 个或 3 个人工计算。据莒南县的经验，变工互助有以下好处：第一，解决中农、贫农人力、牛力和工具的困难，耕种及时，增加生产。第二，提高劳动效率。人力、畜力、工具适当集中，合理使用，开展劳动竞赛，加快了生产进度。第三，节余劳力，可以深耕细作，发展副业。第四，组织起来之后，有

---

〔1〕《毛泽东选集》合订本，第 882、884 页。

利于交流生产经验，提高生产技能。第五，有利于增强团结，发扬群众互助友爱的精神。

减租减息和生产互助，为大生产运动准备了最主要的条件。为扶助农业生产的发展，党和政府还采取了许多有力措施，其中最主要的有以下几项：

第一，严格支差，爱惜民力。支差系指机关部队动用民力或牲畜车辆完成必要的战争勤务工作，分为平时支差和战时支差两种，主要是运送公粮、伤病员和军需物品等。在战争年代，农民既是生产者，又是战争勤务的负担者。因大批青壮年参加了部队，农村劳动力非常紧张，如不严格控制支差，势必使生产受到影响。为了爱惜民力，尽可能地做到既服从于战争的需要，又保证农业生产有必要的劳动力，省战工会早在 1941 年 1 月 18 日就颁布了《山东省支差办法》。各机关部队都能严格执行支差制度，提倡自己运输，节省民力。承担支差的青壮年男子，每人每月出差一般控制在 3 天左右，基本上对生产妨碍不大。农忙季节，非遇紧急情况，机关部队且能做到停止支差。各种支差普遍采取按一定差价实行雇差的办法，从而减轻了农民在出差期间的经济负担。

第二，大量发放农业贷款。为帮助农民解决生产资金的困难，北海银行以大量资金投入农业生产，农业贷款在各种贷款中占有相当大的比重。1943 年下半年至 1944 年上半年，农业贷款为 2 000 万元，随着农业生产的迅速发展，1945 年春增加到 1 亿元。以鲁中区例，1944 年农业贷款为 483 万元，1945 年为 2 000 万元。由于根据地的扩大，新地区的农贷不断增加，1944 年春滨北专署三次农贷，总数达 200 万元。为充分发挥农贷的作用，明确规定：贷款对象主要是各群众团体的会员和抗日军人家属；贷款主要用来帮助农民购买农具、耕牛、种子和进行水利建设，而不是用来救济贫困；贷款应加强管理，按时发放和收回，保证资金的合理使用和周转；在新开辟地区，一般是发放无息贷款，以帮助农民安定生活，尽快恢复和发展生产。

第三，奖励开荒和兴修水利。开荒是扩大耕地面积的主要途径，提高产量则主要靠兴修水利。各地普遍实行了开生荒三年内不征公粮公柴、五年内不征田赋的政策。胶东区水利建设搞得最好。该地区规定，对因兴修水利而增产的农户，给予在总产中减去一定数量再征公粮的优待。

第四，表彰劳动模范，推广先进生产技术。在大生产运动中，各战略区普遍召开生产展览会和劳动英雄、劳动模范表彰会，总结推广先进典型和经验，号召农民生产发家、劳动致富，开展向陕甘宁边区劳动英雄吴满有学习的活动。山东抗日根据地在大生产运动中涌现出来的郑信、朱富胜、王对一等一大批劳动英模，成为广大农民学习的榜样。

第五，禁止宰杀耕牛，禁止耕牛出口。

二、大生产运动的成绩

减租减息政策及其他有利于生产发展的各项措施的实施，极大地调动了农民的生产积极性。经过1943年冬季的准备，1944年3月15日，山东分局及时发出《关于开展春耕大生产运动的指示》，提出了加强政策教育、组织劳动互助、制定生产计划、争取耕三余一（1年余4个月的粮食）、培养劳动模范等任务，群众性的大生产运动迅速在各地蓬勃开展起来。

大生产运动的重点，一是提倡开荒，扩大耕地面积；二是实行精耕细作，提高单位面积产量。各级党政干部亲自参加生产，并采用一般号召与具体指导相结合的方法，加强对大生产运动的领导。省政委会主任委员黎玉，带头走出机关，深入农村调查研究，帮助农民制定生产计划，召开生产座谈会。滨海专署建立基点村，推广先进生产经验。胶东区抽调干部组成工作队，建立基点村，设立实验区，以点带面，指导生产。鲁南费滕峄边县政府召集老农座谈开荒、积肥、锄地、植树等方面的经验。滨海区第二专署办起实验田，棉花每株结棉桃200余个，亩产净花60余斤，许多群众前来参观。鲁中泰历县生产科指导上李官庄变工组打井9眼，修蓄水池3个，推动附近各村深耕细作，效果很好。沂南县委、县政府转变领导作风，请劳动模范上生产课，将机关生产和组织群众生产结合起来，有力地促进了大生产运动的开展。

1944 年，山东抗日根据地的大生产运动取得了很大成绩。据统计，各战略区共扩大耕地面积 346 860 亩，打井 13 031 眼，疏河 1 199 里，开渠 20 条，长 63 里，筑堤 17 处，植树 6 358 679 株；成立互助组 64 200 个，共 383 397 人；制定兴家计划 31 846 户，胶东、滨海、鲁南植棉 154 032 亩，鲁中、滨海、胶东培养劳动模范 1 012 人，滨海、鲁中改造懒汉 1 401 人。机关开荒 77 661 亩，种熟地 883 亩，在赣榆、日照开盐田 161 亩。

山东八路军主力部队和地方武装，既是战斗队，又是工作队和生产队，是大生产运动中的一支生力军。各部队积极响应山东军区首长提出的三人开荒一亩、解决十天至半月口粮的号召，利用战斗空隙开展生产运动，至 1944 年 6 月，开荒种地已达 7 000 余亩，除被服鞋袜基本自给外，还保证了每人每天 5 钱油、5 钱盐、1 斤蔬菜、每月 1 斤多肉的生活水平，并能补助牙刷、牙粉、黄烟等日用品，从生产盈余中每人解决了 1 套衬衣。为帮助部队发展生产，省政委会决定，由北海银行各分行贷给军区前后方部队 20 万元，1 500 人以上的兵团及军分区 15 万元，1 500 人以下的兵团 10 万元，作为生产基金，月利 5 厘。并规定凡按供给项目自给和向财政部门转账者，各财政处得按转账实收金额的 50% 奖励其单位，充作生产基金。

大生产运动的浪潮，也波及根据地的中小学。1944 年 2 月 3 日，省政委会发出《关于开展中小学生产运动及加强劳动教育以配合今年大生产运动的指示》，要求中学生每人平均生产 10—15 元，小学生 3—5 元；生产收入的 30% 用于购置学校教学设备，50% 用于学生补助，20% 用于教员改善生活。据此指示，各学校普遍加强对学生的劳动教育，使教学与生产结合，与群众结合，提高了学生的政治思想觉悟、劳动观念和生产技能，增加了学校收益，节省了政府的教育经费。对教育改革的顺利开展起了推动作用。

大生产运动使根据地广大农村贫穷落后的面貌发生了明显变化，农作物的产量有所提高，农民的生活得到一定程度的改善。临沭县七

女墩村群众响应政府增产号召，小麦多上粪，1944 年全村比往年多收 1 500 斤，一般土地亩产 50 余斤，好地能收 65 斤，锄过的麦田每亩多收 7—8 斤。莒中县垛庄、旺町两区紧靠沭河，历年来因河水泛滥淹没良田 2 000 余亩。1944 年春，专署贷款 8 万余元兴修水利，两区群众于麦收前动工修堤，30 个自然村有万余农民参加，27 天全部完工，共用 18 000 个工，使 2 000 多亩沙滩重新变成良田，按每亩 1 年收粮 150 斤计算，1 年可增收粮食 30 万斤。渤海垦区，1942 年耕地不过 25 万—30 万亩，1943 年和 1944 年两年中开生荒 473 700 亩、熟荒 106 900 亩，未经登记自动开荒者甚多，到 1944 年夏，已有耕地 100 万亩，较两年前增加 4 倍。荒地被大量开垦之后，安置贫民难民 35 245 户，人口均在 10 万人以上。1942 年垦区人口不过 10 万人，到 1944 年夏，已达 25 万余人，增加 1. 5 倍，并且建立了 91 个新村，约 3 000 多户。莒南县大山前村，全村共 200 户，在伪军许树声盘踞时期，下关东的 30 多户，有 31 户因生活所迫而出卖土地 258 亩。1942 年变为中心根据地后，人民生活逐年提高。1944 年春，在莒南县政府直接领导下，该村组织起 29 个变工组，147 户参加了变工，占全村总户数 2/3，劳动模范郑信担任变工队长。经过春耕、锄地、麦收，群众体会到变工的好处，把剩余劳力组织起来成立了运盐队，赚了 4 000 多元。麦收时，5 天计划 3 天完成，各变工组展开生产竞赛，半夜即动手拔麦，民兵带枪下地，全村共拔麦 700 多亩，多收麦秸 4 万斤、小麦 1 600 斤，折合 15 000 元，平均每人可得 15 元。在变工互助中，该村有 7 名懒汉在大家的帮助和带动下参加了生产。随着生产的发展，群众生活普遍上升，赤贫户上升为贫农的 21 户，贫农上升为中农的 34 户，中农上升为富裕中农的 9 户，富农增加了 5 户，小地主增加了 2 户，还有 83 户村民增加土地共 420 亩（其中 44 户是因开荒而增加的），有 17 户逃荒在外的重返家园，7 个讨饭的不再沿街乞讨。大山前村的巨大变化，是大生产运动中根据地农村的一个缩影。

在党和政府的大力扶持下，新开辟区人民的生活迅速安定，生产得到恢复与发展。临朐县原为国民党山东省政府驻地，据该县米山、

九山两区及其他 5 个村的统计，国民党统治时期逃亡者 15 792 人，死亡 8 627 人，两项合计约占总人口 80% 以上，致使该地成为“无人区”。1943 年国民党省政府离开临朐后，鲁中行署从沂中县和马站拨来耕牛 300 犋，自备草料前来助耕，并运来大批麦种和肥料。1944 年发放春耕贷款 80 万元，“无人区”的荒地耕起 2/3。1945 年春，临朐全县成立变工组 1 477 个，组员达 9 000 人。米山区有变工组 351 个，组员 4 224 人，除耕种 7 308 亩土地外，还开垦生荒、熟荒 3 837 亩，平均每人种地 2 亩 6 分以上（大亩）。该区原有人口 3 695 户，最少时仅余 51 户，大生产运动后期增加到 2 840 户，荒凉的“无人区”在共产党的领导下焕发了新的生机。

大生产运动是在战争环境中进行的，而且是靠战斗来保卫的。广大民兵建立联防线，实行劳武结合，是大生产运动的突击队和保卫者。主力部队和地方武装，在民兵的协助和配合下，打击敌伪的骚扰破坏，有力地保卫了边沿游击区的生产。滨海四团包围醋大庄敌据点 7 天 7 夜，掩护群众抢收庄稼 52 顷；鲁中部队包围垛庄据点，掩护群众 1 夜抢收 300 多亩；鲁南部队在临沂、郯城、邳县一带掩护 70 余村群众收割。中心根据地的群众还组织起来，在部队、民兵的支援下，赴边沿游击区帮助耕种和收割，鼓舞了当地群众的生产热情。

1944 年底，山东分局和省政委会在总结当年生产运动的成绩与经验的基础上，为推动大生产运动向新的深度和广度发展，提出了以组织劳动力为主要环节，以因地制宜、精耕细作为主要方向的正确方针。同时，还提出了山地平均每亩增产 5—10 斤，平原每亩平均增产 10—15 斤和每人平均种一分地棉花的具体目标。各地增发农业贷款，及时纠正生产互助中出现的超越生产力发展水平的大集体倾向，设立各级生产指导委员会，要求各级党委用创造典型、办实验农场等方式，切实指导和推动大生产运动持续深入发展。广大农民破除靠天吃饭的消极思想，增加农业投入，大搞水利建设，改进耕作技术，防治病虫害，把发展农业与发展畜牧业结合起来，把开荒与造林、保持水土结合起来，把农业生产提高到了新的水平。生产条件比较差的沂蒙山区的农民，在政府的帮助下和劳动模范的带动下，克服素无兴修水

利经验的困难，1945 年上半年打井 1 382 眼，修引水渠 63 条，储水池 14 个；为防止水土流失，还植树 1 110 913 株。胶东西海区北掖县打井成绩卓著，有透井、流沙井、走沙井、渗水井四种，并采取间作、套种、两年一换种、及时杀虫等先进方法，提高了农作物的产量。为帮助邻区发展生产，该县还组织有经验的农民到东海区传授打井技术。1945 年 5、6 月间，鲁中、渤海地区发生大面积蝗灾，为确保收成，两地政府组织群众奋力捕打。渤海每天有 9 万余人参加灭蝗，鲁中安邱、临朐、莒沂三县交界处的 70 个村庄，用工 30 万个，制止了蝗灾的蔓延。机关部队的生产更加热火朝天。省临参会和政委会 1945 年春增加农场 80 亩，机关人员除搞好日常工作外，还分成两个生产大队坚持农业生产。

三、田赋公粮的征收

以农业为中心的大生产运动的深入发展，使田赋、公粮的征收有了可靠保证，而党和政府不断改进田赋、公粮的征收办法，使之更加完善与公平合理，进一步激发了农民抗日和生产的积极性，促进了大生产运动的发展，并使农民的生活在发展生产的基础上相应地得到了改善。帮助农民生产和向农民征收公粮、田赋，二者在作为新民主主义社会雏形的抗日根据地得到了统一。

（一）田赋的征收

为增加财政收入，逐步达到地赋相符之目的，从 1941 年起，随着甲、乙两种公平负担办法的实施，各地抗日民主政府对过去按银两征收田赋的旧办法进行了改进，逐渐向按地亩征收过渡。胶东地区自 1943 年起，已部分的按照土地多少累进征收。具体办法是，按当地实际情况和土地的一般产量，将各农户所拥有的土地折合为标准中亩，然后按标准中亩的数量征收田赋。针对一部分富裕户隐瞒土地、逃避和转嫁负担的不合理现象，各地还开展了重新丈量和登记土地的工作，发动群众进行了反黑地斗争。主要做法是，发动有赋无地的农户自行报告，根据钱粮追查地亩所在，然后把钱粮过拨给有地无赋的农户；发动群众互相举发，经政府调查核实后，有地者缴赋，无地者豁免。

山东抗日根据地历年田赋征收标准，大体上每季每亩合小麦 1—1.5 斤，一年征收两次，1943 年之前完全征款。1943 年秋，山东省临时参议会一届二次会议经过认真讨论，确定每标准亩田赋负担，包括正税与田赋附加，全年不超过 5 斤粮食。考虑到当时货币斗争刚刚开始，币值不稳，物价上涨，农民卖粮交赋有实际困难等因素，会议还决定改征款为征粮，以减轻农民负担。1944 年春大生产运动兴起后，省政委会为体恤农民困难，促进生产发展，于 3 月 26 日做出决定，将 1941 年 12 月以前农民所欠公粮田赋一律豁免。据统计，1943 年各战略区田赋收入占该区财政总收入的百分比为：胶东 34.67%、鲁中 43.3%、鲁南 42.52%、清河 49.8%、滨海 38.45%。全省田赋收入占财政总收入的 40.83%，仍居收入之首。全年征收约 5 000 万斤。1944 年，因货币斗争取得重大胜利，本币币值渐趋稳定，各地基本上恢复了征款办法，按照每标准亩 5 斤粮食的原则规定，根据当时当地粮价折合征收本币，上半年每标准亩平均征 4 元，下半年平均征 5 元。有的地区因粮食较少或本币流通量不足，仍采取全部征粮或粮款并征的办法。对新地区或敌占区、游击区，也征收田赋，但征收量比根据地适当减少，以照顾群众生活。在征收步骤上，重在动员群众，发挥村干部的作用，贯彻准备时间要长、征收时间要短的原则。关于田赋公粮是否一起征收的问题，由各地根据实际情况自行确定，如果开支有保证时，可以合并征收，否则分别征收。但合并征收时也要与公粮分开计算，不要与公粮的累进混淆，因田赋无免负担户。尽管各地粮价高低不一，田赋以粮折款事实上不可能强求一律，但各地都严格执行了每标准亩全年田赋征收量不超过 5 斤粮食的规定，并且在发展生产的同时尽可能地使农民的田赋负担有所减轻。鲁中区 1944 年上期每标准亩征 6 元，下期征 8 元；到 1945 年，上期田赋则减为 5 元。个别地区因其他收入的增加而做到停征田赋。

在田赋征收过程中，也存在一定的缺点。征收田赋主要依据农户的土地数量，由于各地区土地未能彻底清丈，隐瞒土地的现象比较严重，不但影响了政府的财政收入，而且人民的负担也不够公平合理。在征收办法上征粮与征款几经变化，有的地区还提前征收，影响了群众对抗日民主政权的信仰。此外，在征收时往往只知限期叫群众缴纳，而忽视了对群众进行深入的宣传动员，也使工作受到一定影响。

（二）公粮的征收

救国公粮是财政的重要收入，也是人民负担中最重要的部分。抗日根据地党政机关和部队的口粮供给主要依靠救国公粮，优待救济抗日军人家属的粮食（约占公粮总数的10%）也要出自其中。因此，征收公粮是关系到人民生活、军政人员的基本生活需要和根据地巩固的一件大事，在财政工作中占有突出的重要地位。救国公粮的征收比田赋的征收任务更艰巨，情况更复杂，因而其征收办法经历了一个在实践中不断探索、逐步完善的过程。

早在1940年11月，山东抗日民主政权就颁布了甲乙两种负担办法，从1941年起，开始征收救国公粮。1942年8月，省战工会废止两种负担办法，决定实行按产量征收救国公粮的新办法。1943年8月，山东省临参会一届二次大会，肯定了前段征粮工作所取得的成绩。根据《大众日报》5月11日社论《救国公粮征收办法评议》的精神和代表们提出的建议，讨论通过了全省征收公粮统一条例案。基本原则如下：

1. 按地亩征收：

（1）已办理土地陈报者，应按地亩征收；未办理土地陈报的地区，可按产量及收入征收。

（2）按地亩征收者，其土地应按产量折合为中中亩（即标准亩），然后按照每人平均拥有的中中亩的亩数确定各户负担，实行累进征收。

（3）租种地及出租地均以2亩作1亩计算，但收入特多或特少者得酌情变通处理。

2. 按产量及收入征收：

（1）应根据每人平均收入累进征收。

（2）从全部产量中扣除20%的生产成本不在征收之列。

（3）按同级土地的平均产量计算收入。

3. 征收数额：

（1）免负担户不得超过当地总户数的20%。各村贫富不同，免负担户不是一律规定20%，而是富村少免，穷村多免。

（2）每户的最高负担量，不得超过该户土地总产量的35%。

（3）参加生产的雇工应算在雇主家的人口内，人数不限，以鼓励地主富农多雇工，增加生产。

（4）游击区、敌占区应酌量减轻负担。

1943年秋，各战略区按照上述原则，结合当地具体情况，对过去的征粮办法普遍作了修正。但因各地区具体条件不同，加之未能正确地把握省临参会提出的原则，所以，修改后的征粮办法仍参差不齐，并且难免会产生一些偏差。

胶东区。根据各专区土质的优劣，按平常年景的一般产量，将土地分成17级，并根据每年的一般产量确定各级土地的平均亩产量。以此为计算标准，每人全年收获量在150斤以下的免征，从151斤起实行累进征收。1年分两次征收，多征秋粮少征夏粮，夏粮征收小麦，约占全年负担量的35%。自耕或雇人经营的土地，减征20%，租佃土地者先扣除地租，地主出租的土地，按其地租收入计算负担。这个办法体现了公平负担和奖励生产的原则，总的说比较周密，但也存在两个方面的缺点。一是累进率先慢后快，不够合理。每人每年平均收获量在300斤以下者，累进率为每百斤加2%，300斤以上至550斤者，每百斤加4%，550斤以上者，每百斤加6%。按当时的情况，大体上每人每年平均收入300斤以下者为贫农，300—600斤者为中农，600斤以上者为富农。依照上述累进率，贫农累进较慢，最多只征产量的4%，八折计算实征3.2%，故负担特别轻；中农最多征17%，八折计算实征13.6%；富农累进较快，中等富农每人每年收入900斤者，累进率即高达35%，八折计算实征28%，故负担特别重。由于累进差额过大，实际上就把大部分公粮负担加在了少数较富

裕的农民身上，致使不少农民特别是富农不愿多种土地扩大经营，妨碍富农经济的发展。二是自耕或雇人经营的土地，虽减征 20%，但因为这不是先从收获量中打八折再计算负担（即前八折），而是按收获量算好负担以后再打八折（即后八折），所以，对自耕农民显然照顾不够，佃农吃亏更大，占便宜的是收租地主。

滨海区。以秋粮人均 76 斤为起征点，以下免征。76 斤以上每增 16 斤为一级，第一级征 1%，以后每提高一级加征 1%，至 300 斤为 15%，600 斤为 35%，600 斤以上不再加征。自耕或雇工耕种的土地，均按产量八折后再计算负担，即实行前八折，以补偿其生产成本。租入土地，先在总产量中扣除 20% 的生产成本，再扣除所交地租，然后计算负担；而不是像胶东那样，从交租后的余数内扣除 20% 的生产成本再计算负担。与胶东相比，滨海区是重征收租地主，轻征自耕农民和经营地主，特别是在减轻佃农负担上，前进了一步。前八折与后八折的征收率是大不相同的。例如，一个收入为 500 斤的自耕农民，照后八折计算，征收率为 29%，应征 145 斤，八折后实征 116 斤；但照前八折计算，先折成 400 斤，征收率便降至 22%，仅征公粮 88 斤，较前者少征 28 斤。佃农的负担差别更大。如一佃农总产量为 800 斤，扣除地租 300 斤，实收入为 500 斤。按后八折计算，征收率为 29%，应征 145 斤，八折后实征 116 斤；按前八折计算，先从 800 斤中扣除 20% 的生产成本，计 160 斤，再扣除地租 300 斤，尚余 340 斤，征收率即降至 18%，实征公粮 61 斤，较后八折少征 55 斤。但滨海区的征粮办法计算比较复杂，实施起来不够简便易行。

鲁南区。按地亩征收，以常年平均产量 300 斤的土地为一负担亩，每人平均有负担地 2 分（年产 60 斤）以下者免征。2 分者全年每负担亩征粮 6 斤，合 2%。每增 2 分为一级，每加一级多征 4 斤，至 1 亩征粮 26 斤，合 8.7%；2 亩征粮 46 斤，合 15.3%；3 亩征粮 66 斤，合 22%；4 亩征粮 86 斤，合 28.7%；5 亩征粮 106 斤，合 35.3%，过此不再增加征收额。地主出租出佃的土地及佃户租佃的土地，以 2 亩折 1 亩计算。该区征粮办法计算方便，累进率大致合理，但起征点太低，加重了贫苦农民的负担。

清河区。该区的征粮办法是，把农民划分为地主（一等户）、富农（二等户）、中农（三等户）、贫农（四等户）四类。每人全年收获量在100斤以下者免征。100斤以上者则按其所属类别分别规定征收率：一等户征30%—35%，二等户征20%—29%，三等户征10%—19%，四等户征1%—9%。这种办法的缺点是难以正确把握分类标准，而在人均年收入相同的情况下，又会出现各等户负担极为悬殊的不合理现象。比如，同样是人均年收入300斤，四等户征收率为3%，三等户为11%，二等户为20%，一等户即高达30%。一等户最低征收率为30%，对于那些小地主显然负担偏重。佃农与自耕农没有区别，征收率相同，很明显对佃农照顾不够。

鲁中区。与其他地区相比，鲁中区的征粮办法较为落后。一是没有一个较完整的适用于全区的征粮条例作为依据，泰山、泰南、沂蒙等各专员区征粮办法各异，即使在同一个专员区内，各县的办法也不相同。二是除个别地区外，一般尚未采取累进原则，地主、富农、中农、贫农均按同一标准征收，即有累进亦差额甚小，对贫农照顾不够。沂蒙南长山、艾山两区试行新征粮办法，按每人平均中中亩多少累进征收，以60斤为起征点，这是一个进步，但各阶层负担偏重。

1944年3月，省政委会工商管理处监察委员薛暮桥在《民主导报》第三期上发表《山东各根据地现行征粮办法检讨》一文，对各战略区征粮办法进行了详细的比较研究，并提出了具体的修改意见，对进一步改进和完善征粮办法起了很大推动作用。3月26日，省政委会发布《对各行政区征粮办法的指示》，针对各地区现行征粮办法的不妥之处，着重强调了四个方面的问题：第一，关于累进分级标准，可按地亩多少为标准，也可按收入多少为标准。前者应按产量折合成标准亩（即中中亩）来计算负担，后者应按各级土地的平均产量来计算收入，以鼓励农民努力增加生产。第二，关于出租地和租种地的计算方法，应切实把握使收租地主负担稍重、自耕农和经营地主负担稍轻、佃农应比自耕农负担更轻的原则。第三，关于累进率的高低，太慢太快都不妥当，太慢对贫苦农民照顾不够，太快妨碍富农经济和生产的发展。累进率的高低，应以既能减轻贫农负担，又不使富

农负担过重为适度。第四，参加生产且已增资至最低标准的雇工，可作雇主家人口计算；孤寡老弱、无男壮丁的农户及贫苦抗属出租土地者，可酌减负担，以照顾其具体困难，不应与一般出租户同等对待。同年 12 月，山东省第二次行政工作会议《财政组总结报告》，又从思想和政策的高度对几年来征粮办法的演进作了系统的检查和总结，在此基础上，省政委会于 1945 年 4 月 21 日正式颁布了《山东省征收公粮条例》。

该条例是对过去征粮办法的进一步完善与发展，继续坚持了照顾军需民食、减轻群众负担、各阶层负担公平合理、有利于发展生产等基本原则，在负担率的规定上比以前更为具体明确。文件规定，按各户每人平均年收入的多少划分等级并确定其负担量。人均年收入 1 000斤以上至 1 500 斤者为一等户，最多征收 35%；600 斤以上至 1 000斤者为二等户，最多征收 30%；300 斤以上至 600 斤者为三等户，最多征收 20%；100 斤以上至 300 斤者为四等户，最多征收 10%；100 斤以下者为五等户，免负担。敌占区和游击区人民的公粮负担，应比根据地负担比率减轻 1/2 或 1/3，公粮田赋合并征收，并实行每人平均一亩地以下不负担的原则。其他如人口计算、农本的扣除、土地等级的划分、出租地及租入地的折算等，基本上与以前的规定相同。至此，山东各地的征粮工作，标准渐趋统一，政策更加明确，方法更加简便，不仅保证了大反攻阶段公粮征收任务的完成，而且为解放战争时期的征粮工作奠定了良好基础。

征收救国公粮，是抗日战争时期财经工作中一项十分重要的任务。征粮办法的不断改进与完善，刺激了农业生产的发展，使各阶层群众的负担逐步趋向合理并有所减轻。例如，滨海区莒南小山前村，1943 年比 1942 年增产粮食 36%，而各阶层的公粮负担总的来看却减少了。地主：1942 年公粮负担占全村总负担量 40%，占其粮食收入 32.4%；1943 年增产 5%，负担减轻 2.5%，公粮负担占全村总负担量 40.8%，占其粮食收入 30%。富农：1942 年公粮负担占全村总负担量 33%，占其粮食收入 21%；1943 年增产 32%，负担增加 4.8%，公粮负担占全村总负担量 36%。中农：1942 年公粮负担占全村总负担量19%，占其粮食收入10%；1943年增产7%，负担减轻20%，公粮负担占全村总负担量16%，占其粮食收入7.6%。贫农：1943年增产7.4%，负担增加8%。富农负担表面上看似乎加重，但因增产较多，相对来讲，也减轻了。贫农过去免负担户太多，1943年随着其粮食收入的增加而适当增加一点公粮负担，也是合理的。该县大山前村，共有负担户214户，1943年夏季公粮负担1万斤，秋季公粮负担2.2万斤，全年负担3.2万斤，较1942年减轻60%，每户平均负担149.35斤。渤海区沾化县张新村1941年耕地2 880亩，产量30万斤，公粮2.4万斤，负担率为8%，平均每亩负担8.3斤；1942年耕地5 506亩，产量55.6万斤，公粮11.3万斤，负担率为20%，平均每亩负担20.52斤；1943年耕地5 726亩，产量62万斤，公粮8.85万斤，负担率为14.2%，平均每亩负担15.46斤；1944年耕地7 512.5亩，产量50.1万斤，公粮86 057斤，负担率为17.87%，平均每亩负担11.46斤；1945年耕地6 761.79亩，产量792 921斤，公粮132 845斤，负担率为16.75%，平均每亩负担19.65斤。总计五年平均负担率为15.36%，每亩平均负担量为15.07斤。由上可以看出，征粮办法的不断改进，促进了生产的发展，而生产的发展又反过来减轻了群众负担，使群众生活得到了一定程度的改善。因各地土地面积、人口、斗争环境、军政人员数量及对粮食的需求有所不同，再加上对政策的理解和掌握不可能完全一致，故征收率不可能平衡，即使在同一地区也时有高低。但总的来看，群众负担在1943年和1944年两年中是明显减轻了。特别是各阶层负担日趋公平合理，这对于安定农村秩序、巩固各阶层人民的团结，是具有重大意义的。

据现有资料分析，抗日战争时期山东根据地的公粮比率约占粮食总产量的15%左右。每亩耕地的负担少则几斤、十几斤至二十斤，平均约在10斤上下。1944年，各战略区共征粮3亿斤以上，其中渤海3 122万斤（缺原冀鲁边地区），鲁中7 513万斤，鲁南3 936万斤，滨海7 000万斤。1945年，随着解放区的扩大和军队、机关人员的大量增加，征粮数量显著增加，滨海计划征9 000万斤，鲁南计划征11 151万斤，渤海计划征6 900万斤，鲁中计划征13 600万斤，四

地区共征 40 651 万斤，再加上胶东，当在 5 亿斤以上。山东根据地当时的耕地面积约 3 500 万亩，产粮最多的渤海区平均亩产约 180 斤，其他地区低于此数，如以亩产 150 斤计，全根据地粮食总产量约 52.5 亿斤，除去免负担户，大体仍符合占总产量 15% 左右和每亩负担 10 斤上下的征收率。

为保证机关部队烧柴和牲口饲料的供给，与征收公粮同时进行的还有一个征收柴草的问题。群众的柴草负担因地区不同而有很大差别，中心地区常驻机关部队，故负担较重，边沿地区则负担较轻，甚至不负担。柴草的征收办法一般是随公粮一起征收，或征实物或折价征收代金。滨海区每百斤公粮带征柴草 3 斤，渤海、鲁中、鲁南均带征 2 斤，胶东带征 1.5 斤。1944 年底，全省第二次行政工作会议决定：每百斤公粮带征柴草不得超过 2 斤，边沿地区和不常驻机关部队的地区，可征柴草代金以调剂中心区，群众的柴草负担有所减轻。

抗日战争时期，粮食是根据地党政军民的生命线，粮食问题解决了，就等于解决了整个财政经济问题的一大半。由于山东分局和省政委会实行了正确的土地政策、生产政策和负担政策，根据地广大群众的生产热情和抗日救国的积极性空前高涨。他们不但把交纳公粮当作自己应尽的光荣义务，而且把共产党和抗日民主政权改进征粮办法的努力看作是对自己的照顾和关怀。虽然他们的生活有所改善，但在当时的具体条件下，温饱问题不可能得到根本解决。但广大农民以抗日救国为己任，怀着对共产党、八路军的深情，甘心情愿地过着艰难竭蹶的生活，为打败日本侵略者而努力生产，踊跃交粮，为抗日战争的胜利做出了很大贡献。他们把粮食扬净晒干，争先恐后地多交粮、交好粮，村与村、户与户之间开展交粮竞赛，大村几天内公粮即可征齐，小村有的仅用几个小时就能完成任务。许多负担户争取多交，许多免负担户自动交粮，以表达对共产党、八路军的感激之情，不少地主、富农为党的公平负担政策所感动，也主动多交公粮支援抗战。日照县黄墩区秦滩井村，原为大汉奸朱信斋所把持，1942 年伪政权向该村派粮 1.9 万斤，1943 年民主政府成立后，全年只交公粮

6 300 斤，1944 年减至 3 200 斤。群众感到纳粮太少，良心上过不去，纷纷要求多交。全村 180 户自动多交的就有 135 户，占全村总户数的 75%，结果全村多交公粮 880 多斤。这种现象到处都有。它雄辩地证明合理负担政策是正确的，深得各阶层群众拥护。

敌占区和游击区的群众，既向抗日政府交粮，也须向敌伪政权交粮，负担比较重。由于各地党委和抗日民主政府不断对征粮人员进行克服“殖民地”观点的教育，并实行减轻负担的政策，故敌占区和游击区的征粮任务一般也能如期完成。应当指出，抗日民主政府在这些地区并不是单纯地强调减征，而是强调采取积极主动的进攻姿态，领导和组织群众开展对敌斗争，借以减轻群众负担，增加政府的粮食收入。具体做法是派出小部队或武工队，扎根于群众之中，用公开与隐蔽相结合的斗争方式，领导群众开展反资敌斗争，对敌负担减少了，对我负担也就相对增加。1943 年，敌人计划在山东征收小麦 30 万吨，杂粮征收数目更大，摊派到村每亩折合小麦 60 斤（平均负担及杂粮不在内），最少的也在 25 斤以上，敌占区人民的负担几乎超过生产的收入，连地主也叫苦不迭。共产党坚决领导群众进行反资敌斗争，运用打击敌人抢粮队和伪组织、伪政权，争取表面助敌、暗中助我的两面人物，向敌伪谎报灾情、隐瞒产量，尽量少交、零交、断续交以应付敌人拖延时间等斗争方法，各地都取得了很大成绩。据鲁中 15 个县的不完全统计，1943 年共减少对敌粮食负担 8 411 204 斤，平均减轻群众负担 60% 以上。滨海莒中敌占区，减少对敌负担 31 万斤。敌人在鲁南运河区原计划每亩征收 25 斤小麦，结果只收到 3 斤。清河区减少对敌负担 4/5。该区长山县有两个区，敌人要 90 万斤，结果只交了 1 万斤。1944 年，鲁南武工队打击敌伪，减轻群众对敌粮食负担 450 万斤；鲁中经过斗争，减轻了 776 个村对敌粮食负担 840 万斤。为打击敌伪抢粮征粮计划，一年内有计划地逮捕伪政权人员将近 5 000 名。在抗日军民的打击下，敌人不得不承认，粮食征收只完成 60%，有些地区只完成 20%。

1943 年以后，山东根据地征粮工作的成绩是巨大的，为夺取抗日战争的最后胜利奠定了最主要的物质基础，详见表 3－2、表 3－3。

表 3－2　　历年各阶层负担率比较表　　单位:%

地区	阶层	1938 年	1939 年	1940 年	1941 年	1942 年	1943 年	1944 年	1945 年
胶东	地主	33.2	33.1	31.8	30.5	30.2	28.9	26.1	24.5
	富农	30.9	28.7	30.6	28.7	28.9	22.4	20.3	18.3
	中农	20.8	18.9	15.7	12.2	12.1	9.6	8.5	8.4
	贫农	16.3	12.7	9.9	7.9	8.7	3.7	3.1	1.9
渤海	地主	35.8	35.9	31.2	30.5	30.1	30.1	28.2	25.3
	富农	30.1	28.3	28	27.7	28.7	25.4	23.3	20.1
	中农	22.2	20.1	19.1	22.1	20.2	14.6	11.7	9.6
	贫农	17.8	16.1	15.2	14.1	14.4	4.9	3.9	2.1
滨海	地主	35.4	33.1	31.2	30.2	32.4	30	27.8	24.7
	富农	25.1	22.2	20.1	20.7	21.7	17.1	15.3	13.3
	中农	13.5	7.9	8.9	9.9	10.3	7.6	7.1	7.1
	贫农	10.5	8.8	3.9	4.1	3.5	3.1	3.1	1.9
鲁中	地主	36	35.7	35.6	35.1	35	32.8	30.7	25.5
	富农	24.1	22.8	21.1	20.2	19.8	15.9	15.7	14.7
	中农	21.9	19.6	16.6	15.7	15.8	9.4	8.3	7.4
	贫农	13.5	10.9	10.7	10.6	10.5	4.5	3.8	2
鲁南	地主	34.9	33.8	35.2	33.9	34.3	32.8	29.7	27.7
	富农	27.5	27	23	24.9	25.5	18.5	17.4	15.3
	中农	22.8	22.1	21.5	20.5	20.1	13.5	11.5	10.1
	贫农	13.9	11.1	10.4	9.9	9.8	6.4	5.1	2.5

说明：负担率系指每户公粮负担数占该户粮食总产量的百分比。

表 3－3　　各地粮食收支情况表　　单位：斤

地区	项目	1943 年	1944 年	1945 年	总　计
胶东	收入	84 220 000	105 100 000	130 000 000	441 160 000
	支出	74 150 000	96 900 000	143 032 313	435 922 312
滨海	收入	51 531 535	69 771 514	12 000 000	311 102 394
	支出		65 082 434	70 000 000	135 082 434
鲁南	收入	17 198 340	52 370 000	104 900 000	189 950 466
	支出		36 198 794	75 000 000	111 198 794

续表

地区	项目	1943 年	1944 年	1945 年	总　计
鲁中	收入	31 264 361	75 138 368	101 644 445	261 514 609
	支出		69 785 442	68 351 313	138 136 775
渤海	收入	20 108 956	27 979 555	102 698 610	181 981 923
	支出	15 264 303	25 941 637	192 210 409	233 416 349
合计	收入	204 323 192	330 359 437	559 243 055	138 570 9392
	支出	89 414 303	293 908 307	548 594 034	105 375 6644

第三节　工商管理工作的巨大成绩和财政状况的好转

一、工商管理工作的任务与方针

1943 年春，根据中共北方局关于前段山东对敌经济斗争落后于军事斗争的指示，和敌人加紧推行“华北新建设运动”，进一步强化对根据地的军事进攻和经济掠夺的新动向，山东分局决心改变经济战线上的不利形势与被动局面，建立与加强对敌经济斗争的队伍，在经济战线上向敌人展开主动进攻。这一进攻战的组织者和领导者，就是省政委会的工商管理处和各战略区的工商管理局。

全省工商管理机构自上而下分级设立，形成网络。省在政委会设立工商管理处，各战略区设立工商管理局，专员区设工商管理分局，县设工商管理县局，各县之中心集市、土特产集中产地和重要关卡设工商管理事务所，一般地区和边沿要道设立检查站。各地还可根据业务需要设立公营商店，负责调剂物资供求、平抑市场物价和执行专买专卖业务。各战略区工商管理机构成立后，为集中领导、减少层次、提高工作效率，政府系统的经建科、税务贸易管理局、交易所、纺织局、盐务署、银行兑换所、矿务局等部门一律撤销，业务工作归属工商局统一领导。

1943年10月29日，政委会颁布《山东省工商管理暂行规程》、《山东省各级工商局组织条例》，对各级工商管理部门的机构设置、人员编制和工作任务，作了明确规定。工商管理局的性质是对敌进行全面经济斗争的统一领导机关，具体负责以下几方面的工作。第一，工业生产：指农业生产之外的群众性手工业生产、公营工业生产、渔盐矿产业，及各种工业贷款、行政管理与技术改良。第二，贸易管理：指统制出入口贸易、管理内地物资及领导公营商店，实行专买专卖。第三，货币管理：调剂金融，管理外汇，组织兑换机关。第四，商业行政：登记商人，指导商会，管理市场。第五，税收缉私：征收出入口货物税、营业税、盐税等各种税款，对法令明确规定的禁出禁入货物进行稽查缉私。第六，合作事业：指导与管理群众性的合作事业，促进手工业生产的发展。总之，工商管理局兼管经济和财政两个方面的一部分工作，主要担负领导生产建设、开展货币斗争、进行贸易管理三方面的任务，并使三者紧密结合、相互促进与支持，向敌人发起全面主动的经济斗争。工商管理局与财政处（科）的工作，既有联系，又有各自不同的侧重点，前者主要进行财政开源方面的工作，后者主要从事财政管理方面的工作。

工商管理工作，是在抗日战争后期山东根据地斗争环境明显好转、局部反攻业已开始并取得节节胜利的新形势下，为加快根据地建设、深化对敌斗争而开展的一项艰巨而复杂的任务。为了保证这项工作的顺利开展，夺取对敌经济斗争的全面胜利，山东分局和政委会确定了如下的方针：从对敌经济斗争中来发展经济，保障供给，为战争服务，为群众服务。它的具体工作按其进展次序来说是货币斗争，贸易管理，扶助生产，保障供给。其目的在于：求得停用法币、禁用伪钞，建立独立自主的本位币市场，并扩大本币流通，提高本币币值，稳定物价，克服法币与伪钞所造成的经济危机；求得贸易管理，统制重要物资，防止敌人对根据地物资的掠夺，并争取有利交换，支持货币斗争，保证供给，扶持军民生产；发展生产，自力更生，争取自给，改善生活。在这一正确方针指导下，经过近两年的卓有成效的努力，工商管理工作实现了上述三方面的目的，取得了令人瞩目的巨大成绩。

二、开展货币斗争，建立本位货币

对敌经济斗争的突破口是货币斗争。1942 年 5 月 29 日，山东分局财委会曾宣布以北海票为本位币，同时宣布将法币贬值（二元法币兑换一元本币），并限制其流通。这种做法只是依靠政府的行政命令，提高本币对法币的比价，并且仍允许法币在根据地市场自由流通，而不是坚决停用法币，因此很不彻底。再加上各地步调不够一致，缺乏统一领导，没有用统制物资和管理贸易等经济手段来支持货币斗争，对外贸易仍机械地执行以货易货的政策，不调剂外汇。因此，货币斗争除胶东取得部分胜利外，其他地区大都失败。本币对法币的比价实际上提不起来，仍与法币等价使用，其币值也跟着法币一起跌落。

1943 年夏，山东分局总结了过去货币斗争的经验教训，认识到坚决驱逐法币，使北币摆脱法币的影响而成为根据地市场单一的本位币，已势在必行。同时，争取这一斗争胜利的条件已经具备。第一，对敌军事斗争不断取得胜利，根据地开始打破被敌人分割封锁的局面而有所恢复和发展；第二，伪钞动摆、跌价，法币因国民党主力部队退出山东而失去依托；第三，“双减”运动初步开展，农业生产和经济建设工作取得一定成绩，根据地的经济实力和物质基础有所增强；第四，领导和组织对敌经济斗争的各级工商管理局逐步建立健全。只要抓住有利时机和主动权，切实把握经济规律，各方面的工作协调一致、紧密配合，货币斗争取得胜利是有把握的。

货币斗争首先从滨海地区开始。7 月初，滨海专署发布布告，决定自 7 月 21 日起停用法币，号召群众迅速排挤法币，或向银行兑换本币。7 月 9 日，山东分局发出《关于停用法币的指示》，号召全体党员带头不使用法币，不收受法币，做查禁法币的模范，宣传和动员

群众，限期将法币兑换成本币。各军政机关如果需要到根据地之外购买物资，必须按照政府规定的比率到银行兑换法币或伪钞，如因出卖货物而获取法币和伪钞，也应按比率向银行兑回本币。由于宣传工作做得比较深入，党的政策深得广大群众的拥护，采取的步骤也比较稳妥，在党政军民的共同努力下，货币斗争在滨海地区获得了初步胜利。在不到一个月的时间内，就将几千万元法币排挤出根据地市场，北币币值上升，市场物价下跌。为巩固和发展货币斗争的胜利成果，适应市场流通需要，山东分局于9月23日做出《关于银行工作的决定》，及时提出了扩大本币发行量的任务：胶东、滨海各6 000万元，鲁中4 000万元，清河3 000万元，鲁南1 000万元。该发行数加上以前发行的本币，一般流通量暂以不超过根据地每人30元为标准。各地区发行的本币，应以50%投资到工商管理局，作为统制物资、调剂外汇之用。为加强对银行工作的领导，山东分局还决定在政委会领导下成立金融事业委员会。在滨海区的影响和带动下，鲁中、鲁南、渤海等地的货币斗争也相继开展。

（一）坚持货币斗争的正确方针

货币斗争的基本方针是：坚决停用法币，禁用伪钞，使本币脱离法币影响，建立独立自主的货币制度，借以稳定物价，消除法币伪钞膨胀所造成的经济危机。按照这一方针进行货币斗争时，切实把握了以下几个基本点：

1. 排挤法币伪钞，完成单一本币制度，是从根本上解决货币问题、消除根据地经济危机的主要关键。只有排挤法币伪钞，才能使本币完全脱离法币伪钞的影响，成为根据地唯一的流通工具，这样才有可能调剂货币流通数量，保持币值，稳定物价，繁荣市场。贬低法币比值和限制其流通数量等不彻底的办法，不可能阻止本币随着法币跌价，也不可能阻止根据地物价上涨。停用法币以后，更容易管理对外贸易，彻底粉碎敌人向根据地倾销法币、掠夺物资的阴谋，也更有利于发挥抗日根据地的经济优势，通过掌握重要物资的有利输出来组织强大的对敌经济斗争的力量，因此，停用法币亦是加强对敌经济

斗争的有力武器。

2. 货币政策的基本方针是保持币值，稳定物价。本币既不是同金银保持一定联系，更不是同法币伪钞保持一定联系，而是与物价联系，把若干种重要商品的物价指数作为决定本币币值高低的标准。有时为着对敌斗争和刺激生产，可适当提高物价，但一般是把稳定物价作为货币斗争的基本政策。

3. 保持币值和物价稳定的主要做法，是使本币的发行量与市场流通需要保持一定的比例。这是一项极复杂的工作。市场流通需要时常在变动，应按情况变化随时调剂本币发行量。根据地扩大及对敌经济斗争胜利开展时，应及时增加发行量，反之则应适当收缩；秋冬贸易繁荣季节应增加发行收购农副产品，春季贸易清淡则应暂时收缩，吐出存贮物资以稳定物价；本币币值提高人民竞相贮存时应增加发行，而币值跌落、贮存的本币流入市场时则应迅速收缩。

4. 本币币值的变动同时又表现在外汇的变动上，而外汇的变动如不适当掌握，也会引起根据地物价的变动，特别是进出口物价的变动。因此，在外汇管理中，掌握伪钞的变动规律，也是一件极重要的事情。压低伪钞比值的目的在于保护本币，使它不至于受伪钞跌落的影响。因此，应当利用本币对伪钞的优势去压缩伪钞，扩大本币流通范围，而不是用主观压价方法。伪钞流通范围越小，其通货膨胀便越剧烈。1944 年春，伪联币发行数为 53 亿元，到年底即增至 182 亿元，加之流通范围缩小，以致币值大为跌落。

5. 货币的最基本的保证是物资。山东抗日根据地的货币政策是，货币发行一部分用于发展生产，增值物资，充实货币基础；另一部分用于掌握粮食、棉花、布匹、花生油等重要物资，作为本币的准备基金，此项准备基金一般应占发行量的半数。

6. 敌我双方货币斗争的主要目的是争夺物资。敌人常常利用货币政策来掠夺根据地物资，采取的主要办法是在秋收以后大量发行伪钞，发出巨额信用贷款，刺激商人趁敌占中心城市物价上涨之机竞相购存物资，待吸收物资的目的达到之后，敌人又收回信用贷款，紧缩伪钞，平抑物价，这时因市面银根奇缺，商人不得不将存货廉价卖

给敌人的洋行。抗日根据地采取的对策是，把货币政策与争夺物资结合起来，当敌人增发伪钞提高物价时，根据地就压低伪钞比值，同时吸收敌人所要掠夺的物资，适当提高物价，粉碎其掠夺阴谋；而当敌人紧缩伪钞平抑物价时，便趁机吸收敌占区物资，完成采购任务。

由于山东分局采取了正确的方针和政策，货币斗争取得了重大胜利。

（二）货币斗争取得的主要成绩

1. 停用法币、禁用伪钞获得成功，根据地的绝大部分地区已经成为本币统一市场。停用法币、禁用伪钞是建立根据地统一本币市场的前提。1943 年，至少有 6 亿元法币被排挤出根据地市场，换回了根据地军民所需要的各种物资。到 1945 年，又将几十亿元伪钞从新解放区排挤出去，基本实现了排法禁伪的任务，本币发行量和流通范围不断扩大。根据地成为本币的独占市场；游击区成为本币占优势地位的混合市场；敌占区也有本币流通，甚至有些伪军政界、经济界人士看到日寇大势已去，伪钞没有保证，也暗中抛弃伪币而使用与贮藏本币。从 1943 年 10 月至 1944 年 5 月，鲁中区将 9 000 万至 1 亿法币杂钞排挤出根据地市场。在此之前，本币只流通于南至张庄、北至坦埠的很小一片地区。货币斗争胜利后，凡是停用法币的地方都成了本币的流通范围。

随着流通范围的扩大，本币发行量逐步增加。从 1944 年 1 月到 1945 年 1 月，本币流通范围扩大了三四倍，发行量由 2 亿元增至 6 亿元，按根据地人口 1 500 万计算，每人平均仅 40 元，显然供不应求，至少需每人平均 50 元，方能满足流通需要。为此，山东分局决定，1945 年增发本币 4 亿元，使本币发行量达 10 亿元。到抗战胜利前夕，山东根据地约有 7 亿元本币在市场流通。

本币在各战略区原为统一发行，后因各地货币斗争未获胜利，币值高低不一，不法商人乘机利用差价从中投机牟利。1943 年夏季，山东分局决定暂时改为分区发行。随着货币斗争的胜利和本币币值的渐趋一致，经过 1944 年 6 月滨海、鲁中、鲁南三地区会议协商确定，三大战略区逐步实现本币统一发行。从对敌军事斗争和经济斗争胜利发展的形势及各战略区之间的联系逐渐打通而连成一片的实际情况出发，为了更有力地开展对敌经济斗争和适应流通需要，1945年8月1日省政委会决定，全省各地区发行的本币不分地区统一流通。至此，独立自主的本币市场完全建立。

2. 本币比值提高，法币、伪钞比值跌落。1943年7月停用法币之前，本币与法币等价交换。到12月，本币1元已能兑换法币5元，居于压倒优势。本币与伪钞的比值，1943年7月之前本币7—8元兑换1元伪钞，到12月，本币1.5元即可兑换1元伪钞。到1944年底，伪钞1元仅相当于本币0.15元，胶东、渤海区在0.1元以下，本币对伪钞取得压倒优势。与此同时，法币也进一步贬值，法币1元仅相当于本币5分、4分。到1945年7月，本币1元已相当于伪钞15—20元，法币几乎绝迹。本币币值的不断提高，不但在根据地人民中，而且在敌占区和游击区人民中建立了巩固的威信。鲁南敌占区，1944年12月伪钞5元换本币1元，商人不愿用伪钞，即提高物价。费县早上棉花每斤120元，上午涨至150元（伪钞），盐每斤价格由伪钞2—3元涨至6元。商人存货不存钱，出售货物时往往先问买主："你是什么钱？要是本币我就卖，要是伪钞我就不卖。"

3. 物价基本稳定，市场渐趋繁荣。货币斗争的胜利，使本币能够在法币、伪钞的膨胀狂跌中不受其影响，单独保持着币值和物价的稳定。法币的物价如以1936年的指数为100，那么1942年的指数是965，1943年的指数是4 700，1944年的指数是28 000。伪联币的物价，从1944年1月到1945年1月上涨了8倍。与此相反，本币物价自脱离法币以后不但没有上涨，而且下落了30%—40%。据1944年3月调查，根据地与敌占区物价比较，详见表3－4。

表3－4　　根据地与敌占区物价比较

商品名称	根据地价格	敌占区价格
小麦（斤）	1.73元	2.98元
小米（斤）	1.63元	2.75元

续表

商品名称	根据地价格	敌占区价格
玉米（斤）	1.38 元	2.60 元
豆子（斤）	1.50 元	2.59 元
高粱（斤）	1.00 元	1.80 元
花生油（斤）	3.53 元	5.37 元
豆油（斤）	4.63 元	7.40 元
猪肉（斤）	3.50 元	7.33 元
棉花（斤）	26.66 元	30.90 元
布（尺）	5.33 元	10.40 元

表 3－4 中各种物价均以本币计算，如与法币对照，则相差更大。据 1944 年夏对滨海区的调查，根据地本币售价与敌占区法币售价比较，详见表 3－5。

表 3－5　　根据地本币与敌占区法币售价比较

商品名称	根据地本币售价	敌占区法币售价
小麦（斤）	1.20 元	10 元上下
花生油（斤）	4.80 元	40—50 元
食盐（斤）	0.30 元	20 元

据 1944 年 12 月份调查，该月本币、法币、伪联币、伪储币物价指数，详见表 3－6。

表 3－6　　1944 年 12 月本币、法币、伪联币物价指数

品　名	本币	法币	伪联币	伪储币
粮食类	62.51	1 148.57	410.71	1 633.60
必需品	116.12	3 058.04	590.89	2 465.12
土特产	66.30	1 359.28	411.64	3 568.43
合　计	81.64	1 855.30	471.08	2 555.72

注：1944 年 1 月为 100。

如与抗战爆发时的物价比较，则本币物价高 80 倍，伪联币物价高470倍，伪储币物价高2 550余倍，法币物价高1 850余倍。

由于货币斗争的胜利，物价下降并日趋稳定，军民生活得以改善，促进了根据地经济与集市交易的繁荣。鲁中坦埠集在国民党军队盘踞时期，赶集人数不过5 000人，贸易额10余万元；货币斗争胜利后，每集赶集人数增至2万余人，商品成交额达3 000万元以上。

4. 投资生产建设，充实对敌经济斗争的基金。本币发行，主要用于工商基金，其次为农业贷款。到1944年底，本币发行量约4.7亿元，各地工商资金总数为2.4亿元，占总发行量半数以上。12月6日，山东分局决定：到1945年1月底，增发本币1.3亿元，并于1945年上半年内再增印4亿元，使北币发行量达到10亿元。为加强对市场及物资的控制力量，各地工商资金应在1945年1月底之前再增6 000万元（胶东2 000万元，渤海、滨海、鲁中、鲁南各1 000万元），使资金总额达3亿元。1月之后增发之本币，仍以半数作为工商管理局资金。1945年春耕贷款发放1亿元（胶东3 500万元，渤海1 200万元，滨海、鲁中各1 500万元，鲁南800万元）。1944年冬至1945年春，由工商局负责，向银行贷款购存1亿元物资。

（三）货币斗争积累的宝贵经验

1. 政治力量与经济力量的结合，是货币斗争胜利的根本保证。货币斗争属于经济斗争的范畴，当然主要应当依靠经济的力量。所谓经济力量，就是掌握货币或物资，运用市场的客观规律，去左右市场和群众的经济活动，使之有利于抗日民主政府所要达到的预期目标。例如，用收买或抛售物资的办法来提高或压低物价，提高本币比值来排挤法币伪钞，掌握输出物资来吸收外汇、影响物资输入等。但要夺取货币斗争的胜利，仅运用经济力量还不够，必须借助政治力量。所谓政治力量，是指用法令来限制或规定某些经济活动，使之符合于抗战和人民的利益。1943年夏季停法禁伪刚开始的时候，本币还处于劣势地位，单靠经济力量不可能迅速战胜法币伪钞，这时运用行政的力量来禁用法币伪钞，检查集市，查禁黑市，统制某些物资的输出输入并查禁走私，是完全必要的。待到本币已占居优势地位，经济力量

便成为货币斗争的主要武器。

2. 货币斗争与贸易斗争的结合，是货币斗争胜利的关键。货币斗争并不是孤立进行的，而是在贸易斗争的有力支持和紧密配合下取得胜利的。掌握重要物资，争取贸易出超和有利交换，是支持货币斗争的巨大经济力量。

3. 灵活调剂外汇和规定外汇牌价，是货币斗争胜利的重要因素。外汇牌价不可定得太高或太低，太高，伪钞大量兑入，一旦伪钞跌价，便吃大亏；太低，则影响根据地土产输出，而且因外汇兑不进来，又会影响必需品的输入。因此，要想避免损失，必须把握伪钞变动规律，随时了解和掌握市场情况，伪钞变动小时兑出兑入牌价差额小，伪钞变动大时兑出兑入差额大。对于伪钞一般采取“随入随出”的原则，决不积存过多。

山东分局认为，紧缩本币、压低物价和增加本币发行、提高物价这两种作法，都不利于保持币值、稳定物价。最好的办法是，根据市场流通的实际需要，有计划地控制货币发行量，切实做到能发能收，决不允许以盲目地增发货币来抵补财政上的赤字。这样做的结果，稳住了市场，避免了大的物价波动和通货膨胀。但受当时印刷条件的限制，本币供不应求也在一定程度上影响了货币斗争。如渤海、冀鲁边及鲁南运河地区，均曾因本币不足而未能尽早实现停法排伪的任务。有些边沿地区在停法排伪成功之后，因缺乏本币而使法币伪钞重新占据了市场；也有些地方因本币不足和未注意调剂物资而增加了人民交纳田赋的困难。此外，个别地区因领导力量薄弱，货币斗争成绩较差。也有的地方采取强制没收法币伪钞的办法，忽视宣传教育和思想动员，而引起群众的不满。这都是不足之处。

三、管理贸易，实行食盐、花生油等物品的专卖政策

货币斗争的胜利，为加强贸易管理创造了便利的条件。从 1943 年下半年起，在工商局的统一领导下，贸易工作有很大转变，进入了大发展的新时期。

（一）加强贸易管理的方针与政策

这一时期贸易管理工作的基本方针是：一方面管理输出输入，展开对敌经济斗争，争取有利交换；一方面调剂物资，稳定物价，扶助生产，保证供给。具体来说，主要有以下几个方面的政策措施。

1. 对外贸易取消以货易货的政策，代之以掌握重要输出物资，实行严密管理，组织有利输出，以吸收外汇或换取抗日根据地必需物资的政策。所谓严密管理，实质上就是利用行政力量控制输出输入，中心环节在于掌握重要物资，对那些根据地能够大量输出又为敌占区所必需的重要物资实行必要的统制，或由政府组织专买专卖，或加以种种限制。对一般货物，则允许自由贸易，仅用调整税率的办法来控制输出输入的数量。统制重要物资，是因地制宜，从各地实际情况出发。例如，渤海区盛产棉花，有条件大量输出，即应统制；其他地区棉花不能自给，则不应统制输出，而应大量向外吸收。滨海的食盐，鲁中的羊毛，鲁南的山果，均能大宗输出，必须实行统制。花生油除渤海区外都自给有余，因此应当实行统制，组织有利输出。

2. 在根据地内部实行贸易自由的原则，取消内地粮食统制及封锁剩余土产品出口的旧办法，代之以调剂物资、平衡物价和吸收剩余物资争取高价输出的新办法。保护内地贸易，实行内地贸易自由的原则，但也不是放任自流。为扶助生产，维护群众利益，仍须根据各种物资的供求状况和物价变化，有计划地进行地区间或季节性的调剂，以保持物价基本稳定。秋收之后一般农产品如粮食、花生油等，市场上供过于求，价格下跌，这时就大量购存并适当提高价格，以防谷贱伤农。到春夏农产品求过于供，市场上货源不足，价格上涨，政府就将过去购存的农产品供给市场，以安定民生，平抑物价。总之，在内地贸易上必须防止和反对“右”的自由放任或“左”的垄断市场、妨碍物资流通两种错误倾向，尽可能做到稳定物价，有利于商品流通，照顾军需民用，维护生产者和消费者双方的利益。

3. 既照顾群众利益，又照顾政府财政收入，着重从对敌贸易斗争中，即从高价输出、低价输入中来开辟财源，增加财政收入。在边

沿区，一方面要严密封锁敌区，加强缉私，增加敌区物资困难；另一方面也要适当照顾敌区人民，扩大抗日民主政府的政治影响。把封锁和进攻结合起来，从争取有利的输出输入中争夺敌区物资，壮大根据地的经济力量。

（二）实行食盐、花生油专卖政策

各地工商管理局认真贯彻执行加强贸易管理的方针政策，在贸易管理特别是对外贸易的管理工作中，取得了显著成绩。其中，最突出的是，通过对食盐和花生油的统制，争取了高价输出，获得了巨大利润。

1. 食盐专卖。山东海岸线长，食盐资源丰富，历来为大宗输出物资。滨海的食盐大多经淮北和皖西北销往河南、湖北，渤海的食盐主要运销鲁西及河南。各地都十分重视发展盐业生产。滨海的主要盐产地柘汪于1942年下半年被八路军收复后，滨海专署向盐民发放贷款和救济粮，并在该地成立了盐务署。到1943年7月，在半年多时间内，柘汪的盐田由2 000亩增至3 000亩，年产量由过去的20万担提高到50万担。滨海工商局成立后，采取有力措施增加食盐产量，打通食盐销路，并提高盐价，保障盐民利益。到1944年底，盐田又由3 000亩增加到1万亩，年产量由50万担增加到120万担，盐民由1 000人增加到3 000人。盐价未管理前每担15元，1943年底增加到40元，盐税每担只收10元，占盐价的25%。1944年，柘汪共输出食盐120万担，按每担平均价格24元计，则盐民共收入2 880万元，人均可得9 600元。以高粱每斤2元计算，则每一盐民全年晒盐收入，可换4 800斤，与抗战前全年晒盐收入仅折合高粱500斤相比，收入增加近10倍，60%的盐民上升为中农。渤海区1944年产盐80万担，1945年收复羊角沟后，产量增至200万担以上。胶东盐产量很大，但销路困难，1944年输出20万担，内销80万担，存盐尚在200万担以上。鲁中、鲁南虽不产盐，但滨海、渤海所产食盐经两地外运，年输出量也可达40万担。由于政府加强食盐管理，大力组织运销，促进了运盐业的发展。1944年山东全省运盐为300万担，按每担百里运费平均30元计，军民运盐收入达9 000万元。山东军区特务团，1944年运盐约60余万斤，除下半年战士分红外，共获利32.7万余元，解决经费27%以上。莒南县虎园庄运盐队80余人，每人运盐所得最少者也在1 000元以上。1944年及1945年上半年，滨海区盐业收入，占该区全部工商收入的1/4。鲁南沂河区过去一到春荒时节大批贫民外出逃荒，1944年因参加运盐，生活有了保障，再无逃荒的了。

2. 花生油专卖。花生油也是山东的大宗输出物资，除在本省敌占城市销售外，还远销华中和鲁西，南至上海，北至天津，都是山东花生油的销售市场。不仅邻区和敌区人民需要，而且日本海军陆军也大量购油以供军用，故销路不成问题。

花生油的产销，季节性很强，秋收后花生米大量上市，冬季农闲时为打油旺季。此时花生米和花生油价格跌落，在抗日民主政府未实行管理之前，敌人往往趁机低价吸收，或用压低油价、提高花生米价的办法来破坏抗日根据地的打油业。1944年，抗日民主政府在滨海、鲁中、鲁南等花生主要产地开始对花生油实行统制，大量收买存贮，待机高价输出，粉碎了敌人的掠夺阴谋。

花生油的管理一般采用三种办法。第一种办法是采用机动性的税率，即按敌占区油价的高低随时规定花生油的出口税，机动灵活，以便利输出，增加政府税收。第二种办法是实行半专卖，即花生油输出须经公营商店过秤，由公营商店挂牌标明出入价格，卖方（打油农民）按入价收款，买方（出口商人）按出价付款，出入价之间的差额即为政府的专卖利润，实际上就是变相的出口税。半专卖除可增加政府收入外，还能争取高价输出。第三种办法是专卖，即由工商管理部门按根据地的市价或稍高一些市价大量收购花生油，贮存起来，争取高价输出。敌占区花生油价春夏经常比秋冬高出一倍以上，工商管理部门秋冬收购贮存，待春夏大批输出，就能获得很大的专卖利润。为解决花生油大量贮存的困难，滨海等地除由政府自建油池贮存外，还发动打油农民或打油合作社贮存，以将来高价输出时30%的盈利奖励之。贮油于民的办法于公于私均有好处，而且推动了制油篓业的发展，增加了农民的收入。

上述办法有力地促进了花生油的产销。山东全省花生油年产量约 8 000 万斤，年输出量约 5 000 万斤，由于实行统制争取高价出口，内地油价由每担 270 元提高到 320 元以至 400 元、500 元，出口油价则涨至600 元到 1 000 元。以每担油价提高 50 元计，则群众收入可增加 2 500 万元。滨海实行存油分红 30%，群众又可多收入数百万元。此外还有间接收入。以全省年产花生油、豆油 8 000 万—1 亿斤（包括内销外销）计算，打油农民可得花生饼及豆饼 1.6 亿—2 亿斤，价值在 2 亿元以上。外销之 5 000 万斤花生油，需油篓 25 万个，约值 2 000 万元。

（三）实行贸易自由，改进市场管理，促进经济发展

在根据地内部贸易方面，工商局实行贸易自由的原则，允许群众自由买卖运输，疏通了商品流通渠道，活跃了根据地市场。同时又注意根据供求关系的变化，进行必要的市场调节，以平抑物价，安定人民生活。在管理内地贸易方面，工商局所属的公营商店发挥了很大作用。具体做法是，掌握产销供求规律，主要掌握农业生产的季节和地区的差别，对群众生活最必需的粮食、棉布等物资实行有计划的季节调剂和地域调剂。季节调剂，就是在市场上供过于求价格跌落时，由公营商店大量吸收存贮，以稳定物价，保护农民利益；在市场上供不应求价格上涨时，公营商店则将所存物资投放市场，以平抑物价。地域调剂，就是在价格低处大量吸收，向价格高处调剂。

1944 年秋，山东各地粮贱布贵的问题比较突出。许多地方的粮价跌至 1 斤 1 元以下，沂河两岸小麦 1 斤只 8—9 角，高粱 1 斤 5—6 角，而土布 1 尺却高达 8—9 元。滨海区 1 尺土布曾一度涨至 10 元以上，1 升小麦只能换 1 尺土布，1 亩地的高粱只能换 1 套单衣。农民靠卖粮交纳秋季田赋和买布赶做冬衣，因粮贱布贵而增加很大负担。这一现象引起各地政府的高度重视，当即采取措施加以解决。例如，临郯公营商店某分店在 20 天中出售布匹 38 738 尺，同时大量收买粮食，很快使布价下跌，粮价上涨。最好的小麦由每斤 0.90 元上升到 1.10 元，最贱的布由每尺 6.50 元至 7 元下落到 5.50 元至 6 元，以小

麦换布已由 8 斤换中等布 1 尺减到 5 斤半换 1 尺。日照公营商店大量出售布匹调剂市场，在该县巨峰集上每集零售均在 30 匹上下，四乡群众争相购买，集市布价随之下落，白洋布每半匹由 420 元跌至 350 余元，小布每尺由 8 元跌至 7.50 元，棉花每百斤由 4 200 元跌至 3 300 元。群众称赞说：公家的商店真为咱老百姓着想。由于抗日民主政府及时采取了市场调节和提倡种棉、发展手工纺织、降低土布成本、适当允许土布进口、部队机关提前采购冬衣用布等措施，粮贱布贵这个突出问题得到了一定程度的缓解，既防止了谷贱伤农，又保证了纺织生产的发展。

与贸易工作相联系的，还有一个税收和对商人的政策问题。税收工作开展最早的是胶东（1938 年），其他地区一般是从 1940 年起开始征收，并从是年起居政府全部财政收入的第二位。1943 年，税收占财政收入的 33.19%。在税率的规定上，一般是军需品入口免征，禁止出口；通用品入口税征 5%—20%，出口税征 5%—10%；非必需品入口税征 5%—50%（丝织品），出口税征 5%—10%（猪肠、麻）；奢侈品入口税征 20%—100%（化妆品、迷信品、海味），出口税征 5%—50%（金、银、宝石）。上述规定比较机械，没有根据各地实际情况及敌我双方经济斗争的发展变化来灵活运用，不利于抓住敌人的弱点，发挥自己的优势，只是机械地规定入者不出、出者不入。不必要的禁出禁入太多，反而影响人民的生产和生活，减少政府的财政收入，同时也助长了走私，加重了缉私的困难。工商局成立后，这种状况从根本上有所改变。贸易的出发点主要不是封锁敌人，而是从发展根据地经济中，从争取贸易出超中来削弱敌人的经济实力，增强抗日根据地的经济优势。

为保护物资，保护生产，完成财政任务，争取贸易出超，各地工商局从当地具体情况出发，对进出口税作了必要调整。对那些军民必需的重要物资如粮食、棉花等，出口征重税；不能自给或仅能自给的，禁止出口；自给有余的，实行专卖或征机动性的出口税，以争取高价输出，进口则免征或轻征。对布匹、肥皂等工业产品，如已能自给，可禁止进口或课以重税，以保护内地生产；如不能全部自给，则

按市场需求决定税率高低。对那些根据地自给有余而又不是敌占区所必需的山果土产，则奖励输出，免征或轻征。在对外贸易尚未做到显著出超的地区，则奖励输出限制输入；对一般非必需品重征进口税，必要时禁止输入。在已显著出超地区，则适当降低入口税并放宽对入口货的限制。对奢侈品和迷信品的进口，一般采取限制政策，但同时又要照顾人民的风俗习惯和实际需要，不绝对禁止输入，而寓禁于征。游击区和新解放区的进出口税，一般来说税目较少，税率较低，以减少货物走私和团结商人。在内地税收方面，与贸易自由的政策相适应，不任意增加税目或提高税率。总之，税则不是一成不变，税率更富有弹性，不规定过死，而是根据便民利民的原则和不同地区、不同情况来灵活掌握。

贸易搞活了，税收也随之增加。1944 年，全省各地税收超过 1.5 亿元，较上年增加 1.5 倍。鲁中、渤海、胶东税收均在 3 000 万元以上，滨海 4 000 多万元，鲁南近 1 000 万元。此外，各地贸易盈利超过 6 000 万元，其中大部分是专卖利润，实际上是变相税收。由于统制重要输出物资，实行灵活机动的进出口税收政策，以及在边沿地区加强缉私（没收罚款约占全部税收的 1/10），山东根据地在对外贸易上处于极为有利的地位，滨海区 1943 年物价总平均指数是出口货 45、入口货 56，1944 年则是出口货 117、入口货 108，入口货已低于出口货。从低价输入中，不仅换回了大量必需物资，而且还购到 40 万发子弹和医药，电料等军用器材，有力地支援了抗战。

商品流通离不开商人，商人是战时经济中一支不可忽视的力量。在商业比较发达的胶东，商人约占当地人口的 10%—20%，仅牟海一个县，就有 4 129 户商人，其年收入达 3 000 万元。抗日民主政府对商人实行既团结又斗争的政策，奖励其有利于抗战和人民的一面（如能调剂物资、输出剩余物资换回军需品和必需品等），限制其不利于抗战和人民的一面（如走私资敌、囤积居奇、唯利是图等），以县为单位成立商会，把商人组织起来，发挥其进步作用。莒南县十字路自 1942 年即组织起商会，有会员 335 人。该县成立民兵时，商会捐助背心、毛巾各 40 条，筹建农村剧团时，又捐助幕布等费用 2 500

元。1944 年春季拥军，商会自动慰劳主力部队 2 000 余元，并赠送筵宾区参军青年一宗生活和学习用品。新的商业道德开始形成，1944 年走私现象由上年的 50% 减少到 20%，有的会员多次查获违禁品。有些地方的商会还按照政府征收营业税的有关法令规定，根据商人的资本额、营业额、营利额、营业种类及营业状况评定其等级，实行累进征收，累进率最低为资本额的 5%，最高为资本额的 40%，由纳税商人一年分两次直接向工商局交纳。此项工作开展较晚，1945 年才在部分地区实行。

四、发展纺织等手工业，改革公营工厂管理制度和工资制度

在整个财经工作中，生产建设是第一位的工作。如果生产建设搞不好，则根据地缺乏雄厚的物质基础，货币斗争和贸易管理就不可能顺利进行。为此，工商局大力组织和发展以纺织为中心的农村手工业，改革公营工厂的管理制度，促进公营经济发展。

（一）纺织工业的迅速发展

纺织手工业在山东各地原有一定基础。山东是全国主要产棉区，渤海区年产可达 2 000 万斤，自给有余，其他地区产棉不如渤海，但经政府调剂和大力提倡种棉，也可大致满足纺织所需，因此山东具备发展纺织生产的条件。山东抗日根据地组织发展纺织生产是从 1942 年开始的。1943 年抗日民主政府明确提出扶助群众生产、建立自由市场、争取自给的方针，有力地推动了纺织手工业的发展。

发展农村纺织业的基本做法是发动和扶助群众，采用适合农村战时环境的家庭手工业的生产方式。这种群众性的纺织生产一般有两种方式。一种是由政府供给原料，收回成品，发给工资，如纺 1 斤线给工资 15 元，织一匹布给工资 40 元。另一种是群众独立自主的纺织生产，即自备原料纺线织布，自产自销。在纺织业刚开始发展时，前一种形式为群众所欢迎，但到生产已有相当发展时，则后一种形式更有利于生产的发展。为克服小生产的弱点，在政府和群众团体的帮

助下，纺工、织工组织起来，成立起纺织生产小组。这种生产小组大致有以下几种类型：第一种是为政府纺线织布领取工资，称附属小组；第二种是自备原料独立生产，称独立小组；第三种是分别由纺工或织工组成，称纺线小组或织布小组；第四种是由一个织工联合若干纺工组成，称混合小组。纺织生产组织一般是由附属小组发展为独立小组，再由若干独立小组合并发展成纺织合作社。这种纺织合作社的性质是建立在私有制基础上的资金和劳力的结合。纺工织工利用合作社的棉或线来纺线织布，然后将生产品交给合作社而领取一定数额的工资。合作社将线和布出售后所得盈利，大致是40%按资金分红，40%按劳力即纺线织布数量分红，10%留作公积金或公益金，10%用来奖励社员。为提高产品质量，好线好布可酌量提高工资，如一等线15元，二等线12元，三等线9元。纺织生产发展的一个关键是原料的供给和成品的推销，此外，还必须保持棉、线、布三者之间合理的价格差额和粮、布之间的适当比价，以保障生产者和消费者的利益，并缩小粮布剪刀差，使棉布生产和粮食生产都不受影响。为解决上述问题，各地工商局采取了向邻区或敌区吸收棉花，根据当地土布生产状况禁止或适当允许外布入口，提高线价降低布价，通过市场调节平抑粮布价格等措施，并收到了明显的效果。

在抗日民主政府的大力扶持下，山东抗日根据地的纺织手工业得到蓬勃发展。除渤海区布匹一向自给有余外，1943年胶东和鲁中已实现军民所需布匹的全部自给，滨海做到军队所需布匹的全部自给，1944年鲁南做到军队所需布匹的全部自给。过去敌人用封锁洋布来增加抗日根据地的困难，棉布的基本自给宣告了敌人封锁政策的破产。敌人又变换手法，企图用倾销洋布来阻挠抗日根据地纺织手工业的发展，结果也因抗日民主政府执行正确的贸易和税收政策而失败，胶东、鲁中、滨海相继禁止洋布进口。纺织手工业的发展保证了对外贸易的出超。1943年仅部队所需布匹就有15万匹，约值法币1亿元，假如向敌占区购买，就会给根据地的对外贸易造成巨大损失。根据地人民的生活，也因发展纺织业得到相应的改善。纺线的妇女4天纺线1斤，可得工资10元、15元至20元，可换粮食10斤上下；织布工人每天织布 1 小匹，可得工资 30—40 元。在纺织业比较发达的地区，男女老少冬天都能穿上新棉衣。妇女的家庭和社会地位，也因参加纺织而得到提高。到 1945 年春，山东抗日根据地已有纺车 50 万辆，大小织机 8 万张，平均每 30 人有 1 辆纺车，每 200 人有 1 张织机。1944 年共生产土布 140 万大匹（大小布 431 万匹），每匹纺线织布等项工资平均 400 元，群众总收入约 5.6 亿元，直接参加纺织生产的人数约 80 万人。到抗战胜利，全省已有纺车 100 万辆，织机 16 万张，土布大体上已能自给自足。

纺织合作社占山东合作社总数的 70% 以上，纺织合作社的发展带动了山东根据地合作社事业的发展。合作社是群众性的经济组织。山东抗日根据地从 1940 年开始组织，曾一度发展很快。但多数是由摊派股金的办法组织起来的，为群众生产和生活服务的方针不明确，因此缺乏牢固的群众基础，后来大部解体。1943 年采取"组织一个巩固一个"，"培养典型、创造经验"的办法，强调为群众服务的基本方针和组织群众生产的中心任务，合作社从此走上了健康发展的道路。合作社一般以村为单位组织，大体可分为生产、运输、消费三种，主要是发展纺织，但也因地制宜，包括榨油、木工、铁工、医药、渔盐各业。合作社由群众自己组织，自己管理，对方便群众、繁荣经济、发展生产起了很大作用。到 1945 年春，山东共有合作社 3 000 多个，社员 70 万人，资金达 3 800 万元。

（二）改革公营工厂管理体制，发展公营经济

在山东根据地的生产建设中，公营工厂是一支骨干力量。公营工厂最早主要是兵工厂，1942 年后逐步扩大到染织、鞋袜、造纸、印刷、制皂、卷烟、文具等业，并已初具规模。但在经营管理和分配制度上，还存在一些不利于生产发展的弊端。

在经营管理方面，机关化束缚了工厂的活力。所谓机关化，就是忽视工厂生产物质产品这一基本特点，把工厂当作党政机关来办，或用管理部队的办法来管理工厂。结果，工厂中生产任务不突出，行政管理机构庞大，人浮于事，官僚主义严重，非生产人员多于生产人

员，非生产性活动多于生产劳动，劳动纪律松弛，生产效率低；生产缺乏计划，生产成本高，经济效益差；政治思想工作与经济工作脱节，收效不大。在分配制度方面，供给制妨碍了工人生产积极性的提高。所谓供给制，就是按规定标准发给工人一定数量的口粮、菜金、衣服鞋袜和少量津贴。工人不论其技术高低及产品数量多少、质量好坏，待遇几乎一样，只因工龄长短不同而津贴略有差别。由于报酬不与劳绩挂钩，有的工人抱着“干不干二斤半”（指每天的口粮标准原粮二斤半）的思想，缺乏主人翁的责任感，对工厂的经营状况不够关心，认为与己无关。“吃公粮，用公款，赚钱亏本都不管”。很明显，这两个方面的弊端如不革除，生产上不去，工厂办不好，因此改革势在必行。

1943 年秋工商局成立后，除兵工厂由山东军区领导外，其余公营工厂均划归工商局统一领导。在大生产运动的推动下，认真总结过去办厂经验，以实行企业化管理和打破平均主义的分配制度为中心，省政委会工商管理处对公营工厂实行了大胆改革。

实行企业化，就是真正把工厂作为生产物质产品的企业来办，合理地组织生产。基本要求是，主要用经济手段而不是用行政手段来管理工厂，使每个工厂都成为拥有固定资金的经济实体，自负盈亏，提高经济效益。经营管理方式的这一改革，以山东分局机关报《大众日报》印刷厂作为试点，很快就取得了成功。该厂紧紧围绕生产这个中心环节，从生产的需要出发精简了行政机构，实行厂长负责制，党支部负责政治思想领导，全厂分为厂长、工务主任、组长、工人四个层次，除六名炊事员外，脱产人员仅 8 人。各部门为生产第一线服务，职责明确，工作协调，官僚主义和机关化作风有了很大改观。

分配制度方面的改革情况比较复杂，既关系工厂的整体利益，又关系工人的个人利益，因此经历了较长时间的不断探索与不断完善的过程。1943 年秋，有的工厂开始实行工资制，一般为计时工资，即固定工资，供给制仍部分保留。工人按其技术水平的高低确定等级，月工资额从 100—300 元不等。这一改革突破了传统的供给制，

刺激了工人的生产积极性。缺点是工人的积极性往往局限于完成上级规定的生产指标，因为超定额部分得不到应有的报酬。为了进一步提高生产率，有的工厂在实行计时工资的基础上又前进一步，试行计件工资制。办法是规定生产定额，超额完成生产指标者计件增发工资，或采取超定额部分累进增资的办法。如有的织布厂规定，定额内织 1 匹布工资为 30 元，超定额后每匹提高到 35 元。计件工资制体现了多劳多得、按劳取酬的原则，对鼓励工人努力增产起了很大作用。缺点是工人只注意提高个人生产技术，只追求个人超额完成生产任务，但对整个工厂如何改善经营管理和提高经济效益仍不甚关心。怎样把工人的个人利益同工厂的整体利益进一步统一起来，使每个工人都能自觉关心工厂的盈亏，这是需要进一步解决的问题。1944 年 4 月 17 日，山东分局提出了公私两利的原则，有力地推动了大生产运动的发展和公营工厂工资制度的改革。按照公私两利分红的原则，部分工厂开始实行供给制、工资制和分红制相结合的混合型分配制度。即口粮、菜金仍由工厂供给，以保障工人最基本的生活需要，其他供给一律取消；按每个人的生产数量和质量发给工资，实行多劳多得；工厂盈利实行公私两利分红。《大众日报》印刷厂实行新的分配制度后，工人工资分为三等九级，其标准由工人民主讨论确定。工人有生产日志，每天完成标准任务以上者记分，达不到标准者记负分。月底分红时，工厂盈利的 60% 作为公积金，以扩大再生产，20% 作为福利和保险金，20% 按工人平时所得分数多少分红，每人一般可分 30 元上下。

除以上两方面的改革外，为适应战争环境，同时也为发挥公营工厂的技术优势和骨干作用，带动群众性的农村手工业的发展，1945 年上半年，各公营工厂还贯彻“统一管理、分散经营”、“为群众服务”的方针，积极发展厂外工人，吸收不脱离家庭的群众参加工厂生产，实行厂农结合。散布于农村的手工业者，就近承担工厂的一部分生产或加工任务，既密切了工厂与群众的联系，又增加了群众收入。各工厂还举办技术训练班，向群众传授生产知识和技能，对农村手工业生产起了示范和扶助作用。华祥厂举办两期织布训练班，学会

织布的农村妇女达六七十人。

改革自始至终是与加强对工人的政治思想教育相结合。各公营工厂的党支部和工会，组织工人学习党的经济工作的方针政策，学习陕甘宁边区劳动英雄赵占魁，开展劳动竞赛；教育工人树立先公后私的思想、革命的劳动观念和主人翁的责任感，极大地提高了工人群众的政治思想觉悟。广大工人迫切要求改革，积极参加改革，在改革中越来越深刻地认识到工厂利益同工人自身利益一致性的道理并非抽象的观念，而是具体的事实。从这一点上来看，公营工厂的改革不仅为生产的发展开辟了道路，而且也为政治思想工作带来了活力。改革的实践证明，单靠政治思想教育来激发工人的劳动热情固然难以奏效，单靠物资利益来调动工人的生产积极性也难以持久，只有将二者有机地结合起来，使提高工人的经济利益与加强对工人的政治教育相辅而行，才能收到良好的效果。

改革促进了公营工业的蓬勃发展。胶东东和兴、义平、大北、隆茂等公营铁工厂，能制造石印机、水车、纺织机、弹花机、铜制钢嘴钳、百余斤重的铁砧、14 磅重的铁锤、利民犁、风车、机器磨等机具 20 余种。其中机器磨每天能磨 600—700 斤小麦，水车每月能生产 225 架，用 1 匹马拉每天能浇地 40 余亩，利民犁较旧式犁耕得深且效率高，为广大农民所欢迎，故名之谓利民犁。到 1944 年秋，胶东各铁工厂资金已达 600 余万元。鲁中区利源工厂是生产日用品的骨干厂，1941 年资金为 2 万元，到 1944 年秋，资金达到 200 余万元，工人 100 余人。山东根据地的公营工业在改革中不断发展，到抗战胜利前夕，共有工厂 88 处，资金 3 000 万元，工人 3 000 余名。随着公营工业的发展，产品质量明显提高，花色品种不断增加，活跃了根据地市场，增强了与外来商品的竞争力。肥皂、毛巾等日用品，大部地区已能完全满足市场需要，并有剩余产品输出。文化用品能大部自给。胶东的花布、线呢和丝绸，质地细密坚实，色泽光洁，与国内一些大工厂的产品不相上下，自来水笔能满足所有村级以上干部的需要。鲁中东兴烟厂生产的金星烟、五星烟及孔雀牌上等纸烟，已能抵制外来香烟；利源厂生产的肥皂质量好，价格比洋货低一半。滨海利华烟草公司生产的鸡牌卷烟销路甚广，使金枪牌、天坛牌等洋烟在市场上不禁自绝。1944 年 8 月 11 日至 15 日，山东根据地举办工业展览会，公营工厂的产品琳琅满目，尤为参观者所重视。在山东根据地工作的国际友人奥地利医生罗生特参观后兴奋地说：在禁止日货输入的情形下，根据地能出产这样的生产品，实令人惊异不止，新民主主义经济万岁！

改革提高了劳动生产率。利源厂 1944 年 6 月实行公私两利分红制后，毛巾产量由每天每台机器生产 3 打增至 5 打，肥皂产量由每月 352 箱增至 423 箱，织布由每人每天生产 1.5 匹增至 2 匹。滨海光华纸厂实行固定工资时，每人每天捞纸 500 帘，实行计件工资后提高到 700—800 帘（以上均为 1 帘两张纸），实行分红制后迅速提高到 1 000—1 200 帘，并且是 1 帘 3 张，与 1942 年该厂初创时每人每天捞纸 350 帘相比生产效率提高近 10 倍。《大众日报》印刷厂实行企业化和分红制后，检字工由每天检 2 100 字提高到 3 500 字，印刷工由每印 1 000 张报纸平均坏 10 张减少到 3 张。滨海各公营工厂 1944 年总产比 1943 年增加 5 倍，其中华祥染织厂增加 8 倍。工厂的利润也有较大增加。如利源厂 1944 年上半年共获利 1 万余元，实行公私两利分红制后的头一个月（7 月）即获利 2 万余元。

改革调动了工人的积极性和创造性。实行公私两利分红制后，工人的个人利益同工厂的整体利益得到了统一，工人成为工厂的真正主人。工人群众积极为改善工厂的经营管理出谋献策，千方百计提高生产效率，想方设法节省原材料和不必要的开支，降低消耗和生产成本，以提高经济效益。利源厂职工自动讨论裁减非生产人员，减少非生产性开支。北海银行第一分厂有 250 余名职工，改革前借口有病不上班者，每天少则五六个，多则十来个，改革后“病号”没有了，工作都很起劲。滨海华祥厂工人发明了能同时织两条毛巾的大机和机械染色法，染 1 匹布能节省 1 两染料。该厂劳动模范金光义，在 1944 年红五月竞赛中首创各色花纹的毛巾、毯子、被面和 20 余种花色的手绢（过去仅两种）。胶东兴业机械厂满书阁苦心钻研，仿制成织布、纺线、倒线三种机器，为发展纺织工业做出了贡献。

五、财政状况的好转

在山东抗日根据地财经工作的发展过程中，1943年下半年工商管理局的成立是一个转折点。在此之前，整个财经工作的重点是财政，相对来说对经济建设比较忽视，而在财政工作中，又只着眼于征收公粮、田赋，没有积极想办法开发新的财源，从振兴经济、开发税源及对敌经济斗争中求得增加财政收入，因此财路不广而且不活。在此之后，一方面大力发展农业，积极改进公粮、田赋的征收办法，一方面大力发展工业和群众性的农村工副业生产，加强工商管理，从对敌经济斗争中开发财源，因此不仅增加了根据地的实力，改善了人民生活，而且广开财路，搞活了财政，增加了政府的收入。从1943年下半年到1945年抗战胜利，山东根据地发展很快，面积、人口和党政军非生产人员大量增加。为坚持抗战并夺取最后胜利，工商管理局把握有利时机，制定正确的方针政策，采取主动灵活的斗争策略，把货币斗争、贸易管理和发展生产三者有机地结合起来，互相促进，相辅相成，进行了卓有成效的工作，对争取财政状况的好转做出了重大贡献。

财政状况好转的第一个显著标志是增加了政府的财政收入。1944年滨海区贸易纯利3 400万元，约占全部财政收入的1/3，1945年上半年贸易收入超过了上年全年收入。1944年胶东贸易纯利也达2 400万元。政府税收因加强了贸易管理而逐年增加。以鲁中区为例，1943年上半年为2 409 392元，下半年为3 629 310元，1944年上半年为9 913 506元，下半年达到21 179 267元。1944年，山东根据地除农业外，手工业、副业、运输、贸易等项收入达16亿元。

财政状况好转的第二个显著标志，是工商收入成为政府的主要财政收入，田赋下降至次要地位。1944年，滨海区从贸易斗争中所增加的财政收入，平均能使每个人减少15元负担，1945年可减少30元负担。1944年滨海工商管理局的各项收入约占全部供给经费的75%，而田赋只占22%。1944年各战略区工商收入平均占政府财政

总收入的50.02%，各地工商收入供给当地财政支出的百分比为：滨海70.8%，鲁中35.65%，鲁南23.73%，胶东35.69%，渤海47.74%，平均占支出的43.62%。因在工商管理方面开辟了广大的新财源，财政收入主要取之于农的局面从根本上发生了变化，田赋下降为次要的收入。滨海区1945年上半年且能在地区扩大、财政负担加重的情况下做到免征田赋，这在山东根据地是前所未有的现象。

上述成绩不仅是山东根据地后期财经工作迈出新步伐、开创新局面的重要标志，而且也是山东人民、特别是广大农民坚决拥护共产党、八路军，为争取民族解放战争的彻底胜利而无私地奉献一切的重要原因之一。有了强大的物质基础，有了广大农民的拥护和支持，抗日战争的最后胜利就获得了根本性的保证。

第四节 严格制度，节约开支，保持财政收支基本平衡

一、加强财政管理，严格财政制度

抗日战争时期，总的形势是敌强我弱，环境艰苦，反映在财政上，主要表现为收入来之不易，难以支付军费政费的庞大开支。为把有限的财力集中用于战时军费政费的支出，就必须加强财政管理，严格财政制度。

从1940年山东省战工会成立后，就陆续制定和颁布了财政管理和财粮收支的各项制度，如机关的编制和供给标准、预决算、金库、粮库、统计、开支报销、支粮票、会计、审计等，并进行过许多补充和修正，特别是人员编制和粮款开支标准方面的问题。因为客观情况是在不断地变化，所以有关财粮收支和管理的法令、条例、办法等也不可能一成不变。1943年下半年后，从实际出发，根据现实的需要，

又不断地进行充实、完善与发展，进一步加强财政管理，严格财政制度。

（一）修正或制定新的开支标准

1943 年，山东根据地掀起“双拥”运动（拥军优抗、拥政爱民），人民武装迅速发展，各级武委会先后建立，以改造小学教育为中心的文化运动也形成热潮。配合这些工作的开展，省战工会于上半年颁布一系列条例和指示，对抗日军人家属的优待、小学教员的待遇、民兵的奖励抚恤、阵亡将士荣誉军人的抚恤、各级武委会的编制和经费等标准，都作了明确规定。省临参会一届二次大会闭幕后，省政委会于 10 月颁布了各级参议会、各级政府、各级工商管理局组织条例，规定了各机构的人员编制，为财政开支提供了依据。

抗日战争时期，抗日根据地军政人员的生活是相当艰苦的，即使到了抗战胜利前夕，在根据地的经济实力已比较雄厚的情况下，他们的供给标准依然很低。1945 年 6 月 25 日政委会规定，伙食费：一般战士和工作人员，每人每天 1 斤菜、5 钱油、5 钱盐，每人每月 1—2 斤肉。办公费：纸张，机关干部每人每月平均 3 张，学校学员 2 张，战士、事务人员、工人 1 张；墨水，除会计、记账员及抄写重要文件用墨水外，其余一律用颜料自配；灯油，冬季每晚每灯 5 钱，夏季每灯每晚 3 钱，干部平均两人以上合用 1 灯，学生、事务人员平均 4 人以上合用 1 灯，战士、工人平均 6 人以上合用 1 灯；火柴，每灯每月 1 盒。津贴费：机关干部、部队官兵、事务人员、学生不分等级，一律每人每月 3 元。除津贴费由政府发给外，伙食费和办公费两项，一律由各机关、部队、学校生产自给。

（二）进一步加强粮食工作

为了保证机关部队的粮食供给，山东抗日根据地各战略区都在征粮工作上花费了很大气力，粮食确实来之不易。但有些单位因检查不严、制度松懈，在粮食开支方面还存在不少问题。有的伪造人数虚报冒领，有的出发不带粮票，有的余粮匿不交公，有的因保管不严而

发生腐烂变质或盗卖粮食等现象，有的用公粮租种田地或充作生产资本，有的以粮票兑换物品或贩卖粮票从中牟利。针对这些情况，省政委会于 1943 年 10 月 13 日发布《关于粮食工作的训令》，规定严格建立粮食预决算及报告检查制度，各单位在造报预算时应严格核实人数，不得浮报浮支，预备粮不得超过 30%，节存的粮食一律查明上报，不得隐匿，不得在民间私存公粮；健全各县粮库，严格粮库制度；出发必须携带粮票，不得以公粮租地、雇人耕种或作生产资本。各级政府应会同党和军队的有关部门组成检查委员会，经常深入各单位进行检查，视不同情况分别予以奖惩。为妥善储存公粮，政委会本着藏粮于民、分散储存和存粮无损者有奖的原则，于 1945 年 4 月 21 日颁布了《山东省保护抗日公粮办法》。以上两个文件，在敌我双方粮食争夺非常激烈的情况下，对节约粮食开支、减少公粮损耗起了积极作用。

（三）继续完善统收统支的财粮制度

1944 年全省第二次行政工作会议期间，政委会重申财粮统收统支的基本要求，并提出若干具体原则。在财粮收入方面：取消省款和地方款的划分，取消田赋附加；部队缴获粮款万斤（或万元）以下留部队改善生活，万元（或万斤）以上者予以 30% 的奖励，其余应向财政部门转账；各机关、部队、团体生产节约的粮款，每年分两期向政府转账。在财粮开支方面：每月预备费，一等县 1 000 元，二等县 800 元，专署 1 000 元，每 3 个月预决算 1 次，由县长、专员在经常预算外作为临时性的特别开支；各级政府的预算每 3 个月 1 次，区村由县按规定编造，经县长审核并提到行政委员会讨论后，再送专署、行署审核；在支票未批下来之前，专署、县需要向金库粮库借支时，所借数额不得超过上月开支数的 2/3；金库粮库不见上级支付命令不得支付，如有特殊事故急用粮款时，由县长负责借用，但上次未还者不得再借；切实执行粮票制度，除特别人员及照顾抗属外，一般不另报销客饭。1945 年 3 月 5 日，政委会颁布《山东省财粮收支暂行办法》，进一步明确了统收统支的各项制度，各战略区的财粮收支基本走向统一。为控制财粮支出，规定各行政区的财粮收入除供给当地开支外，其余每年应分上下两期解缴政委会，如因特殊情形需保留一部时，须呈政委会批准，不得擅自截留。各行政区每年的财粮收入比原核定数减少时，其原核定的支出概算数亦须按比例缩减，因特殊情况无法缩减者，应呈政委会核定；反之，如财粮收入比原核定数增加时，原核定的支出概算数不准擅自增加，因特殊情况必须增加者，须造具追加概算或预算呈政委会核准。

（四）整理公产、村财政、银行贷款和统一度量衡

公产指区以上政权管理的公有款产、教育款产、没收地、代管地等。1941 年战工会规定由财政和教育两个部门共同整理，详细调查登记，划作教育经费。结果因无专人负责和互相推诿而形成两不管现象。1944 年政委会提出改归财政部门单独负责整理后，这项工作始有较大进展。仅鲁中沂蒙区，一年就整理出土地 7 203. 61 亩，共收入 472 675. 32 元。渤海的垦利、沾化两县，清查出公田 60 420. 51 亩，学田 24 972. 25 亩。

整理村财政的工作，是 1942 年为配合减租减息运动而提出来的，目的在于发动群众整理村公款及取消村民的额外负担。村财政涉及面广，关系到广大农民的切身利益，也是财政收支中最不容易控制的薄弱一环。据滨海区调查，村财政的开支项目有拥军费、武装费、教育费、文娱费、救济费、村政费、送礼费等 33 种之多。该区张夏庄 1943 年全年田赋负担 17 702 元，额外负担竟达 81 581 元，超过田赋 4. 7 倍，其他村庄的额外负担也超过田赋 1—2 倍。据 1943 年滨海区的 24 个村的调查，额外负担每标准亩平均 14. 20 元，按全区 350 万亩土地计算，额外负担共 4 938. 5 万元。鲁中区李家庄子有土地 390 亩，麦季公粮 2 300 斤，全年额外负担 6 536 元，合每亩 16. 50 元，超过麦季公粮 950 斤。以上仅指粮款等额外负担，如再加上劳役负担和村干部的贪污等因素，群众的额外负担当更重。仅清河区整理 55 个村，即清出贪污款 8 万余元、粮食 2. 2 万斤。据滨海 281 个村的统计，共清出贪污款 630 491 元、粮 76 139 斤。针对上述情况，政委会

明确规定，村财政的开支项目为民兵费、文娱费、村政建设费和救济费四项，开支数额应根据不同地区不同村庄临时确定；各项用费每三个月筹集1次，筹集前应先造预算，经村财政委员会决议并提交村民大会讨论通过，报经上级批准后才能筹集，经费筹集和开支情况要按期向村民公布；为解决村办公费的实际困难，每村每月发办公费20—25元，报纸由公家统一订购，从办公费内坐支。账目公开，村民民主理财并对收支实行监督，是整理村财政的一条成功经验。

银行贷款在政费开支中占很大比重，因手续不严，区村干部从中挪用，短款现象比较严重。为加强管理，政委会规定：贷款分配到区以后，由村行政委员会和各群众团体讨论确定贷款对象，报区政府批准后，由村长和农救会长签字贷出，对贷款用之不当者，应随时收回。

度量衡标准是否统一，也是关系到统一财粮收支的一件大事。在山东不同地区，度量衡标准极不统一，比如1斤，胶东为13.7两，渤海为13.5两，鲁中为16两，鲁南为15.3两，滨海为15.5两，给商品流通和财粮收支带来很大不便。统一度量衡标准的问题，在相当长时间内未引起重视，直到1944年底，政委会提出各地区应先行统一的任务后，才引起工商财政部门的关注。

二、继续开展机关部队的生产节约运动，争取财粮收支基本平衡

从抗日根据地是“建立在个体经济基础上的、被敌人分割的、因而又是游击战争的农村环境这一点出发”，[1] 决定了中国人民的抗日战争必然是在极其艰苦的物质条件下进行的，同时也就决定了在机关部队中开展生产节约运动的必要性。山东根据地创建之初，党和政府就号召开展这一运动。1943年之前，重点是提倡节约，从1943年起，生产与节约并重，生产重在开荒种地，节约主要是节省粮食。

〔1〕《毛泽东选集》合订本，第916页。

山东八路军既是战斗队，又是生产队和节约的模范。据 1944 年 4 月 19 日山东军区政工会议总结，1943 年部队生产节约成绩如下：鲁中部队生产节约 1 355 万元，其中节约占 71.5%，生活费大部自给，以鲁中 80 万人口计，群众负担每人减轻 17 元；滨海部队生产节约 1 183 万元，其中节约占 37.6%，经费大部自给，以滨海区 120 万人口计，群众负担每人减轻 10 元；胶东部队生产节约 746 万元，其中节约占 70%，以胶东 170 万人口计，群众负担每人减轻 5 元多；渤海部队生产节约 641 万元，其中节约占 25%，以渤海 100 万人口计，群众负担每人减轻 6.40 元；山东军区直属队，包括抗大和后勤部门，生产节约 548 万元。总计 1943 年全山东部队生产（包括农业、畜牧、作坊、运盐）、贸易、节约共收入 47 386 932 元，其中节约占 53%，贸易占 18%，作坊、运输占 18%，农牧业占 11%。除鲁南外，各部队共生产粮食 48 万多斤，产菜 313 万多斤，节约粮食 280 多万斤，节约被服物品价值达 600 多万元，油坊获利 400 多万元，共开荒 6 711 亩，如将自运柴粮节省民力算入，全年生产节约总数当在 5 000 万元以上。1944 年，鲁中部队种地 5 928 亩，产粮 399 260 斤；滨海部队生产节约 900 多万元，可减轻全区群众每人 3 元负担；胶东部队开荒 5 783 亩，产粮 729 671 斤，平均亩产 122.5 斤，生产节约共 1 200 余万元，解决全年经常费 50% 以上。1945 年上半年，山东军区政治部生产节约自给经费 70%。部队生产节约所得收入，按规定应向政府财政部门转账 40%，1943 年共转账 2 190 万元，超过应转账数 350 万元。1943 年山东部队生产节约自给全部经费的 12.22%，1944 年滨海、鲁中部队大致自给经费 12% 多一点。

机关生产节约也取得显著成绩。胶东东海区 1943 年开荒 15 000 亩，产粮 240 万斤，各中学都自给了半年办公费。1944 年，胶东、滨海、鲁中、鲁南、渤海五大战略区各机关共开荒 77 661 亩，种熟地 883 亩，开盐田（仅赣榆、日照）161 亩。渤海各级政府机关节约各项开支 13.3 万元，生产节约总值 49 万元。1945 年上半年，鲁中行署及三个专署（缺沂蒙、沂山两个专署）政府机关共开荒 1 971.05 亩，种熟地 944.9 亩。

机关部队的生产节约之所以取得巨大成绩：

第一，山东分局在机关部队中始终坚持进行自力更生、艰苦奋斗的思想教育，从克服困难、坚持斗争、依靠群众的高度上来提高机关部队全体人员对生产节约重大意义的思想认识和自觉性，并且从实际情况出发，随时提出具体任务，从而使生产节约成为持续深入发展的广泛的群众运动。1944 年 1 月 22 日，山东军区和政委会联合发出关于生产节约的训令，要求部队节约全年经常费 50%—80%，生产节约 10—15 天口粮，政府机关和群众团体节约全年经常费 20%—25%，生产节约 5—10 天口粮，并号召每人节约 1 件应领物品。1945 年 3 月 3 日，山东分局指示机关部队自给经费 30%—40%，部队除粮食、柴炭、被服、兵工、医药、鞋子由政府供给外，其他如油、盐、肉、办公费、杂支费、教育费、保健费、擦枪费、旱烟、毛巾、衬衣、牙刷、袜子等一律生产自给。同日政委会也指示各级政府机关应做到菜金、办公费、杂支费、保健费全部自给，并实现毛巾、肥皂、牙刷等日用品的自给，每人全年节约至少 360 元。

第二，实行公私兼顾。在生产节约运动中，坚持兼顾公私两方面的利益。1944 年 4 月 17 日山东分局决定，机关部队今后的生产节约计划应按二八分红（公八私二）的原则处理。4 月 20 日政委会规定：凡属个人生产所得，一律 2/3 归公，1/3 归私；个人节约所得，80% 归公，20% 归私。为鼓励干部战士节省衣服鞋袜等应领物品，政委会还实行了按节约物品的价格提奖 30% 的办法。公私兼顾办法的施行，推动了生产节约运动。山东分局直属队教导团未实行公私兼顾前，粮食烧柴往往超过指标，杂支费用开支很大。实行公私兼顾后，各连队由每月超支烧柴千余斤、粮食七八百斤变为不超支并有结余。据 1944 年 6—9 月四个月统计，该团生产节约共 45 301. 5 元，按公私两利原则，归团 33 997. 161 元，归伙食单位 9 748. 144 元，归个人 5 556. 195 元，每人平均分红利 421 元。1945 年春扩大连队分红比例和生产经营权后，全团 3 个月生产节约 10. 1 万余元，除开支 6. 2 万余元外，净存 4 万余元，生猪存栏 19 头，连队生活大为改善，每人每月至少可吃到 2. 5 斤猪肉，每月还可开两次晚会，活跃了连队生

活。直属队菜园未实行公私两利原则之前，每人每年种菜最多 7 000 斤，最少 1 000 斤，实行公私两利分红后，每人平均可生产蔬菜 9 000 斤，最多可达 2 万斤。生活上也非常节约，每人每天口粮平均 1 斤 13 两，有的全年只领 1 双鞋子，40 个种菜的同志人均收入 1 000 元，最多的达 3 000 元。

第三，严格财粮制度，反对贪污浪费。开展生产节约运动，必须严格执行财粮收支的有关制度，加强财务管理与监督，按照法令法规制裁少数严重破坏财粮制度的分子。山东抗日民主政府先后颁布了《惩治贪污暂行条例》、《关于严禁贿赂的决定》、《惩治贪污公粮暂行条例》等法令，极大地震慑了极少数不法分子，保证了生产节约运动的深入开展。按当时的法律，贪污公粮 500 斤以上或公款 500 元以上者，即可处以死刑。机关部队遵纪守法，生产自给、勤俭节约蔚然成风，在节约粮食方面成绩尤为显著。胶东 1943 年比 1942 年增加脱产人员 25.97%，粮食开支仅增加 18.05%。滨海区 1943 年行政人员比 1942 年增加 47%，但粮食开支仅增加 33%，实际上就等于较上年减少了 14%。

第四，发放银行贷款，提供生产基金。1943 年以后，在机关部队生产节约的总值中，生产所占的比重明显上升，滨海部队生产总值已大于节约总值。为扶助机关部队发展生产，政府采取了由银行低利贷款充作生产基金的措施。1945 年 3 月 3 日，山东分局和政委会决定：部队每人贷款 50 元，政府机关每人贷款 100 元，作为生产基金，以配合群众性大生产运动的蓬勃开展，实现机关部队生产自给全年经费 30% 至 40% 的任务。

第五，领导带头生产节约。没有各级领导同志的带头，生产节约运动绝不可能深入持久。为学习生产和领导生产，鲁南费滕峄边县政府召集老农座谈生产经验，鲁中沂南县委县政府主动请劳动英雄和模范上生产课。省临参会、政委会机关，1945 年春扩大农场 80 亩，创造了精耕细作、使用水利的经验。1943 年 10 月，山东军区司令部全体干部，在黎玉、肖华等领导同志带领下，利用业余时间，3 天内在沂山开荒 10 余亩。政委会主任委员黎玉为自己制订了省吃俭用 8

件物计划，总共可节省 857.5 元。在黎玉同志带动下，政委会机关1944 年春所订生产节约计划，仅节约一项，120 人即有 5 000 余元，约占全年总支出的 9% 强，最多者计划节约 1 000 元以上，受到了山东分局的表扬。

机关部队的生产节约运动，不仅自给了全部经费的大约 15% 以上，而且减轻了群众负担，进一步密切了同人民群众的血肉联系，有力地配合了山东根据地后期开发财源的工作，对争取财政状况的全面好转起了重大作用。

在这一时期，粮食基本上做到了自给有余，并且支付了大量救济粮和优待粮。据 1944 年底统计，各地几年间共优待抗属 96 675 户，用粮 25 759 356 斤。这一成绩的取得，与山东军民咬紧牙关、克服困难、发扬自力更生艰苦奋斗的精神是分不开的。

与粮食相比，经费的开支就比较复杂。在军费、政费两大项开支中，军费约占 70%，政费约占 30%，越接近抗战胜利，军费所占比重愈大。军费分为经常费和特别费两项，前者主要包括伙食费、拭枪费、办公费、津贴费、杂支费、临时费等，后者主要包括被服、兵工、子弹、医药、抚恤等项开支。据山东军区后勤部总结，1943 年度的军费开支中，经常费占 22.7%，特别费占 77.3%，人均开支为 2 183 元。政费主要包括办公费、杂支费、生产建设费、文化教育费、救济费、工商管理基金等，随着建设事业的发展，项目也渐有增加，如到抗战胜利前夕，就增加了社会卫生费，约占政费的 5% 以下。财政支出的项目及所占比例，可以 1943 年的情况为例。1943 年，财政总支出 175 559 217.38 元。其中，军费 108 351 105.41 元，占 61.72%；行政费 44 341 756.02 元，占 25.26%；补助费 312 324.65 元，占 0.18%；教育费 780 997.80 元，占 0.45%；建设费 590 998.20 元，占 0.34%；财务费 1 309 509.85 元，占 0.75%；邮政费 337 884.71 元，占 0.19%；生产费 487 154.10 元，占 0.27%；救济费 30 万元，占 0.17%；协款 8 747 485.64 元，占 4.98%；贸易基金 1 000 万元，占 5.69%。

因各地面积、人口、机关部队人员的多少和经济发展的状况不

同，所以在全省总的财政支出中各地所占的比例也不相同。据 1944 年底统计，胶东占 23.69%，鲁中占 20.81%，鲁南占 11.68%，清河占 9.56%，滨海占 30.77%，政委会占 3.22%。

1943 年以后，随着对敌斗争的不断胜利和财源的进一步开拓，财政收入有明显增长。但由于解放区的迅速扩大和军政人员的激增，财政开支也急剧增加。总的财政状况是支出大于收入，出现一定亏空。1945 年上半年的财政收入为 7 301.8 万元，其中，田赋 2 347.8 万元，陈欠 200 万元，公产 85 万元，契税 112 万元，没收 75 万元，杂项 132 万元，税收 2 000 万元，公营 2 350 万元。财政支出为 7 958.4573 万元。其中，军费 5 075.9573 万元，地方武装 1 424.5 万元，政费 14.58 万元。上半年超支 656.6573 万元。但应指出，财政超支主要亏欠在银行和工商局，是根据地内部资金的借支和挪用，只要加强计划性和资金融通，随着战争的胜利和生产的发展，问题并不难解决。因此可以说，山东根据地后期的财政收支基本上保持了平衡。

三、准备反攻，夺取抗战最后胜利

开源节流的巨大成绩，有力地支援了山东八路军各部队的局部反攻，1944 年 9 月 27 日，邓小平、滕代远致电毛泽东、彭德怀，称赞半年来胜利最大而且最突出的是山东。到 1945 年初，山东根据地的总面积扩大了 4 万多平方公里，人口增加 934 万多人，总人口达 1 600 万人，有 5 大行政区，21 个专员公署，110 个县政权，850 多个区政权。胶济铁路已打通，西越津浦铁路有突出发展，东面八路军控制的海岸线大为延长，南面与陇海铁路逐步靠近，为全面大反攻准备了坚强阵地。尤其是攻克沂水、莒县、摧毁敌人重要交通线滋（阳）临（沂）公路，逼近费县，在临沂外围形成一片宽大的环绕地带，从而使临沂陷于孤立境地，在战略上更有重大意义。但敌人仍在进行最后挣扎，实施其“重点主义”的配置计划，加紧对根据地的“扫荡”和对边沿区的骚扰。因此，在山东军民面前仍有一段胜利前

的艰难路程，财经工作也担负着更艰巨的任务。

1945 年 1 月结束的全省第二次行政工作会议，贯彻“打通思想、解决问题”的方针，全面总结了财经工作的经验教训。根据毛泽东同志提出的 1945 年的十五项任务，山东分局书记罗荣桓同志号召山东全党全军防止自满麻痹思想，清醒地认识斗争的艰巨性，把扩大根据地和建设根据地并重起来，以生产保证供给，纠正坐吃山空、“不剩过夜粮”的错误思想，为财经工作的更大发展指明了方向。

在大反攻前夜，中共山东分局和政委会切实加强了对财经工作的领导，继续制订、完善有关统一收支的政策法令，继续推进大生产运动和机关部队的生产节约运动，号召在经济战线上掌握有利时机，实行经济上的主动进攻，积蓄物资，准备反攻。1945 年 5—7 月，政委会召开全省工商工作会议，7 月，山东分局召开财委扩大会议，对工商、财粮、税收等方面的工作进行了全面总结与部署。

1945 年，山东根据地的财经工作继续保持了胜利发展的势头。大生产运动更加广泛深入，工商管理工作在 8 000 余名干部和工作人员的努力下，在对敌经济斗争中显示出愈来愈强大的力量，机关部队的生产节约运动更加广泛自觉，统收统支的各项财政制度得到了更好的贯彻执行。所有这些成绩，不仅为山东 27 万八路军、50 万民兵向敌人实施大规模的全面反攻创造了强大的物质基础，而且为抗日战争胜利后党在新的历史条件下领导财经工作积累了丰富的实践经验。

下篇

解放战争时期
山东解放区的财政

（1945年9月—1949年10月）

第四章 抗日战争胜利后山东解放区的财政

（1945 年 9 月—1946 年 6 月）

第一节　为争取和平建设壮大解放区经济力量而斗争

一、山东抗日军民大反攻

1945 年 8 月 9 日，中共中央主席毛泽东发表“对日寇的最后一战”的声明，指出：“对日战争已处在最后阶段，最后地战胜日本侵略者及其一切走狗的时候到来了”，“中国人民的一切抗日力量应举行全国规模的反攻。”[1] 8 月 10 日，党中央指示立即动员一切力量向日伪军进行广泛地进攻，以正规部队占领大城市及交通要道，以游击队、民兵占领小城市。10 日至 11 日，八路军延安总部朱德总司令连续发出七道反攻进军命令。山东解放区正在浴血奋战的抗日军民接到党中央、毛泽东主席和延安总部的指示、命令后，无不欢欣鼓舞，立即向日伪军发起了猛烈的进攻。中共山东分局、山东军区于 11 日

〔1〕《毛泽东选集》合订本，第 1018 页。

召开了高级干部联席会议，研究贯彻党中央的指示，并迅速布置了整编部队、接管城市、动员参军、支援前线和维持后方治安等各项工作，决定将山东地区的八路军部队编成五路大军，向敌人占领的城市和交通要道迅猛进军，实行全面大反攻。

8 月 11 日，山东军区向日本侵略军驻山东最高指挥官发出限期投降的最后通牒。14 日，山东军区所属部队分别向赵保原、王铁相、张景月、厉文礼、王洪九等伪军头目 77 人发出限期投降的通牒。但是山东地区的日伪军听从蒋介石的命令，拒绝向八路军投降，纷纷向铁路沿线与大城市收缩集中。国民党山东省政府主席何思源在日军保护下抢先进入济南，并大量收编山东的伪军，委以军政要职。何思源还与日本侵略军驻山东部队订立了“共同防御协定”，出现了“日伪蒋合流”的复杂局面。在这种情况下，八路军山东部队只有用武力迫使日伪军投降，并开始由游击战向运动战转变。山东军区五路大军 27 万人在 10 万多民兵组成的“子弟兵团”和 10 余万民工的支援下，向日伪军展开了空前的大反攻。

第一路为鲁中军区部队，向济南及胶济路西段、津浦路济南到兖州段沿线敌军进攻。

第二路为滨海军区部队，分南北两线作战。南线向陇海路东段沿线敌军反攻；北线则向胶济路东段的敌军反攻。

第三路为胶东军区部队，向胶济路东段沿线、胶东半岛沿海各城市的敌军发起进攻。

第四路为渤海军区部队，向津浦路济南至沧州段和胶济路中段沿线的敌军进攻。

第五路为鲁南军区部队，向徐州东北外围地区、津浦路徐州至兖州段沿线的敌军发起攻击。

这五路大军先后解放了临朐、莱芜、益都、博山、章丘、周村、新泰、赣榆、青口、胶县、牟平、威海、福山、石岛、龙口、招远、莱阳、黄县、蓬莱、烟台、即墨、寿光、临邑、桓台、广饶、博兴、昌邑、长山、邹平、宁津、阳信、临淄、泗水、曲阜及台儿庄、官庄火车站。五路大军配合作战，取得了重大胜利。至 9 月底，又相继解

放了诸城、峄县、临沂、平度、惠民、济阳、盐山、无棣、商河等县城。先后共计解放县城46座和烟台、威海两市，收复了港口6处，火车站35处，歼灭日伪军6万余人。至抗战结束时，津浦路以东、陇海路以北地区，除铁路沿线以外均已获得解放。此时，山东解放区已拥有2 400万人口，控制着12.5万平方公里的土地。1945年，山东的民主政权已有850多个区、127个县，22个专员公署、5个行政主任公署。

二、反击国民党军队进攻和新解放区反奸清算减租减息运动

1945年8月14日，日本帝国主义被迫宣布无条件投降。9月2日日本政府正式在投降书上签字，至此，历时八年的抗日战争终于胜利结束。

抗日战争胜利后，国民党政权依靠美帝国主义的援助和支持，垄断了受降权利，疯狂地抢夺抗日军民的抗战胜利果实，阴谋发动内战和占领解放区，重新建立大地主、大资产阶级的法西斯独裁统治。在山东，国民党一方面授权日伪军负责“维持地方治安”，向八路军部队“收复失地”“作有效之防卫”，并收编了大批伪军为国民党军队；另一方面，加紧调兵遣将，在美军支持和日伪军的接应下，抢占大城市、铁路及其沿线地区，以达到分割解放区、占领经济富庶地区的目的。1945年9月1日，国民党山东省政府主席何思源在伪军张景月部的保护下，从寿光经桓台、章丘、历城由日军接应进入济南市内，并随即打出了国民党山东省政府的招牌，建立了济南城防司令部。在此前后，何思源还策动山东日伪军积极进攻解放区，8月27日占即墨城，9月9日占益都、淄川和周村，9月12日占胶县，9月18日占博山，占领胶济路沿线地区以阻止八路军的受降工作。9月11日，美国第七舰队开进胶州湾，在青岛登陆；17日，国民党青岛市长李先良在美军援助下接管了青岛。10月初，美国舰队又开到了烟台和威海海面，并提出在烟台登陆，要求胶东八路军部队撤出烟台市。11

月 13 日，国民党第八军李弥部 3 万余人乘美军舰只来到青岛。由于国民党垄断受降权利，大肆抢夺抗战胜利果实，因此内战危机迅速出现。

当时，中共中央赋予华东党和军队的主要任务是：向日伪军大举反攻，猛烈扩大解放区；立即抽调一部主力部队和大批干部开赴东北；统一山东和华中的领导，主动收缩某些阵地，调整战略部署，集结兵力，组编野战军，加强地方武装和民兵；坚决粉碎国民党军队企图打通津浦路的企图，保卫解放区；进一步发动群众，发展生产，统一财政，巩固解放区。在形势急剧变化的情况下，遵照党中央的指示，我军战略反攻的作战方针随之作了改变。1945 年 8 月下旬至 11 月，中共山东分局书记、山东军区司令员罗荣桓率分局，军区机关大部及 5 个主力师、18 个基干团约 9 万余人，另有地方部队 6 000 余人陆续开赴东北地区，执行发展东北解放区的任务。10 月 25 日，中共华中局与新四军军部机关北移到达山东，华中局与山东分局合并组成中共华东中央局，饶漱石任书记，陈毅、黎玉任副书记，统一领导山东和华中的全盘工作。山东部队停止向大城市进军，对津浦、胶济、陇海等铁路沿线敌人控制的段落加紧进行破袭，对残存于解放区内县城及重要村镇的敌人展开进攻。鲁中和胶东部队相继攻占了淄川、博山等地，歼灭日伪军 1 700 余人，并在高密、潍县间阻击了国民党第八军由青岛西犯的行动。渤海部队破袭了济南至德州间的铁路。鲁南部队与北上的新四军一部于 10 月和 11 月进行津浦路济南至徐州段的作战，先后攻克邹县，大汶口、滕县及临城外围据点，歼敌 2 万余人，粉碎了国民党军队打通津浦路的企图。从大反攻到 1945 年底，我党领导的山东部队在大量歼灭日伪军，解放广大城乡的过程中，对国民党军队进行了第一次自卫反击作战，并取得了胜利，保卫了抗战的胜利果实，为“向北发展，向南防御”的战略方针的实现奠定了基础。同时，也为国共停战协定的签订，争取相对和平时期的到来以及迅速恢复解放区（特别是新解放区）经济创造了条件。

山东战场大反攻的胜利，是与 1944 年大生产运动之后根据地建立了较为稳固的物质基础分不开的。同样，为保卫胜利果实，做好反

击国民党进攻的准备，也离不开组织和发动群众搞好生产，繁荣经济，以保障财政供给。大反攻以后，山东新解放区迅速扩大，如何医治战争创伤，调动广大农民的积极性，恢复和发展生产，便成为新区工作的主要任务。

1945年11月和12月，中共中央先后发出了《减租和生产是保卫解放区的两件大事》、《1946年解放区工作的方针》，规定了充分发动群众，壮大人民力量，是保卫和巩固解放区的根本任务。并指出：必须在一切工作部署中作持久打算，力戒侥幸心理，把粉碎敌人新的进攻作为解放区的中心任务，把练兵、减租和生产三件工作抓好。这样，才能克服困难，支援战争，使之立于不败之地。遵照中央指示，中共华东局在抓紧山东老解放区发展生产的同时，又在新解放区开展了反奸清算、减租减息运动。

山东新解放区（包括原来的游击区）有3万余村庄尚未减租或彻底减租，此类地区长期在日伪政权统治之下，农村经济遭受严重破坏，封建势力占据优势。苛重的封建剥削阻碍了农村生产力的发展。缺钱少地的贫苦农民无衣无食，辛苦经营得到的劳动果实多数被地主、债主剥夺，因而生产情绪低落，也无力改进生产技术。加之战争时期日伪政权的疯狂掠夺，致使广大农村经济凋敝，农民生活极度困苦。地主、富农宁可出租土地，贷放债务，也不愿将财力投入生产，因而农业生产难以得到发展。所以，发展农业生产、繁荣农村经济首先要减轻封建剥削（在具备条件时要消灭封建剥削），彻底进行减租减息。因此，必须有计划地抽调大批干部开赴新区，广泛发动群众，由反奸诉苦入手，清算汉奸恶霸地主的罪行，进行减租减息、增加工资的斗争。1945年11月13日，山东省政府为使新区人民广泛了解党的政策，特根据《山东省土地租佃条例》、《山东省借贷暂行条例》、《山东省改善雇工待遇暂行办法》的基本条款撮要发出布告，要求各地切实遵照执行。1946年1月10日，华东局做出《关于放手发动新解放区群众的工作指示》，对于发动群众的一般过程及反奸诉苦转入减租减息工作提出要求："首先放手开展反奸、诉苦、复仇、清算运动，在运动中通过群众没收与分配汉奸的土地财产，救济基本群众，检举战犯奸细特务，推翻伪村政，建立民主的村政，求得普遍彻底的扫除伪组织”；“在反奸诉苦运动中必然使汉奸化了的地主封建势力直接遭受毁灭的打击，而一般地主封建势力则必然孤立涣散，然后群众挟反奸胜利之余威进入普遍的减租减息”；“新解放区的党、政、军、民机关更应以主要精力来关心和实际进入减租减息的工作”。[1] 为帮助各地及时开展工作，华东局抽调500余名干部组成6个工作队，分赴滨北、滨南、鲁中、胶东、渤海、鲁南等地区，指导反奸清算、减租减息工作。各战略区也抽调了大批干部到新解放区开展工作，鲁南5 000余人，滨海6 000余人，胶东、渤海、鲁中都在万人以上。党的减租减息的政策得到广大农民的衷心拥护，一场声势浩大的反奸清算减租减息运动在山东新解放区迅速展开。滨北地区在两个月内有80%的村庄掀起反奸诉苦高潮，对汉奸恶霸展开面对面的斗争。鲁南温河县一、二、九区105个村庄中，从1945年12月到1946年1月，有82个村庄进行了诉苦清算，万余农民自动组织起来，追回土地611.5亩，粮食34 915斤，宅基15亩，油坊3座。滨南地区开展斗争达4 700余次，被斗对象400人，清算出土地198万亩，粮食40多万斤，钱款2.36万元。胶东到1946年3月止，共召开控诉斗争会10 773次，索回粮食3 120万余斤、土地96 823亩、房屋8 551间，钱款1.16亿元、山荒4 235亩，柴草101余万斤、牲畜1 370头。

从1946年4月起，山东新解放区由反奸诉苦转入大规模地减租减息，并取得了很大收获。滨南地区减租土地5万多亩、粮食40多万斤，减息2 400万余元。鲁南滕县自4月20日转入减租减息，仅1个月就减租3 842户、减息400余户。在反奸清算、减租减息运动中，广大农民通过“清算老账”、“退租”、“找工找债”、“索契约”等方式，夺回了大量被霸占的土地。渤海区农民群众从汉奸恶霸地主手中清算回土地50余万亩。诸城县城南区12万亩土地，有7万亩土地转移，8 000余佃户得到土地。滨北的胶县、高密两县在半年时间

[1]《山东革命历史档案资料选编》第16辑，第95—96页。

内，有75 766亩汉奸恶霸地主的土地被没收并分配给贫苦农民。胶东西海区八县农民索回土地142万亩、粮食760余万斤。地权的广泛转移引起了农村阶级关系的变化，部分地主被迫出卖土地或让出部分土地，以求得抽回部分土地保证生活；或以土地抵偿对农民的负欠，使中农、贫雇农得到或购置土地，因而地位上升。特别是中农阶层不断扩大，成为广大乡村中的重要阶级力量。根据渤海区高苑县6个村、胶东区栖牟边县3个村、滨海区莒南县11个村共3 000余户的典型调查，1937年与1946年相比，中农在各阶层中的比例，详见表4－1。

表4－1　　1937年与1946年中农在各阶层中比例

地区	1937年			1946年反奸诉苦减租减息后		
	总户数	中农户数	占总户数%	总户数	中农户数	占总户数%
滨海	2 491	717	28	2 946	1 457	49
胶东	400	176	44	444	203	46
渤海	346	181	52	375	213	56
合计	3 237	1 074	33	3 765	1 873	49

山东解放区广大农村普遍开展减租减息运动，使封建剥削制度造成的土地占有不合理状况有了很大的改变，地主阶级逐渐失去了政治上、经济上的优势，广大贫苦农民获得了大量土地、房屋、牲畜，因而生产积极性得到了很大提高，为恢复被长期战争破坏了的农村经济提供了条件，也为支援人民解放战争和彻底的土地改革奠定了基础。

三、农业互助合作运动与农业生产的恢复和发展

减租减息的主要目的是为了发展农业生产，如果仅仅减租减息而不发展生产，虽然可以使部分农民改善生活，但却不能真正解决农村经济落后的问题。只有大力发展生产，才能从根本上改善人民生

活，壮大解放区经济力量。减租减息以后，广大农民的劳动成果大部分归自己所有，这不但能改善生活且有可能改进生产（买牲口、打井灌地等），使他们的生产积极性大大提高。因此，如何扶持群众生产，使农业生产从分散的、落后的、半封建的生产方式转变为集体的、科学的、新民主主义的生产方式，就成为减租减息以后根据地经济发展的主要问题。华东局适时地在山东解放区内发动和领导了农业互助合作运动，通过总结抗战期间农村互助合作的经验，根据新的形势变化和要求，依照山东现存的农业生产条件，开展互助合作运动，以促进解放区农业由分散向集体化、由落后的耕作方法向科学的耕作方法的转变。

1946 年 1 月 30 日，山东省政府做出了《关于一九四六年生产工作的指示》，指出："农业生产建设的中心环节，在于组织劳动互助和改进生产技术""组织农业劳动互助主要的是组织换工变工，即建立在个体经济基础上的集体劳动""改进耕作方法的重点是在精耕细作和水利灌溉"[1]。山东解放区各地在反奸清算、减租减息的基础上，遵照党和政府的指示，热火朝天地开展了互助合作运动。各地农业互助合作运动一般经过了以下几个阶段。第一阶段，通过农村基层党组织和共产党员，把农会和农救会员、村积极分子组织起来，在自愿的基础上开展互助变工，抓紧对原有的搭犋队的改造和提高。这一阶段劳动互助的主要特征是尚无农业生产的较长期计划，仅限于农忙季节的临时互助，没有固定形式的变工。第二阶段，向各阶层农民群众扩大劳动互助，在普遍推广以后实行固定形式的变工换工。变工的重点开始一般是人力和畜力的变工，按日或按亩计工，采用 1 牛换几人的简单变工方法。人力与畜力的换工是农民群众最感兴趣的事情，因为在地权转移后多数农民生产困难最主要的是缺少牲畜，所以吸收有牲畜的农户参加互助变工，可以刺激广大农民踊跃自愿地参加互助变工，达到组织起来集体劳动的目的。这一阶段主要环节是吸收有牲畜农户参加互助组织，注意换工变工计算的标准问题，做到两

〔1〕《山东革命历史档案资料选编》第 16 辑，第 135—136 页。

厢情愿，互不吃亏，根据具体情况采取按日计工或按亩计工的方法，依照等价原则进行交换。第三阶段，扩大互助变工的范围和内容，在有条件的地区力争男女老少、整半劳力都能参加互助组织。这一阶段注意解决的问题，主要是按照自愿原则合理安排农闲季节的劳动分工；实行等价交换，严格记账办法，制定变工换工标准；提倡农业与副业、家庭手工业的结合，增加收入，壮大基础；规定劳动纪律，订立生产计划；帮助烈军属等缺劳力户开展生产；定期开会，民主评议，做到公平合理，大家满意。互助合作运动逐渐深化的三个阶段，从根本上说，就是利用一定的组织形式，将土地、耕畜、农具不平衡的农户集中起来，按照大家公议的方法进行集体劳动。这种农业集体化的初步方式，符合农民群众的切身利益和实际要求，因而发展极为迅速，成果十分明显。根据山东省农村合作会议（1945 年 12 月至 1946 年 1 月）统计，山东各地组织变工互助获得了如下成绩：鲁中 23 153 组，198 487 人，占全部人口的 5%；鲁南 8 571 组，53 568 人，占全部人口的 2.2%；滨海 14 771 组，162 421 人，占全部人口的 4.6%；胶东 43 944 组，559 362 人，占全部人口的 14%；渤海 2 205 组，42 302 人。共计 92 644 组，1 016 140 人。

解放区内广大农村中土地分割得十分零碎，个体农民还缺乏组织经验和集体生活的习惯，加之耕畜、农具的缺乏，都制约着互助合作只能是小规模地集体劳动。1945 年 12 月召开的山东省农村合作会议上提出：“目前需要的变工形式，在基本区以小型变工组为适合……；在新解放区，一般以小变工，即工换工或季节性变工为适宜。”[1] 与上述互助组织发展的三个阶段相适应，集体劳动在内容上包括以下三种形式：第一种是单纯的共同耕作，或按各人能力进行极简单的分工合作。一般能使劳动效率提高一半甚至一倍。第二种是换工变工，如人力和牛力间的变工，男子与妇女间的变工，农民与手工业者间的变工，用这种方法克服耕作中的劳力、牲畜、农具等缺乏的困难。第三种是有计划地共同配备耕畜、农具，如合伙喂养牲畜，共

---

〔1〕《山东革命历史档案资料选编》第 16 辑，第 151 页。

同购置生产工具，调整土地种植，共同利用剩余劳力经营各种副业。这样能够发挥每个人的特长，使各种生产条件适当配合，获得充分利用。总之，在对农民进行政治动员的同时，切忌从主观愿望出发，而是从群众的实际需要出发，按照农民的实际状况解决集体劳动中出现的问题。在互助合作运动中，胶东、渤海、滨海的个别地方曾经组织过将劳力、牲畜、土地、肥料、副业等做成股份，成立农业互助合作社，少则二三十人，多则四五十人，按劳、按股进行分配。这样集体经营的结果，往往由于组织管理等方面发生许多困难，而不容易长期坚持，并会使生产下降。针对这个问题，上述地区对农业合作社进行了整顿和改进。由于正确地贯彻了走群众路线的方针，山东解放区以互助组为主要形式的农业合作运动在1946年又获得了进一步发展。据统计，到1946年底全省88个县的变工互助组织已达215 918个，参加的农民有2 066 648人，比1945年平均增加了50%。老解放区普遍进入巩固阶段，组织起来的农民已占总人口的50%左右（胶东地区），新解放区也已组织了5%—6%。

实行集体劳动的互助合作运动，实现了农民群众的变工要求，在一定程度上弥补了牲畜、农具的不足，劳动效率较个体耕作有了提高。另外，组织起来以后，节省了劳力，有条件不断改进农业生产技术。因此，互助合作对于农业生产的恢复和发展起了极大的促进作用。1945年山东各地在原有基础上继续开展大生产运动，取得了新的成绩。据鲁中、鲁南、滨海、胶东（缺两个专署区）4地区统计，植棉102多万亩，产棉1 894多万斤。鲁中、鲁南、滨海、胶东4地区共打井41 838眼，浇地157 686亩；开渠307道（仅鲁中、滨海、渤海），筑堤615道（鲁中、滨海），共保护地196 424亩，灌溉地7 588亩；鲁中、鲁南、滨海、渤海、胶东共开生荒地233 274亩，熟荒地37 513亩。由于改进生产技术，采取开荒、兴修水利、精耕细作等措施，增产粮食共计683 679 025斤。1946年改进农业技术的重点是精耕细作（深耕多锄、增施肥料、除虫选种等）和兴修水利（打井开渠引水灌溉、挖河筑堤排水防洪），以求得增产粮食。老区要求每亩地增产10—20斤，达到耕三余一；新区要求消灭熟荒，恢复生产。山东省政府为扶持群众搞好生产共发放农业贷款3.6亿元，占全部贷款的41.7%，居第一位。各地根据实际情况抓紧了抢收抢种、调剂与保护耕牛、兴修水利、农业技术指导等方面的工作，取得了抗战以来的最好成果。据95个县统计共植棉2 470 023亩，比1945年增加63%，产棉59 519 277斤，比1945年增加81%，小麦总产量达30亿斤，比1945年增加14亿斤（种植亩数亦有增加），每亩比上一年增产29%。据107个县统计，全年生产粮食11 690万担，每人平均收粮450斤。同时，为推广农业生产技术，在各地建立了示范农场43处、农业指导所15处、蚕业指导所3处、苗圃97处、林场41处，并创造了浸种、选种、除虫等技术指导的经验。胶济铁路以南的滨海、鲁中、鲁南地区牲畜数量激增，牛、驴、骡、猪、羊分别为271 835头、325 117头、5 148头、1 526 630口、898 181只，比1945年分别增长了11%、11%、240%、35%和324%。

农业互助合作和农业生产的发展带动了其他合作事业的发展。例如滨海区莒南县，1946年上半年，合作社由130处发展到239处，其中综合社41处、纺织103处、消费51处、铁工2处、木工12处、油坊19处、医药8处、染坊3处；社员由32 192人增加到55 223人；股金由371 556元提高到2 000余万元。全县半年共生产布3万余匹（不包括群众自用），群众收入大大增加，计纺工3 000万元、织工600万元，加上股金分红、劳动奖励等，群众共有9 000万元的收入，全县平均每人收入225元。1946年全省各业合作社共8 494处，比1945年增加72%；社员269万余人，比1945年增加86%；股金2.1亿元，超过1945年208%；每社平均人员317人，股金25 200元。合作社开展纺织、运输、榨油、木工、铁工、渔盐、医药等业务活动70余种。特别是纺织合作事业有了普遍的恢复和发展。据1946年底98个县的统计，有纺车2 501 268辆，比1945年增加135%；织机524 255架，比1945年增加160%；全年共产布5 007 564匹（每匹40码长、1码宽），比1945年增加141%，平均每人得布18尺（市尺）。合作社已成为组织农村各业生产的重要组织，对农业与副业、手工业的结合起了很大的促进作用。

1945 年和 1946 年山东解放区农业生产的恢复和发展，是在反奸清算、减租减息和开展农业互助合作等项工作的推动下取得的，充分体现了党的放手发动群众，不断壮大人民力量的方针，对于解放区经济建设的伟大指导作用。这一成绩的取得不仅改善了人民生活，减轻了农民群众的负担，度过了 1946 年的严重春荒。尤为重要的是，积蓄了进行人民解放战争所必需的粮食、布匹等重要战略物资，壮大了解放区的经济实力，保证了军队、机关等部门的财政供给，为以后华东战场——山东战场的形成和坚持创造了必要的有利条件。

第二节　山东解放区财政工作的新发展

一、和平环境下财政工作方针

抗战胜利以后，解放区各方面情况发生了一系列变化。因此，需要对时局做出正确的判断，以制定切实可行、有利于解放区经济建设的方针和政策。

第一，新解放区迅速扩大，山东各战略区基本连成了一片。据统计，1945 年下半年至 1946 年 3 月，山东解放区拥有的村庄、人口、面积分别占全省总数的 94%、90% 和 92%。更重要的是，在大进军过程中八路军山东部队解放了几十座中小城市和一批实行近代化生产的工厂、矿山、港口等，解放区仅有乡村而无城市的局面发生了重大变化。

第二，解放区与国民党占领区发生了联系。一方面，城市工商业有经济活动的联系，另一方面，解放区货币、贸易等方面也要受到国民党在其占领区所实行政策的影响。因此，客观形势更加复杂。

第三，解放区百废待兴，如何医治战争创伤成为至关重要的大事。日伪财产的清理、难民的救济、工商业的恢复、社会秩序的安定都成为亟待解决的问题，而这一系列问题的解决需要有一大批有经验的干部和一定数量的资金。

第四，国民党军队不断挑起事端，内战危机日益加深，搞好经济建设，做好战争准备，成为进行一切工作的基本出发点。

解放区内外形势的变化要求山东解放区的军民提高警惕，在做好反击国民党进攻的充分准备的前提下，适时地、部分地改变原有的工作方针和政策，恢复和发展解放区的各项建设事业。1946 年 1 月 26 日，华东局财经委员会做出《对山东一九四六年上半年财经工作的指示》，提出："发展生产，保证供给，公私两利，军民兼顾，厉行生产节约，是当前财经工作上的总方针。"[1] 为使各地明确这一方针，山东省政府于 3 月 1 日发出命令，公布《一九四六年上半年财粮工作方针》，要求各级政府根据各地实际情况研究执行。省政府依照华东局财委会的指示提出，"目前财粮工作的方针应该是：发展农业生产，扶助工商业，调剂金融，刺激生产，增加海关、贸易、盐税、矿业之收入，力求人民负担合理，试办农业累进税，减轻人民负担，提倡机关生产节约，紧缩财政开支，严格财粮制度，彻底贯彻财粮统筹统支，保证财粮供给。"[2] 这个方针对和平环境下的财经工作规定得更加明确、精细，"发展生产"主要是通过减轻农民负担，发放农业贷款，以推动农业生产的恢复和发展；同时恢复城市工商业，为繁荣解放区经济打下初步基础。"保证供给"一方面要增加各业收入，开展机关生产节约运动；另一方面要严格执行财粮制度，缩小财政开支，认真做到粮食、资金的统筹统支。根据上述方针，省政府提出了五项任务：第一，统一北海币的发行，调剂流通量，大量发放农贷，发展农业生产及农村经济合作事业，恢复解放区的商业，以繁荣市场，稳定币值；第二，开辟新的财源，开发矿业，扩大盐田，整顿海关，开辟海外贸易，增加税收，以减轻农民土地上的负担；第三，进行整理土地登记与实行清丈地亩，老区达到各阶层负担比率公平合

〔1〕《山东革命历史档案资料选编》第 16 辑，第 126 页。
〔2〕《山东革命历史档案资料选编》第 16 辑，第 237 页。

理，新区废止敌伪政权实行的负担制度，进行农业统一累进税的试点工作，以便将来普遍实行；第四，开展机关生产节约运动，要求自给经费达到70%—100%，新成立部门3个月后，达到自给经费30%—50%；第五，严格财粮制度，实行预决算领报制度，加强金库、粮库的管理，统一财粮工作的领导和统一收支，调整供给系统，提高财政部门的工作效率。

华东局财委会和山东省政府关于财经工作的方针，是在国共双方停战令生效以后制定的。这一方针的制定适应了形势的变化，对于解放区财政经济建设的发展，特别是城市工商业的恢复具有重要的指导作用。

二、农村民主政权广泛建立后的征收田赋、公粮工作

抗日战争胜利以后，随着解放区的不断扩大，特别是大规模的反奸清算、减租减息运动的开展，农村中广泛建立起基层民主政权。新解放区曾是日伪政权长期统治的地区，日伪势力与封建恶霸地主势力相结合，建立了由上而下复杂多样的统治机构，对沦陷区人民进行了极端野蛮残酷的压迫和剥削。因此，广泛发动人民群众推翻伪村政，建立民主的村政，普遍彻底清除日伪统治组织，就成为巩固抗战胜利成果，进行解放区各项建设事业的重要一环。

大进军以后，各地抽调了大批干部组成工作队奔赴新解放区进行农村工作。首先动员农民群众反对并检举汉奸恶霸分子，没收敌伪资财，并分配一部分给贫苦群众；放手开展反汉奸、反恶霸的斗争，收回被侵占的财产归还原主；慰问抗属、军属，救济贫民，帮助群众恢复生产。反奸清算斗争的深入发展使封建恶霸势力遭到直接沉重打击，而一般地主势力则孤立涣散。然后根据多数群众的要求，挟反奸清算的余威进入减租减息。在斗争过程中各地都注意从苦大仇深的农民群众中发现和培养积极分子，做好组织上建党、建政的准备。反奸清算斗争摧垮了封建恶霸势力的统治，农民群众的优势开始树立起来。各地纷纷抓住这一有利时机，在党组织的领导下迅速建立了

区、村级基层民主政权。

乡村民主政权的建立为解放区征收田赋、公粮工作的深入开展提供了有利的条件。过去封建恶霸势力把持着农村政权，利用其政治、经济上的优势残酷剥削广大农民，转嫁赋税负担，造成公粮、田赋征收中的畸轻畸重的积弊，有地无粮，有粮无地，地多粮少，地少粮多的现象十分严重，阻碍了农村经济的发展，也使解放区的财政收入受到影响。民主政权建立后，共产党在群众中的威望越来越高，广大农民翻身当家做主，从而使民主政府的合理负担政策的执行有了广泛的群众基础，使过去遗留下来的负担不合理状况得到根本改变。

抗日军民的大反攻以及进占中小城市，解放区经济恢复和发展都需要大量的资金和物资，因而财政开支势必要大量增加。对于处在农村经济环境中的解放区来说，解决财政收入的主要途径就是征收田赋和公粮，以此保证解放区各项事业的不断发展和财政支出的增加。面临这一情况，根据解放区群众工作不断深入和大生产运动成效显著的客观实际，1945 年 8 月 20 日山东省政府在《关于今年秋季征收公粮的决定》中，具体规定了各战略区秋粮的征收数目：胶东区 1.3 亿斤，渤海区 1.3 亿斤，鲁中区 1.1 亿斤，滨海区 1 亿斤，鲁南区 8 000 万斤，并且要求各地在执行《山东省征收公粮条例》的原则下，酌情提高各地征收数量以确保财政支出中的粮食支出。为此，各地各级政府集中力量对农民群众进行深入的政治动员，说明征收数量的增加是在解放区不断扩大的情况下进行的，是为争取抗战最后胜利所必要的，只有从全民族的根本利益出发，才能保障广大农民生活不断得到改善。同时，征收工作与土地陈报、整理地级、检查隐瞒黑地等项工作相结合，改变过去农民负担畸轻畸重的弊病，深入调查农业收入情况，通过民主评议审定增加或是减免负担的数目，依靠群众完成征收任务。广大农民在党的领导和教育下，积极执行民主政府的合理负担政策，踊跃缴纳公粮，充分体现了农民群众的爱国主义热情，促进了征收工作的顺利完成。1945 年山东各战略区公粮实际征收数为：胶东区 1.3 亿斤，滨海区 1.2 亿斤，鲁南区 10 490 万斤，鲁中区 10 164 万斤，渤海区 10 269 万斤，共计 55 924 万斤。田赋负担

根据山东省政府规定各地最高不超过每亩（中中亩）6元，虽然1945年的总征收数量为解放区抗战以来最多的一年，但这是随着区域和负担面不断扩大而增加的，各阶层实际负担占收入中的比例则是抗战以来最少的。1945年与负担最重的1938年相比，各阶层负担都有大幅度降低，其负担量占总收入的百分比，详见表4－2。

表4－2　　1938年与1945年山东各地各阶层负担

地区	阶层	1938年	1945年
胶东区	地主	33.2	24.5
	富农	30.9	18.3
	中农	20.8	8.4
	贫农	16.3	1.9
渤海区	地主	35.8	25.3
	富农	30.1	20.1
	中农	22.2	9.6
	贫农	17.8	2.1
滨海区	地主	35.4	24.7
	富农	25.1	13.3
	中农	13.5	7.1
	贫农	10.5	1.9
鲁中区	地主	36	25.5
	富农	24.1	14.7
	中农	21.9	7.4
	贫农	13.5	2
鲁南区	地主	34.9	27.7
	富农	27.5	15.3
	中农	22.8	10.1
	贫农	13.9	2.5

1946年随着相对和平时期的到来，公粮、田赋的征收工作进入新阶段。2月22日省政府发出《关于征收三十五年上期田赋的指

示》，要求各地到 4 月 25 日完成上期田赋征收，征收标准规定：清丈土地彻底的老区每亩（平均亩产量标准 150 斤）征收本币 7 元；已登记而未清丈的土地，黑地数量大的地区每官亩（以 240 弓为 1 亩）征收本币 8 元；新解放区（大进军以后的）每亩征收 6 元。5 月 15 日又发出《山东省三十五年度征收公粮办法》，仍采取标准亩（产量为 150 斤）收入累进征收的办法，以每户土地多寡划分为五等，征收率为 2%—35% 不等，并对人口计算法、灾情减免作了具体规定。1946 年，山东解放区公粮、田赋折粮、柴草折粮、村附加粮共计征收 15.51 亿斤，占全部粮食产量的 13%，详见表 4－3。

表 4－3　　1946 年山东各地公粮征收情况　　单位：斤

项目		胶东	渤海	鲁中南	滨海	滨北	合计
人口（人）		8 578 848	7 508 324	9 505 984	3 309 034	2 218 850	31 121 040
中亩（亩）		20 868 728	18 894 974	15 129 933	6 883 947	4 460 777	66 238 359
公粮	麦粮	81 839 838	90 138 495	110 574 239	31 697 826	23 631 943	337 882 342
	秋粮	257 018 975	170 845 808	148 657 778	64 600 000	29 664 716	670 787 277
	合计	338 858 813	260 984 303	259 232 017	96 297 827	53 296 659	1 008 669 619
柴草折粮		39 489 345	33 243 960	55 549 718	20 635 250	7 994 500	156 912 773
田赋折粮		56 250 000	26 646 000				82 896 000
村附加粮		101 657 644	78 295 291	77 769 605	28 889 348	15 988 998	302 600 886
总计负担粮		536 255 802	399 169 554	392 551 340	145 822 425	77 280 157	1 551 079 278
每人平均总负担粮		2.51	53.16	41.29	42.23	34.82	49.84
每亩平均	总负担	25.69	21.12	25.94	21.18	17.32	23.42
	总负担占产量（%）	17.13	14.08	17.29	14.12	11.55	15.61

说明：1. 村附加粮，各地均系按全年公粮 30% 估计的。

2. 柴草征收数，除胶东外，其余地区都按全年每斤公粮附征 1.5 斤计算。

3. 柴草折粮，胶东 10 斤柴折粮 1 斤（包括滨北），渤海 5 斤折粮 1 斤，鲁中南（包括滨海）7 斤折主粮 1 斤。

1946年田赋、公粮的征收数量与抗战时期比较是巨大的，其原因有如下几点：第一，解放区各项事业百废待举，需要资金较大，因而财政支出不断增加。发展工业，开发矿业，恢复城市工商业都要大量投资，为保证支出不得不扩大财政收入。第二，新解放区需要大量干部，放手提拔干部的结果是脱离生产人员大批增加。从大进军到1946年年初，半年中仅地方工作人员就增加了两三倍，吃公粮人员达到18万人，需要大量财粮供给。第三，部队数量急骤增加。一是地方武装升级为正规军队，二是新四军北移山东。本年度尽管征收数额巨大，但在具有光荣革命传统的解放区人民的大力支持下，加之负担政策得到较为合理地执行，因此征收任务基本上完成了。这对于“保证供给”和恢复、发展解放区各项经济建设事业，以及做好反击国民党进攻的准备，都具有直接的积极意义。

三、中小城市的财政工作

在日本投降前后，八路军山东部队迅速向各大城市进军。但是敌伪顽合流，在美帝国主义支持下，国民党军队占领了济南、青岛等大城市，并且调集兵力大举向解放区的城市和交通要道进攻。在此形势下，山东解放区的五路大军及时调整战略部署，转而占领中小城市和交通要道，英勇反击了国民党军队的进攻，取得了自卫反击的胜利。

中小城市系指烟台、威海及县城，到1945年10月山东解放区共有县城56座及烟台、威海两市，还有港口6处。这些城镇为日伪政权统治多年（抗战初期即沦陷），在日本帝国主义名为“开发”，实则掠夺之下，工商各业都比战前大为衰败，伪币充斥市面，贸易往来基本陷于停顿，被摧残的私人资本一蹶不振，城乡对立、隔绝的状态十分严重。在对日大反攻的过程中，山东分局、山东军区、山东省政府对于接管和掌握城市作了一系列部署，为城市经济的恢复付出了极大的努力。

1945年8月12日，山东军区、山东省行政委员会公布《军事时期城市管理纲要》，主要内容是：第一，接管敌占城市暂行军事管理，镇压各种破坏活动，迅速成立民主政权。第二，保障人民生命财产安全及合法权利，救济灾民、难民，迅速恢复生产。第三，凡日本侵略者及汉奸之财产一律没收，任何人不准隐匿自肥。解散一切敌伪组织及附敌团体，组织军事法庭，审判战争罪犯。第四，凡公私工商企业之设备资产应一律进行登记，视情况分别加以处理和保护。第五，以北海币为唯一合法之货币，法币、伪币分别予以适当处理。

为实施纲要，准备接管城市经济工作，省政府于 8 月 13 日向各级工商部门发出紧急命令，要求各地立即实行下列各项措施：一是立即按照新的情况重行准备机构干部，集中主要干部组织工作队随军出发，掌握重要城市及经济中心。旧有工作除有关财政收入者外一律停止，所有机关一律待机迁入城市办公。二是协同军政机关接受海关及敌伪经营之银行、洋行、工厂、矿山，没收物资均由工商局统一保存或出售，所有没收资财均作为财政收入。三是对中国人民的工厂商店均予保护，并协助恢复生产、恢复营业。迅速调剂粮食油盐等类日常用品，解决人民生活困难。市场交易除毒品外均准自由买卖，暂不收税。四是立即大量调剂城市所需本币，胶东、鲁中各增发 1 亿元，其他各地各增发 5 000 万元，突击印票准备继续增发。立即停止收兑伪钞，低价收兑法币。一切账目票据均须按本币计算。五是吸收技术人才、会计人才及较进步的工厂商店管理人员参加工商管理工作，掌握城市工作重点，团结人民，争取工商业家。

各战略区遵照山东省政府的紧急命令，把进占城市、掌握经济作为整个工作的重心，立即将工商干部及大量资金集中起来，分配到各占领城市去。当时形势变化急骤，国民党军队源源不断进入山东，控制对日受降，与解放区形成争夺城市、交通要道的局面。由于长期处在农村，缺乏管理城市特别是城市经济工作的经验，部分干部思想上对进占城市信心不足。被占领城市中工商各业处于凋敝状态，物资贸易被封锁，军事情况变化不定，交通受阻不便，货币多种多样等等，都给城市经济的恢复造成很多困难。特别是所占城市与农村联系较少，基本是消费性质的。如何使城市工商业与农村经济结合起来，一方面恢复城市经济，另一方面带动农村经济的发展，是当时解放区城

市工作所要解决的主要问题。

针对上述情况，山东解放区城市财政经济工作遵循掌握资财、恢复工商业、保障军民供给的原则，主要进行以下几方面的工作：

第一，没收敌伪财产，充裕财政经费。1945 年 8 月 25 日，山东省政府、山东军区颁布《关于敌伪资财处理办法》，决定由军队、政府合组敌伪资财处理委员会，负责没收财产的处理事宜。各战略区抽调工商干部在部队的配合之下，对其辖区内新解放城市迅速接收应没收的敌伪财产并妥善加以保管。没收物资如系军事急需，即由当地资财处理委员会批准拨付，按价转账；如为城市居民急需，即拨交公私商店按照规定价格出售，保障正常的生活秩序；暂时不使用者，一律登记封存。没收的工矿企业立即派遣干部进行资本、人员、生产情况等方面的调查登记，组织工人保护资产并着手恢复生产。在接收工作中各地严格执行上级规定，注意防止发生破坏和浪费现象，在较短时间内即缴获了大量敌伪资财。例如，威海解放后没收的敌伪财产价值 1 020 万元，粮食 13 万斤。除以 20 万元、9.3 万斤粮食救济贫民外，本市建设开支 15 万元、粮 1.2 万斤，其余全部上缴国库。虽然也曾产生过将私人工商业财产没收分给城市贫民的现象，但很快得到了纠正。

第二，调剂粮食土产品，救济城市难民和贫民，建立良好的社会秩序。每一城市解放后，民主政府即宣布撤销粮食土产品禁令，奖励人民自由调剂城市所必需的粮食、柴煤、油盐等物资，并积极组织人员到城市附近地区收购粮食，以保证城市居民生活用品的供应。同时，将没收的粮食平价出售，或酌情划拨直接救济贫民。烟台解放以后，市政府先后调拨粮食 300 多万斤、盐 61 万斤、棉花 2.5 万斤，救济全市 10 万余居民。威海自 1945 年 8 月至 1946 年 4 月的半年时间内，共发放救济款 332 448 元、粮食 35 685 斤以及总值达 15 万元的棉花、鞋、袜、衣服等物品。枣庄于 1946 年年初拨粮 2 万余斤救济煤矿失业工人，有 2 000 余人得到粮食。淄博解放后，立即成立了特区政府，先后两次发粮 120 万斤、款 100 万元，救济失业工人，为恢复生产创造条件。广大城市居民得到党和政府的亲切关怀，重新建立起生活的信心，坚定了跟着共产党走的决心。另外，1946 年 2 月以后，联合国善后救济总署发放的救济物资运到山东解放区，民主政府根据“联总”的急救精神，决定以城市救济为主，以战争损失严重、生活困难、抗战有贡献者为救济对象。采取速运速发的方法，及时解决城市居民的困难。截止到 1946 年 7 月，山东解放区共计接收救济物资 1 229 吨，有面粉、奶粉、衣服、鞋子、医药、器材等。其中，鲁中、鲁南、滨海 3 区接收物资 419 吨，共有 23 个县、1 386 个村庄、32 574 户、126 807 人得到救济品；胶东区直接收到救济物资 750 吨；渤海区直接收到 60 吨。

第三，发放工商业贷款，取消一切苛捐杂税，加快城市经济的恢复。每一城市解放之后，民主政府即明令宣布取消敌伪政权所规定的一切苛捐杂税，只征收关税、盐税、烟酒税，并加以广泛宣传，动员私营工厂、商号恢复生产和营业。威海市取消了 68 种苛捐杂税。在接收城市过程中，民主政府按照实际情况，将日伪统治时期被没收的私人工厂商店如数归还原主，得到了广大工商业者的拥护。烟台解放以后，民主政府立即将张裕酿酒公司价值数百万元的财产归还了原主；福顺德银号 7 800 元伪钞准备金也如数归还。为鼓励私人资本的发展，活跃市场经济，民主政府在新解放的城市里发放数量甚巨的各种贷款，帮助工商业者和城市居民解决资金困难，同时也解除了他们的顾虑。烟台发放低利贷款 2 177 300 元，有 2 456 户贫民及小贩得以参加生产和贸易，并以 74.5 万元贷给 15 家商号，帮助其恢复营业；威海发放工商贷款 500 万元、渔业贷款 200 万元；龙口发放工商贷款 80 多万元；博山发放贷款 200 多万元；诸城仅发放商业贷款就有 10 万元。据不完全统计，全省仅发放工商贷款即达 4 500 万元（本币）。贷款形式多为短期低利贷款，目的是为了加快资金周转，解决城市居民生活出路，动员全体人民投入到恢复经济建设的运动中去。

第四，整顿货币，大量发行北海币，保证商业贸易正常交流。各地城市在日本帝国主义投降以后，伪钞币值狂跌，法币回涨。据此，民主政府利用济南、青岛、徐州等地收兑伪钞机会迅速排挤伪钞，换回各种物资。仅胶东区 4 个月内就排挤了 600 万元以上的伪钞，渤海区驱逐伪钞在10亿元以上。对于法币仍采取禁止流通的办法，由北海银行收兑，以备与国民党“收复”的城市作经济交流之用。同时在新解放城市普遍设立北海银行支行和办事处，大量发行本币，吸收物资，积蓄资财，充作恢复经济的建设资金。另外，还积极开展汇兑存放款业务，调整金融，扶助生产，改善民生。

由于采取以上措施，解放区城市经济状况有了很大好转。首先是商业的恢复与发展。烟台自1945年9—11月3个月的时间内，商号由解放前的3 216家发展到5 742家，增加56%。威海在解放后的1年时间里恢复和新开设的商店达101家，行商1 712家，摊贩856家。龙口商号由300家发展到400家。渤海区利津、羊角沟、惠民等新解放的小城市，仅1年的时间私人商号就分别由110家、70家和248家发展到229家、106家和340家。石岛私营大小商号由敌伪时期的235家发展到357家。在这些城市取消了过去的行会和公定价格，由商民重新组织商会和店员工会，实行自由贸易，各商号按货色好坏自行定价，以促进私人资本的增值和市面交易的繁荣。在商业逐步恢复的同时，工业、手工业和出入口贸易也有一定的恢复且超过日伪时期。威海在1年内开工的工厂和手工业作坊有189家，比日伪时期增加160家。烟台成立了山东航运有限公司、烟台水产有限公司、罐头工厂、煤炭场等。惠民造纸业战前原有31家，解放后有9家得到25万元的贷款后顺利开业，月产纸张180刀。纺织业也得到了很大发展。临沂自1945年10月至1946年1月的3个月内，就发展了纺户850户、织户29户，组织了210个纺线小组，纺线2 744斤，织布121匹，共计得到工资198 473元，可买粮56 700余斤（高粱）。各沿海城市进行了海关改革，实行商人报关自由和新税率，使出入口贸易打破了沉寂萧条的局面，呈现出日趋活跃的势头。龙口港1945年8月仅有帆船21艘，到9月下旬即增至99艘，出入口货物达30多种，价值2 727 033元。10月至12月，入口货物数值21 979 903元，出口货物数值14 570 733元。威海仅1945年10月就有商人584名出入通行，出入口及转口货物总值达12 231 478元。胶东区各海口1945年12月至1946年2月的3个月，出入口货物总值分别为9 982万元、

17 455 万元和 15 189 万元。入口货物中以工业用品为最多，占 57%；其次是日常用品占 35.8%；渔业用品占 4.6%；奢侈品占 1.1%。出口货物中以日常用品为多，占 82.4%；其次为奢侈品 9%；工业品占 7%；渔业用品占 1.6%。出入口贸易的发展不仅换回了解放区所必需的工业品，输出了剩余产品，而且扩大了解放区的政治影响和经济影响，加快了城市经济的恢复和发展。

山东解放区，还就中小城市如何解决群众的生产和生活，加强城市与农村的联系，改变敌伪统治时期工商业多为消费经营而造成的城乡隔绝等问题，创造出了成功的经验。1945 年 10 月民主政府在临沂城成立了“生产推进社”，先后拨款 55 万元，抽调干部 10 余人，以公营的方式直接扶助群众进行生产。创办初期的业务活动，主要是贷棉花与纺车，发棉收线，发线收布。根据中心市集的粮食价格，保证纺织所得工资能养活 1 人或 1 人半。在一个多月的时间内即发展了二三百户，使群众树立了对推进社的信任感，有力地促进了将城市居民组织起来从事生产事业这一工作的深入发展。随着经营规模的扩大，依据业务范围与性质，“生产推进社”进行了详细而又明确的内部分工。在总经理领导下分为 4 股，即供销股，负责社内及合作社独立手工业者的原料供给和产品销售；纺织股，负责发花收线，发线收布；合作指导股，帮助群众创办合作社；会计股，掌握社内物资，发放各种工资，帮助民办合作社建立账目和会计制度等。为奖励群众独立经营，扩大推进社业务种类，在临沂城内建立了线布买卖市场，纺织户可直接出售，并在各镇、街成立民办纺织合作社，推动业务活动的发展。这样，线布市场日趋活跃，由开始之初的 5 天一集改为 5 天一大集一小集。群众交易方便，随行就市，收入有所保证，从而使推进社纺织股的业务得以过渡给合作社，并撤销了该股以推动其他事业的发展。在推进社的推动下，到 1946 年 9 月，临沂城区成立合作社共 29 个，社员 3 506 人，股金 341 242 元，包括纺织、木工、运输、水产等多种行业。这种群众性的以生产和销售为主的合作社适应了城市经济的特点，即在手工作坊基础上的合作经营。通过大家集资、民办公助，充分照顾资方利益，以及掌握合作社业务的多样性和

灵活性，不断扩大规模，增加产量，提高质量，降低成本，加速资本周转等步骤和措施，切实保障私营手工业者的个人利益，从而逐步使私人经济过渡到集体经济。“生产推进社”的做法，使临沂城区的手工业较沦陷时期有了明显发展。纺线车由244辆增至2 284辆，弹花机由2架增至8架，织袜机由22盘增至50盘；织布铁机由10张增至11张，新增织布木机11张、缫丝车4辆、纺毛线机4辆；纺丝线的由10户增至25户，鞋匠由15人增至29人，制革由4户增至10户，染匠由4人增至18人。17种主要商业比解放前增加了113家，共有215家。“生产推进社”在加强城乡物资交流方面，也发挥了重要作用。它帮助城北岔河区4 000余张布机恢复了生产，组织了7个合作社，有社员1 000余人。在城南傅家庄扶助群众铁业和窑业生产，协助他们每日推销40万元的成品。同时，还大力经营联合运销。在原供销股的基础上扩大成立了联合运销处，由北海银行贷款200万元作为活动基金，与鲁中、鲁南、滨海三区十几个合作社建立了业务联系，打通了运销路线。联合运销主要有三种方式，一是合资经营运销，采取三七入股、对半分红的办法，即运销全部资金由运销处出七成，合作社出三成，获利各分一半；二是批发收买，各地合作社运来货物按市面批发价格卖给运销处，运销处为各合作社代购的货物按本城区批发价格计算，运到各地合作社的货物则按当地批发价格计算；三是代售货物，互相委托代购或销售货物，从盈利中抽取10%的手续费。在开展这项业务的两个月中，从滨海区各地运到临沂城的货物有咸鱼、生油、铲、锅、锄、棉花、扫帚、草帽等，价值达423万元，经过运销处运到滨海区各地的货物价值达68万元。莒南县藏家庄合作社从中盈利10万元，大店合作社盈利8万元，十字路联销社盈利30万元。由鲁中各地运到临沂城的货物价值达116万元。鲁南赵镈县四区运销社盈利约20万元。通过联合运销，“生产推进社”的活动资金达到7 565 300元。由于掌握了为群众服务的工作方针，坚持了民办公助、公私结合的原则，临沂“生产推进社”在为城市经济的恢复和发展以及沟通城乡商品交流等方面做出了极大的贡献。这一成功经验很快由山东省政府加以总结并推广到各地，从而在解

放区各中小城市陆续建立了生产推进社，组织群众进行各业生产，积极医治战争创伤，繁荣城市经济。

四、北海币的统一流通及货币斗争

抗日战争胜利之后，由于政治形势和军事形势的变化，在山东形成了3种货币市场。一是解放区的北海币（本币）市场；二是新解放区的北海币与伪钞混合市场；三是国民党“收复”城市的法币和伪钞混合市场。通过抗战时期的对敌货币斗争，北海币市场已非常巩固，流通量也不断扩大。国民党抢占济南、青岛等大城市后，为了给法币的流通创造条件，采取以支持伪钞的形式与北海币抗衡。新解放区迅速扩大，已使各战略区连成一片，但北海币的流通量与社会容量尚不适应。在上述情况下，北海币与法币、伪钞的斗争日趋激烈。这场斗争对解放区的财政经济状况有着重要的影响。

早在抗战胜利前夕，山东省政委会就曾发出《关于统一本币流通的通令》，指出：“随着年来我对敌军事经济斗争的巨大胜利，现在我山东各根据地基本上已打破过去分割状态，货币斗争亦已普遍胜利。今后为全面的调剂物资，稳定金融，统一步调，更有力地开展对敌经济斗争，特决定全省各地区发行之本币不分地区统一流通”。[1]《通令》表明，在根据地市场上，法币与伪钞基本绝迹的条件下，随着区域联系的加强要使北海币的流通统一起来，从而使货币发行工作统一起来，以保持物价的稳定，壮大根据地的经济实力，争取对敌大反攻的彻底胜利。

在进行统一北海币流通工作时，法币、伪钞市场也在迅速发生变化。日本帝国主义宣布投降之后，伪钞经过一段狂跌之后又有回涨，与北海币的比价由一分涨到了一二角，法币也由五分涨到二三角，尚未解放的城市物价有所下降。这是因为敌人为达到拖延投降的阴谋，极力紧缩伪钞以平抑物价稳定人心，同时因恐怕其大部分存货被没

---

〔1〕《山东革命历史档案资料选编》第15辑，第181页。

收而廉价抛售。一般商人也因银行抽回贷款被迫抛售存货。而国民党深知法币在山东的市场不大，所以不惜使用支持伪钞抗拒北海币的手段，来达到占领敌占城市市场的目的，以实现敌伪顽合流。伪钞回涨的反常现象虽然可使敌占城市的物价暂时稳定，但代价甚巨，是靠用大量物资来回笼大批伪钞。物价低落，城市空虚，势必难以长期坚持下去。解放区正可利用这一有利时机，组织人民排挤伪钞，吸收物资，加强对敌伪顽占据城市的封锁，用货币斗争的手段达到巩固北海币地位的目的。

针对伪钞回涨的情况，山东省政府于 1945 年 9 月 13 日发出命令，要求各地采取以下对策：新解放区迅速发行本币，排挤伪钞和法币，不准市面流通；低价收兑法币、伪钞；利用敌伪抛售存货的时机，大量吸收物资，继续坚持对敌占城市粮食、煤炭等物资的封锁；稳定内地物价，避免因敌占区物价的变化而引起解放区物价波动。

各地在执行省府指示的过程中，大致有以下做法：一是广泛深入地向群众进行宣传教育，说明北海币是人民的货币，要爱护北海币，使用北海币；法币、伪钞是日伪和国民党掠夺人民的工具，因此使用这些货币就是帮助了敌人，从而使人民更加信赖北海币，厌恶伪钞和法币。二是宣布禁用或定期禁用伪钞，用行政手段由近而远地逐步排挤伪钞和法币。并且调剂物资、平衡物价（如宣布粮食等类的价格，我方按定价买卖，商号市价不加限制），逐步在新解放区扩大本币市场，摆脱伪钞币值变化对解放区的影响。三是发动解放区群众携带大量伪钞到敌占城市去购买物资，主要收购西药、电料、染料等军需品。四是在解放区内由各地工商局低价收兑伪钞，然后利用济南、青岛、徐州等地银行收兑伪钞的机会，将伪钞迅速排挤出去，换回各种物资。五是迅速发行北海币满足市场流通需求，防止伪钞、法币排挤后物价下降情况的发生。加强老解放区的生产建设，以充裕的物资巩固本币，稳定物价，繁荣市场，不断提高北海币的信用。

由于各战略区抓住了伪钞回涨的机会及时行动，不仅把几十亿元的伪钞迅速从新解放区排挤出去，使人民群众避免了此后伪钞狂跌而可能蒙受的损失，而且扩大了北海币的市场，巩固了本币地位，

支持了新解放区财政经济的发展和恢复。

五、大鲁南地区财经工作的初步统一

抗日战争时期，与根据地被分割和游击战作战形式相适应，山东各战略区财政工作只能采取分散自给的方针，各区、县的财政基本是自收自支，各自为政。财权主要掌握在区、县，区与区，县与县之间在财政资金上也不能及时相互调剂。这种做法一方面是受当时的政治、军事、经济条件所决定，另一方面，也有利于发挥区、县的积极性，使之胜任在财力、物力上直接支援战争的艰巨任务。

抗日战争胜利后，山东各战略区基本连成一片，特别是胶济路南的鲁中、鲁南、滨海 3 个地区（统称大鲁南地区）的经济往来更加密切，在解放区经济恢复工作中发展起来的联合运销，使得 3 个地区贸易交流、剩余产品推销、手工业和农村副业兴起等方面都出现了新局面。这样，以前的财经机构和财粮制度已不适应形势发展的要求，极易形成互相牵制，从而产生障碍。并且分散自给的财政体制所造成的各自为政，在开拓财源上也出现了盲目性、局限性，缺乏应有的计划性，上级的财政指示有时很难得到认真贯彻执行，远不能适应新形势下整个经济发展的需要。另外，各地区从自身财政需要出发，经常出现不讲政策，各搞一套的情况，以致形成各区负担不一，妨碍统筹安排的状态，不利于增加收入和发展经济。分散自给的状况在抗战后期已经有了一些改变，大反攻之后，随着解放区联系畅通、经济往来日趋密切，要求进一步加以改变。

鉴于上述情况，华东局和山东省政府从 1946 年开始，首先在大鲁南地区实行了统一筹划财政工作的方针，取得了初步成效。1 月 17 日，省政府发出《关于今后会计工作的命令》，决定自该年度起鲁中、鲁南、滨海三地区实行统筹统支，一切财粮收入均缴省政府委托之金库、粮库。一切财粮支出，凡各军区所需军费粮秣每半年编造一次预算，经华东军区核准后，再经部队后勤部门呈请省政府财政厅分期支拨；各级政府每 3 个月编造预决算 1 次，经省政府核准后由财政

厅支拨。胶东、渤海仍由两地区行政公署实行统筹统支。1 月 22 日，省政府决定撤销鲁中、鲁南、滨海三区工商管理总局，合并成立省工商总局统一领导三区工商工作，并在 3 个地区设立 8 个分局（滨海一、二、三分局，鲁中四、五、六分局，鲁南七、八分局），支局、事务所、检查站由各分局依据具体情况自行划分呈报。另外，省政府还规定大鲁南地区货币统一发行。大鲁南地区财经工作的初步统一，为集中财力、物力，有效地保障战争供给，做好反击国民党军队进攻的准备创造了条件，同时也为以后山东解放区财经工作的进一步统一积累了宝贵的经验。

1946 年 6 月以后，山东形势日趋紧张，解放区进入战时状态，财经工作的注意力主要集中于供给战争需要。在节约经费、减少开支、机关生产和供给标准等方面采取了一些紧急措施，财经管理体制改革受到了限制，因而 1946 年上半年形成的山东财政体制一直保持到 1947 年下半年形势根本好转以后。

战时财政体制的集权与分权是一个比较复杂的问题，“分散自给”可以调动地方积极性，因地制宜地解决一些困难，但在开辟财源、政策实施、财政支出方面都存在各自为政、不顾整体的弊病。“统筹统支”可以使财力、物力大集中，统一调剂使用，保证大规模作战的物资供给，但地方经费有时不能按时拨付，一些单位存在依赖上级供给的思想，农民负担有时加重。两者比较要扬长避短，就需要首先从保证战争顺利进行的角度着眼，在作战形式逐步变化的情况下相应改变财政体制。一方面做到财力、物力集中，另一方面又不要统得过死，给地方一定的机动权，在大范围内做到经济工作统一、生产统一、物资统一、财政统一、货币统一。山东解放区财政经济工作在以后的发展变化过程中，逐步做到了两者统一，使财政体制得到了不断的巩固、完善，并发挥了巨大作用。

第三节 山东解放区财政收支、管理制度的加强和完善

一、各级政府财粮、工商机构的调整

抗日战争胜利之后，山东解放区的财经建设进入了一个新阶段。在及时调整财经工作方针的同时，加强了财粮、工商机构的建设，不断完善和巩固财政体制，保证解放区经济恢复和发展的顺利进行。

（一）在相对和平环境下，加强财粮、工商机构的正规化建设

1945 年 8 月，山东省出席中国解放区人民代表会议的全体代表联名建议，将山东省战时行政委员会改为山东省政府。8 月 12 日，省政委会、临参会驻会委员会第 20 次联席会议决议：山东省战时行政委员会改为山东省政府，暂以原有各处改为厅。8 月 13 日，山东省政府宣布正式成立，负责财经工作的部门为财政厅、实业厅和工商管理总局、粮食管理总局、北海银行。财政厅下设三科，即一科（行政）、二科（会计）、三科（审计）；实业厅下设三科一室，即农林科、合作科、工矿科和技术室。1945 年底，北海银行根据山东解放区趋于统一以及货币金融统一计划与统一指挥的需要，颁布了《山东北海银行各级行处组织暂行规定》。各级行处定名为：总行（山东北海银行总行）、分行（以各行署区名称命名）、支行（以所在地名称命名）、办事处（以所在地名称命名）。总行下设秘书室、会计科、营业科、出纳科、总务科、发行科；分行下设会计科、营业科、出纳科、仓库、总务科；支行下设会计股、营业股、仓库、出纳股；办事处设有会计、营业、出纳、仓库；另外，各分行、支行与办事处酌情在各处设立破币兑换所，渤海、胶东两地根据当地情形增设

金库。1946年1月，鲁中、鲁南、滨海3个地区财粮工作确定统筹统支，工商工作亦实行集中领导，撤销了3个地区的总局，合并成立省工商总局，其组织系统和机构设置是：省工商总局、分局、支局（原县局）、事务所、检查站；总局下设七科，即总务科、贸易科、税务科、工矿科、会计科、统调科、干部科；分局下设四科一室，即总务科、贸易科、税务科、干部科、统调室；支局下设总务股、税务股、干部股、统调员、总商店、分店（盐店、酒店、土货店等）；事务所、检查站各分设会计、填票员、检查员。根据海口、内地贸易和工矿业的发展，加强税收管理工作。1946年3月5日，省政府重新制定公布了《山东省各级工商局修正组织条例草案》，各级工商局定名为：省局为"山东省工商总局"，鲁中、鲁南、滨海三地区各专员区设立分局、支局，以下设事务所、检查站，均以所在地名称命名；胶东、渤海两地定名为："胶东工商局"、"渤海工商局"，分局以下设置相同。总局下设总务科、干部科、统调科、会计科、税务管理局、贸易管理局、盐务管理局、矿务管理局；分局下设总务科、干部科、统调科、税务科、贸易科、盐务科；支局下设总务股、干部股、统调股、税务股、盐务股、总商店；支局以下分别设立海关、事务所、检查站、驻厂员（公私工矿企业）、商店（盐店、酒店、行栈等）；渤海、胶东两地工商局直接受行署领导，组织机构与分局相同，分局以下机构按原有基础与具体情况设置。

财粮、工商机构的正规化建设是随着经济恢复工作的不断扩大而进行的。在老解放区，主要是当区域分割被打破、经济交往迅速增加的情况下，对财经机构进行科学分工并逐步建立起统一的财政系统。在新解放区特别是中小城市，则主要是清除日伪政权遗留下来的各项制度，迅速设立工商、贸易、银行、交通等机构，以保证经济恢复工作的顺利开展。1945年10月31日，山东省政府做出《关于调整各级政府行政机构及县以下行政区划的指示》，要求各级政府行政机构的调整，仍须贯彻精简、节约、效能、统一、反官僚主义的精神来进行。对于有关财粮、工商机构各级政府设置有：行政公署分设财粮处、实业处、工商管理局；财粮处一般分为财务行政、会计、审

计、粮食等四科，另设金库、粮库；实业处一般分为农业、合作、建设等三科，另附设技术室或研究试验场所；工商管理局为半事业性机构。专员公署为行政公署之代表机关，应本着精干的原则分设财粮科、实业科、工商管理局。县政府分设财粮科、实业科、工商管理局（视需要而定）。区公所设财粮、生产助理员。

（二）明确供给系统，保证财粮工作的统一

抗日战争时期，由于残酷的战争条件和根据地被分割的环境，使得军政供给系统有时比较紊乱。加之战争环境使得部队的移动异常频繁，所以也造成了供给的无计划性。政府系统的供给全由财粮部门计划解决，影响了财粮部门对财政制度、政策的研究。为此，1946年1月山东省政府决定：各级政府财政会计与各级政府机关会计分开，各行署秘书处下设会计股，专署、县秘书下设总会计，统一管理各级政府及其直属单位的财粮支付、预决算等项工作。同年2月，省直供给处正式成立，下设供给、粮秣、会计三股，在省府秘书处领导之下负责省府直属机关的财粮供给工作，业务上接受省财政厅的指导。3月，山东省政府又进一步决定："为使财政与供给科学分工，提高工作效率，减少紊乱现象，各级政府之供给，一律划归秘书处负责，并按级到省批支。各级政府之财粮部门，专业于研究执行政策和制度。"

除了政府内部的供给系统调整外，还同时调整了其他供给系统。"各地自区中队以上至各师及纵队及武委会，统由省军区后勤部统一供给。地方上各级政府及群众团体之补助费，均由政府系统下统一供给。各级工商局及交通局，各局上下直属系统，均统一于省总局供给，各级银行自三月份起，财粮均自己处理，概不供给。"[1] 各级各部门供给系统的调整，注意了纵向联系，打破了过去地区或部门的封闭状态，使解放区的财政工作做到了上情下达、下情上达，更加有利于党的财政方针、政策、制度的贯彻和执行，从而有效地保证了财政

---

〔1〕《山东革命历史档案资料选编》第16辑，第239—240页。

供给的统一性、计划性和及时性。

（三）财粮工作适当分工，不断完善粮食管理机构

粮食问题一直是山东解放区的一个重要问题，粮食是支援战争和保障建设的基础。1945 年 11 月 3 日，山东省政府指示各地，要求行政公署财政处下设粮食科，专员公署财政科下设粮食股，各级政府要迅速建立与健全。同时在解放区相互联系日益密切的情况下，粮食的征收、贮藏、运输、支付等管理工作日趋精细。山东省政府于 1946 年 1 月 27 日公布设立山东省粮食总局。同年 7 月 5 日，山东省政府发出命令，内称："为提高粮政效率，保证军需供给和民食无缺，以争取自卫战争之全部胜利，经本府委员会第六次会议决议，山东省粮食总局直属本府委员会领导；各行政区设粮食分局，必要地区的专署得设粮食支局；县级财粮暂不分科，但必须加强粮库干部管理；各级机构均在同级行政委员会领导下，并接受上级粮政机构之领导。"[1] 同时，省政府还颁布了《山东省各级粮食机构组织条例》，总局下设六科，即秘书科、行政科、调剂运输科、会计审计科、副业经营科、保管出纳科；分局除秘书室外，其余设置与总局相同，渤海、胶东两地会计审计可分设两科；支局设一室五股，名称同前；县设粮库，粮仓按其出纳粮食之多寡分为三等。此后，各地根据省政府的要求均建立健全了各级粮食机构。

山东解放区的财粮、工商机构的调整，主要表现在按部类进行合理分工，以达到提高工作效率与消除职责不清、工作不深入等各种弊病的目的，及时地适应政治形势与经济形势发展的需要。同时，这也是财经制度建立健全的一个重要方面。虽然全面内战爆发之后，机构调整工作暂告一段落，但这却为战争胜利之后的财政经济工作的发展提供了可资借鉴的宝贵经验。

[1] 《山东革命历史档案资料选编》第 17 辑，第 111 页。

二、工商税收章则的颁布

工商管理机构的加强和工商管理条例的完善，是促进税收工作深入发展的重要条件和保障。随着山东解放区经济的恢复和发展，工商税的收入成为财政收入的重要来源。在山东解放区连成一片，各级行政机构不断建立健全的情况下，过去那种税种、税目偏窄，征收面和负担深度各地不一的局面具备了改变的条件。因此，为调整各阶层负担，增加国库收入，山东省政府于 1946 年 4 月颁布了出入境税、产销税、营业税、屠宰税、交易税等法规，省工商总局也颁布了关于统一执行省政府新颁税率的通令。

进出口货物税。《山东省进出口货物征税暂行章则》规定：凡从解放区运往其他地区或从海上运出的货物，就作为出口；反之则为入口。转运入口按入口征税，不得重征；转运出口免税。解放区之间的货物往来一律不征收进出口税。征税范围包括公私商号、公私工厂、群众合作社等。征税工作由边沿地区工商机关执行。进出口货物税率分海口和陆地两种。海口进口货物分为棉及其制品、麻及其制品、毛及其制品、丝及其制品、金属及其制品、食品饮料草药、烟草、化学产品及染料、烛皂油脂蜡胶松香、书籍地图纸张、畜产及其制品、竹木藤草及其制品、煤炭沥青燃料、瓷器搪瓷玻璃、石料泥土及其制品、杂货等 16 大类，税率有免征、5%—50% 不等；海口出口货物分为动物及动物产品和鱼介产品、植物产品、纺织纤维及其制品、金属矿石及其制品、杂货等 5 大类，税率 5%—30% 不等。陆地进口货物分为棉及其制品、麻及其制品、毛及其制品、丝及其制品、食品饮料草药、烟草、化学产品及染料、烛皂油脂蜡胶松香、书籍地图纸张、杂货等 10 大类，税率 5%—50% 不等；陆地出口货物分为动物及其产品、植物产品、竹木藤草燃料纸张、纺织纤维及其制品、金属矿石及其制品、杂货等 6 大类，税率 5%—30% 不等。不管海口还是陆地，为了保护山东解放区生产的发展，有利于经济斗争的需要，进出口货物税的征收实施基本原则是：对军需民用的货物免税或低税进口，限制出口并根据货物的用途和解放区的需要程度规定税率的高低。

产销税。《山东省产销税征收暂行办法》规定：凡在山东解放区内从事消耗品、迷信品、特产品等三类各种产销货物的，不论公营、私营、公私合营、合作经营，均须向所在地工商机关纳税。各种产销货物种类与税率为：卷烟按量征收，手工制烟每支 3 分，机制烟每支 6 分；黄烟叶按价征收 10%；土烟叶按价征收 5%；果酒、黄酒按价征收 10%；特种酒类如白兰地、葡萄酒、啤酒等，按价征收 20%；烧纸从量征收，每块（40 刀为 1 块）100 元；食盐以量征收，每百斤 30 元，煤及各种矿产品以实产量计算，按价征收 5%。从价计算征收者应按当时当地批发价格，估价不得提高或降低。偷税者除责令补缴应纳税额外，并处以 1—5 倍的罚金。根据平衡负担的精神，山东解放区各地产销货征税品目不尽一致，税率也有所变化。

屠宰税。《山东省屠宰税征收暂行章则》规定：凡以营利为目的屠宰牲畜者，均须按羊每头 10 元，猪每头 30 元、牛每头 100 元缴纳屠宰税。为了保护大牲畜，役畜严禁宰杀，老、弱、病、残的大牲畜须经有关部门批准方可宰杀，未经纳税私行宰杀者，除追缴税款外，应加罚 1—5 倍的罚金。

牲口交易税。《山东省牲口交易税征收暂行章则》规定：凡买卖成交的牛、马、驴、骡四种牲口应缴纳交易税。税率为当时买卖市价的 3%，税款由买方负担。已纳税之牲口如贩运出口者，应完纳进出口货物税。如有偷税或短报价额者，除补足税额外，处罚 1—5 倍的罚金。

营业税。《山东省办理营业执照暂行章则》规定：凡商号、摊贩不论公营或民营，均须领取营业执照，并缴纳执照费。执照费按行业分三大类缴纳，菜馆、茶馆、咖啡馆、冷食店、糖果店、水果店、茶食店、旅馆、珠宝首饰古玩业，金银器具店、玩具店、乐器业、钟表眼镜镶牙照相业，典当业，银钱业，烟酒茶参茸莓桂银耳业等交 100 元；堆栈仓库转运业、中西服装业、南北货业、洋广货业、绸布呢绒业、杂货店、鞋店、帽店、酱园、皮鞋、坊店、理发馆、澡堂、戏院电影院、书场、杂耍场等行业交 50 元；成衣铺、中西药房、书籍文具等行业交 25 元；摊贩按第三类领照交费。营业执照每年分两期领取，1—6 月为第一期，7—12 月为第二期。营业执照不得转卖借用或逾期使用，无照营业如经发觉或查获，除补领执照外，并处以应交执照费的 1—3 倍的罚金。1946 年 4 月省工商总局发出指示，要求各地把办理营业执照作为 5、6 月份税务工作的中心任务，一律于 6 月底完成，由分局分类报告总局。

上述税收章则是山东革命根据地建立以来所颁税则最为详细的一次，标志着税收工作提高到一个新的水平。随着解放区的不断扩大和税收工作的不断深入开展，在认真总结抗战时期税收经验的基础上，大鲁南地区逐渐开始实行统一税率，同时税种税目逐步增加，使财政收入得到提高。特别是解放区中小城市的经济建设发展，创造了征收工商税的条件，而工商税收的实施又反过来促进了生产的发展和市场的繁荣。当时山东解放区尚未完全统一，渤海、胶东两战略区都曾根据本行政区的实际情况，依照省颁税收章则的精神，制定实行了一系列地方税收法则。胶东区行署 1946 年 3 月 13 日颁布《胶东区暂行关税税则》，4 月 1 日公布了极为详细的关税税率表；1946 年 2 月 25 日，胶东行署发出《关于征收盐税的训令》，决定自 3 月 1 日起征收盐税，不分内销或出口，每市担（100 市斤）均收税款 15 元，专卖手续费 5 元。

三、各项财政管理制度的统一与完善

抗日战争时期山东解放区就逐步建立了财政管理制度，但是由于当时解放区处于分散状态，财政工作不统一，各种财政规章制度各战略区也不尽相同。抗战胜利后，为了合理组织财政收入，节约使用财政资金，以适应山东解放区形势发展的需要，山东各级党政领导十分重视各项财政制度的建立和完善，使财政管理发挥应有的作用，保证财政税收任务的顺利完成。1946 年 1 月中旬，省财政厅召开鲁南、鲁中、滨海三地区财政处长联席会议，着重讨论了健全和统一财政制

度等方面的问题，认为必须逐渐做到一切财政制度均由财政厅统一掌握，今后财政部门的任务主要就是掌握政策、完善制度，制订开源节流的各种措施。1 月 26 日，华东局财经委员会在对山东 1946 年上半年财政工作的指示中，也强调指出，财政上之各种制度，是一个精细科学的计划，不仅是手续问题，更是使工作走上正轨的必要办法。凡属粗枝大叶不负责任的态度，都会使公家财政亏损，人民负担加重，造成自身的困难。同时，还指出了财政制度的掌握上存在的问题：一是编造预算不准确，以少报多，甚至不经预算领取钱粮，审核预决算时马虎潦草，以致预决算有名无实，不能发挥其应有的作用，造成入不敷出、拖欠亏空的弊病；二是财政上的本位主义，只顾自己不顾整体，自取自用、强借钱粮、无视制度等种种行为，形成财粮制度上的紊乱现象；三是供给制度执行松懈，巧立名目，多领物资。

为解决上述问题，山东解放区在统一财政工作领导，实行统筹统支的同时，加强了财粮管理制度的建设，进一步明确了各项财政制度，纠正了种种不应产生的违反财政制度的现象。1946 年 2 月 18 日，山东省政府发出命令，特颁布执行《山东省暂行收支规程（草案）》、《山东省暂行金库条例（草案）》、《山东省暂行粮库条例（草案）》、《山东省暂行预算章程（草案）》、《山东省暂行决算章程（草案）》、《山东省暂行审计规程（草案）》、《山东省暂行会计规程（草案）》，要求各级政府依此研究贯彻，胶东、渤海两区亦应尽量求得统一。

（一）财政收支制度

为实行统筹统支，《规程》规定各级政府及其所属各机关财粮之收支，由省财政厅统一筹划、调剂、支配。收支年度以每年的 1 月 1 日起至 12 月 31 日止为一年度。收入分类标准：款项部分有关税、盐税、矿税、田赋、契税、营业税、牲畜屠宰税、公营收入、矿产收入（公营矿产收益与租赋）、公产收入（租赋、利息）、司法行政收入（罚款及没收变价）、缴获收入、生产节约收入、其他收入等；粮草部分有春季粮草、秋季粮草、缴获粮草、生产节约粮草、其他收入粮草。支出分类标准：军费、政费（包括行政费、内务费、财务费、实业费、教育费、司法费）、交通费、工商费，补助费、预备费等。收入款项程序：征收系统由区公所、县财粮科、专署财粮科、行署财政处直到省财政厅逐级上报，并须严格遵守报解手续，核对无误方可收受；金库系统由各县收款员、支库、分金库、总金库直到省财政厅逐级将收支月报表及附件向上报送核收；各级工商管理局的收入应解交上级工商管理局转总局汇解总金库，毋庸解交同级金库。收入粮草程序：征收系统由村公所、区公所、县财粮科、专署财粮科、行署财粮科直到省财政厅粮食总局逐级上报；粮库系统由县分库、县粮库、支粮库、分粮库、总粮库直到省粮食总局逐级将粮草5日报表及附件上报（征收粮草代金应照款项收入程序解交金库）。支出款项程序：经费系统中的政费部分由省政府财政厅根据核定预算书通知省政府秘书处领收，省以下各级政府均向上一级政府秘书处领取经费。军费由军区后勤部系统照政费程序领发经费。独立经费系统者如工商管理局、交通局、民众团体等均由各该系统领发经费。金库系统的总金库、分金库、支金库在收到领款机关转交来的支款书或拨款书后，应即根据库存情况支付现款，并填具报表上报。支出粮草程序与款项支出程序相同，以粮食局为填发支粮书的机关。

（二）金库制度

《条例》规定山东金库系统分为三级，即总金库设在省政府所在地，分金库设在行署所在地，支金库设在专署所在地。金库职掌公款的出纳、保管、调剂事项和公物的出纳、保管及其他经营事项。总金库受省政府财政厅直接领导，下级金库除受上级金库领导外，并受同级政府监督及领导。除省财政厅外，各级政府对金库之库存无支配权。各级金库非接到财政厅之支款书或总金库之拨款书不得付款。

（三）粮库制度

《条例》规定粮库职掌公粮、公草的出纳、保管、调剂事项和粮票、草票的出纳、保管及其他经营事项。山东粮库系统分为五级，即

总粮库设在省政府所在地，分粮库设在行署所在地，支粮库设在专署所在地，县粮库设在县政府所在地，县分库设在各县便于征收及供应粮草的中心地点。总粮库受省政府财政厅粮食总局领导；下级粮库除受上级粮库领导之外，并受同级政府监督及领导。除省财政厅粮食总局外，各级政府对粮库之粮草无支配权。各级粮库非凭财政厅粮食总局的命令（包括粮票或支粮书、拨粮书等），不得付粮。

（四）预算制度

《章程》规定：凡依订一定时期施政计划，拟定该时期初步财粮收支计划经核定后，作拟编预算标准者，称为概算；依据概算数拟编财粮收支实施计划，经核定后作执行标准者，称为预算。预算分岁入及岁出两类，岁入预算每半年编造一次，岁出预算每季度编造一次。概算与预算科目的分类为岁入部分和岁出部分。岁入现金科目为 14 种，粮草为 5 种。岁出现金科目，省财政厅及各级政府秘书处应用者 6 种，各机关单位应用（政费）者 4 种；岁出粮草科目，省财政厅及各级政府秘书处应用者 6 种，各单位机关应用者 3 种。本省收支总概算由省财政厅于每年 5 月 10 日及 11 月 10 日以前，依据下一个半年度本省施政计划拟编，送省核定概算最高机关核定；各项支出最高主管机关，拟编各该系统支出概算，各行署财粮处拟编各该区财粮收入概算，工商总局拟编工商收入概算，均于每年 5 月 5 日及 11 月 5 日以前送省财政厅。省收支总概算经核定后，由省政府财政厅通知各该系统最高主管机关依据核定之概算数，分配所属各级政府及机关据以拟编预算。各级政府财粮部门及省直属财务部门应逐级将岁入岁出预算书上报，并送审计机关核定。预算核定后，不得有规定预算科目及税率外的收入与超过预算的支出。发生重大事故，必须增加收入科目及税率，或增加支出时，应拟编追加预算，按预算程序上报核定。

（五）决算制度

《章程》规定：各级政府及其所属各机关岁入及岁出预算每期执

行终了时应编制决算。岁入部分须按月编造岁入月报计算书。决算分类科目及期间同预算之规定。各机关在预算执行期间，如遇机关取消、改组或与其他机关合并的情况，均应将在机关发生变动之前的决算造报清楚，结清账目，依次呈送省政府核销。各级机关及省独立经费系统应将决算报表逐级上报，并送审计机关核定。

（六）审计制度

《规程》规定：各级政府及其所属各机关财粮收支的审计，由省参议会审计处负责办理。在审计处未成立之前，由省参议会授权省财政厅代理。省财政厅委托各行署财政处办理初审事项。审计事项包括：公款公粮收入与支出预算的审定，预算执行的检查及决算报告的审定；公营事业计划的审定及计划执行的检查及决算报告的审定；公款公粮出纳保管的检查。审计办法有书面审计和实地稽查两种。审计程序分为初审和决审。各行署及直属机关与所属各级政府预算决算书类及附件，由各区初审机关依法令初步审核加注意见，转送省审计机关；省审计机关收到已经初审的预算决算书类及附件，应即依法令规定，参考初审意见审定，省政府机关及其直属机关预决算得直送省审计机关核定。各级政府机关会计根据审核修正之数汇编各级总预算和总决算。审计过程中的处理，凡计算错误、不合规定程式者应退回或代为更正；凡不合法令规定违背供给制度、浪费及不经济之支出者，应剔除或删改；有变相贪污或贪污舞弊者，应负责教育或通知上级机关进行处分。

（七）会计制度

《规程》规定：会计事务分为普遍和营业两类。普遍类包括各机关财粮收入、财粮经费支出、金库及粮库出纳保管移转等 3 种会计事务；营业类包括公营贸易机关、企业机关、事业机关等 3 种会计事务。会计年度自每年 1 月 1 日起到 12 月 31 日止，记账方法采取收付实现制。会计计算，现金照法定本位币（北海币）计算，外币照当地市价折合本币计算，粮草以市斤为单位。会计事务，除整理结算外，必须根据凭证登记账簿，根据账簿编造报表，并应在预算执行终了、组织变更、会计年度终了等规定期间整理结算。记载错误、误空行列或重揭页数，应按规定注销或转账更正。各种账簿应编号，妥善保管。会计人员调换工作，应将图记、文件、公有物品、会计凭证、簿籍报告造表等悉数交付后任，至迟 1 星期内交代清楚，并由主管人监交。

各项财粮制度规则的颁布，为财政工作正规化建设和使财政管理发挥应有作用、保证财政收支任务的顺利完成，创造了必不可少的条件。认真执行各项财粮制度，则使山东革命根据地的财政工作逐步地走上了统一的轨道。

第五章 战略防御阶段山东解放区的财政

（1946 年 7 月—1947 年 9 月）

第一节　国民党军队的进攻和解放区的财政困难

一、国民党军队的疯狂进攻与山东战场的形成

1946 年 1 月，中国共产党根据当时全国人民渴望和平、反对内战的强烈愿望，与国民党政府签订了停战协定并下达了停战令。此后，全国各地出现了暂时的和平局面，国共双方开始了划定停战线、整编军队、改组政府等一系列问题的和平谈判。但是，以蒋介石为首的国民党政府对于这些谈判毫无诚意，一意孤行地在和平谈判的掩护下，变本加厉地进行全面内战的准备。停战令刚刚下达，国民党军队对山东解放区的蚕食和偷袭就不断发生，并违约进行军队调动。1946 年春，国民党第二绥靖区司令部北移济南，随后陆续调来两个军三万余人的国民党部队。3 月，按照蒋介石和国民党政府国防部的密令，山东设立了国民党山东绥靖统一总指挥部，又称山东党政军统一指挥部，负责实施所谓“总体战”的反共决策。该部在济南、菏

泽、临沂、兖州、青岛分别设二、四、九、十、十一共5个绥靖区，统属徐州绥靖公署指挥。据统计，自停战令下达后，国民党军队向华中、山东解放区的进攻就达千余次，占领城镇300多处。国民党军队与汉奸、伪军结合起来，对铁路沿线及城镇进行蚕食活动，攫取山东军民的抗战胜利果实。

面对国民党的内战阴谋和不断出现的挑衅活动，山东解放区军民进行了针锋相对的斗争，做好了应付突然事件的准备工作。第一，在和平谈判的过程中，揭露国民党的内战阴谋。停战令下达后，组成了有美国代表参加的“北平军事调处执行部”和军事调处执行小组。济南执行小组于1946年1月18日正式组成，为山东地区中心组，负责与泰安、高密、晏城、枣庄、青岛5个执行小组联系。当时斗争的焦点集中在三个问题上，即解散伪军、修复铁路、城乡开放。国民党政府急于要求收编伪军、修复铁路交通，但害怕城乡开放，其目的是为了扩充兵力、封锁解放区。中共代表遵照毛泽东确定的有理、有利、有节的方针，进行了卓有成效的斗争。中共代表提出了首先解决伪军问题的方案，并指出这个问题是实现山东和平的关键。然而，国民党毫无谈判诚意，并不受任何协定的约束。尽管如此，和平谈判的进行，表明了中国共产党实现联合政府的真诚态度，教育了人民，争取了中间力量，结成了广泛的反蒋统一战线，为做好战争准备工作赢得了时间。第二，抓紧练兵、减租减息、生产三项中心工作，为迎击敌人的大举进攻作了必要的准备。1946年2月和5月，中共华东局先后下达了以政治训练为主的百日练兵指示和以军事训练为主的第二期练兵指示。在政治教育方面，围绕战争与和平问题，进行了形势和任务的教育，使广大指战员进一步认清了国民党的反动本质；在军事训练方面，除了进行以整顿纪律、加强行政管理为中心的正规作风教育外，又逐步加强了投弹、射击、刺杀、爆破四大技术训练和野外攻防战、城寨攻击战的战术训练，提高了战术和技术水平。解放区进行的减租减息和生产运动也取得了很大成绩，为迎接解放战争积累和储备了大量战略物资。第三，坚持自卫立场，对国民党军队的蚕食、袭扰活动给予坚决的回击，收复了被敌人侵占的市镇和乡村。由

于中国共产党始终采取了“争取和、准备打”的方针，一方面尽力争取和平或推迟战争的爆发，另一方面积极备战，争取主动。山东解放区的军事和经济实力在斗争中有了很大增强。这就为反对国民党的进攻，争取战争的胜利奠定了可靠的基础。

1946 年 5 月，国民党在青岛召开军事会议，策划进攻山东解放区，在徐州、济南、青岛集结了正规军和收编的伪军 20 余万人，并不断向解放区“蚕食”，形势骤然紧张，内战大有一触即发之势。6 月 2 日，蒋介石飞临济南，亲自主持了军事会议研究山东形势，部署打通胶济路，妄图分割山东解放区，切断解放区的南北联系，以达到消灭八路军山东部队的目的。随后，国民党第二绥靖区调集了 5 个军 15 个师的兵力压向胶济路，东西策应，企图“半个月打通胶济路”。在完成胶济路部署后，蒋介石从 6 月 15 日以后，蛮横无理地向中国共产党提出五项要求，其中就有要八路军退出胶济路全线。胶东军区根据敌我总的情况和党中央提出的运动战作战方针，从 6 月 22 日开始，展开了英勇的阻击战，激烈的攻防争夺一直持续到 6 月 30 日。在给敌人以较大杀伤消耗达到迟滞敌人的目的之后，胶东部队主动转移。至此，以胶济路作战为标志，山东战场开始形成。

国民党在美帝国主义的策划和支持下，于 1946 年 6 月底以大举围攻中原解放区为起点，发动了全国规模的内战，并妄图在 3—6 个月内占领我全部解放区。国民党调集了 58 个旅约 46.3 万人的兵力于华东战场，其中进攻山东解放区的为 27 个旅 19.1 万人。国民党在华东战场以徐州、蚌埠、济南为中心，采取“向南向北，由西向东，逐步压缩”的方针，向解放区实施全面进攻，实行所谓军事、政治、经济相结合的总体战，企图力求速战速决。面对国民党反动派的全面进攻，中共中央向全党和解放区全体军民发出了“以自卫战争粉碎蒋介石的进攻”及“集中优势兵力，各个歼灭敌人”的号召，要求人民解放军必须依托解放区的有利条件，实行以歼灭敌人有生力量为主的积极防御的战略方针，集中优势兵力在运动中各个歼灭敌人，以逐渐改变军事力量上敌强我弱的对比；各解放区应继续发动群众，坚定地解决土地问题，以加强工农联盟的基础；一切作持久打算，依

靠自力更生、艰苦奋斗、厉行节约，使自己立于不败之地；进一步开展统一战线工作，争取一切可能争取的人，巩固和扩大反蒋民主统一战线。针对敌人对解放区的全面进攻，中共中央和中央军委发出全局破裂后太行、山东两区的战略计划的指示，指出要以我之“着重向南”对付蒋介石之“着重向北”。山东军区要以徐州地区为主要作战方向，集中山东主要力量，配合苏皖北部各区攻取徐州以西、以南陇海路和津浦路上之各点，调动徐州之敌于野战中消灭之，相机占领徐州。为此，八路军山东部队以胶东主力对付青岛、潍县之敌；以渤海主力对付济南之敌；鲁中、鲁南、滨海三区主力与新四军主力全部南下。随后，中共华东局和山东军区在临沂召开了区党委、军区和野战军纵队领导干部会议，传达中央指示，分析全国形势与山东敌情，确定了各军区、各纵队的战斗任务。

山东野战军在陈毅率领下，于7月20日前隐蔽进入淮北。7月27日至29日发起了朝阳集战役，歼敌5 000余人。8月底，山东野战军主力遂转至泗阳以东休整。胶济路方面，济南、潍县对进之敌于7月5日在周村、张店会合，继续南犯淄川、博山。鲁中、渤海军区部队在5日至10日的张店、博山保卫战中，歼敌1 100余人，并乘敌后空虚收复了益都、临淄、辛店等地。青岛之敌于7月上旬开始西犯，先后占领即墨、胶县。7月28日，胶东军区部队冒雨强袭芝兰店，歼敌千余。8月初，山东野战军第一纵队南调鲁南，胶济路方面即在“以地方武装、民兵开展游击战争，与敌长期纠缠，鲁中、渤海、胶东三军区适机集中自己的主力，寻敌弱点，以小打各个歼敌，积小胜为大胜”的方针下，对敌展开持久斗争。鲁中民兵自卫团有2万余人支援前线，章丘县民兵爆炸队布置的地雷阵，两次炸死炸伤敌人130余人。胶济路西段各站铁路工人和沿线农民也积极破路，配合作战。至10月上旬，胶济路阻击战中八路军共歼敌4个团的兵力，敌人打通并占领了胶济路全线。在鲁南地区，国民党军队于8月中旬大举进攻，企图打通陇海路，割断山东与华中的联系。鲁南军区地方武装与8月中旬到达的山东野战军第一纵队在民兵配合下，英勇阻击，予敌重创，迟滞了敌人的进攻。经过两个多月的作战，山东野战军虽

然暂时撤出了一些地区和城市，但却歼敌大量有生力量，顿挫敌人锐气。同时，也获得了宝贵的作战经验，增强了克敌制胜的信心。

1946 年 10 月 1 日，中共中央在《三个月总结》中再次指出了战争的必胜前途和长期性，提出了今后的作战方针和任务，要求全军继续坚持“集中优势兵力，各个歼灭敌人”的作战方法，精心地计划作战。并号召全党紧张地动员起来，彻底解决土地问题，努力发展生产，加强对国民党统治区群众斗争的领导，以争取根本上改变军事形势。此时，国民党军队一面抽调力量到胶东、鲁南，一面采取避实就虚的战术，分路向苏北、鲁南发动猖狂进攻。山东野战军在地方武装配合下，于 1946 年 10 月和 11 月分别迎击来犯之敌。而华中野战军主力转入山东，陇海路以南的苏皖地区变成敌后游击区，华东的主要战场转到了山东境内。1946 年 12 月 23 日，经中共中央批准华中分局与华东局、华中军区与山东军区、华中野战军与山东野战军的机关合并，使华中与山东完全统一领导与统一开支。1947 年 1 月 23 日，华东军区、华东野战军正式成立。华东军区下辖胶东、鲁中、渤海、鲁南、苏中、苏北军区，滨海军分区和两广纵队，共计 64.2 万余人；华东野战军下辖 11 个步兵纵队和 1 个特种兵纵队，总兵力达 27.58 万余人。通过统一整编，华东野战军的机动作战能力大为提高，加速了作战指导思想和作战行动的统一，从而为打较大规模的歼灭战，迎击国民党军队更为疯狂的进攻创造了优越的条件。

随着战局的发展，华东解放区的面积较战争初期缩小了近一半，山东战场成了华东主战场，几十万大军与后方人员进入山东，山东解放区人民负担相应加重。为在山东战场重创敌人，迎接中国革命的胜利，中共华东局号召山东解放区全体人民再接再厉，全力进行土改、生产和支前三大中心任务，并迅速发展民兵组织，加强民兵活动，以保卫解放区，支援人民解放战争的顺利进行。

二、物价上涨和财粮供给出现困难

1946 年 5 月以后，山东解放区出现过两次物价上涨。第一次是 5

月到6月间，第二次是7月到8月间。这两次数年来未曾有过的物价上涨，平均达5—6倍，个别商品物价上涨10倍以上。全省平均物价指数，以1946年1月为100，5月则为195，6月为247，7月为397，8月高达526。这种情况增加了财政上和军民生活上的困难，也影响了生产贸易工作，妨碍了解放区积蓄物资，从而给经济工作带来了较为严重的损失。究其原因，主要有以下几个方面：

第一，不适当地强调和平建设，货币发行数额超过社会流通需求量。抗日战争胜利后，解放区百废待举，采取了大胆放手发展工商业的方针，进行大量投资。这对于恢复新解放区特别是城市的经济起到很大的促进作用，但是由于和平建设的经验不足和物质基础不牢，依靠农业上取得的财政收入支援城市工商业及矿业生产，不但投资成本巨大而且收效甚微。同时，又没有及时地随着政治、军事形势的逐渐恶化而相应地改变经济建设方针，以致出现财政收入增加不多，财政支出却不断迅速增加的问题，只好依靠增发货币来解决，从而造成币值下降、物价上涨。

第二，各部门不顾财政负担，争相支出。抗战胜利后，解放区面积迅速扩大，需要大量增加工作人员，大批提拔使用干部。但是由于缺乏统一编制，制度执行不严，各地各级附属机构和脱产人员急剧增加，失去控制。据统计，1946年春，仅半年时间，地方工作人员就增加到18万人，而按编制仅需8万人，超过1倍还多。机构和人员的膨胀，相应加大了财政支出的负担。当时有邮政人员1.2万人，铁路人员近万人，月支出达几千万元，全省4万小学教员也由公家供给。这种超出财政实际负担能力的做法，促使了财政赤字的增加。

第三，生产贸易部门抢购物资，“存货不存钱”的现象十分严重。在内战危机日益迫近的情况下，为做好战争准备，应当吸取物资，积蓄资财。但是发行货币必须尊重客观经济规律，防止物价出现大的波动。在以农业生产为主要经济基础的解放区，货币流通量具有农业季节性变化的规律。一般是在秋收以后增发货币，大量收购各种农产品，以防止物价下跌；到春荒时期，适应市场需要吐出库存的物资，以防止物价上涨。投放和回笼货币的数量应以保持物价基本稳定

为标准。山东解放区大量发行货币吸取物资的时间是在 1946 年春夏之间，正是农村青黄不接、缺乏物资的季节，时机失当，违反常规的做法，导致物价猛烈上涨。群众害怕物价的持续上涨，便不敢出售物资，形成“存货不存钱”的市场迟滞结果。为此，贸易部门进一步提价抢购，结果不但不能刺激市场上物资供给，反而造成市场上的物资逃避，进一步促使物价上涨。大量吸收物资很难使物价完全稳定，但应采取缓慢上涨的方法，在人民群众损失不大的条件下达到积累储存物资的目的。

第四，国民党利用各种手段进行不平等的贸易，破坏山东解放区的经济。国共双方停战令签订后，山东解放区开始了战时经济向和平经济的政策转变，山东省政府发出了关于撤销对国统区物资封锁的指示，各地边沿区遂撤销了封锁站，并同时取消了专买专卖，对外扩大输出范围。国民党利用山东解放区这时准许粮食、棉花、煤炭、油类等物资出口的机会，倾出大量法币吸收解放区的物资。同时，还印制大量假造北海币抛入解放区，企图引起解放区市场混乱。向解放区销售美国物资换取解放区的重要物资，而对输入解放区的货物品种和数量加以严格限制，并不惜采取封锁的手段。如在济南火车站张贴布告，将电料、羊毛、食料、五金、西药列入绝对禁运品，染料不得超过 1 小桶，布匹不得超过 5 市丈，棉纱不得超过 5 市斤等等。国民党还于 1946 年 4 月 22 日将青岛港对解放区实行关闭，不准任何船只向解放区行驶。上述种种恶劣手段，对解放区物价上涨，特别是工业品价格上涨有一定的影响。

总之，相对和平的局面仅仅是昙花一现，部分人对此缺乏应有的认识，特别是部分地方工作干部抱有很大的和平幻想，以致 1946 年 4 月以后政治、军事形势迅速逆转却未能适时转变经济工作的方针，致使和平破裂、战争突然爆发后财政上出现困难。同时，对如何医治战争创伤，进行和平建设缺乏足够的经验，有时仅凭主观想象，以致往往希望过高，要求过急，对客观困难估计不足，过分强调了“掌握城市，掌握机器”，使用了很大力量恢复起来的工矿企业在敌人占领后，又一次遭受破坏，损失了大量人力、物力、财力，加剧了财政

上的困难。这种财政经济上的困难在华东战场逐渐转移到山东以后，更加明显地暴露出来。1946 年 9 月华东局指示中指出："目前经济危机又表现为一般预算异常庞大，收支不平衡，而支出总预算竟超过总收入之一倍半，如收支间巨大差额不能克服，不但难以支持战争，且必依赖银行作为财政开支，如此物价继续飞涨，军民生活必受严重打击。"[1] 而战争规模之巨大，远远超过抗日战争时期，财政开支也愈加繁重。鲁南战役，参战部队 12.5 万人，支前民工达到 60 万人。按每人每天需粮食 1 斤计算，仅此项支出就达 1 125 万斤，这一战争消耗对山东解放区来说可谓空前。因战争关系，华中野战军、苏皖边区政府及后方机关的人员和家属都转移到了山东，脱产人员的剧增对于农村环境的解放区的压力是相当大的。战争初期，财粮供给的困难突出表现为作战地区与供给地区的矛盾。解放战争的第一年，山东的主要战场在大鲁南地区，全省公粮收入此地区仅占 35%—40%，而吃粮人数则占全省的 2/3，在财政收支上也同样如此。到 1947 年 2 月底，大鲁南的滨海、鲁南两区公粮基本无存，鲁中所存也很有限了。财粮供给的严重困难，使山东解放区面临着前所未有的考验。如何从思想上认识这一问题，采取积极措施，进行各方面的调整，以保证华东野战军作战计划的实施，成为当时山东解放区财政经济工作的首要而又艰巨的任务。

三、土地改革和参军支前运动

解放战争是中国革命过程中的重要组成部分，其主要问题依然是农民问题，谁得到广大农民的拥护，得到农民力量的支援，谁就赢得了战争的主动权，获得了进行战争赖以依靠的重要基础。因此，中国共产党十分注意解决农民的切身问题，动员和组织起广大农民群众，开展了轰轰烈烈地参军支前与土地改革运动，为最终打败国民党反动派创造了首要的而且是根本的重要条件。参军支前与土地改革

---

〔1〕《山东革命历史档案资料选编》第 17 辑，第 308 页。

是相辅相成的，土地改革是从根本上解决农民生产和生活的根本问题——土地问题，参军支前则是保卫土地改革的胜利果实，两者缺一不可。只有彻底消灭封建土地所有制，给农民以本应属于自己的土地，农民群众才能有生活的出路，通过生产得到支援战争的负担能力，以保证对敌作战的物质供给；同样农民群众也只有参军支前，从各方面支援解放大军，才能够保卫土地改革的成果，巩固已经得到的或正在得到的物质利益。在山东解放区，参军支前和土地改革运动在进程上是同时进行的，并且随着华东战场的逐渐北移而不断深入。

（一）实行土地改革

1946年5月4日中共中央发出《关于清算减租及土地问题的指示》即“五四指示”，要求各解放区领导农民通过各种方式普遍地、大量地从地主手中夺取土地，实现“耕者有其田”。这一指示表明中国共产党的土地政策发生重大转变，即开始由抗日战争时期的减租减息政策改变为以没收等三种方式取得地主土地分配给农民的政策，也就是由削弱封建土地剥削制度的政策转变为消灭封建土地剥削制度的政策。当然，这种转变还不是全部、彻底地改变。为贯彻执行中央“五四”指示，华东局于5月中、下旬召开了高级干部会议，讨论指示精神和如何贯彻的问题。陈毅在会议总结发言中肯定了山东解放区减租减息运动中创造的合法解决土地问题方式，号召解放区各级党组织正确掌握“五四指示”的精神，坚决贯彻执行党的土地政策，把地主阶级，首先是大地主、大恶霸、大汉奸的土地拿过来，交给无地或少地的农民，满足农民群众对土地的要求。6月初，华东局又召开各战略区主要干部会议，传达与讨论布置土地改革，制定了土地改革的工作方案。随即各战略区及各专署、县普遍召开土地改革会议，学习中央和华东局的指示，进行宣传教育，并且选择区乡村开展土改试点工作。同时，在山东野战军中进行了土改教育，使全军人员初步认识到在现阶段，只有坚决进行土地改革，才能使广大农民获得翻身，并更加自觉地投入到自卫战争中去的道理，从而树立起积极拥护土地改革政策的态度。

1946年8月华东局召开了土地会议，9月1日发出了《关于彻底实行土地改革的指示》，即“九一指示”，根据中央“五四指示”精神以及反奸诉苦减租减息工作的经验，对土改具体办法、步骤作了规定。取得土地的办法，规定了四种方式：一是没收敌伪公地和大汉奸的土地，没收地主黑地及霸占土地；二是对于中小地主多采取反省调解仲裁方式，通过对地主的清算，使其出卖土地来清偿负欠；三是动员和鼓励抗属、工属地主与中小地主献田给农民；四是对地主土地超过一定数额者，由政府依法进行征购。新解放区以清算为主，清算之后地主尚有余额土地再行征购；老解放区已经清算而地主仍有余额土地者，一般采取征购办法。分配土地的步骤：第一，进行全村人口（人数、阶层）、土地（总数、人均数）登记；第二，分别不同对象采取不同方法取得土地；第三，由土地分配委员会评定土地等级，确定具体分配办法，召开村民大会公布，进行分组讨论，第四，复查出榜，确定地权，焚毁老契，重立新契；第五，召开庆祝大会，进行回忆教育，号召农民安心进行生产，发家致富。该指示还提出，土改中绝不可侵犯中农利益，应用一切方法吸收全体中农参加并使其分得应得的土地和斗争果实；一般不动富农（罪大恶极的汉奸例外）的土地，如不得不动时，只能采取仲裁方式，清算其封建剥削部分，而保全其自耕部分；中小地主可留比中农多半倍的土地，抗属、工属、开明士绅可留比中农多1倍土地；地主、富农所经营的工商业不应侵犯，而应予以保全。华东局的这一指示，如果按照彻底土地改革的标准衡量是不完备的，但这是根据中央“五四”指示和山东实际情况做出的。9月21日中共中央对山东地区土改做出指示，基本肯定了山东的做法，并重申地主留地不少于或多于中农每人所有地的半倍到一倍，一般不动富农土地，绝不能侵犯中农利益等三项原则，提出务使贫农、雇农得到应有的土地。

1946年10月10日，山东省政府发出《关于实行土地改革的布告》，正式宣布“没收日伪公地、地主匿报的黑地及霸占的土地，统一分配给无地少地的农民”。同月，在华东局工作会议上，批评了土改中固守据点、细打慢敲的倾向，强调在战局日趋激烈的情况下，中心区、边沿区都要迅速进行土改，提出“一手拿枪，一手拿算盘”，把土地迅速分配给农民群众。25日，山东省政府制定公布了《山东省土地改革暂行条例》，对土改具体办法作了规定：分配土地以村为单位，无地少地农民以现有人口计算，每人各得一份，凡没收、献出、征购的土地均由当地政府协同农会统一分配给农民，地主清偿负欠的土地由农会统一分配给算账人及无地少地的农民。29日，山东省政府在《关于实行土地改革的指示》中，强调土改的基本原则和精神，”各级政府必须坚决拥护农民的一切正当的要求和行动，给农民已经获得和正在获得的土地以合法的保障，巩固其既得利益，坚决领导与扶持农民起来向汉奸、豪绅、恶霸做斗争，及向一般地主算账讲理，收回土地，以求得广大贫苦农民的真正翻身”；“对待不同地主的策略应有所区别，但所谓区别，不是基本政策上的区别，而是斗争策略与处理方式上的不同”。[1] 华东局、山东省政府一系列指示、条例体现了中央“五四指示”的精神，并将其具体化、条文化，为山东各地迅速展开土地改革群众运动提供了政策依据。

山东各地在土改试点工作的基础上，从1946年9月开始掀起以没收、清算、献田等为主要形式的大规模土改群众运动，并与参军、参战支援前线工作相结合，数月之内形成高潮。滨海区在“九一指示”后，土地改革迅速全面铺开，到10月中下旬已大部基本完成，胶东、鲁中、鲁南、渤海结合参军支前、除奸反特工作，在10月、11月继续展开土改，到1946年底或1947年上半年基本完成。滨海区到10月底据6 280个村庄统计，除318个村庄尚未清算外，土改广度已达94%，广大农民共计获得土地419 604亩（5个县统计），山荒场园9 721亩（4个县统计）。滨北地区（1946年7月由滨海划归胶东区管辖，包括诸城、莒北、高密、藏马、胶县等5个县）在10月份土改运动猛烈开展，到11月初大部分完成，在58个区的3 931个村庄中，有2 308个村解决了土地问题，占总数的60%弱。胶东区土改到1946年底基本完成，有百万亩土地回到农民群众手中。据东海

〔1〕《山东革命历史档案资料选编》第17辑，第555页。

区7个县统计，获地农民达10万户，平均每人分地2亩；南海老区得地农民达50%以上。渤海地区1946年9月至1947年3月统计，全区2万多个村庄中有1.6万多个基本完成了土改，其余七八千个村庄也开始进行土改，全区900万人口中约有200万农民得到土地200余万亩。鲁南区因战事繁忙，曾一度放松土改，11月华东局巡视团前往督促指导，部分地区利用战争间隙也进行了土改。

这一阶段的土改，仅仅是初步的，土改采取的主要方式是“献田”，以彻底消灭封建土地制度，根本解决农民土地问题的标准衡量，是相当不彻底的，其主要标志就是取得的土地不太多。胶东区只有100万亩，占原有土地的4%；滨海区67万余亩，占原有土地的8%；鲁中区40万亩；占原有土地的8%；鲁南区61万余亩，占原有土地的8%；渤海区214万余亩，占原有土地的8.6%。全省5个行政区共取得土地4 333 041亩，仅占原有土地的6%。究其原因，如前所述，在政策规定上仅仅是转变的开始，在具体执行中往往没有充分发动群众，而是采取了以献田为主的方式。各地献田又不是经过清算斗争，而是和平包办代替，非群众路线的方式。清算斗争最为普遍的滨海区，运用清算方式取得的土地占37%，献田占45%，其他方式28%，地主所献之田相当多数的是坏田、远田，并且使农民认为这是地主的恩赐，压抑了农民群众的斗争情绪。同时，过分强调对地主富农留地数量上的照顾，造成地主富农土地平均数仍高于中农贫农的平均数。个别地区的假斗争、地主隐瞒黑地以及农村基层干部多占土改果实的现象严重存在。这些问题影响了土改运动的深入发展，无法真正满足农民对土地的要求。针对这些问题，1947年2月21日华东局发出了《关于目前贯彻土地改革土地复查并突击春耕生产的指示》，明确指出贯彻土地改革与土地复查是发动全解放区人民积极自觉地参加自卫战争和自动开展生产运动的中心环节，必须组织力量进行这一工作。随后，各战略区先后开始了土改复查运动，不同程度地解决了前一阶段中出现的问题，促进了参军支前工作的顺利开展。

（二）掀起参军支前运动

全面内战爆发之后，解放区的主要任务就是全力支援战争，并赢得最后胜利。1946 年 7 月到 1947 年 3 月，国民党向解放区发动全面进攻，我军奋起进行自卫反击，在此期间，华东局提出了土改、生产、支前密切结合的工作方针，山东解放区在实行土地改革的同时，掀起了参军支前运动。

1946 年 7 月 1 日，华东局在号召全体党政军民坚决执行十三项紧急战斗任务的政治命令中指出："所有解放区居民必须用一切力量积极支援前线，参加各种战时勤务工作，保证前线粮食柴草、担架运输的及时供应。"[1] 为执行华东局的指示，适应突然而至的战争形势的需要，山东省政府于 7 月 5 日决定省粮食总局直属省府领导，以提高财粮工作效率，保证军需供应与民食无缺。9 月 2 日，华东局、山东省政府、山东军区发出联合通知，决定综合省级有关部门及直属之滨海区组织山东省支援前线委员会，组织领导支前工作。9 月 20 日，山东省政府、山东军区颁布《动员使用人力及运输工具办法》，规定："凡本省男女老幼有劳动力者，皆有出差或在家为支援前线而工作之义务"；"凡本省十六岁以上五十岁以下之男子，皆有出伕之义务。"并且对各项组织的编成、民夫伙食、支夫手续、民夫及运输工具的记工等事项，做出了规定。

支前组织和制度是随着战争的发展、作战形式的变化而逐渐完善的。鲁南战役以前，在山东北线（胶济线）、南线（临枣线）虽有局部作战，但规模不大，且处于向运动战过渡阶段，所以支前工作基本是沿用抗战时期游击战的经验。后来山东野战军南下作战，战役规模迅速扩大，但作战地点在华中，山东支援粮食、担架、运输的任务不重。鲁南战役是山东调动大批民工支援前线的开始。这次战役敌我双方投入兵力达 20 万人以上，为支援山东野战军实施运动战，解放区动员组织二线常备民工 25 万人，临时民工 35 万人，担负起抢运转

〔1〕《山东革命历史档案资料选编》第 17 辑，第 109 页。

运伤员、粮食、机关工厂以及破坏铁路、看押战俘等项任务。由于鲁南战役系解放战争时期在山东进行的第一次大规模的运动战，战争供给空前繁巨，人力粮食的组织均是临时紧急动员而成；加之干部思想上的临时观点，缺乏支援大规模作战的经验，所以在支前工作中暴露出一些问题。一是对民工没有深入进行政治动员和组织准备，民工家庭生产问题没有很好解决，民工负担也不很合理。雇佣、抓阄、指派、强迫命令非常普遍，因此支前工作较为混乱，出现个别民工逃跑的情况；二是缺乏严格的调拨、使用制度，对实际要求民工的数量进行加成后动员地方完成，从而形成民力浪费的局面；三是民工服务期无一定的规定，民工队伍也无科学编制，存在着纪律和管理不严的问题。鲁南战役后，战争规模逐渐扩大，在人力物力的供应上愈加繁重，为提高支前工作效率，解决存在的问题，克服浪费民力的现象，在华东局领导下，山东解放区开始了支前工作的正规化建设。

第一，根据山东战场军事形势的变化，1947 年 2 月 15 日华东局决定扩大充实山东省支援前线委员会（简称省支前委），进一步加强支前工作的领导。省支委会设立人力动员部、粮食部、民站运输部、人民武装部、政治部和秘书处等办事机构。华东局授权省支委会，全权负责领导全省支前工作，并统一办理前方民夫担架粮食供应调度事宜。各地区也成立了支前司令部，县成立了支前指挥部，自上而下建立健全了支援战争的领导体制和指挥系统。同时，确定了全面组织人力，争取支前主动，保证前方需要，节约人力，作长期打算等支前工作的方针和原则。这就为民工大调动、粮食大调度、财政大集中，确保山东野战军战略计划的实施创造了条件。

第二，明确支前委员会及其办事机构的任务，提高各级政府对支前工作的紧迫性、艰巨性、长期性的认识。支前委的主要任务包括：同野战军保持密切联系，沟通和接洽各项支前任务，对各地区实施支前工作的直接领导；负责制定民工民兵调拨、粮食供应和各项战勤保障计划，下达指令，指挥民工民兵完成运输和各项战勤任务，管理好民工的食宿、医疗、工具修理等项事宜；负责民工民兵的动员、教育、调出、复员及伤亡人员的安置、抚恤，制定和掌握使用（调用）

民工民兵的权限、数量及各种规章制度；调用、配备和管理好支前干部，建立健全坚强有力的干部队伍，带领广大民兵民工完成各项支前任务。

第三，按照大兵团运动作战的要求，初步建立了各种支前工作制度。实行了常备民伕制。大兵团运动作战，战线广阔，大进大退，长期连续作战，因此经常要求大批人力、物力连续地源源供应。为了做到既满足战争的需要，又节省民力，以发展生产，进一步打下支援战争的物质基础，华东局决定使用常备民伕制，即年龄在20—45岁的青壮年男子均服常备伕，在远离战地的中心县区服务期为2个月，接近战地的县区均服临时勤务。应出常备伕的县区，按军事要求以区或联防为单位分别编成担架、小车、挑子的班、排、队，出伕即为全村合理负担，实行记工算账发工票，常备伕一个工算一个半工，出伕人家中的农作由村中及时还工，代耕代种，适当照顾家庭生活，不得有违农时。另外，还初步实行了统一人力的调拨制度，统一粮食的调拨制度和支付手续，以及民工使用制度和管理教育制度。这些制度的初步实施，起到了调剂民力、粮食，平衡战区与非战区农民负担的作用，得到了人民群众的拥护。

第四，大力加强民工的政治思想教育，提高支前的积极性和自觉性。省支委会设有政治部，民工支队与团设有政治处，配备了坚强的政治工作干部，负责民工的政治思想教育。教育的主要内容有时事、阶级、政策和业务等四个方面。根据每个时期的形势任务要求，针对民工的思想情况，采取不同的教育重点和方法。在动员民工集合时，针对怕离家远、怕出山东、怕飞机轰炸等思想顾虑，进行革命要以四海为家和革命英雄主义教育，引导他们弄清楚“为谁打仗”、“为谁出伕”等道理，激发他们“翻身翻彻底”、“保饭碗保到底”、“革命革到底”的斗志，号召大家积极热情地投入到支前工作中去。民工到达前方后，抓住遇到的问题，进行政治鼓动工作。如遇到飞机轰炸造成伤亡时，吃不上、穿不暖时，连续执行任务过度疲劳时，都要及时进行思想发动，提出了“解放军为咱打天下，咱不支援谁支援！”“前方战士勇于流血，咱们得豁上流汗！”等口号，鼓舞民工保持高昂的革命干劲。

第五，开展立功创模范运动，培养广大民工的支前热情。在每次每项支前工作中，各民工团队始终注意开展报功、评功、记功、庆功活动，树立大家的学习榜样，掀起人人立功、集体立功的热潮。在这一活动中广大党员积极努力，以身作则，起到了骨干作用。各民工团队普遍制定了立功计划，并根据执行任务的不同情况，规定评功标准和条件。广大民工在支前立功活动中表现了旺盛的革命斗志，普遍能够安心服务，出色地完成了支前任务。

随着正规化建设的深入，支前工作有了很大进展，开始由被动到主动，由无组织到有组织，由无制度到有制度，由无经验到有经验的转变，民工队伍较前大为巩固，一般出勤率达 80%，少数的能达到 90%—100%。并且涌现出许多民工爱护伤员和军用物资的可歌可泣的英雄事迹，为粉碎国民党的全面进攻和重点进攻奠定了胜利的基础。

在大规模土地改革和支前运动中，山东解放区于 1946 年和 1947 年掀起了两次大参军的热潮。获得土地的广大农民，积极响应党的“保家、保田、保饭碗”、“参军、反蒋、为人民立功”的号召，踊跃报名参军。1946 年下半年仅鲁中区即有 44 836 名民兵青壮年参加了解放军。渤海区在 1 个月的时间内，参军的民兵青壮年达 14 000 余名，全省在 7 月至 12 月的半年内，参军人数达 11 万名，其中很大一部分直接升入了野战兵团。各地都出现许多感人的典型事迹。如莒沂县参军的 4 100 名青壮年中就有村干部 651 人，党员 570 人。临沂县岔河区东都庄 7 位母亲送了 23 个儿子参军。蓬莱中学 140 余名学生集体参军，胶东新华书店 40 名职工也志愿参军。随着土改运动的深入以及人民觉悟程度的提高，根据战争的发展和部队的需要，1947 年全省又有 29.5 万余名民兵青壮年参军，仅胶东区即达 18 万余名。在动参运动中“爹娘送儿郎”、“妻子送丈夫”、“姐妹送兄弟”处处漾溢着参军光荣、杀敌立功的热潮。不少村庄成排成连补入部队。莱阳县赤山区千余名民兵集体参军，成为名闻胶东的“赤山营”。不少村庄荣获“武状元村”、“扩军模范村”和“动参模范村”等光荣

称号。

发动民兵青壮年积极参军的同时，各级政府十分注意做好拥军优属的工作，调查优抚工作中存在的问题，研究制定改进工作的措施。1946 年 8 月 23 日，山东省政府做出关于厘定优救公粮制度与比例，加强荣退军人、军烈工属优救工作的指示；1947 年 11 月 1 日，山东省政府颁布实施《荣誉军人供给标准》。各地在具体执行过程中不仅在政治上鼓励革命家属，而且在生产、生活等方面都给予经常的帮助和照顾，解决军烈属劳力不足的问题，使参军青年无后顾之忧，安心在前方打仗。

第二节　确定战时财政方针、任务，采取紧急财政措施

一、召开全省财经、工商、生产、精简会议

1946 年 8 月至 10 月上旬，华东局和山东省政府组织召开了全省财经会议、工商会议、生产会议和精简会议。对全面内战爆发后山东政治、经济形势作了认真的分析，总结了过去一个阶段和平建设的成绩和存在的问题，重新制定了财政经济工作的原则、方针和任务，坚定了准备进行长期艰苦战争的信心，确定了克服经济困难的种种措施，从而顺利地完成了从相对和平时期向战争时期的财经政策的转变。

1946 年 8 月 15 日至 9 月 2 日，山东省政府实业厅在临沂召开全省生产会议（即农村合作会议），各行政区代表 50 余人参加了会议。这次会议的主要任务是：检查过去的生产指示与方针，总结经验，确定现阶段的经济政策。通过与会代表认真讨论，对解放区所处的环境、生产建设的方针、贸易政策以及金融政策有了比较一致的认识。

抗战胜利以后，山东解放区的经济状况有了很大的改观，除部分地区受到国民党和残存日伪势力的破坏之外，其他不论新老地区的各种生产事业都有了不同程度的发展。1946年山东解放区小麦生产达到抗战以来最高水平，纺织生产也能完全自给，人民生活有了明显改善。但是生产建设事业仍然面临很大的困难，解放区被迫处于战时的、农村的环境中，战争的摧残、国民党的封锁以及解放区本身生产技术的落后，都制约着生产水平的提高，更谈不上建设大规模的机器工业。因此，解放区的生产事业仍应当以农业为主，同时发展手工业来争取各种工业品的自给自足。坚持以群众生产为主的方针，并逐步用合作社的形式把他们组织起来。在全面内战的形势下，各项生产事业都要围绕战争这一主题进行，中国共产党的力量、基础在农村，吃饭穿衣以及战争的供给主要依靠农业生产，依靠农民，舍此便不能克服困难，支援战争，并为今后生产建立巩固的基础。解放区的贸易政策基本上是坚持过去的方针，即对内自由，对外管理，目的在于调剂供求，平抑物价，扶助生产，保证供给。对内自由，就是在解放区内保护自由贸易，便利物资调剂；对外管理，就是管理输出输入，掌握重要物资，争取公平交换。解放区的金融政策，仍然是巩固本币，稳定物价，扶助生产，繁荣市场。要做到物价稳定，就必须巩固本币，调节本币流通数量，同时限制法币，不准法币在解放区市场自由流通；另外，要厉行精简节约，平衡财政收支，调整生产贸易机关，合并公营商店，禁止投机囤积。会议在总结上半年农村合作工作经验的基础上，提出了农业生产每亩增加15斤，合作社增加一倍的任务，要求各战略区因地制宜，大力发展农业生产和群众纺织业生产，解决战时供给最基本的物资粮食和布匹。

1946年9月，华东局根据日趋严重的政治、军事形势，及时召开了扩大的财政经济委员会会议，研究在华东战场逐渐由苏皖向山东北移的情况下，财政经济工作的基本任务和物资供给问题。会议指出：在目前伟大自卫战争阶段中，财政经济工作任务基本上有着如下的两方面：一是充分满足自卫战争前线的物资需要；二是改善解放区广大人民的经济生活。这两者的目的是一致的，都是为了打垮国民党

反动派的进攻，争取自卫战争的彻底胜利。因为要想击败进攻之敌，就必须有雄厚的财力、物力来支持战争的消耗，而要使财力、物力能够经常供给不缺，就必须使人民生活改善，加强生产，提高经济水准，从而使解放区内各种富源得以充分地发挥作用。所以这两方面基本上是一致的，在实际工作中绝不容有所偏废。为了实现这个基本任务，确定的工作方针是：发展生产，厉行节约，保证供给，长期打算，建立自给自足的经济。这时，山东解放区的财政支出日渐扩大，加之物价上涨的影响，因而农民的实际负担不可避免地有所增加，为此在制定财经工作方针时，一再强调党政军民各部门都要厉行节约，这对于满足前线需要，安定民生有着十分重要的现实意义。依照财经工作的方针，会议决定采取一系列具体办法，克服经济上出现的困难，扩大财政收入。

第一，紧缩预算，扩大收入，确保财政收支平衡。本着军民兼顾，长期打算，抓紧重点的精神，缩减财政预算。因此不必要的机关人员要裁减，不必要的会议、训练班及其他建设项目不开不办，财粮人员要依名册实报实销，冒领多领之数一律不作为今后财粮支付数。为确保经济状况的稳定，决定增加收入，一是征收盐税、烟税、酒税；二是配合土地改革开展征收契税工作；三是增加田赋附加 20 元；四是动员植棉者献棉。要求各地进行充分动员说服解释工作，让广大群众认识到支援前线保卫翻身是自己应尽的义务，以确保扩大收入任务的完成。缩减预算，增加收入都是为了达到财政收支平衡。战争形势下的财政支出，特别是军事费用的支出无疑是要不断增加的，而解放区又处于落后的农业生产的环境中，因此财政工作的原则必须是量入为出与量出为入的结合。根本方向是服从和服务于战争需要，保证部队供给，紧缩地方支出，是战时财政工作的出发点。

第二，紧缩通货，稳定物价，使生产事业获得保障。为保持物价的相对稳定，各地政府要努力完成田赋征收任务；银行停止财政透支发行，收回到期贷款；各地工商局应抛售部分存货，并限令各机关贸易单位将囤积物资投放市场，严禁抢购、囤积行为的再度发生，否则给予严厉处分，没收其物资。各方面都要抓紧军用品、日用品生产，

以求得市场供求平衡，解除群众担心物价上涨，不愿出售物资的疑虑，使市场商品流通畅行，促进生产事业的发展。

第三，大力发展生产，做到自给自足。在土地改革的基础上，努力提倡劳动发家、勤俭致富，巩固互助变工组织，帮助群众解决水利、选种、耕牛、工具、精耕细作，并发展渔业、盐业、养猪、养羊、养鸡，大量发展群众纺织业，做到村村织布，家家纺线，以满足战争和市场的需要。在解放区的煤矿遭到敌人破坏和占领的情况下，工业生产应着重保护机器和小规模的生产，凡能购得各种小型机器如纺织、丝织、罐头、打油、毛织、水利、造纸、水产、淘金等机器，均可筹设小型工厂，生产成本低、原料足、销路广的物品，打下解放区今后工业发展的基础。部队、机关、学校也必须确定发展自己所需要的一切日常用品、供给用品的生产，并扶助群众生产或与群众合作经营。

第四，厉行节约，反对浪费，培养艰苦奋斗的革命精神。决定今年冬衣用去年冬衣的40%—50%代替，各号成衣均须减少1寸，地方干部仍穿过去的便衣，补充一半。鞋子每人自动节约一双，其他如饭包、绑带、包袱皮、炸弹袋、子弹袋均最高补充到30%，其余使用旧的，做到尽可能节省。凡有办公临时费用、建设费用、粮食柴草的单位均需自动研究、规定节约办法，领导机关与首长要亲自倡导，勤于督促检查。各军区、各部队，师、旅后方部门所存物品枪支等物，均须每月清查报告种类、件数，不得隐瞒。凡领用的供给物品一律严禁出卖，提倡废旧利用，多使用代用品，从一点一滴的节约做起。严格审查决算，逐项统计，分别核准，使各类数字达到真实与合理，为以后预算打下可靠的基础。

第五，保护解放区的工商贸易，加强对敌经济斗争。利用价值规律和行政措施相结合的手段，调剂解放区市场经济，强化食盐、烧酒的专卖管理，掌握出口物资，奖励土产品出口，争取出超地位。对国统区军需物资输出采取必要的封锁，并尽可能利用各种渠道购买和储存军需物品，充裕战争供给。

华东局扩大财经会议所做出的各项财经工作的规定，实现了工作方针、政策的转变，统一了各级财经部门主要干部的思想认识，使山东解放区财政经济工作开始纳入战时轨道。

1946年9月下旬到10月上旬，山东省政府工商总局在临沂召开鲁中、鲁南、滨海三区的工商会议。参加会议的有3个地区的9个分局的分局长。会议在总结过去一年货币斗争、内外贸易和生产建设等项工作的基础上，着重就今后工商业务中的各项具体工作进行了讨论，做出了《对今后工商工作中各项具体问题的决议》。日本帝国主义投降以后，山东解放区工商工作配合城乡经济恢复和发展，取得了很大的成绩，但是由于对和平抱着过大的幻想，对和平建设抱着过高希望，致使工商工作中出现了一些偏差，不顾实际可能，对各项建设事业进行了大量投资，结果货币发行指数超过了物资增长指数，出现了物价两次上涨的局面。如不迅速改变这一局面，党中央交给山东军民的战略任务就不能很好地完成。据此，确定了今后的工商工作应当遵循调剂供求，稳定物价，扶助生产，保障供给，以争取自卫战争胜利的方针。当务之急要做到调剂供求，稳定物价。为此，采取了下列措施：紧缩货币，节制货币发行数量；按照农村物资供求的季节性，有重点地、灵活地积蓄和调剂物资，特别注意掌握粮食、布匹、食盐、生油、烟叶、羊毛、蚕丝以及各种山果土产的积蓄和运销；管理输出输入，加强对敌贸易斗争；扶助群众生产；改进税收工作，改进烧酒、食盐管理工作，采取税率低、缉私严的原则；改进领导方法，提高工作效率。工商会议通过的决议及文件会后在全省范围内印发，因此对渤海、胶东地区的工商工作也发挥了重大的指导作用。

1946年9月25日，华东局召开了山东省各直属党政军民机关精简动员会议，决定成立省直机关精简组。此次机构精简是为了减轻人民负担，支持长期战争，改变和平时期工作机构，加强战时工作机构，提高工作效能，使之适应战争环境。精简的重点是：从整个机构着眼，打破各种重叠组织，凡同一性质的部门合并，当取消者取消，当缩小者缩小；着重减少勤杂人员、牲口、车辆，达到机构精干，行动方便；减少会议，今后各种会议凡脱离生产的吃粮人员数均不得超过党政民经常吃粮人员的20%；对被精简的干部及勤杂人员，应进

行深入的动员教育，凡适宜于地方工作的干部应充实基层或参加支援前线工作；凡适宜于军队工作的干部，应动员参加军队工作；一切勤杂人员，凡能当兵者，均应动员参加军队。此后，华东局对于干部随带人员、各级教育机关吃粮人数、各种会议吃粮人数作了详细规定，将这次精简的计划进一步具体化。

二、适应大兵团作战的财粮供给制度

鲁南战役后，华东野战军集结在临沂地区周围，华东主要战场转移到山东境内。蒋介石为了寻找华东野战军主力决战，以便影响即将召开的苏、美、英三国外长会议，特制订了“鲁南会战”计划，企图迫使华东野战军主力与其在临沂附近决战。敌人采取南北夹击的方式，集中了在华东战场所能集中的全部机动兵力，气焰颇为嚣张。华东野战军根据中央军委指示和敌人部署情况，拟定了引诱北犯之敌进至适当地区，选择突出一路聚而歼之的作战方案。1947 年 2 月上旬，华东野战军主动放弃临沂，兼程北上，迅速向侵占莱芜地区的国民党第二绥靖区李仙洲集团逼近，2 月 20 日清晨发起莱芜战役，至 23 日下午 5 时结束，歼敌正规军一个绥靖区指挥部、两个军部、7 个师，共毙伤俘敌 5.6 万余人。这一胜利是华东野战军贯彻执行毛泽东同志运动战思想的伟大成果。至此，人民解放军在山东战场所进行的运动战，无论是其形式、规模及正规程度都有了很大发展和提高，成为决定战争命运的主要作战形式。

莱芜战役打乱了敌人迅速解决山东问题的计划，迫使其改变了进攻部署。1947 年 3 月，国民党开始对山东解放区实施重点进攻。华东野战军遵照中央军委制定的内线作战积极防御的战略方针，坚持运动中歼敌的原则，保持全军的高度集中统一，在山东解放区人民的积极支援下，先后发动泰蒙战役（4 月 10 日至 5 月 1 日）、孟良崮战役（5 月 6 日至 5 月 16 日）、南麻临朐战役（7 月 26 日至 7 月 30 日），歼灭了敌人大批有生力量，从战略上调动分散了敌人，打破了国民党对山东的重点进攻。人民解放军开始转至外线作战，在鲁南、

鲁西南地区向敌人展开猛烈地进攻，为尔后华东野战军主力行动创造了有利条件。8 月 11 日，中央军委指示华东野战军分为内、外线兵团（亦称东、西兵团），陈毅、粟裕率外线兵团（西兵团），许世友、谭震林率内线兵团（东兵团）。随后，外线兵团挺进鲁西南和豫皖苏地区，协同刘邓大军执行开创中原解放区的战略任务；内线兵团于 9 月 2 日至 10 日发动胶河战役，歼敌 1.2 万余人，收复了昌邑、掖县、栖霞、威海、牟平等县城，开始了山东内线战场上的反攻。

解放战争时期人民解放军实施的运动战相对抗战时期的游击战，具有正规兵团、战役和战斗的优势兵力、进攻性和流动性的特点。也就是说，运动作战要求人员能够迅速集中，保持高度机动，活动范围广，行动异常频繁，大踏步前进，大踏步后退，形成优势的攻击力量。然而，这些特点的充分发挥离不开战时供应工作的及时与完备。大兵团的运动作战必须要求支前工作中实行民工大调动、粮食大调度、财政大集中，以充裕的人力、物力、资源保证战役、战斗的顺利进行。山东战场的胜利，是与山东解放区出色的支前工作分不开的，是山东人民历经艰难困苦并付出重大代价换取的。

战时财粮供应工作的主要任务，就是集中相当的财力，保证拥有充足的粮食（包括油盐、蔬菜等副食品）及时供给前方参战人员，争取对敌斗争的胜利。这个任务的基本点就是前方军粮的及时充分供应。由于部队的高度集中与机动作战，战争规模日大，战役之间的间隙日趋缩短。在这种情况下，前方的军粮供应如何，便成为足以影响战役胜负的重要因素之一。大兵团运动战对战时粮食工作提出以下几个特殊要求：第一，参战人员（部队和前方民工）的大量增加使前方军粮的供应量激增，而解放区存粮方式是分散的，以分散储存的粮食供应前方就必须绝对要求迅速、及时和有计划。第二，战时部队调动频繁，变化迅速，但落后的交通运输工具，往往使军粮转运迟缓，需要利用各种方法千方百计保证军粮的转运赶上部队的行动。第三，运动战中有时要进入敌后活动，常常会遇到意想不到的困难，因此既要集中适当数量的粮食，又要防止遭受损失或损失太大。第四，在部队必须就地解决粮食供给问题时，要切实做到有计划地借用，满

足需要，借用后又能够归还，严格借粮制度。

1947 年 1 月以后，华东野战军主力集中于山东战场，向国民党军队发动了一系列战役。对于山东解放区来说，供应军粮的任务开始繁重起来。仅据 1947 年山东战场几次较大战役的统计，前方军粮供应量最低每日需要 30 万斤，最高达到 100 万斤，详见表 5－1，如果再加上部队休整、转移以及后方机关人员的食用，数量相当庞大。在严峻的战争形势下，如何解决好财粮供应，做到部队前进时即能供给无缺，后退时又能不受损失，成为山东解放区支前工作中的突出问题。

表 5－1　1947 年山东战场几次主要战役粮食需要概况表[1]

战役名称	战役时间	吃粮人数			每日需粮数（斤）
		参战部队（人）	前方民工（人）	合计（人）	
鲁南战役	1947. 1	75 000	123 000	198 000	495 000
莱芜战役	1947. 2	205 000	171 000	376 000	930 000
泰蒙战役	1947. 4	188 000	214 000	402 000	1 005 000
孟良崮战役	1947. 5	248 000	152 000	400 000	1 000 000
南麻临朐战役	1947. 7	200 000	235 000	435 000	1 087 500
胶河战役	1947. 10	59 446	86 200	145 646	264 115
莱阳战役	1947. 11	23 015	51 000	74 015	785 037

注：每人每日按 2. 5 斤计算。

为使财粮供给适应战争的特点和要求，加强支前工作的组织性、主动性，克服大兵团作战与落后运输工具之间的矛盾，及时保证军粮供应，山东解放区在供给制度方面主要抓了三个环节的工作，即周密地部署战粮供应，充分地准备粮食储存，有效地组织军粮运输，并且密切加强三项工作的结合。

〔1〕《山东革命历史档案资料选编》第 21 辑，第 304 页。

（一）周密地部署战粮供应

在部队高度集结、高度机动和多面作战的情况下，为克服粮食供应及其指挥系统的混乱，山东解放区的各战略区成立了战时粮食机构，由各地支前司令部的粮食部、省支前委前方办事处的粮食部门、第一线粮站、第二线粮站和基地大粮站等各部分组成，均受地方支前司令部和省支前委领导指挥。一线站主要负责支配和保证部队给养的供给，协同地方政府筹措军粮，按计划向二线站提出送粮要求，一般存粮为3—5天；二线站主要负责及时向前方运送，随时向地方支前办事处报告供运情况及提出补充要求，协同地方将粮食加工变熟，供应参战部队后方机关，一般存粮为5—10天；基地站不随部队行动，由省支前委确定设置地点，主要负责接收各地所送粮食，向二线站调剂粮食，代表支前委命令当地政府及时向前方运送粮食，请求支前委向各地调集粮食。前方部队以粮票兑换粮食，各粮站应按时将收、支、存粮食情况向上报告，保证前方充足的用粮。1947年6月，山东省政府决定建立军粮管理区制和随军特派员制。根据战时供应的需要，在一定时间、一定地区内设立军粮管理区，指定本区内一定数量的公粮公草作为军用粮草，专供野战军需用，并保证充分及时供给，其收支账目仍统一于地方粮库。随军特派员，系由省粮食总局在各纵队各设特派员1人，工作人员4—6人；设总特派员1人驻省支前委前方办事处。特派员随军行动，协助地方准备粮草及设置粮站，掌握各项收支制度，加强前方与后方的联系，协调地方与部队的关系，共同解决供应上的困难。上述两项制度适应了部队流动性大的特点，在部队行动迅速、地方筹粮备粮不便的时候，可以很快控制粮食，保证战役、战斗部署的顺利实施；在战斗频繁或休整时期，部队民夫的减员或增员变化很大，及时检查人数上报，联系地方粮局、粮库布置准备粮草，不使部队民夫供给有缺，争取了工作上的主动。

给养的就地取用是部队机动作战、解决粮食供应及时的基本办法。山东解放区采用了三种办法。一是军队到达先用当地现有公粮，

这样既可节省运输又能减少损耗。但由于军队集中，而存粮数量有限，因此必须结合就近调运，组织大量半劳力（老人、妇女、儿童）短途运送公粮，以保证粮源不缺，供应方便。二是就地由政府与工商部门向当地群众按市价统一征购。三是就地预借，印制正式借据，严格借粮手续，规定借粮标准，做到群众负担合理。战役结束后，即行调运归还或抵缴公粮、田赋，多退少补。1947 年，山东诸多战役大都在大鲁南地区进行，一般新解放区的借粮标准为：每人平均地亩数不足 1 亩者不借，1 亩以上者按级增加数量，最低 5 斤，最高 15 斤，以避免贫苦群众负担过重。总之，三种办法互相结合，解决了粮食及时供应问题。

（二）充分地准备粮食储存

普遍与充分的储备粮食是确保部队民工供应的关键。没有预先的充分准备，就谈不上争取主动、保证供给。山东解放区实行点（粮站）、线（供应线）和面（群众性常备粮）互相结合的方式，坚持适当集中、适当分散、有重点的集中的方针，认真掌握实存现粮、后备粮食和群众存粮的情况，保持足够的运输力量，随时准备战役的实施。这种粮食供应制度主要包括：第一，支前机关在军事上确定作战方向、作战地区以后，在战役尚未开始以前，根据各地现存粮数量、种类及部队供给量，及时做出粮食布置、调运计划并在供应线上预先准备足够的加工粮，适当集中一部分粮食于交通线两侧地区，以备调运。第二，广泛动员组织战区与接近战区以及部队可能过境的地区的所有村庄，家家户户普遍准备 3—5 天的加工粮、蔬菜，分户保存，待命集中。此粮不用时仍为群众所有，用后则由村里从公粮中付还。第三，作战部队自带 3—4 天常备粮，平时不用，以备急需，随吃随补，经常保持一定数量。第四，交通线上的中心民站，每站经常存 3—5 万斤加工粮食，一般民站也准备 1—3 万斤，分存民站附近各村庄，由民站掌握，粮库供给，保持一定数量随用随补。马草、烧草也都做充分准备，分散各村储藏，以便集中使用。

（三）有效地组织军粮运输

有计划地组织后方粮食向前线调运，是前线军粮供应的一个重要方面。尤其是部队在缺粮地区作战时，后方运粮更显必要。即使作战地区粮食充裕，由于部队高度集结，需要量大，也必须组织运送粮食，进行补给和调剂，才能确保供给。鲁南战役到南麻临朐战役之间，山东解放区组织了全省范围的粮食大调运，及时解决了前线部队的吃粮问题，为粉碎敌人的全面进攻和重点进攻创造了必要条件。1947 年春，华东局指示渤海区运送 5 000 万斤粮食支援大鲁南地区。渤海区接受任务后，迅速布置集中粮食、车辆，具体运输任务由三专署承担。在区党委、行署召开的三专署县长会议上，立即将 5 000 万斤的运粮任务分配到各县，并确定三条运输线。西路由青城、齐东、章丘三县运至莱芜，东路由寿光、益北、广饶、临淄四县运至沂北，中路由博兴、蒲台、高苑、桓台、邹平、长山六县运至博山。各县将集中的车辆配备足够的畜力和人员，按区编成车队，由县长亲自指挥，历时 1 个多月完成了运粮 5 000 万斤的任务。孟良崮战役前后，大鲁南各区向鲁中作战地区调运粮食 4 000 万斤，包括 15 个县，运粮路程 100—200 里不等，共用工日 560 万个，参加民工约 9 万余人，两个月内完成了任务。粮食调运是一项时间性、计划性非常强的工作，需要精心调度，认真加以组织实施。

1. 调运粮食之前，应根据作战意图、部队供应量、战役可能发生的变化等情况，对运粮任务、时间、路线以及运输力量的组织、民站线的建立、装卸粮地点、运粮办法、手续等做出周密的布置，并视路程远近、工作需要而建立运粮指挥部（或指挥所）、收发粮站，配备专职干部，做好运粮前的一切准备工作。

2. 运粮过程是由分散到集中再到分散，一般分为三段运输。首先将分散在各区村的粮食，组织当地群众就地装粮，统一领导，分散运往后方粮食基地，因路程短可大量用半劳力，分包到村或户。其次是将后方基地粮食转运前方屯粮点，由调拨的专任运输队（按区乡编队）加紧抢运，限期完成。最后是将粮食由前方屯粮点运往部队，

由部队常备运粮民工自运。三段运输可视路程远近减为两段，去掉中间转运过程，以便节省大量时间和人力，减少粮食损耗。

3. 运粮前与民工讲明运输路线、里程、装卸粮地点、运粮手续办法等，进行护粮教育，提高民工的责任心。运粮中要照顾民工的生活，帮助他们解决生活上的困难，开展立功运动，启发民工运粮的积极性。

4. 运粮线上要事先设立民站、茶水站，准备好粮食、房子、烧草、茶水以备民工食用，并配备医生、铁匠、木匠以便收容生病民工，修理损坏的车辆，争取做到多运、快运，提高运输效率。

5. 对数量众多的运输车辆，在行程中要有严密的组织计划，分批出发，分路运送，以防途中拥挤。运输线上的道路、桥梁，要随时修补，保证畅通无阻。收发粮站要做到随发、随到随收，不耽误时间，做好收发粮食的工作。

粮食调运制度是在实践过程中逐步完善的。由于战时粮食需要量庞大和运输路程遥远，加之手推肩挑的落后运输方式，个别地区往往在进行这项工作的初期会发生一些混乱，导致粮食不能按时运达而且浪费损耗十分严重。通过不断地总结经验教训和严格财粮制度，努力纠正与克服种种破坏、紊乱制度的现象，从而使粮食制度逐渐合理、完善，供给不及时的现象和情况逐渐减少。

在不断加强粮食供应的同时，山东解放区为保证华东我军的胜利作战还抓紧了副食品的供应工作，尽最大可能为参战人员提供油、盐、鱼、肉、蔬菜等。1947 年 6 月 22 日，省工商总局发出《关于全面加强供应工作的决定》，特确定今后工商部门把供应工作作为主要任务之一，要求各分、支局购存一部分生油、食盐作随时调剂之用，组织战区群众到部队附近宰猪出卖，并且作长远供应计划，组织力量远途调运。山东解放区各工商机关迅速贯彻这一决定，鲁中工商局将运到的大批盐、干鱼等物品分配到各县，仅莱芜县就存油 1 万斤、干鱼 7 000 斤、花生米 20 万斤，并抽调 4 000 余名干部专门从事油盐供应工作。为使部队方便购买，各地油盐等副食品除直接供应部队外，还大批卖给商人，使部队到处都可购到物品。地方政府和群众团体还动员组织部队驻地群众普遍准备蔬菜（生豆芽、磨豆腐、干菜等）组织蔬菜供应小组以公平价格售予部队。各地工商局组织随军供应处，以纵队作为供给单位，在辖区内随军行动，争取主动联系，尽量满足部队副食品要求。

这一阶段的财粮供应工作，由于华东野战军主力进入山东实施内线作战，且战役频繁，因此支前任务较战争初期紧张而且繁重，巨大的供应数量摆在山东解放区面前。华东局、山东省政府先后颁布了一系列指示、条例，建立起行之有效地供给制度，依靠广大解放区人民热烈而充分的支援，保证了前方军粮及副食品的供应，基本上完成了巨大的财粮支前任务。

三、准备长期战争的紧急财政措施

1946 年 7 月 20 日，中共中央发出指示，强调指出：为着粉碎蒋介石的进攻，必须作持久打算。必须十分节省，力戒浪费，严禁贪污；必须努力生产，争取粮、棉等必需品完全自给；财政上必须使自卫战争的物资需要得到满足。根据中央的指示精神，华东局于 9 月 9 日发出《关于克服目前经济危机与今后财政经济方针的指示》，指出：自 4 月以来，山东各地物价发生了数年以来未有的暴涨现象，各种工农业生产事业受到了严重影响，通货膨胀，财政开支扩大，党政军民日常供给遭受到很大困难。为了克服困难，在目前经济情况下，必须采取以下具体办法：紧缩预算，扩大收入，确保财政收支平衡；紧缩通货，稳定物价；大力发展生产，自给自足；厉行节约，克服浪费，严禁贪污；加强工商贸易对敌斗争。自此以后，山东解放区党政军民各方面广大干部进一步克服和平享乐思想和盲目乐观情绪，加强战争观念，积极投入到紧张的备战支前工作。

在战争初期，山东解放区采取了一些紧急有效的财政措施，并取得了很大成绩。

精简机构，减少人员、马匹，适应战争环境。1946 年 10 月 17 日，山东省参议会与山东省政府联席会议讨论通过省府系统的精简

方案，精简人数占31%。10月25日，华东局做出精简决定，要求首长负责，亲自动手，加强思想领导，确保精简工作顺利实施。并且对干部随带人员、马匹等事项做出具体规定。12月26日，山东省政府颁布从省到区各级政府编制表，命令各地各级政府坚决执行。通过精简，取得了很大成绩。全省减少临时吃粮人员、小学教师及其他不必要人员约有10万人。滨海区仅半年时间临时吃粮人员就由万余人减至几百人。鲁中区政府系统减少了7 898人，滨海区减少了53%。精简之后充实部队主力，机构更加精干，部队与地方机关人员的比例由过去的1∶1大约变为6∶1。

紧缩开支，克服浪费，一切服从前线需要。对各项开支费用精打细算，使紧缩预算落实到逐条逐项。省政府1947年上半年预算先后修改了6次，仅节粮、节衣、省原料、减人数、降低标准5项18条计算，就减少40亿元。对各种会议、训练班严格控制，必须召开的会议要尽量减少时间，降低会议生活标准。对与战争无关的事项实行缓办或停办；不必要的开支，一概取消；各个单位在预算外的开支，财政厅一律不予报销。

清查旧有物资，加强集中管理。动员各单位将过去的“家底子”使用起来，对钱、粮、物等全部进行清查。如鲁中区清查出来的物资价值3 000多万元，滨海区莒南县清理出机关个人存放物资价值400余万元。清查出的物资，严格进行登记、保管，并报告财政厅，分别性质批发各部门使用。通过清查，克服了部分物资一方弃之不用，另一方急需采购的现象，达到了杜绝浪费、物尽其用的目的。

降低供给标准，进一步节衣缩食。华东野战军及后方机关进入山东后，山东省政府对《各级政府团体学校供给标准》作了修改，降低了供给标准。例如，办公纸张由每月3张改为2张；取消手巾、牙刷、牙膏、肥皂、烟叶供给，由单位生产解决；供给制人员每人每月猪肉由1.5斤降为1斤，伤员由每日菜1.4斤改为1斤，盐6钱改为5钱，每月猪肉2斤改为1斤；取消夜餐费；供给制人员每人每年2套单衣改为1套；马料由每天6斤改为5斤。特别是粮食标准降低，主力部队由每人每日2.4斤改为2.3斤，地方部队由2.4斤改为2.2

斤，后勤机关由2.4斤改为2斤，政府机关由2斤改为1斤13两，此项共可节省6 000万斤粮食（以上每斤均为16两，粮食按高粱或谷子计算）。政府部门广大干部积极响应上级号召，以身作则降低生活标准，带头节省。过去吃小灶的改为中灶，吃中灶的改为大灶，取消会餐请客等项不必要的开支。

开展生产节约运动，弥补财政经费不足。1946年9月30日，山东省政府发出《关于开展机关生产节约运动的指示》，要求各地遵照以农业和手工业为主，运输业为副，统一集中贸易，军民兼顾，公私两利的原则，大力开展生产节约运动。各机关一般要做到菜金（公家补助6两粮食以外不足之数）、办公费、杂支费及个人日用品全部自己解决。省政府召开了全体机关干部生产节约动员大会，要求从10月起，省直各单位不再发办公、杂支等费用；日用品如毛巾、牙刷、牙粉、肥皂、烟等等，完全自己设法解决；明年不再发衬衣，单衣只发一套；增加节约提成，鞋袜、单衣等由50%提到70%。山东军区也召开了直属机关生产节约会议，军区政治部及直属单位每人订立了3个月的生产节约计划。经过认真地宣传动员和落实计划工作，到1946年底，全省机关部队生产自给经费达1 685 339 126元，计胶东550 535 874元，渤海116 204 487元，鲁中269 917 047元，鲁南1.3亿元，滨海483 423 965元，省直5 000万元，军直211 184 120元，野战军309 155 202元。这一生产成绩的取得，为在财政供给制度上实行地方紧缩、部队放宽的方针创造了条件。军费占总经费的支出，由过去的70%上升到90%，地方党、政、民经费由过去的30%减为10%。1947年山东解放区开展了更大规模的生产节约运动。1月23日，山东省政府做出《关于继续开展生产节约运动的指示》，要求把生产节约运动与立功运动结合起来，机关生产与自给更紧密联系（自磨自食、养猪、榨油、种菜、植棉）。同时，提倡与推动群众省吃俭用，多种菜，多养猪。省直机关和各级政府贯彻首长负责、积极分子带头的领导方法，组织剩余劳动力，扩大机关小型生产消费合作社，建立自给自足的革命家务，造成群众性自觉性的生产节约热潮。例如，渤海区党委机关成立生产节约委员会，制定了生产节约自

给办法：发展纺织，以手工织布为主，除一切费用外，生产值120万元；组织运输，除生产人员消耗、牲口草料外，收入90万元；在垦区种粮，生产200万石，价值100万元；养猪50至100头，种菜10余亩；生产节约交公，工作人员每人全年交白菜150斤，干部100斤，全体干部生产不分红，节约不提奖。渤海区1947年上半年生产节约收入占全部经费开支的40%，减少政费3 000万元。生产节约运动能够深入发展的原因，一方面是由于领导干部亲自动手，以身作则，启发了一般工作人员的积极性和自觉性；另一方面是各级政府成立生产节约委员会，加强领导，广泛宣传鼓动，使广大人员认识到生产节约的重要性，竭尽全力节省一切可以节省的开支，参加收入。

进行献金献粮献物资运动，渡过财政难关。1947年2月1日和8日，华东局、山东省政府分别发出《关于开展献金献粮献物资运动的指示》，号召从前方到后方，从机关到个人，从党员到群众，无例外地掀起轰轰烈烈的献金献粮献物资运动。在不到两个月的时间里，山东解放区掀起了三次捐献热潮。华东后方单位的华中联合干校、建设大学、供给部等11个部门在第一次捐献活动中，共献本币3 410 710元、法币227 186元、关金1 052元，杂币18 250元、银元881元、铜元1 540枚、金戒指47只（7.31两）、银筷23双，其他银器如宝剑、手镯等共99件，碎银6.18两，金钢刀1把，表15只，玉戒指、电筒、体温表各1个，被服201件，皮衣1件，鞋袜、手巾等1 157件，细粮7 489斤，粗粮1 650斤，柴草20 710斤，饭票131张，毛线73斤，纱线27支，各色土布、洋布共10 348匹，纱布42.7尺，药水2瓶，针药73支，枪弹29粒，弹袋2只，皮包箱15个，锯条23根，火油炉1只。在第三次捐献活动中，省府及各直属单位献出了北海币388 710元，献物折合北海币582 660元，并节约单衣164套，单鞋315双，津贴费59 290元；华东军工部共献北海币387 290元，华中币269.3万元，银元25个，金戒指7只，还有大米800斤；鲁中企业工会所属的7个厂共献出2 916 995元，并规定今后工人生活费每月降低20斤粮；滨海邮政分局献金节约合计28.9万元，莒北、胶县、东海、日照、竹庭、临沭、藏马、郯城等县局献金21 500

元，小米 81 845 斤；鲁南区一专署各政府机关节约献金达 393 万元；渤海一分区的沧县、吴桥、津南、东光等 10 余县，共献出节约款 480 余万元，粗细粮 2.8 万余斤。献金献粮献物资运动取得很大成绩，充分反映了机关学校广大工作人员对于支援战争、克服财政困难的积极态度，显示了他们克己奉公的高尚革命精神。

第三节　筹措粮款，保证解放战争的供给

一、增收田赋，预征公粮

1946 年下半年和 1947 年，在国民党军队全面进攻和重点进攻山东解放区的严峻形势下，必须通过各种形式筹措大量粮草、衣物，以保证军队吃饱穿暖，并保持军队有足够的数量和充裕的武器弹药去打仗，争取自卫战争形势的逐渐好转，以创造条件打败国民党反动派的进攻。因此，党和人民政府从广大人民的根本利益出发，根据战争的实际需要，不得不在一定时期内加重农民的负担，以保障自卫战争的物资供给。

田赋、公粮是解放区财政收入的主要部分，并随着战争形式的变化和规模的扩大而需要不断增加。解放战争时期，作战的主要形式已由游击战为主上升到以运动战为主，军队的给养标准特别是对武器和装备的需要，比抗日战争时期大大地提高了。1947 年春天，在邯郸地区召开的华北解放区财经会议上曾规定了 3 项基本标准：人民负担能力可能占其生产量的 15%—20%；养兵需要而且可能达到人口总数的 1%—1.5%；一个士兵的生活水平和装备需要折合小米 16 石。上述标准在山东解放战争的进程中，曾有所突破或较大地突破。这一方面反映了山东战场对敌斗争的激烈，以及财政收入任务的繁

重；另一方面也说明广大农民群众认识到解放战争同自己的切身利益关系，甘愿节衣缩食，甚至忍饥受饿，也积极交纳公粮、田赋，支援前方部队打胜仗。

抗日战争胜利后，广大农民特别是解放区群众渴望和平、民主，要求减轻负担，以便更好更快地恢复和发展生产。而国民党反动派却违背全国人民的愿望，恣意发动反革命内战。对此形势，要求解放区各级干部都必须保持高度的革命警惕性，注意在财政关系上很好地解决战争准备的需要与人民生活的问题。山东解放区部分干部由于对国民党反动派坚决发动内战的阴谋认识不足，在急于大量减轻农民负担情绪的支配下，曾经一度放松了田赋和公粮的征收工作。这个问题成为战争全面爆发后，山东解放区产生财粮供应困难的原因之一。1946 年与 1945 年相比，山东解放区在面积、人口不断扩大，增加的情况下，公粮征收数量增长 80%，详见表 5－2，但同期内脱产人员增加了 1 倍，各种会议、训练班、学校、招待等粮食开支也迅速上升。由于吃粮人员的增加超过征收粮食增加的速度，所以直接造成了 1946 年的财粮亏空。华东战场转移到山东后，财粮供给的困难更为明显。

表 5－2　　1945 年、1946 年山东各地粮食征收统计表　　单位：斤

年度	胶东	渤海	鲁中南	滨海	合计
1945	130 000 000	102 698 610	206 544 445	120 000 000	559 243 055
1946	338 858 813	260 984 303	259 232 017	149 594 486	1 008 669 619

针对财粮亏空、供给困难的局面，山东解放区在节约经费、减少开支、机关生产和供给标准等方面，采取了一些紧急措施外，还根据党中央的指示和农民群众实际生活状况，决定适当提高公粮、田赋的征收数量，以解决战争的巨大耗费，满足战时财粮供给。1946 年 9 月 9 日，山东省政府做出《关于征收三十五年度秋季公粮的指示》，决定增征 20% 的附加粮，9 月 22 日，省府又做出《关于动员献棉及增收田赋的指示》，决定田赋每标准亩增收本币 20 元，其尚未折合标准亩者，每官亩增收本币 16 元（1946 年下期田赋原规定每标准亩 30

元）。鲁南战役后，华东野战军云集山东，财粮支出迅速增加。为解决大鲁南地区军粮供应严重缺乏的问题，省政府决定在该地区预借粮食 1 亿斤，作为应急措施。同时，规定 1947 年上期田赋每标准亩征收 60 元。随后，又将后方机关人员移驻渤海，以减轻大鲁南地区粮食供应的压力。通过上述办法，对粉碎国民党反动派的全面进攻和重点进攻，渡过极其艰苦的财政难关起到了重要的保证作用。

1946 年和 1947 年，山东解放区的公粮征收仍继续实行抗战后期累进税的办法，即将土地划分等级折成标准亩（产量为 150 斤），以人口为计算单位，以户为征收单位，按标准亩收入累进征收，最高不得超过其产量的 35%。1946 年全省公粮收入为 1 008 669 619 斤，田赋折粮 82 896 000 斤，村附加粮 302 600 886 斤，柴草折粮 156 912 773 斤，总计 1 551 079 278 斤；1947 年全省公粮收入 1 242 578 102 斤，田赋折粮为 347 388 580 斤，村附加粮 287 278 680 斤，柴草折粮 325 224 521 斤，总计 2 202 469 883 斤，与 1946 年相比，除村附加粮减少 5% 以外，其他项目分别增加了 23.2%、319%、107%、42%，详见表 5－3。

这一时期，山东解放区的农民负担比例一般是较高的，而在 1946 年与 1947 年又有所不同。例如公粮征收，负担地亩按累进计算的办法没有变动，但累进率 1947 年比 1946 年有较大提高。1946 年 2 亩地征收率为 9%，应征粮食 13.5 斤，到 1947 年为 14.5%，应征粮食 21.12 斤；1946 年 4 亩地征收率为 19%，应征粮食 28.5 斤，1947 年为 31%，应征粮为 46.8 斤，详见表 5－4。

经过 1946 年下半年土地改革和 1947 年的土改复查，山东解放区土地所有不平衡的现象开始发生重大变化。广大贫雇农获得了土地，特别是贫农的土地显著增加，接近了中农的土地量，中农仍保留了原有的土地，地主富农地位下降，但仍有一定数量的土地，出现了土地逐步平均化的趋向。因此，为了保证公粮征收数量就有必要变动负担比率。从表 5－4 可以看出，1947 年征收办法中，对 1.5—4.5 亩的土地负担规定，一方面拉大了档次，另一方面提高了负担数量，比 1946 年增加 30% 以上。结果增加负担的任务主要落在了贫农、中农

表 5－3

1946 年、1947 年山东各战略区公粮、田赋征收统计表

单位：斤

年度	地区	人口	标准亩	公粮			柴草折粮	田赋折粮	村附加粮	总计
				夏粮	秋粮	合计				
1946	胶东	8 578 848	20 868 728	81 839 838	257 018 975	338 858 813	39 489 345	56 250 000	101 657 644	536 255 802
	渤海	7 508 324	18 894 974	90 138 495	170 845 808	260 984 303	33 243 960	26 646 000	78 295 291	399 169 554
	鲁中南	9 506 984	15 129 933	110 574 239	148 657 778	259 232 017	55 549 718		77 769 605	392 551 340
	滨海	3 309 034	68 839 747	31 697 827	64 600 000	96 297 827	20 635 250		28 889 348	145 822 425
	滨北	2 218 850	4 460 777	23 631 943	29 664 716	53 296 659	7 994 500		15 988 998	77 280 157
	合计	31 121 040	66 238 359	337 882 342	670 787 277	1 008 669 619	156 912 773	82 896 000	302 600 886	1 551 079 278
1947	胶东	10 005 773	22 177 262	186 858 277	323 369 613	510 227 890	127 007 447	110 886 310	11 218 247	860 339 894
	渤海	8 538 573	24 756 984	228 894 000	252 800 000	481 694 000	144 505 000	148 541 880	116 211 132	890 952 012
	鲁中南	9 052 636	17 690 066	94 859 201	155 797 011	250 656 212	53 712 074	87 960 390	58 849 301	451 177 977
	合计	27 596 982	64 624 312	510 611 478	731 966 624	1 242 578 102	325 224 521	347 388 580	287 278 680	2 202 469 883

表 5-4　　1946 年、1947 年公粮负担累进折算表

1946 年			1947 年		
地亩数	征收率（%）	应征粮（斤）	地亩数	征收率（%）	应征粮（斤）
0.61—0.75	2	3	0.61—0.75	2	3
0.76—0.9	3	4.5	0.76—0.9	3	4.8
0.91—1.05	4	6	0.91—1.05	4	6
1.06—1.2	5	7.5	1.06—1.2	5.5	8.4
1.21—1.4	6	9	1.21—1.35	7	10.08
1.41—1.6	7	10.5	1.36—1.5	8.5	12.12
1.61—1.8	8	12	1.51—1.65	10	15
1.81—2.0	9	13.5	1.66—1.80	11.5	17.4
2.01—2.2	10	15	1.81—1.95	13	19.8
2.21—2.4	11	16.5	1.96—2.10	14.5	21.12
2.41—2.6	12	18	2.11—2.25	16	24
2.61—2.8	13	19.5	2.26—2.4	17.5	26.4
2.81—3	14	21	2.41—2.55	19	28.8
3.01—3.2	15	22.5	2.56—2.7	20.5	30.12
3.21—3.4	16	24	2.71—2.9	22	33
3.41—3.6	17	25.5	2.91—3.1	23.5	35.4
3.61—3.8	18	27	3.11—3.3	25	37.8
3.81—4	19	28.5	3.31—3.5	26.5	39.12
4.01—4.3	20	30	3.51—3.7	28	42
4.31—4.6	21	31.5	3.71—3.9	29.5	44.45
4.61—4.9	22	33	3.91—4.1	31	46.8
4.91—5.2	23	34.5	4.11—4.3	32.5	48.12
5.21—5.5	24	36	4.31—4.5	34	51
5.51—5.8	25	37.5	4.51—4.7	35	52.5
5.81—6.2	26	39	4.7 以上	35	
6.21—6.6	27	40.5			
6.61—7	28	42			
7.01—7.5	29	43.5			
7.51—8	30	45			
8.01—8.5	31	46.5			
8.51—9	32	48			
9.01—9.5	33	49.5			
9.51—10	34	51			
10 以上	35	52.5			

身上，特别是中农由1946年平均负担量占收入的15%上升到1947年的25%。1947年由于国民党反动派的重点进攻，山东解放区遭受敌人的蹂躏，生产受到很大破坏，人口缩减。所以负担比例增加较多，详见表5－5。

表5－5 1946年、1947年山东解放区农业税（公粮、田赋）征收统计表

年度	地区	人口	征收税额（斤）	每人平均负担（斤）	每亩平均负担（斤）	负担率(%)（负担占收入的百分比）
1946	胶东	8 578 848	536 255 802	62.51	17.13	25.69
	渤海	7 508 324	399 169 554	53.16	14.08	21.12
	鲁中南	9 505 984	392 551 340	41.29	17.29	25.94
	滨海	3 309 034	145 822 425	42.23	14.12	21.18
	滨北	2 218 850	77 280 157	34.82	11.55	25.94
	合计	31 121 040	1 551 079 278	49.84	15.61	23.42
1947	胶东	10 005 778	860 339 894	85.93	25.86	38.79
	渤海	8 538 573	890 952 012	104.34	23.99	35.99
	鲁中南	9 052 636	451 177 977	49.84	17	25.5
	合计	27 596 982	2 202 469 883	79.81	22.51	33.77

面对国民党军队残酷的重点进攻，解放区广大农民为了“保田保家保饭碗”，积极踊跃地缴纳公粮、田赋，以实际行动支援解放战争。他们在党的宣传教育下，深切认识到要争取革命战争胜利，必须要忍受暂时的困苦；只有打败国民党反动派，人民才有生路。因此响亮地提出：“一切为了战争，一切为了前线”，“宁愿少吃少用，不让前方饿肚皮”，“缴纳公粮是为了自己”，联系土改分田的翻身经历，更加自觉自愿地支持党和政府保证战争供给的财政方针，一次又一次地掀起交粮热潮。广大农民群众对提高农业税税率以确保战争供给的措施，是完全谅解而且积极支持的。

山东解放区广大农民群众除农业税负担外，还有战勤负担。据1947年山东战场的几次较大战役统计，共动用民工近427万人次，

用工日近2亿个。根据当时全省人口估算，能够出常备和临时民工者占总人口的12.4%，而经常出工者只能占其中的10%，即占总人口的1.2%。1947年，山东解放区常备民工数量超过了此数，所以给农业生产带来了一定的影响。

在战略防御阶段，山东解放区财政收入工作中，“取之于民”的部分在服从战争需要的情况下，加重了农民公粮、田赋负担。但由于广大农民群众意识到缴纳农业税同他们的根本利益完全一致，因而即便是在艰苦的战争环境和生活条件下，仍然全力以赴地坚持送粮交税，为解放战争的彻底胜利做出了自己的巨大贡献！

二、增加税收，加强专卖

华东战场转移到山东后，山东解放区的财政处于极端困难的状况之中。财政收入满足不了财政支出，出现了巨大赤字。资金和物资均十分短缺，特别是大鲁南地区感到军用物品的供给特别困难。因此，必须大力解决财政收入，即“生财之道”的问题。山东解放区在增收公粮、田赋的同时，为解决财政困难，抓紧了各项工商、农副业税收工作，扩大社会负担面，在可能的条件下争取增加财政收入。

（一）增加税收的各项措施

1946年10月7日，山东省工商总局颁布《鲁中鲁南滨海工商会议对今后工商工作中各项具体问题的决议》。其中，关于税收工作强调指出：“内地税由于从量征收，目前物价已提高数倍，脱离税率很远，早应提高”。[1] 根据改进税收工作，完成更多财政任务的要求，省工商总局酌情提高了部分税种的税率，加强了烧酒和食盐等专卖工作，严格缉私工作，减少走私漏税的现象，增加税收数额。1946年下半年和1947年，山东解放区进行了5次大的税率变动。

1. 1946年9月28日，山东省政府发布命令，对原颁布的进出口

〔1〕《山东革命历史档案资料选编》第17辑，第453页。

税税率及内地税均有所修改，并决定于10月5日开始施行。修正情况，详见表5－6、表5－7、表5－8、表5－9。

表5－6　　进口货物税率

品名	原定税率	新定税率
各种带色洋布	10%	30%
各种本色洋布	10%	30%
各种印花洋布	10%	30%
棉制品（汗衫、裤、袜、毛巾等）	10%	30%
外国棉花	5%	30%
毛织品（呢绒、哔叽等）	20%	30%
丝织品（人造丝在内）	20%	30%
洋纱	5%	30%
食品（如罐头、奶粉等）	5%	15%
金属制品（缝纫机等）	5%	免税
西药及制药原料	5%	免税
燃料（煤炭等）	10%	免税
牛皮	10%	免税
纸烟	50%	禁入

表5－7　　出口货物税率

品名	原定税率	新定税率
牛马	20%	禁出
瘦猪、活猪	15%	20%
食粮	30%	禁出
皮类（牛皮等）	20%	禁出
山果	10%	5%
酒类	10%	免税
草帽辫、发网	15%	5%
棉花	20%	禁出
金属、钢铁	20%	禁出

表 5－8　　　　产　销　税　率

品名	原定税率	新定税率
手工制纸烟	按量每支 3 分	每支 1 角
机制纸烟	按量每支 6 分	每支 2 角
果酒	10%	20%
烧纸	按量每块 200 元	每块 400 元
神香		按价征收 30%
食盐	按量每担 30 元	每担 100 元

表 5－9　　　　屠　宰　税　率

品名	原定税率	新定税率
猪	每口 60 元	150 元
牛	每头 180 元	500 元
羊	每头 20 元	50 元

2. 1947 年 1 月 12 日，山东省政府发布命令，内称：“为调剂群众负担，扩大社会负担面，以增加收入保证自卫战争的经费供给，特对出入口货物税、产销税、屠宰税之税率重予修正，制订《山东省修正税率表》随令附发，并决定各项修正税率统于 2 月 1 日起开始执行，未经修改者仍依前定税率征收。”[1] 修正税率表，详见表 5－10、表 5－11 和表 5－12。

表 5－10　　　　进口货物税率

类别	原定税率	修正税率
棉及制品	30%	40%
麻及制品	30%	40%
毛及制品	30%	40%
丝及制品	30%	40%
糖品	5%	15%
茶叶	15%	30%
烟草	20%	30%

〔1〕《山东革命历史档案资料选编》第 18 辑，第 208 页。

续表

类别	原定税率	修正税率
化学品	免税	10%
油脂（火油）	20%	30%
纸张（火纸）	30%	50%
藤草制品（草帽）	10%	20%
杂货（火柴）	免税	10%
牙膏、牙粉	10%	20%

表 5-11　　出口货物税率

类别		原定税率	修正税率
动物及产品	活猪	20%	30%
	羊、鸡、鸭、鹅	15%	20%
	鸡蛋、鸭蛋、皮蛋、咸蛋、干蛋白，干蛋黄、披猪	20%	30%
	家禽野味、鲜肉咸肉、火腿、猪油、牛猪血	15%	20%
油脂	豆油、花生油	20%	30%
籽仁	花生、花生仁	30%	40%
植物产品	粉丝、粉皮、通心粉	10%	10%

表 5-12　　产销屠宰税率

类别		单位	原定税率	修正税率	备注
产销税	食盐	担	100 元	200 元	从量征收
	土制纸烟	支	1 角	2 角	从量征收
	机制纸烟	支	2 角	4 角	从量征收
	烧纸	块	400 元	800 元	从量征收
	大土布一	匹		100 元	各色大布均在内，如本色、染色、条格、花斜纹布等
	小土布	匹		25 元	约本色大布面积的 1/4
	黄烟		10%	15%	从量征收
	神香		30%	50%	从量征收

续表

类别		单位	原定税率	修正税率	备注
屠宰税	残牛	头	500 元	1 000 元	从量征收
	猪	口	150 元	300 元	从量征收
	羊	头	50 元	100 元	从量征收

3. 1947 年 3 月 15 日，山东省政府发布命令，对宰杀老驴及残驴者，每头征收屠宰税 500 元；产销税目中食盐税率由原定每市担 200 元，改为每市担 500 元；土烟、黑烟由原定税率 50% 改为 100%。命令自 4 月 1 日起开始施行。

4. 1947 年 4 月 9 日，山东省政府发出《关于颁布施行营业税征收暂行条例的命令》和《关于营业税征收之组织领导的指示》，要求各级政府密切联系群众团体，组织营业税评议委员会，对公、私工商业进行公平评议，以确定纳税数额。本年度第一期营业税于 6 月份突击征收，月底以前征收完毕。营业税的征收，以营业单位为课税单位，以其营业纯利为课税标准，从 5 000 元开始至 300 万元分 100 级累进征收。凡纯利满 5 000 元者征收 3%；凡纯利超过 5 000 元至 3 万元者，其超过数的累进率为 3.17%，原 5 000 元税额不变，与超过数的税额合并征收；凡纯利超过 3 万元者，每进一级（3 万元）累进率为 0.17%，原 3 万元税额不变，与递增税率合并征收；凡纯利超过 297 万元以上者其超过数的累进率为 20%，原 297 万元的税额不变，与超过数的税额合并征收。

5. 1946 年 9 月至 1947 年 1 月，山东省政府为增加收入，配合土地改革曾三次发出修改田房契税税率的指示。修改后的契税税率，均按土地陈报后的中中亩（150 斤产量的折中亩）征收。买契税，每中中亩按 50 元征收，典当地应契税者由原业主（出典人）投税，房基按其坐落之连边地级折算征收，新开垦的荒山河滩之契税，生荒 5 年以内、熟荒 3 年以内者按买契税减半征收，逾年限者，同买契税；完纳契税，应于契税成立后 6 个月内办理，逾期不投税者除责令补税外，并课以应纳税额 1/2 的罚金；交换契税（指土地互换者）、补契

约（指遗失、焚毁或霉烂契纸者）按买契税减半征收。

（二）提高专卖品价格

除增加各项税收外，山东省政府还对烧酒、食盐专卖利润加以适当提高，扩大财政收入。酒的生产和销售，在山东解放区实行专烧专卖、取缔私酒贩卖的政策，由工商机关批准的专卖户销售，各地酒的调剂则由公营酒厂或商店负责。并且，采取高利少销的原则掌握酒的价格，1946 年一般保持 1 倍以上的利润，每斤卖价 80—120 元不等，1947 年确定为两倍左右的利润，每斤卖价 250—300 元。食盐是山东解放区的一大富源，民主政府采取公私两利不断发展的方针，一方面保证盐民的生产利润与农民的运输利润，另一方面，建立严密的运销管理机构和制度，保持盐价稳定，推广食盐销路，增加财政收入。据 1946 年统计，渤海、胶东、滨海三地共恢复盐田 92 933 亩，新开盐田 14 299 亩，共计产盐 772 万担。通过提高产、运、销的价格，食盐收入相应增加。1946 年下半年，大鲁南地区食盐收入占工商税收的 1/5，渤海区占 15%。

（三）加强缉私工作

为使各项税收法令和专卖政策得到顺利执行，各地特别是边沿区加强了缉私工作。主要采取群众性缉私，服从地方党敌边沿区斗争需要的方针，对缉私案件的处理、没收与处罚，一般由工商事务所负责。并且，各地统一了缉私提奖标准。群众性缉私提奖规定：粮食缉私被没收后，提成 50% 奖给缉私人，其余归公；禁止入口货物及耕牛、私营烧酒、私运盐等走私被没收或处罚后，提成 30% 奖缉私人，其余归公。缉私机关提奖规定：各工商所、站所得缉私提奖，5% 发给缉私人员，5% 留该机关公用，其余交公上解，列为正式收入。群众性的缉私工作，减少了偷税、漏税现象的发生，促进了对敌经济斗争和货物交流的发展，保证了各项税收法令的执行。胶东区在这一方面取得了突出成绩。1946 年 10 月 9 日胶东行政公署颁布《胶东区缉私暂行条例》，对缉私权限、处罚规章、奖惩办法等方面作了详细规定。胶东主要是各海口查缉，即对禁出入货物偷运和私自绕越偷运应纳税的出入口货物而未经报验纳税即行销售者的检查。主要做法是进行海口封锁，沿海各村划分封锁线，以村为内线，以海为外线，根据各工商所、站地理位置，划分出负责的村庄互相密切联系。离所、站较远的村庄，由区政府布置掌握，离所、站较近的村庄，由所、站具体负责，组织村干部、民兵建立缉私小组，形成一个缉私网。仅据乳山口统计，1946 年查缉 257 次，罚款 264 129 元；1947 年上半年缉私罚款 343 383 元。

山东解放区增加税收和专卖利润的措施得到很好地贯彻执行，从而取得了很大成效。据大鲁南地区统计，除鲁南解放区缩小税收减少外，鲁中、滨海两区 1947 年上半年的税收数额就已超过 1946 年全年的，全区合计达到 2 406 159 000 元，比 1946 年 1 731 626 424 元增加 6.75 亿元，详见表 5 – 13。

三、胶东、渤海地区节约款项上解

在解放战争的战略防御阶段，国共双方在山东的交战地区主要集中于大鲁南地区，渤海（主要是胶济路以北地区）、胶东（主要是北海、东海两专署区）相对而言，所受战争的破坏较小，财政税收工作保持正常进行的局面，各项收入都有较大的增加。因此，对渤海、胶东两区实行财政大调度、大集中，将节约款项上解，支援大鲁南地区的财政支出，成为山东战场对敌斗争的重要供应基地。

胶东、渤海两区根据各自的实际情况，除执行省颁布各项税收法令外（税率有所不同），还开征了其他税种，以开辟更多的财源。胶东区 1946 年 9 月开始征收矿税，每 3 个月为一期，按产量征收 5%，由矿务局采矿办事处代征。该区盛产黄金，1946 年有矿洞 592 个，采金群众达 3 万多人，约产黄金 9 万两。黄金收入是其财政收入的重要项目。1947 年 3 月开征了印花税、营业牌照税、牲畜交易税、货物出厂税，1947 年 4 月又开征了海产税。渤海区为保证食盐专卖收入，1946 年 10 月 18 日颁布了盐业运销管理暂行办法，对运销管理

表 5－13　　滨海、鲁中、鲁南三区 1946 年、1947 年上半年税收统计表　　单位：元

税目	滨海		鲁中		鲁南	
	1946 年	1947 年上半年	1946 年	1947 年上半年	1946 年	1947 年上半年
出口税	483 312 049. 36	88 465 000	70 364 212. 2	101 364 000	57 634 883. 45	20 518 000
入口税	325 518 721. 98	560 554 000	67 410 443. 1	107 703 000	72 284 694. 7	32 093 000
盐税	111 513 087. 1	70 575 000	7 366 834. 62	351 000	463 437	29 000
产销税	56 144 120. 12	91 970 000	129 909 671. 54	241 550 000	63 117 042. 1	43 981 000
没收罚款	16 020 854. 87	23 315 000	10 690 045. 99	28 104 000	10 842 783. 79	7 524 000
牲口税	89 778 164. 65	35 464 000	33 786 364. 65	9 855 000	37 250 622. 58	3 145 000
屠宰税	29 951 380	61 190 000	24 133 227. 5	5 649 000	9 773 517	8 067 000
营业税			404 202. 7			
其他收入	7 094 454. 6	6 813 000	13 399 215. 37	18 237 000	4 462 393. 8	643 000
合计	1 118 332 832. 68	1 737 346 000	357 464 217. 67	552 813 000	255 829 374. 42	116 000 000

组织、盐运路线、缉私等作了详细规定。由于增加了税收种类，客观形势也较为有利，渤海、胶东两地财政收入迅速提高。1946 年胶东区各种收入达 2 779 471 579.47 元，比 1945 年增加约 23 亿元，详见表 5－14。

表 5－14　　胶东区 1946 年各项收入统计表　　单位：元

科目	款额	科目	款额
田赋	453 447 675.57	复员税	142 009 853.54
契税	19 075 317.3	其他收入	19 429 195.72
营业税	101 820 174.67	公营收入	565 633 770.07
屠宰税	16 494 490.39	矿产收入	44 795 092.93
公产收入	505 710.57	货税	101 620 117.7
司法行政收入	124 590 507.67	粮草代金	379 770 152.59
出厂税	45 315 904.32	总计	2 779 471 579.47
关税	673 161 901.96		
盐税	92 515 208.35		
生产节约	97 013.13		

1947 年，渤海区财政收入达 43 735 540 458.84 元，比 1945 年增加约 433 亿元，详见表 5－15。

表 5－15　　渤海区 1947 年财政收入统计表　　单位：元

科目	款额	科目	款额
税项收入	7 260 905 069.86	交通收入	5 960 896
专卖收入	3 956 144 037.08	财力动员收入	873 300 096
粮食变价	10 284 353 486	协助收入	356 366 547
公草代金	113 539 994	其他收入	812 571 776.8
田赋收入	6 213 666 371	上年度收入	764 255 908
司法行政收入	717 087 228.75	合计	43 735 540 458.84
公有营业收入	12 367 389 048.35		

这样，在大鲁南地区财政支出困难的情况下，山东省政府要求渤

海、胶东两区财政收入节约款项上解。据 1947 年上半年统计，上解款数达 100 亿元以上，占两区总收入的 1/2。这一措施，有效地缓解了大鲁南地区的财政困难，对保证战略防御阶段自卫战争的胜利发挥了重大作用。

第六章 战略进攻阶段山东解放区的财政

(1947 年 10 月—1949 年 10 月)

第一节 贯彻实施“三大方案”

一、“三大方案”的提出

1947 年 9 月 1 日，中共中央发出《解放战争第二年的战略方针》的指示，全面论述了我军战略进攻的方针，指出：“我军第二年作战的基本任务是：举行全国性的反攻，即以主力打到外线去，将战争引向国民党区域，在外线大量歼敌，彻底破坏国民党将战争继续引向解放区、进一步破坏和消耗解放区的人力物力、使我不能持久的反革命战略方针。我军第二年作战的部分任务是：以一部分主力和广大地方部队继续在内线作战，歼灭内线敌人，收复失地。”[1] 此时，在山东战场上，华东野战军遵照党中央的指示，组成内、外线兵团，实施既定的战略进攻计划。华东野战军外线兵团在鲁西南地区完成牵制敌人，掩护晋冀鲁豫野战军主力进入大别山行动后，迅速挺进豫皖苏，

〔1〕《毛泽东选集》合订本，第 1126 页。

实行战略展开；内线兵团为挫败敌人进犯胶东的“九月攻势”计划，组织了内线防御作战，经过胶河战役，粉碎了敌人进攻，开始了山东战场的战略反攻。至1947年年底，山东各战略区人民解放军连续取得胜利。山东战场的敌人，从“重点进攻”、“全面防御”被迫转入“点线防御”，以济南、兖州、潍县、青岛、烟台等城市为主，加强战略要点和交通线上的防御兵力和工事，固守津浦路中段、胶济路的济南到潍县段，以及青岛沿海一线。战争主要地转移到国统区内进行，使其处于被动挨打的境地。

战争形势的重大变化，给解放区的财政经济工作提出了新的要求。山东解放区在国民党反动派全面进攻和重点进攻阶段，对敌斗争十分残酷，战争消耗十分巨大，人民群众所受国民党军队残杀掳掠和毁灭性破坏极为惨重。在敌人进攻最为激烈的1947年6月至9月，除大鲁南地区继续遭敌侵占外，黄河以北的渤海地区和胶东大部地区也遭到国民党军队的大举进犯，使山东解放区大部分地区遭受严重摧残。胶河战役前，山东省127个县城（新划县）有104个被国民党暂时占领，不仅各种税收全停，而且各地积蓄的物资、粮食也遭到损失。据统计，渤海区损失公粮5 000万斤，物资价值80亿元；胶东区损失公粮4 000万斤，物资价值40亿元；滨海区损失公粮1 000万斤，物资价值40亿元；鲁中、鲁南两地为主要战场，公粮、物资除大部消耗外，其余几乎全部损失。未遭敌人侵占的渤海地区，成为从华中及鲁中、鲁南撤退的机关、工厂、学校、医院、残废军人、家属及其他地方工作人员的后方疏散地。据1947年9月的统计，该地脱产人数达41万人，按渤海区人口854万人计算，约占4.8%。由于这些机构、人员来自各方，领导系统不一，供给状况十分混乱。加之1947年灾荒严重，渤海区还要负担华东野战军外线兵团的部分军费供应，人民负担过重，财政供给无法保证。面对这种情况，为使战略进攻能够顺利实施，必须做好财政“节流”工作，即在不加重人民负担的前提下，调节财政供应标准，减少财政支出。

1947年10月10日，华东局在渤海地区召开高级干部会议，认真讨论了面临的财政困难，提出了解决财政问题的三个基本方法，这就是精简编制、调整供给标准、清理资财的“三大实施方案”。10 月 30 日，华东局做出了《关于贯彻高干会精神及具体执行三六方案的决定》。《决定》提出：“三大方案是克服当前财政严重困难，减轻人民负担，支持长期战争，争取战争胜利的重要关键，全党全军必须贯彻执行。在开展这一运动中，必须展开思想斗争，结合土改学习、三查三整运动（查阶级、查工作、查斗志，整顿组织、整顿思想、整顿作风），从上到下、从下到上实行自我检讨，相互批评。主要就在反对贪污浪费，反对山头主义、本位主义、官僚主义，并肃清其地主富农思想根源，发扬工农阶级刻苦耐劳的本色，提倡大公无私的优良作风。尤其是各级领导干部要以身示范，亲自动手，才能使这一运动贯彻到全体人员中去”。[1] 这一指示，对以实行三大方案为中心的整编运动，不仅提出了财政上的意义，而且要求党政军民各方面作为极其重要政治任务来完成，达到整编队伍，集中人力物力，支持战略进攻的目的。随后，华东局、省府机关和各战略区陆续开始了整编运动，到 1948 年 5 月，基本完成了三大方案中提出的任务，并且取得了明显效果。

二、精简编制

整编运动的一个重要环节就是精简编制。在粉碎国民党军队对山东“重点进攻”以后，人民解放军转入战略进攻之际，无论是从财政上，还是队伍建设上，都必须做到机关、人员的精干，并集中主要财力、物力支援前方作战。但此时，部队和后方脱产人员超过解放区总人口的 3%。大鲁南及胶东地区因战争所受的损失严重，群众的负担已相当沉重，影响了生产事业的顺利进行，而且各地灾情加重，春荒急迫，财政供给十分困难。即使是未受战争直接损害的渤海区，也由于脱产人员突增 10 万以上，财粮供应一时应付不来；加之敌人控制胶济路与海口，对外交通被切断，物资无法调剂，情况十分不

〔1〕《山东革命历史档案资料选编》，第 19 辑，第 418—419 页。

佳。根据解放区以往成功的经验，解决上述财政困难的首要办法，就是裁减冗杂机关与工作人员，补充前方，支援新区，按照“量入为出”的财政原则，使地方编制达到合理化的要求。

这次精简编制的原则是：“缩减地方机关，加强军队，减少军队后方机关，充实前线，裁减勤杂人员，增强战斗部队，其脱离生产人员比例大致不超过全人口2%”。具体要求就是：“凡同一性质的部门尽可能做到合并，应当取消者从速取消，设处的不一定要科，有科者不再设股，使领导与基层靠拢，避免人浮于事及转变工作中的手续繁多、臃肿不灵的现象与官僚作风”；“抽出大批身强力壮的干部与战斗员、勤杂人员、马匹等，充实到前线战斗部队中去，或到新开辟地区去，以加强前线战斗力与新地区的工作”；“提倡战时工作作风，高度紧张化，提高工作效率，反对松懈、铺张、形式、大机关作风”；“各单位在彻底精简原则下，依据本身最低限度的需要拟定适合于本单位的编制表，呈送华东局、军区司令部、政治部审核批准。”[1]

为进一步明确精简要求，华东局颁发的《精简编制实施方案》中对各级干部（军队营级、地方县长以上）随带人员马匹的配备作了规定。依照军队中地方武装与后勤机关应低于前线、地方党政民机关团体应低于军队的地方武装和后勤机关的方针，军队军分区司令员、正副政委以上干部、省府正副主席配备卫士两人，其余一律配备1名卫士或通讯员；军队旅级、地方行署正副主任以上干部配备乘马1匹，团级干部和专署正副专员2—3人配备公马1匹，其余均取消马匹配备。

另外，华东局于1947年11月12日和1948年2月1日两次做出《对精简整编中各种人员处理的具体规定》。关于各级精简干部主要是三个去向：充实野战部队，开赴新解放区，送军大及党校学习。每一部分干部都须具备相应的条件。关于各种勤杂人员基本上充实和加强野战部队，另外，选拔一部分到军政大学教导队学习。对于老弱

---

〔1〕《山东革命历史档案资料选编》第19辑，第419—420页。

疾病人员，除家在解放区复员返家者外，应尽量适当分配工作或集中进行手工业、副业生产，并在生活上予以一定照顾；对于干部家属，凡家在解放区者一律送回原籍，确系无家可归者由有关部门组织生产自给，并酌量给予补助。

精简整编工作首先在华东局直属机关和省府直属机关开展起来。1947 年 10 月，华东局高干会议后，随即成立了华东局整理委员会，负责贯彻三大方案的指导、检查、督促工作。11 月 11 日，整理委员会召开第一次委员会议，着重讨论了执行三大方案的中心环节与具体步骤问题，“认为当前工作的中心环节应以精简编制与清理资财为主，联系三查三整，求得抓紧时机，如期完成”；“在领导方法上要抓住重点，制造典型，推动全盘”[1]。各直属单位根据这一要求，分别成立了整理委员会分会、支会、小组，领导整编工作。到 11 月 17 日，华东军区司令部即由原来的 400 多人减至 166 人，省府系统拟订了精简到原有数目 1/2 的具体实行计划。各个部门从发扬民主、发动群众、首先检查领导入手，开展肃清官僚主义与反对山头主义、贪污浪费的斗争，树立长期战争和“大公家”的思想，帮助每一个同志端正态度，充分做好去与留的思想准备，最大限度地从战时工作需要出发，拟定编制，上报组织。为解决渤海区脱产人员过多、过于集中的问题，决定学校暂时停办，取消民政、司法、教育系统编制，公安、人武干部除少数坚持工作外，大部集训学习，另行分配工作。为了推动整编工作的全面展开，1948 年 1 月 1 日，华东局召开直属单位及各战略区负责干部扩大会议，要求各部门各地区在春荒前突击完成整编工作。同日，《大众日报》发表了题为“彻底实施三大方案”的社论，提出“精简中减少马匹及勤杂人员，不仅要从财政问题上着眼（为了节省财政开支），而且更要从观念、立场上着眼”。各地区迅速传达布置整编任务，到 1948 年 4 月基本告一段落。

这期精简成果是巨大的：除大批伤病员出院归队和一部分残废军人恢复健康重返前线以外，精简和妥善处理了 12 万人，复员民工

[1] 《山东革命历史档案资料选编》第 19 辑，第 481 页。

5 万人，精简军马 3 000 匹，大大缩减、节省了财政开支。在精简人员方面，大鲁南及军直连同抽调学习、动员升级、复员、清洗、转移到渤海就食等，共 88 600 余人（尚不完全）。其中，学习者 15%，升级或补充部队者 13%，遣散 1%，转移渤海的 20%，到新开辟地区的 6%，复员 16%，清洗 6%，逃亡 3%，停止供给的 21%，调剂调动者 5%。各战略区也都精简了大批人员，鲁中减少吃公粮人数 35 659 人，与精简前相比减少 46%；鲁南减少 37 205 人，为 24%；滨海减少 23 415 人，为 50%。各战略区精简的脱产人员占总人口的比例为：鲁中区 1%；鲁南区 1.5%；滨海专区 0.9%；滨北专区 0.8%，整个大鲁南地区加上部队直属机关脱产人员占总人口的 1.2%。各种机构部门也经过裁撤或合并得以减少。滨海军分区直属队整编前为 14 个单位、2 609 人，整编后减至 5 个单位、803 人；后勤部门原为 11 个单位，1 710 人，整编后为 6 个单位，677 人。整编前战斗人员占 72%，其他人员为 28%；整编后战斗人员上升为 80%，其他人员降为 20%。整编后的机关人员数量，地方党政民部门占 1/4，部队占 3/4。鲁中区军队为 31 731 人，党政民部门为 9 652 人。通过贯彻精简后方、充实前方和减少不必要部门、充实必要部门的方针，山东解放区脱产及吃公粮人数由 80 万减至 60 万，有 2 万余名勤杂人员与后方警卫人员参加了主力部队，并抽出 12 000 名干部南下开辟新区。同时，财粮机构得以充实。因此，这次精简工作达到了精干队伍，节省财政开支，充实部队，支援前方的预定目的。

三、降低供给标准

为了节省地方的财政支出，以确保前方供给，在 1947 年下半年到 1948 年上半年，山东解放区在财粮供给上进行了较大的变动，先后两次降低了党政民系统的供给标准。1947 年 8 月 1 日华东局、山东省政府颁发了《山东省党政民各级机关团体学校供给标准》，自 9 月 1 日起实施；1948 年 1 月 30 日，华东财政经济办事处又颁布了《山东党政民武学校机关团体供给标准》，自 2 月 1 日起实施。

这两个《供给标准》，后者比前者明显有所降低。在经常费项目中，普通人员的伙食由每人每日油 4 钱降为 3 钱，取消了肉 2 钱的供给；暂停了行署正副主任以上干部所享受的中灶；住院伤病员的伙食由每人每日蔬菜 1.4 斤降为 1 斤，猪肉 6 两改为轻伤 3 两、重伤 6 两。取消了机关的招待费项目。会议费项目中，取消了干部菜金加倍和供给香烟的规定。临时费项目中，暂停发放单衣、棉衣。粮食供应标准中，地方党政民工作人员每人每日由麦粮 2 斤降为 1 斤 13 两（为 16 两秤）。由于降低了标准，并实行了粮食自运自磨，节省民力。仅此一项，半年内节省粮食 3 000 万斤。

关于部队的供给标准，1948 年 4 月 1 日华东财政经济办事处颁布了《华东军区及野战军供给标准》。这个《标准》规定：伙食项目中，野战军每人每日粗菜 1 斤，油盐、猪肉各 5 钱；军区、军分区主力团每人每日粗菜 1 斤，油 4 钱、盐 5 钱、猪肉 3 钱；县区基于武装每人每日粗菜 1 斤、油 3 钱、盐 5 钱、猪肉 2 钱；住院伤病员每人每日粗菜 1 斤、油盐各 5 钱、猪肉 6 两。粮食供应项目中，野战军指战员每人每日定量标准为麦粮 2 斤 10 两（为 16 两秤），秋粮则为 2 斤 6 两；军区、军分区主力团每人每日定量为麦粮 2 斤半、秋粮 2 斤 4 两；县区武装每人每日定量为麦粮 2 斤 6 两、秋粮 2 斤 3 两。部队供给标准均高于地方系统，这是符合紧缩地方、放宽部队的原则的。同时，也反映出战时财政工作的特点，即一切为了前线，一切要保证战争的胜利。

四、清理资财

清理资财工作是整编运动的一个方面，也是节省财政开支、克服物资条件困难的一项重要措施。1947 年，山东战场战役频仍，部队和机关的调动变化很大，各种物资多被分散埋存，支拨手续也由于多次辗转而混乱，因此损失较为严重。然而，有部分单位却存在着本位主义的倾向，任意支配财物，缺乏应有的统一调剂和集中使用的制度，以致一时形成个别地方的浪费现象和“打埋伏”的情况。这些问题或多或少地影响了财政制度的顺利贯彻执行，加重了财政支出

上的困难。为此，在整编运动中，山东解放区从发动群众，检查领导，实行经济民主，普遍揭发和反对贪污浪费、本位主义入手，开展了对各种财物的登记、检查、折价、评价、移交、保管、入库等工作，使根据地各级工作人员全面了解财政开支和物资储备情况，加强组织纪律性，严格执行各项财政制度，树立财政管理上的整体观念，为杜绝浪费、减轻人民负担，克服物资供给困难创造了有利条件。

1947年10月30日，华东局颁布《清理资财实施方案》，对清理范围、处理原则等方面均作了规定。这次清理资财的范围包括：贸易、运输、农业生产基金与利润，以及一切伙食单位现存金、银、硬币、纸币等；贸易运输、农业生产及一切伙食单位现存物资，包括生产工具、运输工具、生产品、商品、军实品、办公品、日用品、被服、军械、交通器材、通信器材、电料、医药器材、印刷器材、摄影器材、牲口、粮草、救济物资等；贪污及一切来源不正当的财物款项等；登记个人的私有财产及重要物资。清理的资财按照不同情况分别予以缴公、统一调剂、继续生产的处理。例如：一切单位现存的金、银、硬币、纸币、股票，贸易、运输与农业生产基金以及贸易利润，浮报多额的军实品、办公品、日用品以及粮秣柴草等，均须登记呈报，全部缴公，由财政部门抵作财政开支；军械、通信器材、医药器材、印刷器材、摄影器材、军用交通器材，须登记呈报，听候统一调剂；工业生产部门的资金、原料、生产工具、生产品经登记呈报后，听候接收并仍在原地继续生产；贸易、运输与农业生产之生产工具、运输工具、商品等，以及各单位一切编制外的牲口、运输工具、交通工具全部登记呈报，听候接收，不准调换。为了使清理资财中各项处理工作有条不紊地顺利进行，华东局整理委员会1947年12月10日做出《关于处理资财的补充决定》，对流动资财、业务器材、一般物资、军用工业及生产单位、私人资财的处理规定更加详细、明确，并且符合实际，易于执行。例如《决定》中规定：现款及粮柴票，其数量在本单位开支两个月以下者，向上级财政或供给机关转账，抵作经费开支，超过两个月的经费者，其超过部分应实解实交至金库代收；业务部门的器材应清理登记，并估计所能使用时间，一般仍留本部门使用，但必须具报并转账，作为此后事业费的一部分；各单位一般军实需用的物资，如被服装具、办公用品等，其数量在本单位需用量3个月以下者，全部转账抵作今后开支；超过3个月的需用量者，转账之外，其超过部分应实解实交，由金库代收；私人资财来源正当者，听其自便，交公不抵正式开支，来自贪污者应一律予以没收。这次资财处理与精简编制密切相配合，使分散的资财集中统一起来，还建立了财产登记、记载收付及逐级定期报告制度。这样，从财政支出方面进行了严格控制，为克服财政供给困难提供了一定的保证。

清理资财工作主要是为了解决“大公家”与“小公家”的关系问题，即为保证战争供应必须将财和物统一调剂、集中使用，尽量克服各自为政、不顾全局的本位主义。各级党政军民机关在华东局整理委员会的统一领导下，广泛深入地开展了这次清资工作。华东局工委、华东军区及鲁中、鲁南等后方机关从1947年11月6日至27日，就已经清理出的财物统计，货币360 586 423元，银元29 415元，股票、兑换券8 741 550元，赤金143.6两，白银108 586两，细粮2 460 355斤，粗粮3 338 073斤，杂粮5 250 286斤，华中麦票147 720斤，米票52 704斤，柴草票10 620斤。除上述驻渤海区后方机关率先实施清资工作外，各战略区也相继展开了这项工作，也取得了很大成绩。滨海地委、专署、军分区司政机关及地委党校、滨海公学、荣管局、公安局、滨海分行等26个单位于1948年2月24日初步完成清资，其缴公资财计有：流动资金31 163 237.5元（北海币）、北币21 772 109.5元，华中币418 671元，法币4 016 260元，关金票23 420元，银元711元，各种股票2 759 788元，麦粮180 785斤，秋粮568 506斤，柴草11 049 641斤，被服折价110 892 000元，各种原料及半制成品折价63 235 600元，各种印刷器材折价4 836 800元，各种日用品折价4 131 100元，各种消耗品折价1 636 050元，各种土木建筑原料折价7 180 950元，及大车9辆、马54匹、骡59匹、驴90头、牛30头。鲁中区党委、军分区司政机关、鲁中大众报社、军分区卫生部、矿工委6个单位1948年1月底的初步统计，缴公物资价值北海币364 704 232.21元。胶东区各级机关、部队共计清资价值达3 917 510

万元。据不完全统计，仅驻渤海区各个部门清理出的资财，可折合小麦 12 600 万斤。山东解放区在清理资财检查浪费过程中，缴公物资达 500 亿元（北海币），1948 年上半年各部门机关的供给基本停发，均由各自的节余解决。清理资财工作所取得的重大成绩，不仅有效地制止了浪费现象，更好地整顿了财政管理制度，使各级干部树立了全局观念和艰苦奋斗的精神，而且使解放区的财政开支进一步得到了大幅度的缩减，从而为保证前方军需供应、后方生活供给和胜利度过 1948 年春荒创造了重要的物质条件与思想基础。

第二节　大力开展生产救灾运动，恢复和发展农业生产

一、灾荒的出现和农村生产力的破坏

1947 年山东成为国民党反动派重点进攻的主要战场，山东解放区遭受了极为惨重的破坏，广大农村生产力的损失超过了抗战时期，部分地区的农业生产急剧地下降，致使 1947 年冬和 1948 年春，山东解放区的广大乡村出现了严重的灾荒。鲁中区，1947 年冬统计，10 个县均遭国民党军队与还乡团的疯狂摧残，杀害和抓捕 14 万人，抢劫耕畜 83 900 余头，多数地区相当部分的土地因无力耕种而荒芜，百余万农民沦为灾民。鲁南区，地处交通要道的边沿区损失最惨重，白彦县几成无人区，邳县部分地区群众逃亡达 50%。全区从 6 月至 8 月阴雨成灾，尤以邳县、赵镈两县最为严重。苍山县南部、邳县及兰陵等县灾民随处可见，到处乞讨为生。滨海区，南部的临沭、郯城、东海、竹庭等县多次遭敌摧残，致使郯城县荒地 3 万余亩，灾民达 3.5 万余人，耕畜多被国民党军队和还乡团抢走。整个滨海区荒地达 21 万亩、灾民达 30 万人。胶东区、以西海、南海、滨北分区灾情最

重。南海分区有14个区出现水灾，被国民党军队侵占的有30个区，被杀害的群众有6 700人，灾民多达55万人。滨北分区胶高县被敌杀害群众近2 000人。渤海区，胶济路以北遭敌蹂躏，三分区的寿光、广饶、博兴等县秋粮极少收获，出现严重的春荒。

山东大部分地区由于遭受国民党军队重点进攻的破坏，再加上各地区普遍发生水灾，1947年入冬不久，鲁南、鲁中、胶东等地即出现灾民300余万人，其中断炊者与仅能维持三个月口粮者便有数十万人，全省荒芜的土地达2 054 452亩，其中，鲁中241 741亩，胶东56.5万亩，渤海827 711亩，鲁南18万亩，滨海24万亩。如此大面积灾荒的出现，说明农业生产力的普遍急剧下降，1947年山东解放区除渤海、滨海部分地区外，其他地区的夏锄、秋收、秋耕、秋种多未做好，以至秋粮生产一般地区仅有五成至六成的年景。种麦面积也大大减少，全省秋种面积仅占耕地总数的28.37%，大大低于历年来1/3的水平。根据各地调查，农村生产力的破坏主要表现在以下几个方面：

第一，农业劳动力严重不足。1948年据全省30个县95个村庄的调查，整劳力占总人口的13.9%，如按每个整劳力可耕种土地15—20亩计算，则整劳力缺少1/3，详见表6－1。究其原因，主要是因为国民党军队在解放区疯狂的屠杀政策和抓兵抓夫而造成的。另外，山东战场当时战役频仍，解放区人民战勤任务繁重，脱离生产人员急剧增多；部分根据地群众放弃农业生产随部队转移，等等，也是其中因素之一。

表6－1　　1948年山东省各地劳动力情况

地区	总人口	耕地面积（市亩）	整劳力数	占人口百分比	半劳力数	占人口百分比
渤海	22 051	84 001	3 489	15.8	5 532	25
鲁中南	12 062	34 023	1 336	11	1 593	13.1
胶东	14 178	38 632.5	1 913	13.4	1 576	11.1
合计	48 291	156 656.5	6 738	13.9	8 701	18

注：每个整劳力所耕种地亩数，渤海为24.1亩，鲁中南为25.4亩，胶东为20.2亩，三个地区平均为23.2亩。

第二，耕畜严重缺乏。据胶东、渤海、鲁中南三地 48 个县 110 个村庄调查，耕畜数由 1937 年的 8 026 头（匹）减至 5 383 头（匹），减少 32.93%。每头耕畜耕地平均 25.93 亩上升到 39.7 亩，详见表 6－2。如果大小耕畜平均每头耕地按 25 亩计算，那么，全省缺少 180 万头（匹）耕畜，占当时耕畜量的 78.1%。

表 6－2　　山东省各地耕畜情况

地区	项目	1937 年	1948 年	备注
渤海	耕畜数	3 035	2 788	据 25 个县的 50 个村庄调查。
	每畜耕地数	33.97	37.17	
胶东	耕畜数	3 635	1 823	据 12 个县的 40 个村庄调查。
	每畜耕地数	20.61	40.03	
鲁中南	耕畜数	1 356	767	据 11 个县的 20 个村庄调查。
	每畜耕地数	23.2	41	
合计	耕畜数	8 026	5 383	
	每畜耕地数	25.93	39.7	

第三，养猪数量的剧减导致农田施肥量的大大减少。据渤海、胶东、鲁中南地区 31 个县 49 个村庄中的 93 户的调查，1947 年与 1937 年相比较，平均每亩地施肥量下降指数为 25.8，详见表 6－3，另据三地 3 507 户的调查，养猪指数 1948 年下降为 70。

表 6－3　　山东省各地养猪情况

年度	渤海（斤）	胶东（斤）	鲁中南（斤）	合计平均（斤）	指数
1937 年	2 918	3 339	2 646	2 961	100
1947 年	2 519	2 340	1 735	2 198	74.2

上述统计数字，基本可以反映出山东解放区农村生产力遭受破坏的状况。这种状况说明，山东解放区的人民群众深受灾荒和战争的痛苦，如不迅速采取措施加以解决，则春荒过后，还会出现更大灾情，将给人民解放军的战略进攻带来更为严重的影响。所以，必须立

即紧急动员解放区军民，全力进行生产救灾运动。

二、生产救灾的方针和措施

面对山东解放区出现的严重灾荒和农业生产力急剧下降的情况，华东局在实施“三大方案”，克服财政困难的同时，提出了生产节约、备荒救灾，并要求各地政府帮助当地农民群众解决生产备荒中的具体问题。1948 年 1 月至 2 月，华东局连续召开了三次会议，讨论研究春耕生产和救济灾民。为防止灾情延续不断，克服普遍性、严重性灾荒带来的损失，决定把春耕生产和救灾作为全党的中心工作，各方面各部门都要积极参加人民的生产救灾运动，并且提出了“不荒掉一亩地，不饿死一个人”的救灾口号。1948 年 3 月 8 日，华东局做出《关于春耕生产和救灾工作的指示》，认为：“生产救灾是目前群众最迫切的要求，而要真正做到‘不饿死一个人，不荒掉一亩地’，又是万分紧迫、万分艰巨的工作”；“因此，在这里再次提醒各级党委和全党同志，必须根据群众的这个迫切要求，明确规定春耕生产和救灾工作是当前的紧急和中心任务，除作战外，一切其他工作都要服从这中心工作”。[1] 华东局这一指示，对于各级党委、政府提高对生产救灾重要意义的认识，起到了极大的促进作用。由此开始，各地区全力以赴地投入到群众性的生产救灾运动中去。

生产救灾的方针是：以生产为主，结合救灾；以群众自救、社会互济为主，辅之以公家协助；以恢复和发展生产来克服灾荒，防止单纯救济与只向公家要救济的偏向。生产与救济是两件不可分离的工作，要全面恢复和发展农业生产，首先要解决几百万人的吃饭问题。因此，各级人民政府应在可能的情况下尽量发放粮食和资金。同时，所发放的钱和物必须用作生产粮和生产资金，组织以工代赈，着重解决农民群众生产条件的困难。若无生产计划又不按生产所需要而要求救济者，除老弱疾病者外，一律不发放资金与粮食。社会救济就是

[1] 《山东革命历史档案资料选编》第 20 辑，第 107 页。

用群众自己的力量寻找生活出路。例如，立即分配尚未处理的土改果实；发放合作社中的股金和公益金，等等。针对不同地区、不同轻重的灾情，要相机采取不同的救济办法，灵活掌握生产救济的方针。对游击区则采取劳武结合办法，保卫春耕生产；灾情严重地区以救灾为主、结合生产的办法；灾情一般的地区用生产为主、结合救灾的办法；山区着重以工代赈，运输粮食；平原地区以工代赈，挖河修堤。这样既恢复与发展了群众生产又能够度过春荒。

为正确贯彻生产救灾方针，做到“不荒掉一亩地，不饿死一个人”，山东解放区采取各种有效措施，加强对生产救灾运动的领导。

第一，消除群众思想顾虑，解放土地悬案，发动群众安心生产。1947 年下半年，在急风暴雨式的土地改革运动中，山东解放区曾普遍发生了“左”的错误，引起部分群众对土地分配的恐惧，害怕地权变动和生产发家、劳动致富后挨斗，因而使这些人的生产积极性受到挫伤。华东局针对这种具体情况，依据中共中央《关于在老区半老区进行土地改革工作与整党工作的指示》中规定的各项政策界限，要求各地在生产救灾中加以宣传和贯彻，向群众“说明今后即使进行土改复查，也不是用‘打乱’的办法，而是用‘抽肥补瘦，抽多补少’的办法；说明在这种‘抽补’办法之下，现在农民所耕的全部土地不会全部更动，而只是动极小部分，因此不能因为一小部分地要动，而把全部地都不种或是不肯好好种；说明我们对于中农非但不会侵犯他的利益，而且将给予保护，就是对于劳动发家的新富农也应该给予保护，因此尽可安心生产”。[1] 并且，抓紧处理土地悬案，尽一切可能在生产救灾运动中做到“不荒掉一亩地”。各战略区通过初步确定地权工作，将土地过多者抽出一部，分配给地少者。对部分未分、或分而不公、或分后地界不明与分后业主流亡的土地，以及被国民党重新占领地区地主富农倒算回去的土地，也作了明确处理，使广大群众消除了生产顾虑。据胶东 68 个区统计，共分配土地 52 691 亩，调剂土地 13 797 亩，基本解决了土地悬案问题。到 1948 年上半

〔1〕《山东革命历史档案资料选编》第 20 辑，第 108 页。

年，山东约有 1 100 多万人的老区、970 万人的半老区，比较彻底平分了土地，并且开始土改结束的试点工作；610 万人口的新恢复区也初步进行了土地改革。在生产救灾过程中，全省调剂了近百万亩土地，消灭了 137 万余亩荒地，从而为胜利度过春荒、保证秋收秋种打下了基础。广大的农民群众也充分认识到生产发家、劳动致富是光荣的，是会受到共产党和人民政府鼓励与保护的，因而生产热情有了很大的提高。

第二，按照自愿合理原则组织劳动互助组织，动员全体劳动力参加生产救灾。为了解决劳力不足和缺乏耕畜的问题，在生产救灾运动中山东解放区总结吸收了抗战时期和解放战争初期农业互助运动的经验，加以积极推广，并在此基础上创造了一些新的形式，形成了一支浩浩荡荡的生产大军。各地以农会或其他群众团体为基础，普遍组织生产救灾委员会或生产救济会，发动群众，按自愿结合、等价交换及争取消灭全村荒地三原则，组织全劳动力、半劳动力、牛力、畜力建立各种劳动互助组织，几乎将所有能生产的人力都组织到生产大军中去。在组织劳动互助时，特别注意解决以下两个问题：一是动员老人、妇女、儿童等半劳动力参加互助变工，按照生产效率使妇女与男劳力同样评工记分，以家庭为单位参加互助组织，为老人、妇女、儿童创造便利的生产条件；二是照顾畜主利益，使人力与畜力换工时，畜主得到合理报酬，保证牲畜能够充分合理地使用。胶东区较为有群众工作基础的地区，实行全面组织农业互助的方式，开展生产救灾。据统计，1948 年上半年黄县组织起来互助组人数占总人口的 42%，招北占 64.3%，龙口占 33.8%，招远占 77%，栖东占 74%，福山占 21.6%。在解放区不断迅速扩大与战勤任务日趋繁重的情况下，农业互助较有基础的胶东、渤海等地区，出现了代耕、支前、生产密切结合的大变工组。其做法是：将全村整劳动力、半劳动力、耕畜和土地做精密调查计算，以户为单位进行合理而具体地分工，实行全村大变工；同时以自卫团班、排为基础，将人力、畜力均适当编成常备班、运输队等支前组织，并对全村的生产和支前进行统一的计划和安排，各种生产工具都要算分，按照生产和支前的难易程度记工算账，平等交换。这种大变工组形式，适应了战争形势的要求，可以充分利用劳动工具，以增加生产的计划性和劳动强度来提高劳动效率，完成生产救灾和支前的任务。农业互助组织在生产救灾中大规模地发展起来，到1949年，胶东区北海、滨北两地组织起来的农户占总户数的32%—97%，一般已达到50%—70%。全省互助组织达478 145个，参加农户207万户，占总户数的21.3%。农业互助合作是生产救灾中最主要的社会互济形式，对于团结农民群众战胜生产、生活困难发挥了重要的保障作用。

第三，发放救济粮款，实行以工代赈，集中部队机关人力、物力、财力，帮助群众恢复和发展生产。解放区党政军民各部门从厉行节约入手，一律减缩开支，降低生活标准，以减轻人民负担，休养民力；同时集中粮款，实行救济。1947年12月28日，山东省政府颁布《关于为减轻人民负担节约备荒的八项禁令》，对大吃大喝、请客送礼、摊派、募捐、浪费民力、耗失粮草、虚报名额等行为一概禁止，对违反者加倍处罚。各地通过落实“三大方案”、“八项禁令”，不仅减轻了群众的负担，而且能够筹措到部分粮款，以备群众度荒之用。各级政府把所备粮款当做生产基金，有重点地分配给群众，争取做到救灾“不饿死一个人”。渤海区行署1948年年初做出决定，拨粮500万斤救济三分区灾民，分配给广饶县186.9万斤，博兴县168.2万斤，寿光县124.6万斤，高苑县、桓台县各10万斤，临淄县3 000斤，被救济的群众达40万人。胶东西海、北海专署从1948年2月4日开始，发放救灾粮460万斤，北海币2 000万元。其中，西海分区昌南县款600万元、粮10万斤，潍南县500万元、粮10万斤，昌北县200万元，潍北县500万元，平西县200万元；北海分区蓬莱县粮90万斤，黄县80万斤，招远县70万斤，招北县55万斤，栖东县50万斤，栖霞县65万斤，龙口40万斤。胶东区滨北专署拨大豆300万斤，归还当地群众的预借粮，另外又拨出20万斤救济军属灾民。支前群众在支前运输中损失的牲畜，由机关整编中交公的牲畜中予以补还。大鲁南地区各级工商机构为扶助群众度过春荒，将贸易工作与群众生产相结合，供给原料，收购成品。另外还开展群众性的运输业务，并且停止酿酒，抛售粮食以调剂市场，稳定物价。仅1948年第一季度，各项工商资金投入生产业务的就有370亿元，出售的粮食也在800万斤以上。群众在副业生产中收入是相当可观的，合计达70多亿元，折合高粱1 200万斤。其中收购布鞋181 910双，付出工资105 891万元；收购花生油9 571 596斤，付出工资113 770万元；收购土布20 697 218尺，付出工资435 599万元；收购土硝8亿斤，付出工资48 800万元。组织运输，群众又增加了一大笔收入。据不完全统计，运盐711万斤，付出工资88 303万元；运棉花144万斤，付出工资93 750万元；运黄烟90万斤，付出工资478 127万元，再加上海上运输工资，共计达38亿元，折合高粱660万斤。鲁南工商局还组织粮店牲畜为群众帮耕，仅在苍山、赵镈、麓水三县就组织耕种队18犋，每月可耕500余亩。胶东区的部队机关利用战役间隙，组织人力、畜力助耕生产，共计耕种土地85 945.4亩。另外，还在部队驻地向受灾群众发放粮食56 585斤，柴草44 682斤，北海币4 355 569元，棉衣330件，鞋子19双，直接救济了灾民。1948年的生产救灾中，全省共计调剂重灾区的粮食达3 400万斤，发放急赈粮1 530万斤（内有滨北区归还预借粮300万斤），以工代赈粮4 970 535斤，水利工赈粮为3 311 995斤。这些粮食为帮助群众胜利地度过灾荒发挥了重要作用。

第四，发放农业贷款，解决农民群众生产资料困难。在经济上和物质上给农民群众以扶持和援助，是山东解放区农业工作的一个重要方面。发放农业贷款则是扶持农民发展生产的主要手段。1947年12月，省财经会议决定1948年大鲁南地区第一期农业贷款为13亿元。发放农贷的原则是：以灾区和土地改革正在进行的地区为重点，有组织、有重点地发放，避免平均分配；主要贷款对象应是缺乏生产资料的贫苦农民；干部，军、烈、工属，荣誉军人与农民享有同等贷款权利，不应享有特权。1948年，胶东区发放春季贷款折合粮食500万斤，夏季种子、肥料贷款折粮456万斤。渤海区发放副业贷款6.8亿元，帮助广大群众解决盐业生产的困难。对这些贷款，各地都认真执行了扶持贫苦农民的方针，加以运用。据鲁南区1948年春季贷款

统计，在费县、平邑、麓水、赵镈、自彦、苍山、邳县、峄县 8 个县 12 048 个贷款户中，贫雇农占 87%，中农占 12%；滨海区得到春季贷款的 40 740 户中，贫雇农 33 927 户，中农 5 795 户，地主富农 15 户。为便利群众更好地使用贷款，迅速投入生产，各地除贷出现金外，还购进部分实物贷出，以确保贷款用于生产。鲁中区，在春季贷款中，除贷出现金 270 964 770 元外，还购买了镢头 12 353 把，铲头 16 497 个、铁锨 2 717 把，豁犁 482 件，其他农具 304 件，耕牛 78 头，粮种 397 383 斤，菜种 17 417 斤，棉花籽 65 斤，直接贷给农民群众。滨海区竹庭县春季贷款共贷出粮 7.8 万余斤、钱 5 900 万元，其中用于种子 5.3 万余斤，购买牲口 158 头，牛草 2 万余斤，基本上都用于恢复和发展生产。

三、农业生产的恢复和发展

山东解放区军民在党和政府的领导与扶持下，经过艰苦奋斗，终于胜利度过了 1948 年的严重春荒，为进一步恢复和发展农业生产创造了条件。1948 年秋季，山东解放区的农村经济有所恢复和发展。

第一，各种农作物产量提高。1947 年秋收，一般地区仅有五成至六成年景，而 1948 年秋收，除部分灾区外，一般地区年景都在七成至八成，个别地区达到九成年景。胶东一般地区 1948 年秋收较 1947 年增产 1/3—1/2，接近 1946 年的生产水平。渤海区一般都在七成到八成年景。鲁中南地区六成至七成年景，少数县份达八成年景，较 1947 年增产二成至三成不等，详见表 6－4。

表 6－4　　1948 年山东秋季农作物每市亩一般产量调查表　　单位：斤

品种	渤海	胶东	鲁中南	昌潍特区	平均
谷子	155	170	146	160	156
玉米	130	161	115	170	144
高粱	120	163	116	155	138
豆子	100	90	66	94	87.5

续表

品种	渤海	胶东	鲁中南	昌潍特区	平均
棉花（籽）	85		55	63	67.6
花生	143	155	125	135	139.5
地瓜	1 210	1 065	750	700	931
黄烟	140			172	156
平均产量	161.4	169.5	126.1	150.8	151.7

说明：①渤海是据33个县调查，胶东是据34个县调查，鲁中南是据20个县调查，昌潍特区是据3个县调查，四个区共计90个县的调查。②平均产量是指谷子、玉米、高粱、豆子、地瓜五种主要粮食的平均计算，地瓜4斤折1斤。③其他花生、棉花、黄烟等作物均未计算在内。

1948年，山东解放区各地小麦种植面积都大大超过了1947年，基本上达到了华东局提出的山区种麦面积占耕地的1/3，平原地区占1/2的要求。1949年收麦粮33亿余斤，平均每亩83.5斤；收秋粮80亿斤（经济作物除外），平均亩产88.2斤；全年共收粮食约1 206 492万斤。

第二，耕畜和各类生产工具有所增加。1948年年底，山东解放区各地的耕畜普遍增加。鲁中南的莒县、安丘、莒南、临沭、蒙山、沂东、益都、平邑、兰陵等10个县的统计，共增添耕畜10 100余头；胶东西海专署6个县买进和繁殖耕畜23 100余头，占春季原有耕畜的1/4，南海专署增添耕畜30 763头，滨北7个县增添耕畜23 900头；据对渤海的临邑、匡五、平北、德平、禹城、广饶、寿光、邹平、垦利、蒲台10个县统计，增添耕畜54 765头。根据以上不完全的统计，1948年全省增加耕畜145 628头。各地耕畜普遍增加的原因是：（1）各地在生产救灾的过程中，深入宣传了党的生产政策，解除了部分农民群众的思想顾虑；（2）各地十分注意纠正变工互助中强借、自使、乱用耕畜现象，保证畜主得到应有的利益，并适当地解决了牛草问题；（3）省府颁布了《关于保护与奖励耕畜暂行办法》（1948年11月）后，在秋征时减少了养畜户的公粮公草负担，并且有重点地发放了耕畜贷款，直接鼓励了农民群众饲养牲畜的积极性；（4）各地农场、林场饲养种畜，设立种畜站，为养母畜户开展配种业务，为农民群众繁殖耕畜提供方便条件；（5）各地积极组织兽医人员开展预防和治疗牲畜疾病的工作，减少了养畜户因耕畜病、亡而遭受的损失。1949 年增畜工作又有新的成绩，各地建立公营种畜站 69 处，畜牧场 5 处，种畜 601 头，低价为养畜户服务。据不完全统计当年共交配母畜 33 315 头，繁殖幼畜 85 284 头。山东解放区还建立了血清制造厂 1 处，兽医院 4 处，防治站 5 处及一支防疫队，为农民群众的牲畜注射防疫苗 98 984 头，血清治愈 71 头，治愈病畜 1 200 余头。农业生产工具的数量与战前相比，虽然尚有较大距离，但 1949 年比 1948 年是有所增加的，详见表 6－5。

表 6－5　　农业生产工具每 10 户存有量比较表　　单位：件

种类	平均每 10 户存有件数			历年变动百分比（%）		
	1931—1936 年	1948 年	1949 年	1931—1936 年	1948 年	1949 年
大车	0.9	0.50	0.58	100	64	64
小车	2.54	1.42	1.48	100	56	58
水车	0.38	0.45	0.45	100	118	118
辘轳	0.54	0.46	0.52	100	85	96
犁	3.18	2.04	2.04	100	63	63
耙	2.85	1.74	1.7	100	61	59
耧	2.2	1.43	1.42	100	65	65
耘锄	0.48	0.37	0.42	100	77	87
耠子	0.69	0.64	0.66	100	93	96
铁锨	7.87	6.32	6.69	100	80	85
木锨	7.72	5.28	5.58	100	68	72
镢	13.03	9.03	9.94	100	69	76
锄	16.54	13.24	13.7	100	80	83

第三，生产技术不断改进和生产措施不断加强。兴修农田水利，重点是挖河筑堤、涸复洼地，提高防洪排洪能力，以及凿井开渠、扩

大灌溉面积。1948 年共计挖河筑堤 80 余公里，挖填土方 515 万立方米，动用民工 300 余万人，发放工赈粮 147 万余斤，保护耕地 262 万余亩，增产粮食 1.3 亿斤。1949 年解放区各地除进行抗旱、排水等群众性水利工程外，主要集中人力、物力进行了较大河流的治理工程。渤海区黄河春修工程完成土方 330 万立方米，使用和运输石料 95 028 立方米，由于发动群众合力护救，大汛期间，千里河堤，无一决口。同时，还完成了 130 华里的运河春修工程，81 处整险工程和 98 华里的支脉沟渠疏浚工程。鲁中南开始实施导沭经沙入海工程，仅第一、二期工程就完成了 3 114 251 土石方，还兴修了汪沟河、马牧池河、燕子河、大沙河等堤堰，朱稽河、洪沟河的疏浚工程及茶山洼、万金洼的排山水工程。胶东对胶莱河、潍河进行了裁弯疏浚工程，溜阳河、双山河、自马河的疏浚工程，以及各河流的筑堤护险工程。据 1949 年上半年统计，全省共浚河达 9 793 条，开渠 10 823 条，筑堤 16 833 条，疏渠 18 565 条，打坝 39 477 条，工程长度 24 276 977 米，打井 72 208 眼，动用 43 817 448 个工日，共发工赈粮 30 895 389 斤。

消灭荒地，增施肥料。由于受战争和灾荒的影响，农村缺乏耕畜农具，特别是缺乏劳动力，从而出现了大量荒芜的土地。这已成为生产救灾中发展生产的重要问题。1948 年在生产救灾过程中，解放区农民共消灭荒地 1 374 497 亩，占全省荒地总数的 66.8%。其中，鲁中 11.5 万亩，胶东 37.48 万亩，渤海 524 697 亩，鲁南 15 万亩，滨海 21 万亩。1949 年，全省各级干部和群众热烈响应华东局“多上一车粪，多锄一遍地，多收一成粮”的号召，进一步掀起了消灭荒地，增施肥料的生产热潮。这年春季又消灭荒地 1 065 840 亩，胶东区东海、北海专区多上一车粪的占 80%。全省各地农民群众普遍积造肥料，以增加农田肥力。1948 年，渤海区匡五、平兆、商河、齐河、禹城等 5 县统计，共有 223 028 户养猪 84 410 头，平均 2.6 户养一头猪。又据该区 15 个县 31 个村 3 507 户的调查，养猪数量已超过战前。据全省 49 个村的典型调查，除饼肥（豆饼、花生饼）、肥田粉外，其他有机肥料施用量 1949 年已接近战前水平。

精耕细作，防治病虫害。1948年全省解放区种麦面积大为增加。为了保证小麦生长良好，各地注意了精耕细作，加强了田间管理。滨北地区在耕种时普遍做到深耕细翻，胶河县“穿楂子”麦地占60%，高密县朱公区5万亩麦地“耪楂子”的占40%。鲁中南部分地区麦地一般耕两遍、耙两遍，以确保苗全苗旺。同时，各地积极进行了农作物病虫害的防治工作。在胶东、鲁中南两地区的20余个县发现有小麦腥黑穗病的地方，由政府组织技术人员具体指导群众淘种、换种、施豆饼、上铺粪等防除办法，部分地区还施用杀虫药剂（砒酸铅、信石）毒杀蝼蛄等地下虫，各地政府积极贷款，大力扶持农民群众灭虫。

积极恢复和增设农林蚕场，加强农业技术指导工作。到1949年全省共有农业试验场13处，农业指导所1处，县农场112处（仅有15个县未建立），大小林场37处，苗圃128处，果园15处，蚕场12处。各地农场建立了实验区或基点村，组织农业技术推广委员会或农业技术研究小组，按季节召开老农座谈会，组织农民群众到农场或示范户去参观学习，并且经常组织举办农业生产展览会或巡回展览会，利用出黑板报，印小册子、传单等各种形式广泛推广新技术，各地报纸也有重点地介绍成功的经验。与此配合，各地政府还不断加强农业技术指导工作，热情帮助农民选种、换种，推广培育优良品种，改良耕作方法，防治病虫害。如胶东推广扁穗子小麦21.5万斤，滨北推广胜利百号甘薯1亿斤；渤海各地农场繁育斯字棉纯种54 300余斤，推广优质麦种4 997斤，并帮助农民田间单穗选种。省政府实业厅还在历城、龙山、章丘等地收购90%以上纯度的济大195，鲁麦3号、6号等优良麦种18万斤，秋种时在繁殖区集中推广。还派出人员到渤海、胶东各产棉区收购与鉴别优良棉种，完成了28个县的棉产调查。通过这一系列的品种比较和选优、耕作方法改良、农药制造及防治病虫害等实验研究的成绩可以看出，随着山东解放区对敌斗争形势的根本好转，科学种田已经被各级人民政府提到议事日程上来了，由于积极重视和加强领导，初步取得了很大成绩。这对于广大解放区的农业生产恢复和发展无疑也具有巨大和深远的推动作用。

第三节　统一财经管理，加强支前供应工作

一、华东财经办事处的成立及其对山东财经工作的领导

自国民党军队对山东地区的重点进攻被人民解放军粉碎之后，华东野战军按照中央军委的战略部署，由陈毅、粟裕率外线兵团挺进豫苏皖，执行配合刘邓大军开辟中原解放区的战略任务。华东野战军内线兵团则在许世友、谭震林率领下进行了历时5个月的胶东保卫战，取得了歼敌6.3万余人的重大胜利，彻底改变了胶东战场上的敌我态势，达到了迟滞国民党军队向其他战场的增援，把胶东、滨海、鲁中三区连成了一片。到1947年年底，山东战场已形成了人民解放军对敌发动全面进攻的总形势，战争开始引向国民党统治区，历史的进程到了一个新的转折点。在既将对国民党军队展开全面战略反攻的形势下，给山东解放区财经工作提出的任务是严峻的，这就是：恢复生产，救济灾害，克服困难，统一财经管理，集中人力、物力、财力，一定要做好支前供应工作，确保战略进攻的顺利进行。

自解放战争开始以来，山东解放区的财经工作曾取得了很大成绩，根据地人民做出了艰苦卓绝的努力，为华东野战军粉碎国民党军队的全面进攻和重点进攻提供了大量的物资供应，保证了山东解放区（包括由华中解放区转移山东）广大脱产人员的衣食供给。但是，由于战争规模浩大，特别是敌人的疯狂进攻和残酷的掠夺，使山东解放区各战略区基本上处于被分割的独立状态之中，因而解放区的财政经济工作适应当时的形势采取了分散自给的方针。胶东、渤海、大鲁南三地区各自为政，自主解决财政供给问题。在严峻的军事形势之下，这种财政经济方针与供给办法有利于发挥各地的积极性，以便保证及时供应部队机关的吃穿用所需。但是，在实际工作中也逐步暴露出一些问题来。主要是：省颁财政经济的一系列条例、指示不能全面贯彻到底，财经工作无法做到全省通盘考虑和落实；在财政收入中，各自为满足本级财政上的需要，不顾政策自行一套，形成各地苦乐不均，负担不均，缺乏计划性，以致不利于生产的恢复和发展；在财政支出上，不讲统筹安排，部分地区和单位强调局部利益，放任自流，以致造成浪费现象，并出现本位主义、山头主义。在党政军民各系统范围内也产生了若干弊端，主要是：缺乏统一的财政领导机构，不能很好地执行统一的财经制度，各系统有收入不交金库、随意支出的现象，财政部门与工商、粮食、银行等部门出现步骤不够协调、相互配合不力的倾向，等等。因此，随着形势的发展和实际工作的需要，山东解放区的财政经济工作急待纳入正规化和统一化的轨道中去。

山东解放区的财政经济建设在逐步统一化、正规化的进程中，为克服分散独立、各自为政的局面进行过不懈地努力，做了大量的工作，如集中财力、物力，建立适应大兵团作战的供给制度，等等。随着山东解放区的扩展和战争形势的好转，为更好地保证解放战争和经济建设的顺利进行，要求解放区财经制度进一步向着统一、科学、正规、效能方向发展，加强统一财政制度，建立科学的收支和管理系统，从而确立和完善适合解放区经济发展的财政体制。

1947 年 10 月 30 日，中共华东中央局决定，在山东成立财经委员会。1948 年 3 月 23 日，华东局正式通知各地已成立华东财经办事处（简称华东财办），由曾山任主任，艾楚南、方毅任副主任。“该办事处执行财经方针任务，为实际行政权力机关，统管财经、粮食、工商、银行、收支审核等工作，并有督促检查各战略区、各纵队财经工作之责”。[1] 华东财办当时驻山东，并直接领导山东解放区的财经工作，由此标志着山东解放区的财政经济工作进入了一个新阶段。华东财办的建立为克服过去各财经部门互不协调，并为建立和严格执行各项制度创造了有利的条件。在此之后半年多的时间里，华东财办

〔1〕《山东革命历史档案资料选编》第 20 辑，第 127 页。

为改变胶东、渤海、鲁中南（1948 年 6 月鲁南、鲁中和滨海区合并为鲁中南区，即俗称的大鲁南地区）三个地区分治和缺少科学的、严格的财经制度的局面，决定在山东解放区进行财政、粮食、工商、工矿、军工、运输等部门和军需供应品生产的统一工作，为此颁布了统一的供给标准。全省统一收支程序、统一的资金管理办法等各种财政经济制度，要求各地结合贯彻“三大方案”加以具体实施执行。由于采取了这一果断措施，从而保证了此后诸多大规模战役特别是大城市攻坚战时的财粮供给。随着财政制度的更加完备，财政管理日益完善，愈加显示了它的巨大作用，迅速迎来了山东全境的解放，而山东的财政工作也就更加日趋统一了。

二、财政、粮食统一收支程序的颁布和实行

财政经济统一工作的中心环节是财政统一。只有彻底改变在实际工作中存在着的财政分散状态，统一合理地组织财政收入，统一节约使用财政资金，不断完备和认真严格执行规章制度，财政管理工作的筹划、检查、监督作用才能有效地发挥出来。为此，华东财经办事处于 1948 年 2 月颁布实施了《山东省财政统一收支程序》，同时，还颁布实施了《山东省粮草暂行收支程序》。

《山东省财政统一收支程序》中规定：省行政委员会授权华东财经委员会，所有本省境内一切部队、政府、团体之收支预决算，以华东财经委员会为最后批准机关。华东财办为华东财经委员会与省府办理审计与一切财经策划执行的工作机关。省财政厅及各有关业务部门，为所有收入支付的具体执行机关。本省向人民征收的各种税款、专卖收入及粮赋收入等，其应征与否及其税率税则，由华东财办批准、交省财政厅及各有关业务部门执行。这些规定明确了华东财经委员会、华东财办、省财政厅及其他财经部门的职权范围，从而有利于财经工作的垂直领导和各项制度的贯彻执行。

《山东省财政统一收支程序》，对财政预决算、收入、支出、金库等项工作都作了详细规定。关于财政预决算，规定财政会计年度为

每年 1 月 1 日起到 12 月 31 日止。凡经管收入款项各机关，均须按会计年度编造收入预决算。预算在年度开始前一个月，决算不得迟于年度终了两个月内编造完成，呈送省财政厅转华东财委会审核；各事业部门的收入，由各该部门省级领导机关每半年编制事业收入计划书、预算书及计算书，呈送省财政厅转华东财办审核。凡机关部队支付经费，除须按会计年度编制支出预决算外，还须按季编造支出季预决算。支出预决算须按规定的组织编制表及供给标准，以实物及按当地当时市价折合现金，两项对照编成。全省全年度总预决算及军民政系统每季总支出预决算由财政厅负责汇编，呈送华东财委会批准施行。关于财政收入，规定各级政府各级经征机关及事业部门等的一切收入，在县级以下者，均分别由各主管县政府及县级经征机关汇集解库，如该县未设金库可汇解上一级金库核收。县级以上政府及经征机关的一切收入，则直接解同级金库核收。各级政府及征收机关收入解交金库的期限及金额限制，由省政府指令各级政府及征收机关实行。关于财政支出规定各机关部队经费，由华东财委会批准后，省财政厅统一签发。送审经费办法，军务费由军区供给部，政务费由省财政厅，民运费由省级民运团体，编造预算后送省财政厅转呈华东财委会交华东财办审计处审核后，经华东财委会批准，即签发预算核定证交付送审机关，以核定通知书送交省财政厅。请领办法，各机关部队以华东财办审计处核定证，送交省财政厅签发支付命令，省财政厅经核对后，以命令或通知交请款机关赴指定金库领款，而不准以支付命令移向税收机关直接领款。关于金库，规定北海银行总行设总金库，各分行设分库，各支行设支库，县设县金库，以处理一切金库业务。各级金库直属其上级金库领导，同级军政机关对该地金库有监督之权与保护之责。各级金库对于指定解交本库的收入机关，如发现有逾期未解款入库者，得派员携带金库证明前往该机关查明情形向总金库报告，总金库即转报省财政厅。支出方面总金库得视领款机关所在地点及金库存款情形，根据支付命令核发金额，分别直发或汇向指定金库拨发。

《山东省粮草暂行收支程序》规定：山东省内一切部队、政府、团体的粮草收支预决算，以华东财委会为最后批准机关；华东财办负责办理审计和筹划事宜；粮食总局为粮草征收、调度、保管、出纳的业务机关。公粮公草征收税率由华东财委会批准，交由粮食总局执行。粮草征收每年分二期，1月至6月为上期，7月至12月为下期。经管公粮公草的机关，须以县为单位，按期编造预决算向上逐级审核汇编，直至粮食总局汇编全省粮草收入总预决算。各部队、机关、团体支付粮草经费，须按会计年度编制支出预决算。粮草征收以村（乡）为单位，交区粮库秤收；区粮库将征收报表及收支报告表、公粮收据（存根联）呈送县粮局核收。粮草支出由华东财办批准后，交省财政厅统一签发。有关财政调度的粮草出售权属省财政厅。各战略区之间的粮草转运，由省财政厅批准报华东财办备案，各分区之间转运由省粮食总局批准，报省府财政厅备案。

财政、粮食两个收支程序，与1946年2月山东省政府颁布的一系列财粮规程、条例比较，具有以下几个较为显著的变化：第一，领导机构更加统一、明确。由华东财委会掌握财粮收入、支出、预决算等权限，统一领导省财政厅、粮食总局、北海银行等工作部门。第二，财粮供给按照军、政、民三大系统垂直施行。军务费供给由军区供给部、政务费供给由省财政厅、民运费供给由省级民运团体负责编制预决算，呈报华东财委会审核批准。第三，各级政府的金库全部归并北海银行，在各级北海银行内设立各级金库，实行垂直领导体系。同级军队、行政部门仅有负责保护和监督之权责。这些变化说明了山东解放区的财政管理制度在逐步实践和不断总结经验的过程中，正日趋完善和加强，并在此基础上初步形成了充分反映解放区经济实际状况的财政体制。

财粮统一收支程序颁布之后，随即在全省范围开始执行。但是由于多年长期战争的影响和过去根据地分散割裂的实际情况，因此财粮工作由分散自主到统一集中必然要有一个转变过程。为了尽快实现这个转变，华东财办结合山东解放区的实际情况，采取了一系列相应的措施，以推动财粮统一工作。第一，在财粮统一过程中，依照部分服从统一和统一照顾部分的基本方针，抓住先统支后统收这一中心环节，力争做到一切支出均由华东财办批准。华东财办根据对各战略区财粮实际需要和存在的困难的了解与研究，按照最低限度的预算先发足 3 个月经费，并保证今后按预算如数发给，然后停止其财政支拨权限，将权力集中统一于华东财办。同时，普遍深入地进行政治动员和思想教育，消除思想混乱，统一思想认识，迅速达到思想上和行动上的一致。第二，建立健全收支报解制度，严格执行预决算科目。为了使统一收支程序能够迅速贯彻实行，1948 年 3 月 20 日，华东财办发出了《关于建立与健全收支报解制度的通知》，并附发《总预算决算科目》，要求各地从 4 月 1 日起切实执行。第三，严格预决算制度和根据收支程序要求建立各级金库、粮库。各地各级党委成立审计会计机构，以确保党群系统预决算制度的切实执行。区党委为计政科，设科长、审计员、出纳员各 1 人、会计员 2 人；地委为计政股，设股长（兼审计员）、会计员、出纳员各 1 人；县委设会计员 1 人。审计会计人员均为专职，不得兼职。第四，有计划、有步骤地实行财粮统一。在条件尚未成熟之前，一定要先采取适当的过渡形式，以避免引起财粮收支的混乱，影响供给工作的正常进行。在集中统一财粮收支工作中，华东财办实行了先财政后粮食、先统支后统收的形式，效果很好，为上下各机关部门所称道。第五，认真执行财政纪律。对于破坏制度、妨碍统一工作的错误思想和行为，展开必要的思想斗争，而对造成不良后果者则给予一定的组织处理。上述五项措施为山东全省财政粮食统一收支工作的顺利进行创造了必要的条件。经过半年努力，到 10 月，全省财粮已做到全面的完全统一，一切收入均能解库，一切支出均由财办批发，预决算制度已确立，金库、粮库已在全省范围内建立并执行实际职务。纠正了在供给问题上的紊乱现象，军事、行政、民运三大供给系统已能垂直供给，破坏金库制度、乱提粮款的现象已基本上克服，财政收支、调度等上下都能较好地贯彻，贪污浪费现象已基本上杜绝，制度普遍能够遵守。至此，山东解放区的财粮收支完全统一，科学的、严格的、统一的财政体制已经确立。

三、严格金融、粮食、工商管理，进一步增加财政收入

解放战争的战略进攻阶段到来之后，为进一步壮大山东解放区的物质基础，克服自然灾害和战争所造成的财政困难，华东财办在领导山东军民大力贯彻“三大方案”，开展生产救灾运动，坚决执行财政统一的同时，又狠抓了金融、粮食、工商等专业部门的管理工作，千方百计地扩大财粮收入，努力使有限的财政力量，更有效地确保战略进攻的胜利。

（一）加强金融管理

山东解放区的金融管理在配合财政统一工作和确保物价相对稳定的同时，为了供应战时财政的调度，更好地支援战略反攻，采取了以下主要措施：

1. 健全银行机构，发挥银行代理政府金库职能作用。1948 年 1 月至 2 月，随着大鲁南收复区的不断扩大，三个地区的银行机构迅速得以恢复和建立。1948 年上半年北海银行机构增加了 50 个单位，其中县级银行增加了 43 个单位，仅渤海、鲁中、鲁南三区银行就增加了专职干部 479 人。1948 年 3 月至 4 月，山东兵团（华东野战军内线兵团改称）连续发起了周（村）张（店）战役、潍县战役，使胶济铁路南北广大解放区完全连成了一片。同年 6 月，鲁南、鲁中和滨海区合并为鲁中南区。为适应这次行政区划的变更，北海银行于 7 月 26 日发出了《关于机构调整的通知》，决定原鲁中、鲁南两分行合并为鲁中南分行；原滨海直属支行划归鲁中南分行领导，原滨北直属支行划归胶东分行领导；新设淄博支行归鲁中南分行领导；增设昌潍直属支行。北海银行分支机构的增加，对于发行货币、发放农业贷款、开展新解放城市金融工作以及掌握市场流通货币等都起到了积极的促进作用和组织上的保证作用。与此同时，银行代理政府金库的职能也得以实现。1947 年 12 月大鲁南财经会议明确提出由北海银行代理山东全省各级金库，以办理财政资金的收纳、报解、支拨等业务。到

1948年2月底，各级政府按照省府规定的交接手续，陆续将各地金库并入了北海银行，并且清理了金库账目，对挪用存款者一律从机关应领经费中扣还，避免了延宕财政统一现象的产生。

2. 严禁金银计价流通和私相买卖。1948年年初，在山东解放区的集市上出现了生金银、元宝、银元、铜元等买卖交易，并代替北海币流通使用。这种情况的出现危害了解放区的金融管理，特别对于确保北海币统一市场，稳定金融物价是极为不利的。为此，山东省政府采取了严格禁止的办法，规定一切生金银、元宝、银元、铜元等都不准作为货币在市场上出现，也不准买卖，统由各地北海银行按价收购，违者以扰乱金融管理论处。

3. 限制和改造城市中的私营银钱业。由于新解放城市陆续增多，因此必须加强对私人银号钱庄的管理，以促进城市经济的恢复和发展。私营银钱业具有一定的资金力量，与私人工商业联系十分密切，因此对于调剂社会金融、保持市场物资流通有其积极作用。但是，私人银钱业为谋取利润，往往利用本地解放伊始、物价不稳和物资匮乏的时机，投机倒把扰乱市场，破坏和影响了解放区城市的经济。针对上述情况，根据党的城市政策，山东解放区加强了对私人银钱业的管理，利用其积极因素，限制和改造其消极因素。1948年8月，山东省政府颁布实施了《山东省管理银钱业暂行办法》，规定凡经营银钱业者，应事先订立章程，写明名称、组织、资本金额、营业范围、经理情况、董监事及股东名册等诸项内容，呈报当地政府认可，再转呈省政府核准后，方可开办营业。凡已停业申请复业者，除办理上述手续外，还须向当地政府呈报停业原因及经过情形以及业务范围、组织情形、历年营业状况及盈余分配情形，并应附有关账册与股东、经理、董事名册及简历；钱庄业资本至少需北海币5 000万元，银号业资本至少需北海币1亿元，开业时至少需收足半数，并经当地政府检查确实后，方准其营业，余额限期筹足，复业者同；开始营业后，业务流通资金须经常保持其资本额2/3以上，房地产及其他固定资金不得超过1/3；银号钱庄限于经营存款、放款、解放区内汇业务，不得经营外汇、生金银和其他任何业务，并不得为工厂、商号、公司股

东；北海银行及各地分、支行协助各地政府管理银钱业的检查稽核事项。对私营银钱业采取这些限制和改造措施后，将其活动地域局限在解放区之内，业务活动限制在指定范围之内，从而极大地制约了私营银钱业的消极方面，较好地利用了其积极方面，保证了北海银行的城市金融业务的发展。

4. 逐步加强外汇管理的正规化建设。这时的“外汇”系指解放区以外的货币。在解放区对外贸易和经济往来不断发展的情况下，作为财政管理的一个重要方面，外汇管理工作如何与对外贸易密切结合，以增加解放区财政收入和有利于开展对敌货币斗争，越来越显示出它的重要性。1948 年 3 月 8 日，华东财办做出了《关于外汇管理工作的决定》，根据山东解放区的外汇管理状况，明确提出外汇管理工作逐步由工商贸易机关移交北海银行。银行机构尚未建立的地区而又须进行外汇管理工作的，仍由当地工商贸易机关负责，直至能够移交于银行时止。在移交工作的同时，凡吐纳较大的重要外汇市场、海口、接敌重要城镇及新解放城镇，一律成立外汇管理委员会，在次要市场组织外汇评价小组，在统一的外汇政策下根据本地外汇市场及外贸市场具体情况，研究外汇价格及其他具体办法，交当地银行具体执行。委员会和评价小组由银行、工商局、商店、对外贸易机构、财政部门共同组成，密切合作，互相协助。外汇管理的逐步正规化，不仅为此后的大城市外汇管理积累了经验，而且集中统一了外汇收支，为财经统一工作创造了有利条件。

（二）加强粮食管理

在山东战场上的大城市攻坚战即将到来之际，山东解放区正面临着严重的粮食困难。这些困难反映在粮食管理工作方面，主要有以下几个问题：第一，粮食储藏分散，各地随便支付粮食的现象比较严重；第二，部分单位不顾整体利益，多报人数多领粮票，以至造成粮（草）票发放工作的失控，1948 年春荒时，尚有 7 亿斤粮票散在各部队、机关手中；第三，就地取粮草，使粮食管理工作缺乏统一性和计划性；第四，红白条现象普遍，致使粮食管理制度产生混乱现象，粮食部门无法掌握。1948 年 1 月 9 日，省粮食总局针对这些问题发出了紧急指示，提出了四项工作任务，即迅速控制现粮；管理好开支，严格执行支领手续；停止就地取粮（草），实行批拨制度；严格控制粮（草）票的使用，取缔红白条。由此开始，粮食管理工作与正在进行的生产救灾和贯彻“三大方案”运动密切配合，掀起了民主检查的高潮。

加强粮食管理工作的一个重要方面就是停止使用旧粮（草）票，启用新粮（草）票。1948 年 1 月 28 日，山东省政府做出决定，自 2 月 1 日起，所有过去省粮食总局发行的粮（草）票以及各地自印的粮（草）票，一律作废停用。另由粮食总局发行新粮（草）票，统一使用。具体办法是：2 月 1 日至 10 日群众手中的旧粮（草）票要收集登记，送交各地粮库，10 日以后，粮库概不收兑；粮库收到的旧粮（草）票暂不兑换现粮（草），待统计上报后由省政府决定具体办法归还；部队、机关旧粮（草）票一律送政府粮食部门缴销，不得匿留不交；新启用的粮（草）票只限脱产人员使用；新票兑换统一使用 13.6 两的市秤；斤票以上兑拨粮草时，需有证明准确人数的文件；严禁买卖粮（草）票，一经查获，依法严惩。为了推动这一工作，省粮食总局派出干部到五莲县进行试点。在执行决定的过程中，各地认真注意解决可能出现的两种情况：一是规定限期收集登记粮（草）票，但又暂不兑换，可能会引起群众的怀疑和顾虑；二是脱产人员积存和节余粮票交公，可能会发生钻空子、打埋伏或强迫地方使用等现象。对于前者，向群众进行了耐心的解释工作，说明政府一定会负责到底；对于后者，则认真地进行了思想政治工作，要求每个同志以革命利益为重，将自己存有的粮票毫不保留地交公，而对破坏决定者进行了必要的斗争。通过粮票制度的重大改革，散存各地，主要被党政军机关所掌握的 6 亿斤旧粮票全部作废，折合实物价值 1 800 亿元。仅据鲁中区临朐县统计，交公的麦粮票就达 169 319 斤，秋粮票 277 292 斤，柴草票 685 957 斤。这项工作的圆满成功，为山东解放区克服严重的粮食困难创造了有利条件，保证了粮食部门掌握现粮、严格执行支付手续等其他措施的顺利实施，为加强粮食管理做出了重要而又关键的贡献。

严格执行各项粮食制度，也是粮食管理工作的重要内容。通过停止使用粮（草）票、清查现粮、停止就地取粮、取缔红白条等措施，使各项粮食制度进一步建立健全起来，如粮票制度、粮食支拨制度、粮库制度，等等。这样就使粮食统一工作与财政统一工作同步进行，为减轻人民群众负担，保证人民解放军战略进攻时期的粮食供给，度过严重的灾荒，奠定了良好的物质基础；同时，也促进了财粮工作的统一，加强了粮食工作的正规化建设。

（三）加强工商管理

这一时期工商管理的主要变化，就是在充分加强党对工商工作领导的同时，在行政系统上适当集中，业务机构上适当分工，建立各部门的上下级系统，以适应解放区形势的发展，提高工作效率，完成全省工商工作系统上的统一。

1948 年 7 月 7 日，华东财办、山东省政府发出正式通知，决定将山东工商总局改为华东工商部，以加强对工商行政管理的领导。8 月 10 日，华东财办经华东局审查批准，做出了《关于山东各级工商机构编制与组织领导等问题的决定》，对各级工商机构的党政领导、业务行政领导、干部任免等方面均做出明确规定。这时，山东战场上的形势发展极快，除青岛等孤立据点以外，山东全境基本获得解放。济南解放之后，华东局开始为淮海战役和大军南下作各方面的准备工作。在这种形势下，财政经济统一工作也获得了充分发展的大好时机，山东省政府遂于 11 月 23 日发出训令，决定全面调整山东省的工商税收机构，将工商部各业务机构加以变更，决定分别设立山东省税务局、山东省盐务局、山东省烟酒产销管理局、山东省进出口管理局、山东贸易总公司及工商管理处，除税务、盐务、烟酒三个机构划归省财政厅直接领导外，其余三个机构仍由工商部统一领导。工商管理的六个系统的内部设置为：省税务局下设济南、徐州、潍坊、淄博、烟台、德州、兖州、新浦等 8 个分局，另有玲珑金矿办事处；省盐务局按盐区分布设立河北、莱州、威宁、石岛、金口、胶州、滨海等7个分局；省烟酒产销管理局分设5个烟厂和4个专酿公司；省进出口管理局下设5个进出口管理局和6个直属专营企业公司；山东贸易总公司按经济区与重点城市、交通中心分别设立公司与分公司，以及直属专业企业公司。工商行政管理按政权机构设置，省设工商管理处，行署设工商处，专署视需要设工商科，市设工商局。六大工商管理系统的职责范围是：省税务局负责全省关税、盐税、专酿、纸烟、棉纱、火柴、煤炭、金矿、面粉、洋酒饮料、熏烟、屠宰、迷信、营业、牲口交易、房捐、娱乐捐等省税和地方税的征收、管理工作；省盐务局负责全省盐务行政、盐税征收、公营盐滩的经营等管理工作；省烟酒产销管理局负责全省公营烟厂的经营管理与烧酒专酿工作；省进出口管理局负责全省进出口贸易经营、进出口行政管理及海关工作；省贸易总公司负责全省内地贸易经营业务，包括扶助生产、调剂物资、支持外汇、军需供应等工作；省工商管理处负责有关全省工商业发展计划及合作社、工厂、商号的注册登记、商品检验、度量衡等工作，各地市工商处、局负责有关工商政策、商人事宜、工商纠纷、劳资政策等工作的具体实施。

六大工商管理系统的机构设置、职责范围虽有待于进一步明确划分，但是这一调整克服了过去三个地区（胶东、渤海、鲁中南）分治的局面，而上下各部门系统的建立，为统一全省工商资金的分配和调度，加强经营管理，增加财政收入，保证财政工作的统一等，开辟了更为广阔的道路。

四、战略进攻开始之后的支前财粮供给

1948年9月16日至24日，华东野战军根据中央军委指示的“攻济打援”的作战方针，内外线兵团会攻济南，取得了歼敌10余万人的巨大胜利，由此揭开了人民解放战争战略决战的序幕。济南战役大捷之后，临沂、烟台、菏泽等地的国民党军队均先后弃城逃跑，山东全境除青岛与南部边缘少数据点外，全部解放。随后，华东野战军挥师南下，与中原野战军协力发起了闻名中外的淮海战役

（1948 年 11 月 6 日至 1949 年 1 月 10 日），山东南部全部获得解放。1949 年 3 月下旬，中共华东局随大军南下上海，山东分局重新成立。5 月 3 日至 6 月 2 日人民解放军发起青岛战役，使这座海滨城市获得了新生。8 月 11 日，解放长山岛，至此，山东全境获得完全解放。

解放战争战略进攻阶段开始以后，特别是从济南战役到淮海大战、渡江战役、京沪杭战役，战争达到前所未有的规模，因而山东解放区的支前供应任务也发展到十分艰巨和繁重的程度。据统计，仅淮海大战就动用民工 250 万人，粮食 5.4 亿斤。而且由于人民解放军在广阔的战场上高度机动作战，经常要求在很短的时间内，即需将十分庞大的人力、物力、财力集中于某一地区，但是根据地经济主要是分散的以个体为单位的农业和手工业，生产技术和运输工具均十分落后，这就加剧了战勤任务的难度。为胜利完成支前供应任务，以保证实现人民解放军逐次战役的预定目的，山东解放区的各级党政领导和根据地广大人民群众在中共华东局的领导下，全力以赴地投入支前工作，以最大努力确保了诸战役的财粮供给，取得了伟大的成绩，为人民解放战争建立了不朽的功勋。

在此期间，山东军民全力进行了生产救灾运动，实施“三大方案”，改进财政管理，渡过了严重的春荒、夏荒，恢复和发展了农村生产，为支援大规模战役打下了一定的物质基础。在战略进攻阶段，华东局遵照党中央的指示，坚决贯彻执行“以战养战”的方针，缴获敌人的大量粮食、武器装备补充部队，并充分利用新解放区的生产条件、运输条件，以求最大限度地发挥支前力量的效用。另外，伴随着战役规模的逐渐扩大和支前工作经验的积累，也不断地完善粮食和财政的供给机构与供给方式，使部队和地方在行动上达到了高度一致。淮海战役以前的支前财政工作，基本上是临时性和地方性的。一般是野战军在哪个地区作战，即由哪个地区临时组织支前机关，战役结束，部队转移，支前机关即告结束。而到淮海战役时，华东支前委员会下设财政部，开始建立支前中的财政系统，统一整个支前范围内的财政工作和油盐供应工作。由于逐渐具备了这些条件，解放区的

支前人力、物力、财力得到了科学的组织和使用，繁重而又艰巨的战勤任务得到了比较充分的落实，从而能够在分散的、落后的经济条件下支持了高度集中的大规模的现代化战争，并克服重重困难，终于使人民解放军取得了华东战场上的辉煌胜利，为赢得伟大的人民解放战争而奠定了牢固坚实的基石。

山东解放区的支前供应工作集中体现在民力支援、物资供应两个主要方面：

（一）民力支援

1. 运输物资。在大规模的战争中，及时地将粮食、弹药等各种军需物资运达前线，是保证战役实施并取得胜利的根本条件。从济南战役开始到京沪杭战役结束，山东解放区共出动民工 1 734 732 名，牲口 50 022 头，大车 25 465 辆，小推车 411 182 辆，挑子 140 425 付，运送粮食 8 亿多斤，被服 36 万余件，其他物资 5 300 多万斤。淮海战役期间，渤海区组织了 7 万辆大车，19 500 辆小车，1 250 艘船只，用了 16 个昼夜，完成了 10 450 万斤粮食的输送任务；鲁西南地区为支援淮海战役出动民工 88 246 人，小车 30 590 辆，大车 12 849 辆，牲口 40 673 头，将 1 800 多万斤粮食送达前线；刚刚获得解放的济南市，为支援淮海战役共组织了 116 辆汽车，向淮海前线运送粮食、军火，行程 1 万多公里，运送物资达 9 115 吨。光荣的山东人民就是这样用扁担、小车、牛车创造了前所未闻的奇迹，在伟大的人民解放战争的历史上留下了永远不可磨灭的一页。在那战火纷飞、车轮滚滚的岁月里，广大的山东民工发挥老解放区人民一不怕苦、二不怕死的革命精神，为千方百计地完成支前运输任务，创造了无数的可歌可泣的英雄事迹。淮海战役期间，泗水县模范运输团一次接受 6 天内运送 9 万斤粮食的艰巨任务，该团千余名民工冒着敌机的疯狂扫射，忍饥耐寒，破冰渡河，3 天就运粮 11.2 万斤粮食，超额完成了任务。胶东莱阳县支前特等功臣唐和恩在支前归来时，随身携带着一根旧社会讨饭时的棒子，上边刻满了山东、江苏、安徽三省 88 个村镇的地名，充分反映了千百万名山东支前民工的艰难而又光荣的战斗

历程。

2. 抢救、运送和护理伤员。据济南、淮海、京沪杭3个战役的部分统计，山东有96 207副担架，547 932名民工担负抢救和运送伤员的任务。仅淮海战役中，山东支前民工就转运了51 165名伤员。寿光县民兵随军远征担架连122人，随军转战山东、江苏等地区26个县，行程17 000里，曾连续8昼夜在火线上抢救伤员，因而荣获华东军区授予的“陈毅担架连”的光荣称号。淮海战役期间，济南市各医院3个月内曾接受了6 000余名伤员，各机关、团体、学校自动照顾护理伤员的有5 656人，其中长期照顾伤员的有148人，经常为伤员洗衣服的有50余人，私营医务人员自动报名为伤员服务的有562人。

3. 抢修铁路、公路和桥梁，架设长途电话。在抢修济（南）兖（州）段铁路时，山东动员组织了184 652名农民和35 864名工人，突击3个月，修好铁路桥31座，铁路128公里，保证了全线通车。在修复津浦路南段时，鲁中南四分区征购了17万根枕木，完成了2.5万副夹板，75万个道钉，5万个螺丝的加工任务，挖运2万多土方，修筑47座桥梁，仅用了30天的时间，使长达110公里的铁路全部竣工。济南战役和淮海战役期间，鲁中南地区组成1 627人的抢修电话线路队，并动员组织了2 642名民工协助架设了临沂至沂水，临沂至十字路，临沂至郯城，临沂至邳县并通运河站、峄县、滕县，兰陵通台儿庄、贾汪、徐州等地的5条线路，全长876华里，用电线杆4 652根，电线38 690斤。

（二）物资供应

1. 粮食供应。山东解放区的广大人民群众在万分艰苦的条件下，克服重重困难，忍饥挨饿，节衣缩食，贡献出自己的粮食，确保人民解放军的对敌作战，充分体现了“人民战争，人民支援”的时代特点和人民群众与人民子弟兵的血肉之情。据统计，济南、淮海、京沪杭3战役共实用粮食85 218万斤，其中山东出粮达46 869万斤，占总数的55%。仅淮海战役，各地（山东、华中、冀鲁豫、豫皖苏）

共付出粮食54 047万斤，实用43 476万斤，其中山东出粮23 020万斤，实用21 020万斤，分别占总数的42.6%和48.3%。山东（主要是鲁中南地区）所付出的粮食分别占1948年全省及鲁中南所征公粮的16%和61.7%。鲁中南地区在1948年8月17日发出了为准备淮海战役征借粮食9 000万斤的通知，到9月底就顺利完成。

2. 柴草供应。据1948年10月至1949年2月不完全统计，山东供应前方部队的柴草达41 536 585斤。潍县张氏村群众为部队烧柴，砍伐了300亩墓田上的树，提供给部队几千立方米的木柴。

3. 副食供应。鲁中南地区为保障济南战役中战斗部队的副食供应，设立了5个随军供应站，两个固定供应站。想方设法从沿海到内地为解放大军采购了食油27.5万斤、食盐125万斤、咸菜6.5万斤、咸鱼0.9万斤、虾皮1.2万斤、细粉0.2万斤、大蒜1万斤，供给前线部队食用。淮海战役时，鲁中南区设立了16个供应站、3个转运站，共供给18个单位食油103 455斤、食盐118 995斤、咸鱼2 544斤。1949年春节，为保证年关每个战士能吃上一斤猪肉，在鲁中南地区紧急购买了863 832斤猪肉送到了前线。

4. 被服供应。仅淮海战役期间，渤海区的妇女就缝制了60万双军鞋，20万床棉被。有的群众还把自己的棉衣、棉被中的棉花取出来絮在前方将士的棉衣、棉被里。胶东区掖县妇女半月之内赶做军鞋22万双；鲁中南区广大妇女做军鞋100万双。1949年初，华东财办给省实业厅合作局下达了生产军鞋400万双的任务，经过山东解放区4个月的努力赶制，超额完成了任务。计：鲁中南，一专署21.2万双，二专署384 521双，三专署456 248双，四专署31万双，五专署46.6万双，六专署48.4万双，七专署15万双，淄博40万双，新海1万双，济宁2.5万双；胶东区，滨北40万双，西海16万双，南海16万双，北海4万双；直属地区，昌潍6万双，济南10万双，徐州20万双，共计全省生产军鞋达4 027 769双。

5. 器材供应。山东解放区的广大人民群众为支援解放战争，应战役战斗之急需，不惜摘下自已家中的门板，伐掉自家的树木、拿出生产用的镢锨，及时送往前线。潍县战役时，当地群众献出45 000

块门板、18 000 把铁锨。济南战役时，鲁中南的一、七两个分区共筹集门板 21 210 块、木杆 41 632 根、铁镢铁锨 27 797 把、麻袋 29 085 条、筐 2 050 斤。为争取人民解放战争的彻底胜利，老革命根据地的人民做出了无私的奉献。

除上述民力支援、物资供应之外，山东解放区人民在兵员补充、配合作战等其他支前方面，同样做出了最大的努力，付出了巨大的牺牲。整个解放战争时期，山东解放区共掀起四次大参军热潮，共有 589 979 名普通农民参加了人民解放军，壮大了人民军队的力量，加速了埋葬蒋家王朝的步伐。转入战略进攻阶段以后，战场逐渐南移，为夺取战争的最后胜利，需要源源不断地补充兵员，以向长江以南挺进。1948 年 1 月至 9 月，全省参军青壮年达 16 654 名；1948 年 10 月至 1949 年 3 月，参军青壮年达到 168 186 名，其中直接补入主力部队的有 8 万名。

三年解放战争时期，山东 3 600 多万人民在“一切为了前线”、“一切为了胜利”和“部队打到哪里，就支援到哪里”的口号下，一面积极参战支前，一面努力加紧生产，为战争的胜利付出了极大的代价，为新中国的诞生做出了伟大的贡献，历史将永远铭记着他们。从 1946 年 6 月到 1949 年 9 月，山东参加支前、随军作战 1 个月到 1 年的民兵和民工达 6 897 152 人，其中随军民兵、民工达 536 557 人。据有关资料表明，山东解放区将 8.5 亿斤粮食输送到各大战役前线，及时保证了作战时的粮食供应；另有部分地区资料统计，支援食油 722 256 斤、食盐 868 238 斤。财政经费支出，仅济南、淮海、京沪杭 3 个战役中抢修铁路桥梁、购置战争器材、供应前方油盐副食品以及支前经费开支，就达 91 528 万余元（人民币）。其中，山东所出当不下 50%。这一切历史事实真实地表明，没有人民群众的支持，就不会有人民战争的胜利，人民战争的伟大胜利是革命人民的伟大胜利。

第四节　开展城市财政工作　恢复和发展城市工商业

一、接管城市经济

1949 年 8 月，山东全境获得完全解放，军事、政治、经济形势以及周围环境发生了根本的变化，由长期遭受帝国主义及国民党反动派统治破坏的局面开始转向全面恢复和建设，党的工作重点开始由乡村转向城市。这时，山东省 10 万人口以上的城市有 8 座，3 万人口以上的城市 6 座，3 万人口以下、经济上较为重要的城镇 9 座，共计 23 座重要城镇，人口约 308.4 万人。上述城镇，绝大多数是日伪势力和国民党长期统治的地区，因为受到战争的影响，人民大众流离失所，民族工商业极其凋敝和衰微，城镇经济较之战前有极大的衰退。因此，解放以后各城镇的经济恢复工作十分复杂与繁重。

对于如何解决新解放城市的经济问题，毛泽东同志早在 1947 年中共中央 12 月会议上作的报告——《目前形势和我们的任务》中，就明确地宣布了新民主主义革命的三大经济纲领，即“没收封建阶级的土地归农民所有，没收蒋介石、宋子文、孔祥熙、陈立夫为首的垄断资本归新民主主义的国家所有，保护民族工商业”[1]，并且详细地阐明了在民主革命的最后阶段实现这三大经济纲领的一系列具体政策。随着新解放城市的增加和城市接管经验的积累，城市经济政策也逐步明确和完备，从而为完成党的工作重心的转移和城市经济的迅速恢复及解放战争的最后胜利奠定了基础。

1948 年上半年，人民解放军陆续解放了张店、周村、淄川、博

〔1〕《毛泽东选集》合订本，第 1149 页。

山、潍县等城镇，中共华东局遵照中共中央的指示，经过周密的准备开始了有计划、有步骤地城市接管工作，并且随着济南、青岛等特大城市的解放，接管城市的工作逐渐地正规化、秩序化。面对城市中国民党政府遗留下来的工商业倒闭、经济崩溃的烂摊子，为使社会秩序迅速安定，建立巩固的民主政权并避免过渡时期的混乱和脱节，城市接管工作必须在坚决消灭一切反动武装力量，解散和取缔一切反革命组织，逮捕一切持枪抵抗的敌人、破坏分子和罪大恶极的反革命罪魁的同时，切实保护一切公共财产（包括应由民主政府没收的官僚资本）和一切守法的工商业者，没收官僚资本，开展社会救济，严禁破坏任何公私生产资料及浪费生活资料，争取尽快地复工复业，依据群众的觉悟程度和组织程度，逐步地进行必要的经济改革。

第一，向社会各阶层宣传党的城市政策。人民解放军入城伊始，立即张贴布告，安定群众情绪，稳定和恢复正常的社会生活秩序。济南解放的第二天，华东军区司令部、政治部就公布了“约法七章”。随后，济南特别市军事管制委员会又发出布告，即入城十一条。这两份布告都明确规定：一切入城的党政人员，必须坚决执行和宣传党的方针政策，保护民族工商业及私人资本，没收官僚资本，迅速稳定社会秩序，稳定物价，安定人民生活，严禁一切破坏群众利益的行为。为了解除人民群众的疑虑，使党的城市政策尽快深入人心，在新解放城市中都及时召开了社会各界代表座谈会，以扩大影响。会上，针对国民党反动派的造谣和破坏，进行了有力地批驳；对社会各阶层部分人士存在的疑虑，进行了耐心详细地说明。然后，请在座代表发表意见，提出问题与建议，再由市府、市委负责同志进行解答。这种形式，对刚刚获得解放的城市初步恢复各项正常秩序大有裨益。

第二，没收官僚资本及国民党地方政府的财产。在各城市解放的初期，对较大城市都实行了军事管制，对中小城市实行接受管理，分别由军事管制委员会或物资接受委员会负责没收敌人资产。人民政府对原来属于国民党反动政府和官僚资产阶级的一切工厂、银行、铁路、矿山、商店以及其他企业（包括国民党政府接收的日伪企业）实行了有计划、有步骤、有准备地没收工作。在没收工作的初期，各

地依据实际情况分别轻重缓急，首先着眼于国民党政府的公营企业及某些明显属于官僚资本的大企业，以保证其迅速复工复业，稳定社会经济秩序，保障人民群众的基本生活条件。济南解放后，当时接受的官僚资本工厂企业与代管的产权不清的工厂企业共有19家。在青岛整套接管的工厂有25家。这时存在着如何处理官僚资本企业中私人股份的问题。依照官僚资本企业中“如有民族工商农牧业家私人股份经调查属实者，当承认其所有权”的政策规定，由私方派出代表进行合营，使之成为公私合营企业。像济南的仁丰纱厂、文德机器厂等，都是这样处理的。人民政府把垄断国家经济命脉的官僚资本加以没收和接管之后，就等于摧毁了国民党反动政府的经济基础，因而也就为即将诞生的人民共和国掌握国家经济命脉和将来发展社会主义经济打下了起步的基础。

第三，安定人民生活，稳定社会秩序。各城市解放之前，由于国民党反动政府对劳苦大众巧取豪夺，致使物价飞涨，民不聊生，呈现出一派萧疏凄凉的景象。为安定人心，迅速建立正常的社会生活秩序，党和人民政府立即采取了急赈措施，以救济处于竭蹶之中的城市贫民，并且立即从各地调集大量的粮煤等急需品，以保证城市人民的基本生活需要。潍坊解放之后，特请有关部门准拨救济粮36万斤以应救济之用，并决定以城内南关、北关为救济重点。在济南，刚刚熄灭了战火的硝烟，有关部门就向难民一次发放赈粮25万斤，这时的济南每天约需粮食50万斤、煤炭6万—7万吨，由于济南获得解放之前城乡隔绝，加之入城之初缺乏城市管理经验，粮煤供应准备不足，因而出现了短时期内的严重缺乏现象，粮煤市场价格3天之内陡涨3倍以上。为了迅速解决这个影响全局的问题，济南特别市军管会立即组建了公营济南贸易公司筹备处，抓紧时间从解放区购买调运了一大批粮煤油盐等生活必需品，结果仅仅3天时间，市内粮煤供应即刻缓解，物价开始下落。青岛市解放的当天，入城部队与有关部门即刻发出急赈粮38万斤，救济烈、军属及工人被难家属、贫苦市民共6 273户、20 628人；并发放市区下水道工程的以工代赈粮130 984斤。青岛市解放初先后共发放了100万斤以上的以工代赈粮和5 000

万斤的急赈粮。

第四，立即肃清金圆券，结束金融币制混乱状态。在各城市解放伊始，人民政府即刻通令禁止国民党政府的金圆券继续流通，并采取了定价兑换与封仓出口的办法，达到迅速肃清的目的。潍坊与济南解放后，在金圆券兑换上采取了先低（即按 2 400 元北海币兑换 1 元金圆券的比值）后高（即按北海币 2 000 元兑换 1 元金圆券），步步紧压的措施。另外还以物价作标准确定排挤金圆券的比率，以后逐渐压低。结果原定在济南用 20 天兑完金圆券的计划，只用 15 天即告完成，确保了北海币迅速占领市场目的的实现。潍坊则将兑换和封仓出口的金圆券排挤到青岛，换回了大量物资。另外，在各新解放的大中城市，人民政府明令宣布：严禁一切外国货币在市场上流通，严禁金银计价流通与私相买卖。由于采取了这些措施，解放区货币的发行和流通日益扩大，并逐步成为全省统一的货币。

第五，大力促进国营经济的发展，使其确立巩固的领导地位。在接管工作中，被没收的属于官僚资本的企业全部成为国营企业。人民政府采取了“第一是国营工业的生产，第二是私营工业的生产，第三是手工业生产”的方针，把国营经济的恢复和发展理所当然地放到了首位。接管的国民党官办企业一般都程度不同地遭受了破坏，因此给恢复生产带来一定困难，因而采取了维持现状，“一面清点，一面开工”的办法，避免了破坏行为的继续产生。然后，建立了由工程师、技师、职员、工人和接管干部组成的管理委员会，负责复工和生产事宜。并且，彻底废除了过去种种剥削工人、压迫工人的规章制度，提高工人的政治地位，保证工人生产中的安全，慎重地解决较为复杂的工资问题，加强对广大工人群众的政治思想教育，采取各种方式提高工人群众的主人翁精神，树立当家做主的责任感。由于人民政府在接管企业之初，即进行了初步改革，积极采取了一些恢复生产的措施，因此这些企业的生产很快就得到了恢复和发展。例如，淄博西河煤矿由新中国成立前日产原煤 200 吨，发展到日产原煤 1 000 吨，从 1948 年 4 月到 12 月，共计生产原煤 174 090 吨，大力支援了济南解放之初的经济恢复工作；洪山煤矿由新中国成立前日产原煤 30 吨

发展到日产原煤320吨，提高效率10倍以上。青岛解放之后，中纺公司的产纱由7月份平均每日212.53件提高到8月份的每日295.46件，产布由4 822.76匹提高到6 441.93匹，布机运转率由80%提高到97.56%（中纺二厂）。各企业的劳动生产率也大大提高，四方机车工厂机械厂的全生产过程增产效率较解放初提高71%；铁路抢修队搬运枕木，两人的活一人干，7天的任务5天完；港务部工人修理汽船胜利号时，原计划250个工，结果只用了129个工即告完成。济南机车工厂解放后仅半个月的时间，复工人数即达1 427人，并且抢修了“江南”号机车和大批车辆，为支援淮海战役、渡江战役做出了重大贡献。济南工业局四厂原是国民党制造步枪与修理军械的主要工厂，军管会人员进厂后仅10多天，就组织了200多工人复工，占全厂工人总数的80%以上，七八天的时间检修了全厂30多台机器设备，从而使生产很快就达到和超过了解放前的水平。

二、保护与调整民族工商业

在接管新解放城市经济的过程中，除没收官僚资本之外，党和人民政府对于民族资产阶级和民族工商业实行的基本政策是：“坚决地毫不犹豫地给以保护”。[1] 山东解放区的城市工商业的恢复和发展工作，在华东局的领导下，获得了大量的成功经验，取得了显著的成绩。首先，在没收和接管官僚资本时，凡属私人股份和私人财产一经查明，即刻迅速发还。济南从1948年10月20日至12月20日，北海银行共发还原国民党各银行存户款项231 187 020元（北海币）。潍坊解放后仅3个星期，即全部发还了30余家民营工厂解放前夕被国民党政府霸占的一切物资设备，总价值约800万到1 000万元（北海币）。其次，给予民族工商业以贷款，解决其资金困难，扶持其恢复经营。潍坊解放后不久：发放商业贷款1亿元，工业贷款3亿元，扶持遭受战火摧残的民族工商业者解决各种实际困难，尽快开工开业，

〔1〕《毛泽东选集》(合订本)，第1198页。

恢复正常经营。北海银行鲁中南分行在淄川、博山、周村、张店、兖州、济宁等城市先后发放了工商业贷款，仅1948年即达86 231.9万余元。济南从1948年11月到1949年4月间，发放贷款7 237 248元（人民币），获得贷款的工厂有248家、商行44家。私营远东新记纱厂在得到3 000余万元（北海币）贷款之后，便得以顺利开工生产。复次，人民政府帮助提供原料，实行加工订货，解决销路问题。在张博铁路修复并通车之后，工商部门在沿线各城镇设置炭栈，协助并负责推销民营煤矿生产的煤炭。济南私营的8家面粉厂在得到人民政府帮助调拨的大量小麦后，昼夜不停地加工生产，有力地支援了前线，仅1948年12月1日到1949年2月上旬，就磨军粮达649.8万斤。青岛粮油公司拨给双蚨面粉公司一家的小麦即达2 690 783斤，为其解决了生产原料不足的严重困难。再次，坚持“公私兼顾，劳资两利”的方针政策。正确处理劳资关系，认真组织城乡物资交流，稳定市场物价，打击奸商的不法活动，以及其他等措施。这些都从各个方面不同程度地促进了民族工商业的迅速恢复和发展。

由于各级地方政府认真执行了保护民族工商业的政策，山东新解放城镇的工商业大大改观，从过去濒临破产，奄奄一息的景况到开工复业，进而出现稳步发展的良好势头。济南市在1949年上半年统计，工商业户数已达到了13 087家，比1948年9月增加了2 000多家。21家私营汽车行中，由190余辆汽车发展到了300余辆。1949年前歇业的铁工厂全部恢复生产，磨坊业由400多家增加到了800余家。据青岛市1949年8月22个行业、1 633个工厂的调查，全部开工者774家，局部开工者640家，尚未开工者219家，比10月前勉强维持开工的300家增加了数倍之多。潍坊市从解放之日起到1948年6月7日止，仅1个多月的时间内，开工复业者即达66种行业、2 261家，较国民党占领时期的1947年7月统计的49种行业、1 138家，增加了整整1倍。解放之后的山东各大中小城镇，不仅私营工商业的数量增加极快，而且生产效率、资本金额也得到较快的提高。济南市的火柴工业，1949年2月有5家工厂、32台机器开工生产，月产火柴1万箱；到6月份，开工生产的就达13家，机器68台，月产火柴2.4万箱。成通纱厂的机器和人员数量没有变化，但是日产量则由解放前的40件增加到45件；宝丰面粉公司的工人只从70名增加到94名，而产量却由解放前月产25 300袋增加到104 000袋，增产4倍以上。

新中国成立之后，人民政府在扶持有利于国计民生的私营工商业恢复和发展的同时，对不利或有害于国计民生的行业则进行了某些调整甚至取缔。济南获得解放以后，古玩、西服、迷信品行业的生意十分萧条，先后被迫转业。到1949年上半年统计，转入织布业的9家，制皂业的2家，杂货业1家，木工业2家。43家金银饰品业有33家转产，5家歇业。青岛市消费或投机性质的商业，因营业状况萧条而呈请歇业者达307家，而转向工业及其他正当商业者96家。私营工商业的调整，使旧社会遗留下来的城市的纯消费性质有所改善。这充分说明了在利用城镇私人资本主义积极性发展国民经济的同时，必须对其消极面进行限制与改造。

三、整顿税收，增加财政收入

山东省各大、中、小城镇解放之后，根据“以市养市”的方针，实行“平衡战时负担”和“暂时沿用旧税法，部分废除，在执行中逐步改造和整理”的政策，人民政府临时开征了货物税（产销税）、营业税、印花税、屠宰税、房产税、地产税、田赋、地租等。

由于多年来国民党政府的反动统治和长年连续战争的摧残，新解放的大、中、小城市均面临着严重的财政困难局面，百废待举，百业待兴，一时需要办理的事情很多。因此急需整顿税收，增加财政收入，以应付四面八方处处需用钱的局面。但是，这时的城市经济支离破碎，工商各业均需恢复与发展，所以财政税收还必须适应这种情况，为尽快扭转这种局面贡献力量。针对这种情况，人民政府对有益于国计民生的工商业采取了缓征或减征营业税的办法，以保证其迅速恢复，立即开工开业，并不断得以稳定发展。1948年4月山东省政府发出布告，新解放区城市一律免征本年度营业税。1949年8月4

日，山东省人民政府发出通令，对1月1日颁布的营业税条款进行了修改。其减征范围规定：机器及机器零件制造业减征40%；矿业、交通工具及电气器材制造业、化学工业原料制造业减征30%；化学肥料制造业、铁木农具制造业、文化教育及医药卫生器材与用品制造业、专营进出口业、轮船业减征25%；重要印刷器材制造业、代替外来必需品制造业、建筑器材制造业、毛织丝织业减征20%；非机器的交通运输工具制造业、手工工具编造业、棉纱制造业减征15%；普通必需品制造业、卫生业、运输业减征10%。对工厂营业税的减征，虽然使财政收入受到一定的影响（青岛市1949年6月免征20户，免征税额94 935元，减征25户，减征税额300 603元），但这是“发展生产、繁荣经济”所必需的。因为只有为工商企业恢复和发展创造条件，才能从根本上保证工商税收来源的充足，也才能从根本上充裕财政收入。除营业税之外，人民政府对某些其他税种、税率也进行了必要的改革。青岛市征收汽车使用牌照税规定，凡汽车用于运输事业者，按原定税率降低30%；私人自用车则按原税率增加1倍，以促进交通运输业的发展，便利和繁荣城乡的物资交流。对国民党政府统征的部分捐税，凡有碍于恢复城市经济和带有反动性质的，即行废止。青岛市军管会曾于1949年6月18日发出布告，停止征收自卫特捐、各种税收附加的自卫特捐、屠宰税中的检验费、使用牌照税中的人力车夫自有车牌照税、烟酒税中的土烟叶烟丝税等，并立即加以废除。

在对部分税种、税率实行废止、减征的同时，为维持城市财政支出，逐步建立起新型的城市税收制度，人民政府在新解放城镇中积极进行了税收条例制定和税款征收工作，尽可能地增加地方财政收入。当时，其主要税种有：

营业税。1949年1月1日山东省政府颁布了《山东省征收营业税暂行条例》，规定了营利事业每季纯利1万元以上者对其纯利课征营业税。税率为：每季纯利额1万元至不满2万元，每季征收税率为5%，2万元至不满3.5万元为6%，3.5万元至不满5万元为7%，5万元至不满10万元征收8.5%，10万元至不满15万元为10%，15

万元至不满20万元为12%，20万元至不满30万元为14%，30万元至不满40万元为16%，40万元至不满50万元为19%，50万元至不满65万元为22%，65万元至不满80万元为25%，80万元至不满100万元为30%，100万元以上为35%。营业税全年分四季征收，每季终了后20天以内，缴纳税款。《山东省征收营业税暂行条例》对免征、减征、处罚等事项也都作了明确规定。城市中营业税的征收办法一般是按照各业各户营业状况及负担能力，划分出一定的等级和分数；各行业成立评议小组，根据各工商户自报情况进行评议，然后确定纳税款额；其纳税款额逐级上报审核，由市稽征处最后批准执行。户主对评议小组的评议结果如有异议，可提出意见要求复评。这种民主评议上级批准的方式，基本符合实际情况，保证了营业税缴纳的如期完成。济南市1949年夏季营业税的征收工作自8月8日开始至9月16日结束，共计实征690 237 423元，征收户数为14 223户，其中工业占6 935户，商业占7 288户。

印花税。1949年6月开始在济南试征印花税，济南市人民政府于6月26日公布了《济南市征收印花税暂行办法》，把印花税的征课范围定为商事凭证类和产权凭证类，不论公私营业或事业单位，均须照章办理。印花税的征收，由纳税人购买印花税票，依照规定从价或按件粘贴于凭证之上；新中国成立之后所立凭证现仍继续有效者，应一律补贴印花税票。7月以后，青岛、烟台、潍坊等城市也相继开征印花税。征收印花税不仅可以回笼货币，增收财政收入，而且对营业税源起到一定的控制作用，因此山东省各大、中、小城市都十分注意掌握印花证的购买，建立了分户登记制度，以便随时检查、了解各工商户的用花情况。在印花税的征收过程中，由于这项工作带有试验性质，并且经验不足，因此有部分私营工商户乘机偷税漏税。济南市1949年7月份就查出违章偷税案件132起，8月份查出103起。据调查经验，漏税之多达40%—50%。各地税收部门在进行这项工作的过程中，大力宣传，深入检查，严肃法纪，不断摸索总结工作经验，从而逐渐减少了偷税漏税现象的产生。

房产税。1948年12月1日华东财办发出了《关于征收房捐及娱

乐捐的指示》，指出：房捐作为地方财政收入的一部分，是新办的税捐，其征收办法各地根据具体情况而定，不可能亦不必做出统一的具体规定。征收的范围与原则各地保持一致。征收范围仅限于商业集中的城镇，开征房捐的地点除济南、青州、潍坊3个市以外，其余地方若需开征必须经行署或直属专署讨论，并呈请省有关部门核准后，方得开征。房捐捐率最高不得超过房租额的15%，商铺房捐应高于住户房捐。1948年12月28日，潍坊特别市政府制定了《征收房捐暂行办法》，规定市内所有房屋，均依其建筑所在地及使用价值，建筑年代、质量、类别与现有坚固程度及其用途等条件，分别评定等级。以房间为计算房捐征收标准，以户为计算负担单位，房捐负担率分为九等，分别为3 000元至3万元不等。济南市于1949年4月12日颁布执行《房捐暂行征收办法》。8月12日又颁布了《重订济南征收房捐暂行办法》，决定从9月7日起按此办法开征夏季房捐。到10月6日，济南市夏季房捐征收工作即告结束。全市共有业主34 878户，除去确定为贫困和毁于炮火的2 131户免征以外，实征为32 747户，共征收小米2 269 188斤（计算单位）。

地租。1949年4月12日济南市政府颁布《商埠地租暂行征收办法》，规定了商埠地租按原来四等全年两次征收的办法，一等地每亩小米400斤，二等地每亩小米300斤，三等地每亩小米180斤，四等地每亩小米80斤。10月，又改为按十等征收，每亩的租额分别为（以小米为计算单位）：一等400斤，二等360斤，三等320斤，四等280斤，五等240斤，六等200斤，七等170斤，八等140斤，九等110斤，十等80斤。从10月1日起开始征收。1949年7月30日，青岛市政府财政局发出通告，决定自8月20日起到8月31日止，征收上半年土地租金，以定额小米计算，按缴纳租金的前一天牌价折款收缴，其具体租额为：特等地每亩670斤，一等地每亩620斤，二等地每亩560斤，三等地每亩510斤，四等地每亩440斤，五等地每亩390斤，六等地每亩330斤，七等地每亩280斤，八等地每亩230斤，九等地每亩190斤。

除了上述普遍开征的税种以外，少数城镇还分别开征了货物税

（全部上缴省，地方不参与分成）、营业牌照税、使用牌照税、屠宰税、契税、牙税（交易税）、筵席捐、娱乐捐等。这些税收不仅增加了财政收入，支持了各地的财政支出，而且为新中国成立后税收征管工作积累了丰富的经验，提供了有价值的借鉴，详见表6－6。

表6－6　　1949年青岛、济南、徐州、潍坊、淄博五市财政收入分户统计表　　单位：元

科目	青岛	济南	徐州	潍坊	淄博
货物税	138 078 429	157 957 575	101 290 673	132 673 536	157 094 525
营业税	6 786 753 234	5 221 421 406	1 959 176 907	362 598 188	994 685 830
印花税	2 659 605 347	1 144 082 656	534 062 153	190 244 253	115 395 156
营业牌照税		279 928	14 480 000		
使用牌照税	234 361 645	3 050 380			
屠宰税	161 840 922	148 821 194	102 221 320	22 080 115	85 342 390
地价税	49 637 589	966 039 254	255 004 432		
契税		83 176 821			
牙税	256 322 371	97 030 313	1 022 573 182	33 273 058	22 351 799
房捐	586 014 812	1 701 357 554	588 596 333	358 997 421	85 114 817
筵席捐	56 661 154	14 644 459			
娱乐捐	106 635 229	84 157 998	29 405 615	9 005 021	14 637 642
房租	2 734 336	286 275 748		6 161 907	
地租	1 191 456 436	427 108 142	35 972 929	42 566 444	9 847 642
行政司法收入	289 260 178	684 792 942	203 969 800	35 095 561	29 843 957
变卖粮草收入	73 856 550		202 625 238		
交通收入	4 775 093 373	3 169 319	2 218 600		
财力动员收入	1 500 000	19 126 700	279 716 463	66 411 529	23 843 016
公营企业利润收入	570 622 434	3 543 593	4 323 734	145 991 321	
其他收入	132 413 820	7 788 953 496	627 674 539	7 743 146	14 681 358
上年度收入		13 542 909		3 356 304	223 714
合计	18 072 847 859	18 848 532 387	5 963 312 008	1 416 197 804	1 553 061 846

第五节 争取财政工作的统一，促进经济秩序的好转

一、财政机构的调整和省、地两级财政的划分

1949年3月下旬，中共华东中央局南下，中共山东分局重新成立。华东财经办事处在山东成立了后方办事处，同年4月12日华东财办后方办事处奉令撤销，原属其领导的财经部门除工矿、铁道部门外，其余全部归并山东省人民政府（1949年3月山东省政府改称山东省人民政府）建制，隶属于山东省人民政府财政厅的部门有省税务局、省盐务局、省烟酒产销管理局、省粮食总局。

随着山东解放区的持续扩大和新解放城市的不断增多，地方财政支出也急剧增加，面对这种现实情况，财政管理体制也必须进行调整。华东局于1948年11月召开了财政会议，深入讨论了地方财政划分的原则及其经费的内容、地方总概算的核准权限、地方财政库款的调度与金库制度、地方财政决算与收支盈亏的处理办法，以及市、村财政，供给办法和成立地方经费管理委员会等问题；确立了全省财政分为省与地方（包括行署、省直属专署、市）两级，试行划定收支、分级管理、核定概算、自行筹措、结余留用、超支不补的办法，待试行半年后再作决定；会议通过了《财政会议决议案》。

《财政会议决议案》经1948年12月华东局扩大会议通过，于1949年1月1日正式颁发。《决议案》分地方财政划分原则、地方财政经费、地方财政经费筹措、地方总概算核准、地方财政库款调度、地方财政金库制度、地方公营事业基金、地方财政决算及收支盈亏处理、市财政、村财政、若干供给办法、地方经费管理委员会等12大项。地方财政管理的主要内容是：地方财政经费按党政隶属关系，凡属地方领导管理的行政事业部门的经费，包括中等以下学校经费，一般社会救济及抚恤经费、地方公营事业投资等均列入地方概算；划定地方的固定收入有营业税、迷信品产销税、牲口交易税、房捐、娱乐捐、司法行政收入、地方公营事业盈余收入、地方公产收入、地方清理财产收入及其他收入等10项；以农业税为调剂收入。按省核定的概算，如果地方的支出大于收入，则划给一定比例的农业税分成来补足支出；概算核定以后，各行署、省辖专署、市自行掌握、自求平衡，结余不上交，亏空的部分非特殊事故一律不由省政府补助。在统筹统支基础上，把部分财政收入划归地方管理，主要目的在于提高地方对财政收支管理的积极性和责任心，同时创造地方财政资金周转的便利条件，以使国家资金及时而充分地用于地方上的合理需要。

这些规定颁发以后，经过半年来的实践，山东解放区的地方财政工作出现了新的局面，开始了供给财政向建设财政的历史性转变。第一，在税收政策上，坚决执行了“发展经济、保障供给”的方针。对待工业和商业，公营与私营，一般商人与投机性较大的商人，大、中、小工商业家，规定了不同的税率，将适当发展与限制私人资本的政策，灵活地运用到税收工作中去。例如，机器工业及铁木农具工业的税率较低，而货栈、银楼、行商等的税率则较高，以是否有利于国计民生作为地方税收工作的出发点。同时，也根据形势发展合理安排财政需要，尽量增加财政收入。由于人民解放战争的迅速胜利，财政不仅要支付机关部队工作人员的生活公杂费用，而且还要投资于经济建设、文化教育、社会治安、社会救济等事业，因此，在拟定和执行税率时，坚决纠正和克服不敢收税的片面的观点。根据省、地财政划分后半年工作的统计，各种收入占地方税款的百分比为：营业税50%—70%，牲口交易税占25%，屠宰税占10%—17%，迷信品产销税占10%—15%，房捐占3%，娱乐捐占1%。第二，在地方财政的全部开支中，用于恢复和发展经济的事业资金的比例上升。据统计，地方财政开支中约有68%用于经常和临时费（包括各级编制内的各种事业机关经常和临时费在内），32%投入事业资金。在事业资金中，宣传教育费约占50%，农林水利费约占20%（贷款及省级支

出除外)，优抚救济费约占14%，交通运输费约占6%，卫生建设费约占4%，其他占6%。第三，村政经费，以县为单位实行统筹统支，基本上克服了任意摊派、随便开支的现象发生。村经费负担一般约占农业税的15%，较之过去有大幅度的下降（过去一般占全年公粮田赋的40%—100%）。村经费的开支也较过去日趋合理，其中文教经费占到26%—55%，村政经费占22%—25%，建乡经费占10%—25%，支前动员参军经费占15%—20%，民兵弹药经费占5%，社会救济费约占5%。第四，市财政达到自给，并有力地促进了城市工商业的恢复。第五，地方各级财政机构逐渐健全。各地各级财政处(局)、科、股大部按编制配备，县以下税务征收所平均每县3—4个，每个所配备干部3—4人。以上事实充分说明：省财政与地方财政划分后，各地明显加强了对税收和地方建设的责任心，广大干部的积极性与创造性大大提高了，并能根据实际情况的需要，进一步增加财政收入，合理地安排财政支出，逐步做到了在统一政策、法令、经费标准、收支制度、编制等基础上，民主管理财政，为解放战争的彻底胜利和社会经济秩序的全面好转创造物质条件及有利的环境。

1949年5月16日至5月28日，山东省人民政府在济南召开了全省财政会议，总结了省、地财政划分后半年来的财政工作，研究了今后地方财政的管理问题，核定了各地下半年经费开支的总概算，划定了各地区公粮提成的比例，详细讨论了各种税目、税率，并明确了征收要点。这次会议对省与地方财政实行分级负责、民主管理作了充分的肯定，认为在统一的基础上，实行分工，既照顾了统一又照顾了分工，不仅仅是民主集中制在财政工作中的具体运用，也是今后发展的方向，并为今后华东地区以至全国的财政统一打下了良好的基础。在召开这次财政会议的同时，省政府还召开了全省会计、审计工作会议，认真检查了各地财政经费制度贯彻执行的情况。5月31日，山东省人民政府印发了《地方财政政府会计会议决议案》，其对省地分成收入粮款的报解等会计处理分别做出了明确具体的规定。

为扩大地方财政收入，进一步加强税收管理工作，山东省人民政府多次做出决定，将部分省税项目由地方实行代征，其税款的全部或

部分作为地方收入。1949年1月28日，山东省政府颁布《关于地方代征货物统税办法》，决定由地方代征分散于农村的手工卷烟统税和偏僻地区的矿税（煤、黄金等），代征税款在解交时按30%提成，归地方财政收入，开支权属于行署或直属专署。5月31日，山东省人民政府又颁布了《手制卷烟税划归地方征收通令》，将手工制卷烟划归地方管理征税，税款也归地方收入。7月1日，山东省人民政府又做出决定，自1949年下半年起，将胶东所属金矿全部划归胶东行署代为征税，税款的15%作为地方收入，85%上缴省库；鲁中南区所属金矿也划归地方代征，税款全部作为地方收入。地方代征以后，税款有所增加，生产得到了发展。胶东所属金矿1949年上半年产量约3万两，下半年则增加到4万—6万两。

山东全境解放以后，生产事业迅速地恢复，社会经济秩序开始逐渐好转，城乡经济交流日益扩大，因而能够征收的税款也有所增加，财政工作进入了一个新的历史发展时期。但是，由于长期战争的破坏，山东各地的生产形势发展不够平衡，不够稳定，加之山东支援华东新解放城市（主要是上海）的任务十分繁重，以及自然灾害的影响，所以作为财政收入主要来源的税收也存在着时多时少、时高时低的问题，需要加以调整，以便保证人民解放战争取得最后的胜利。1949年9月28日，山东省人民政府印发了全省两次财政会议讨论形成的决议案，要求各地贯彻执行。《山东省地方财政会议决议案》对省与地方财政的收支范围进行了适当的调整，对税目税率进行了补充，并对村经费的管理作了规定。主要内容是：1949年农业税（村经费附加除外）征收总数中，原规定80%属省财政收入，20%为地方财政收入，现调为84%属省财政收入，16%为地方财政收入；各地区各部门（党、政、军、群）应以8月份人数为准，不得再增加编制；坚决执行统一的供给标准；上年度的田赋尾欠由地方清理并作为地方财政收入；各地区散存物资由清理委员会提出处理意见报省批准后处理；手制纸烟统税暂归地方收入，税率税则按省税务局的规定执行；各地区所有节余的经费，无论是现款还是粮草，均折价以60%解省，40%作为地方收入；各省辖市营业税收入解省30%，

70%作为地方收入。营业税按营业纯利分四季征收，主要征收对象是坐商，起征点为1万元，税率自5%—35%，征收范围扩大到工商业比较繁荣的各城镇；摊贩营业税的征收仅限于城镇，分四季按销货额征收，税率为1%—3%，起征点为15万元；印花税暂征产权凭证、商事凭证两种，凡按价额贴花者均以1 000元为起征点，税率根据其性质、作用、期效不同确定为0.5‰—3‰，单据簿折按件贴花；房捐12平方米为1间房，出租营业者征租额20%，出租居住者征租额15%，自用营业者依估计租额征15%，自用居住者征10%；牲畜交易税在市场交易时征收，税率3%，由买方负担；水产品产销税在产地比较集中的地区征收，税率5%；屠宰税现金税额定期公布，以猪每头征肉5斤，羊每头征肉2斤，牛每头征肉30斤，骡每头征肉15斤，马和驴则征肉10斤的实物数量为依据；迷信品产销税的税率仍为60%；土地税仅限城市私有土地，每年两季按租额征收，自用者估定租额征收；税率为租额的20%；房产土地契税限城市征收，交换、分割者征契价2%，典契征4%，卖契、赠与征6%；娱乐捐税率为25%，小城市可酌情降低，但不得低于15%；筵席捐起征点为6 000元，税率为10万元以下者征10%，10万元以上者征15%；土制纸烟税从价征收，税率为80%。村经费原则上以县为单位统筹统支，行署、专署虽不直接经管村经费日常收支事务，但各地应在财政机物内专设村经费管理人员，以研究材料，调查情况，掌握开支，避免负担不公或开支有偏枯。

二、进一步统一货币的发行和流通，扩大银行的经营业务

为实现相邻解放区之间的货币流通，进一步加强和密切经济联系，山东省政府与华北人民政府商定，自1948年10月5日起，将山东和华北两解放区所发行的货币，固定比价互相通用。这为以后逐步实现全国货币发行和流通的统一铺平了道路。

1948年11月18日，华北、山东、晋绥、陕甘宁各解放区政府协商决定，将华北银行、北海银行、西北农民银行合并，成立中国人民

银行，于12月1日起发行中国人民银行钞票（称新币），定为上述地区的本位币，统一流通。新币发行之后，原发行的货币（称旧币）逐步进行了收回，旧币未收回前与新币按固定比价照旧流通。做好新币发行、旧币收回的工作，实现货币制度的统一，需要有一个过渡阶段。山东省政府、华东财经办事处、华东行政办事处于1949年1月27日联合发出布告，明确规定山东境内合法流通的货币有中国人民银行钞票、北海币、冀南币、晋察冀币、华中币等5种货币，以中国人民银行钞票为主币，其余4种货币为辅币。主币辅币一律合法流通，任何单位和个人不得拒用。还规定自1949年2月1日起，山东、华中各级机关、公营企业、民间一切商业往来、款项收付、新老债权债务及货物标价、契约合同订立，均一律改以中国人民银行钞票的“元”为计算本位。随着人民币发行和流通的不断扩大，其信用渐为提高，逐步地成为事实上的本位货币。在这种情况下，1949年5月14日，中国人民银行发出了《关于收回北海、西农、陕贸、冀热辽字边币等旧币办法的指示》，决定把上述各种货币全部收回。山东省分行特规定济南、青岛、徐州、潍县、博山、烟台等6个地方为主要兑换处所，发行新钞，收兑旧钞及北海币定额本票。到1949年年底，北海币已收回发行额的56%。

为了争取经济秩序尽快好转，北海银行（后改称中国人民银行山东省分行）遵照人民政府的法令，不断扩大银行的经营业务，积极支持逐步展开的经济建设事业，对工农业生产的恢复和人民群众生活的改善发挥了十分重要的作用。这一时期，银行业务活动的发展，主要是存款、放款、汇兑以及代收款等方面。

大力开展存款业务，广泛吸收社会闲散资金。从1949年开始，山东解放区的各地银行普遍开展了单位存款和个人存款活动，银行通过调整存款利率，吸引公营企业、机关、合作社、私营工商业等单位将多余现金存入银行。据1949年上半年胶东分行的统计，存款总额达4 042 579 861元，其中机关存款占29%，公营企业占14%，合作社占5%，私营商业占10%，银钱业与定期存款占2%。济南市从1948年9月至1949年4月中，银行共吸收存款380亿元，其中公营单位278亿元，占总存款额的73%，私营单位59亿元，占17%，合作社18亿元，占4%，其他方面的存款占6%。个人存款主要集中在城市中举办的折实储蓄内。1949年4月，首先在济南、潍坊、淄博三市中试办，相继又在德州、青岛、烟台等地举办。该项存款分为整存整取、整存零取、存本付息、零存整取四种方式。计算标准以固定的米、面、油、布、煤等若干品种的平均价格为折实单位计算。折实储蓄存款因系存入时将货币折成实物，提取时再将实物折成货币，本息均按实物计算，使储蓄者避免了因物价波动而受到损失，所以深受广大人民群众的欢迎，存款户数不断增加。

合理发放各种贷款，扶持各种经济成分发展生产。城市放款的主要做法是：首先对公营企业尽量予以支持，以发展壮大国营经济；对合作社经济以扶助职工福利消费合作社为主，促进其资金周转与积累；对有利于国计民生的私营工业给予尽可能的必要的信用支持。对于手工业主要是通过贷款逐渐地将其组织起来，引导向集体化方向发展。对于正当商业与之建立先存款后透支的关系（不超过经常存款数的30%）。济南解放后的一年中，共放款29亿元，其中公营企业占69%，合作社占14%，私营工商业占4%，其他方面占13%。由于放款工作坚持了“以公营为主、以工业为主”的方针，因此对于确立国营经济的领导地位，起到了极大的促进作用。农业贷款仍然坚持了“不违农时”和“专款专用”的原则，集中力量解决生产中的资金困难，扶助农业特别是经济作物的生产。1949年春季，全面发放了贷款，先后贷出现金1 271万元，夏季贷款为补种秋苗和解决大豆种、花生种，先后又贷出现金26 254万元。

三、颁布实施新税制，充裕财政经费

在解放战争战略进攻阶段，由于战局的迅速扩展，部队、机关脱产人员的激增以及战争消耗空前浩大，致使财政状况（主要是1948年下半年至1949年上半年）十分的困难。1948年下半年，华东野战军西兵团转入山东作战后，山东的脱产人员骤增1倍以上，计华野全

军49万人，各军区及俘虏、伤兵和起义武装共53万人，地方党政民人员20万人，支前民工40万人，共计160余万人。1948年上半年山东的财政收入1 400亿元，财政支出1 500亿元、亏空100亿元。第三季度支出900亿元，第四季度支出增至3 000亿到3 200亿元，两个季度收入仅2 000亿元，收支相抵亏空达2 000亿元。在如此严重的困难面前，山东解放区依靠华东局的正确领导和广大人民群众的积极支援，千方百计设法支持战时财政，集中力量供给战争需要，终于渡过了最后的财政难关。其中，采取的一个重要的措施，就是扩大税收，实行新税目、新税率，以充裕财政收入。

（一）改变公粮、农业税的征收办法

山东解放区经过土地改革运动之后，广大农民获得了大量土地，农村中的各阶层占有土地数基本拉平。因此，这时作为解放区财粮收入基本来源的公粮，如果仍旧采取按标准亩收入累进征收的办法已明显地不能适应形势的变化，必须加以改变。1948年5月23日，省政府颁布《山东省三十七年度征收公粮公草暂行办法》，规定公粮征收以户为负担单位，以中亩为标准（一中亩产量为150斤），每亩土地全年征收公粮30斤（中亩产量的20%）；按人口计算，每人平均2亩地以下者，每人免除7分地不负担，2亩以上至3亩者，每人免除5分地不负担，3亩以上者不再免除负担，而按实有地亩计算；麦季公粮按全年公粮的1/3征收，剩余2/3缴纳秋粮；凡负担公粮1斤，一律随征公草1.5斤。由累进征收到按亩平均征收是公粮征收政策的重大转变。累进征收的基础是土地占有不均等，体现了各阶层合理负担的原则。按亩平均征收的基础则是在封建土地占有制度基本消灭之后，广大农民拥有较为平均的土地，农业生产得到一定程度的恢复和发展，因而体现了农民群众平等负担的原则。由于山东解放区不断扩大区域范围和大力恢复农业生产，所以使人口数量和纳税地亩也不断增加，1948年比1947年分别增加了782万余人和1 404万余亩土地；负担面的扩大保证了公粮征收数量的增加，1948年比1947年增加近2亿斤；同样，按亩平均征收办法比累进征收办法进一步减轻

了农民负担，1948 年与 1947 年相比，每人平均总实负担数、每亩平均总实负担数和每亩平均总实负担占中亩产量百分比分别减少了 12.14 斤、3.3 斤和 2.2%，详见表 6－7。

表 6－7　　山东省 1947 年和 1948 年公粮征收比较表　　单位：斤

类目	1947 年	1948 年
人口（人）	27 596 982	35 422 290
土地（中亩）	64 624 312	78 671 349
实征数	1 242 578 102	1 439 024 687
每人平均总实负担数	79.81	67.67
每亩平均总实负担数	33.77	30.47
每亩平均总实负担占中亩产量（%）	22.51	20.31

1949 年 5 月 14 日，省人民政府颁布《山东省三十八年度农业税征收暂行办法》，规定农业税包括公粮、田赋、柴草、乡村经费等四项内容，其税率扣除免税点（每人中亩 7 分地）后，每中亩全年负担公粮 30 斤、田赋粮 5 斤、柴草粮 5 斤、乡村经费粮 6 斤。5 月 18 日，省人民政府又颁布了《山东省三十八年度新区农业税征收暂行办法》，规定以户为计算负担单位，以官亩（240 杆丈为 1 官亩，每杆丈 5 营造尺，每营造尺 32 公分）折合为负担亩（凡两年 3 季，平均产量每年在 150 斤者，为 1 个负担亩），按人口计算；农业税税率，包括公粮、田赋粮、柴草粮、乡村经费粮（按实征数 13% 提取），以市秤为标准，将各户每人平均折成负担地亩数，按各自税率计算缴纳，详见表 6－8。

表 6－8　　农 业 税 税 率

每人平均地亩数（亩）	每亩税率（斤）	每人平均地亩数（亩）	每亩税率（斤）
8 分以下者	免负担	3.21—3.6	36
0.8—1.0	5	3.61—4.4	40
1.01—1.2	8		

续表

每人平均地亩数（亩）	每亩税率（斤）	每人平均地亩数（亩）	每亩税率（斤）
1.21—1.4	11	4.41—5.2	44
1.41—1.6	14	5.21—6.0	48
1.61—1.8	17	6.01—7.0	52
1.8—2.0	20	7.01—8.0	56
2.01—2.4	24	8.01—10.0	60
2.41—2.8	28	10.01—12.0	65
2.81—3.2	32	12.01 以上者	70

按亩平均征收农业税的办法符合党的土地政策和土改后农村变化的新情况，因此得到了广大农民群众的衷心拥护，而且计算方法也较累进征收方便、简明和易于掌握，这就为保证农业税的按时征收创造了条件。1949 年全省共计征收公粮 18.2 亿斤，比 1948 年增加近 4 亿斤，详见表 6－9。

表 6－9　　山东解放区 1949 年公粮征收统计表　　单位：斤

项目		渤海	胶东	鲁中南	昌潍	淄博	总计
负担人口（人）		8 355 832	11 044 980	14 243 520	1 942 650	629 698	36 216 680
土地（中亩）		26 397 793	24 899 730	26 712 860	5 219 047	896 791	84 126 220
实征数	麦粮	182 952 300	177 506 992	180 255 709	50 743 465	6 450 711	597 909 177
	秋粮	472 047 700	360 493 008	303 744 291	79 256 535	6 549 289	1 222 090 823
	合计	655 000 000	538 000 000	484 000 000	130 000 000	13 000 000	1 820 000 000

注：表列数字不包括潍坊、徐州、烟台、济宁四市及平原、江苏划归山东七县的数字。

（二）实行进出口贸易新办法

随着山东全境的相继解放和解放区工农业生产的逐步恢复，山东海口贸易也逐渐恢复和发展，进出口货物税额有较大增加。1948 年 12 月 15 日，山东省政府颁行《山东解放区进出口贸易管理暂行办法》和《山东解放区征收进出口税暂行条例》。制定进口货物税的原

则是：凡军需原料及其成品，生产与交通工具、医药用品、文化用品等，予以免税或减税，奖励入口；非必需品及解放区生产不足的物资，予以征税，限制入口；奢侈品、迷信品、毒品及解放区已能生产自给的物资，禁止入口。制定出口货物税的原则是：凡解放区多余土产、日用工业品、农副产品等普通输出品均予以免税或低税，奖励出口；凡进出口贸易管理中所规定的统销品（生油、生米、棉花、猪鬃、黄金）、管理品（粮食、黄烟叶、蚕丝、豆油、生果），征税出口；凡军需原料及其成品与工业原料等重要物资，禁止出口。这时的出口货物控制较过去在种类上放宽了限制（例如粮食从前是禁止出口的），这就有利于扩大进口，充裕财政，从而更有效地支持日益繁重的经济建设事业。1949 年山东解放区的海口贸易，由过去的对韩国和国统区为主改为以香港为主的贸易，石岛、烟台、青岛等港口的对外贸易得到程度不同的恢复和发展。全年进出口贸易总额为 48 851 539 万元，上半年占 24.14%，下半年占 75.86%。对外贸易的扩大直接促进了出入口税征收额的增加，仅 1949 年的上半年，山东解放区的出入口税款即达 3 542 358 016 元，详见表 6－10、表 6－11。

表 6－10　　1949 年上半年出口税款分类统计表

位置	货物名称	单位	数量	税额	百分比（%）
1	粮食	斤	31 450 368	80 909 238.13	33.4
5	粉丝	斤	2 907 794	13 958 338.68	5.76
8	黄黑烟	斤	596 425	4 912 938.85	2.02
3	生豆油	斤	2 031 483	21 039 228.24	8.68
12	棉麻及制品	部	1 部 413 匹 837 斤	2 537 343.72	1.04
7	猪肉	斤	2 684 121	5 024 572.86	2.07
17	乌（?）	斤	1 533 151	998 642.95	0.42
14	活猪	斤	1 066 058	1 843 932.89	0.75
6	猪鬃、羊毛	斤	107 511.56	9 881 518	4.07

续表

位置	货物名称	单位	数量	税额	百分比（%）
15	皮及革	张	261 048	1 422 423.07	0.6
4	海产品	斤	6 948 228	15 941 301.64	6.58
21	木料	斤	1 099 719	109 785.14	0.01
18	活鸡	斤	350 707	668 614.35	0.3
19	中药	斤	1 部 316 190	498 535.2	0.23
13	干野果	斤	3 489 301	2 193 976.91	0.95
20	草帽辫	斤	448 151	463 659.1	0.19
22	煤	斤	148 674	13 840.71	—
9	蛋类	斤	2 171 216	4 642 920.39	1.91
2	生米	斤	10 309 901	62 550 888.34	25.83
10	棉布	匹	520 409	4 449 939.82	1.83
16	丝绸	匹	3 494	1 127 322.35	0.45
11	生豆饼	斤	1 521 543.5	4 345 594.7	1.79
23	杂货	部		2 723 375.09	1.12
	合计			242 257 931.13	100

表 6－11　　1949 年上半年入口税款分类统计表

位置	货物名称	单位	数量	税额	百分比（%）
1	染料	斤	530 607	70 499 280.37	23.35
2	茶叶	斤	828 697	34 140 446.89	11.24
6	纸	斤	1 部 15 466 令 315 798 斤	20 589 508.9	6.76
10	碱料	斤	665 292	7 352 217.2	2.44
8	卷烟纸	盘	2 000 磅 9 839 盘	11 506 869.35	3.83

续表

位置	货物名称	单位	数量	税额	百分比（%）
4	火柴	箱	20 744	26 255 372.3	8.74
9	印刷材料	磅	1 磅 325 370 磅	10 543 649.59	3.4
11	糖	斤	243 964	7 329 169.75	2.44
5	火油	斤	1 085 045	22 016 667.87	8.23
19	漂白剂	斤	72 178	1 118 483.08	0.37
21	表心纸	斤	1 部 207 710 斤	982 203.1	0.32
13	车及零件	部	1 部、105 辆	5 779 564.61	1.83
24	白矾	斤	15 731	593 311.74	0.18
18	竹类	支	1 部 29 654	1 179 464.9	0.39
14	胶皮	斤	388 292	3 936 204.77	1.32
25	中西药	斤	1 部 19 093	460 246.92	0.15
27	水泥	斤	679 002	156 764.68	0.05
15	文具	部	1	2 262 049.76	0.75
7	鞋	双	507 030	17 710 855.93	5.8
12	麻品及麻袋	条	1 部 75 030 斤、539 063	6 783 769.21	2.26
16	油类	斤	115 591	2 002 821.88	0.66
23	渔具	部	1	773 178.2	0.25
17	化学原料	部	1	1 426 043.73	0.47
26	金属制品	部	1 部 92 700	438 491.9	0.14
22	瓷器	个	1 部 313 172	846 417.06	0.28
28	麻布	码	2 783.25	46 833.04	0.01
20	农具	部	1	1 030 180.29	0.34
3	棉花	斤	1 309 834	28 540 166.05	9.41
29	杂货	部	1	13 799 851.11	4.50
	合计			3 300 100 085.08	100

（三）调整盐业生产及盐税征收政策

山东解放区的盐业生产和盐税的征收工作也面临着新的情况。到1949年年初，长江口以北盐场全部获得了解放，打破了以往盐的生产与运销分割封闭的局面。这时就十分有必要调整盐税，以促使盐业生产更加合理地发展。为此，华东财办于1949年2月做出决定，改变过去那种广泛增产、轻税倾销的盐业政策，而是采取帮助小盐区盐民转产，集中发展运输便利、生产成本较低的大盐区生产，并提高盐税，以保证盐业政策调整工作的顺利进行及盐税收入的稳定。在山东，则是让胶东各盐区维持原有产量，羊角沟盐场大量增产，其他盐区减少产量以避免推销不出去而带来损失。具体各地的盐税规定为：渤海河北每斤人民币6元、羊角沟7元、莱州6元、威宁石岛5元、金口胶州5.5元、滨海6元。1949年仅省盐业公司就经营盐600万担，获利折合粮食5 000万斤，既保证了盐税收入的提高，充裕了财政经费，又扶持了生产，改善了盐民的生活。

（四）加强酒类专酿工作

1948年秋收以后，山东解放区各地的酒类专酿工作开始恢复，在实行企业化经营，提高酿造技术，增加产量降低成本的基础上，努力使财政收入有了一定的提高。仅1949年上半年酒类专酿收入就达533 000万元，缴税111 000万元。

总之，山东解放区的财政经济工作由于认真贯彻执行了各项税收政策，从而使财政收入有了充分的保障，并且逐步地减少直至消灭了财政透支，为改变因为战争造成的财政困境以及恢复和发展解放区经济奠定了坚实的基础，详见表6－12、表6－13。这时的财政税收工作也随着全国解放的到来，逐步走上了统一的轨道。1949年9月25日省人民政府奉华东财办命令，将过去颁布的货物税税目税率一律作废，实行统一制定的《新颁货物税税目税率表》。从此，山东省与华东各省的财政税收工作密切联系，互相配合，共同为全国财政工作的统一做出了应有的贡献。

表 6－12　　山东解放区 1948 年财政收入统计表　　单位：元

项目	金额	项目	金额
税项收入	114 662 469 474	宣教收入	168 268 299
专卖收入	31 343 704 035	缴获收入	8 216 845 485
粮草变价	157 678 559 637	没收敌产收入	894 274 728
粮草代金	11 052 764 203	财力动员收入	74 601 837 646
田赋收入	61 998 139 476	协助收入	2 002 994 965
司法行政收入	8 078 670 687	其他收入	18 214 146 070
公有营业收入	202 928 645 274	上年度收入	28 034 319 103
公有事业收入	144 675	金库透支	306 648 659 864
交通收入	1 579 015 341	合计	1 028 103 458 962

表 6－13　　山东解放区 1949 年财政收入统计表　　单位：元

项目	金额	项目	金额
关税	32 725 820 868	营业牌照税	17 495 578
盐税	28 854 451 498	使用牌照税	237 761 375
货物税	49 562 860 956	屠宰税	274 359 300
营业税	19 253 961 473	地价税	1 270 681 275
印花税	5 034 717 512	契税	83 176 821
房捐	3 668 473 157	牙税	6 923 602 878
筵席捐	71 305 613	宣教收入	1 787 010
娱乐捐	263 206 992	公营企业利润收入	899 389 703 658
房	303 031 291	补助收入	70 500 203 958
地租	1 800 722 883	其他收入	84 116 330 109
行政司法收入	2 753 545 073	上年度收入	2 277 389 070
缴获收入	34 477 397 414		
财力动员收入	3 215 859 334		
变价粮草收入	52 910 019 537		
交通收入	4 892 323 088	合计	1 307 365 509 731

结束语

在新民主主义革命时期，中国共产党人根据马克思列宁主义的基本原理，从国情出发，提出了中国新民主主义革命总路线和工农武装割据的道路。这是马克思主义与中国实践相结合，产生的第一次飞跃。武装斗争是中国革命的主要形式。要在长期的武装斗争中逐步地夺取革命的胜利，就必须把落后的农村改造成先进的巩固的革命根据地，在革命根据地内开展可能和必要的财政经济工作。否则，革命战争的物质供应就不能保障，反帝反封建的新民主主义革命的根本任务就无法完成。

山东革命根据地是全国农村革命根据地的一个重要组成部分。它从 1937 年年底建立到 1949 年全国解放战争胜利，经历了 11 个春秋。山东抗日根据地的财政经济工作比陕甘宁、晋察冀等地区起步晚，但由于吸取了第二次国内革命战争时期农村革命根据地和抗日战争时期的兄弟地区的经验，很快就从无到有，从混乱到有系统，从不健全到健全，从不统一到比较统一，迅速、健康地发展起来，并且形成了自己鲜明的特点。

为建立和发展山东革命根据地的财政，山东革命根据地的人民，特别是农民在交纳农业税方面，对中国革命事业做出了巨大的贡献。山东抗日根据地救国公粮的征收平均占总产量的 14%—15%。1947 年国民党军队向山东重点进攻时期，根据地缩小，人口曾一度缩减到 1/3，广大地区遭受敌人的蹂躏，生产受到极大的破坏，农民的负担由 1946 年的 15.61% 增加到 1947 年、1948 年的 20% 以上。这种公粮负担的比例尚不包括村经费在内。但是，山东人民在中国共产党的领导和教育之下，认识到眼前的局部利益服从长远根本利益的重要意义，为了争取抗日战争和解放战争的胜利，适当地增加一点负担是完全谅解和真诚拥护的。正是由于革命根据地千千万万农民政治觉悟的提高，才保证了历年税收任务的完成，保证了革命战争的财政供给。

山东革命根据地财政工作取得了巨大的成绩，也积累了十分丰富的经验。其中，最基本的有以下几点：

一、坚持独立自主、自力更生的原则

山东革命根据地是在经济比较落后的地区逐步发展起来的。这里原来的工业基础十分薄弱，各战略区又长期被敌人分割封锁，再加上山陵起伏，交通阻塞，农业和家庭手工业相结合的自然经济仍占着优势。在没有外援的情况下，只有“依靠自己的努力，依靠全体军民的创造力。”在抗日民族统一战线中，中国共产党山东党组织坚持了独立自主的原则。同样，在山东抗日民主政府的财政工作中，也坚持了这个原则，国民党政府不发给八路军粮饷，就自己设法筹措。在 1941 年前后，日本侵略者对山东抗日根据地进行了疯狂的破坏，根据地的财政经济出现极大的困难；1946 年国民党军队向解放区大举进攻，山东根据地财政经济又遭到严重的困难。敌人曾多次断言：共产党领导下的根据地一定要被消灭或坍台。尽管在敌人军事进攻和经济封锁下，山东革命根据地的军民由于较好地坚持了独立自主、自力更生的方针，从而使自己立于不败之地，终于用小米加步枪赶走了日本帝国主义，打败了用美国飞机和大炮武装起来的国民党军队，夺取了中国革命的胜利。

自力更生的思想，是从相信群众的力量，依靠群众自己解放自己的无产阶级世界观出发的。能不能自力更生，要不要自力更生，问题的实质就是相信不相信群众力量，依靠不依靠群众的问题。因此，战时财政的主要任务就是把人民的力量动员起来争取战争的胜利。

解决战时财政问题的主要途径，是开源节流健全制度。所谓开源就是随着民主政权的发展，不断开辟新的正当财源。发动机关、学校和部队人员直接参加劳动，努力达到生产自给或半自给，就是开源的重要措施，坚持“独立自主、自力更生”原则的生动体现。所谓节流就是精兵简政，节约开支，各级工作人员负担最艰苦的工作，享受最菲薄的待遇，党政军人员按最低生活水准进行供给。这种供给制度是以革命的经济制度原则和山东的具体经济条件而制定的，也是坚持自力更生、独立自主原则所必需的。它不但保证了作战工作学习和日常生活的物质必需，并且培养了党政军工作人员简朴节约的革命作风。

二、贯彻“发展经济，保障供给”的总方针

战时财政带有供给性质，就是要打牢战时物质资源的基础，保证战时物质资财的供给，以利坚持持久的革命战争。而经济又是财政的基础，只有发展经济才能增加革命根据地的财富，增加民主政府的财政收入，求得自给自足支援战争。因此，山东革命根据地的财政工作始终是以发展生产为中心，把发展经济作为解决财政困难的根本手段。在敌人加紧封锁，根据地遭到严重破坏的情况下，民主政府建立公营经济，放手发动群众，努力发展工农业生产和商业贸易，并领导和保护私营经济的发展，解决了部队穿衣吃饭及部分枪炮弹药问题。“未有经济无基础而可以解决财政困难的，未有经济不发展可以使财政充裕的”。[1] 历史实践已经证明，“发展经济、保障供给”是唯一正确的发展财政经济的总方针。

山东革命根据地的财政对摧毁或削弱旧的生产关系，保护和发展新的生产关系起了重要作用。为了提高农民的生产积极性，先后在根据地进行了削弱封建剥削的减租减息运动和消灭封建制度的土地改革运动，并在生产力得到解放的基础上，以劳力武力相结合的形式，组织互助合作、发展生产，有效地支援了革命战争。民主政府还

〔1〕《毛泽东选集》合订本，第846页。

从财力物力上支持根据地经济建设事业的发展，并通过财政税收的各种优待政策促进了新民主主义经济基础的建立。

三、把财政工作与武装斗争、政权建设紧密结合起来，正确处理军民关系和公私关系

在革命战争年代，没有单打一的财政工作，只有把财政工作与武装斗争及政权建设紧密结合起来，才能做好财政工作。财政任务是由于中国长期武装斗争的需要提出来的。财政的支出，主要部分用之于革命战争，一切为着争取革命战争的胜利。抗日战争时期，军费支出占财政支出总数的70%，其他开支占30%。1947年山东革命根据地执行华北财经会议提出军费支出占财政支出总数的85%，其他支出不应超过15%的规定。但是，由于根据地的生产水平不高，军民之间、公私之间分配上存在着尖锐的矛盾。一方面战争要求组织相当数量的军队，并且必须保证每个士兵有一定的供给和装备水平，否则就不能维持和发展革命武装，就难于保证革命战争取得胜利；另一方面又必须保证人民的生活，使群众的赋税负担不能超过其承受能力，否则党和军队就会脱离群众，根据地就无法坚持和巩固。为解决这个尖锐的矛盾，山东革命根据地实行了毛泽东同志提出的“军民兼顾、公私兼顾”的方针，纠正片面强调减轻农民负担的单纯“仁政”观点或片面强调多养军队，过分加重人民负担的“竭泽而渔”的思想。

根据地财政工作支持了革命战争，革命战争保卫了根据地的财政经济建设。山东革命根据地的财政工作是经过敌后抗日武装斗争、经过艰苦奋斗流血牺牲才建立和发展起来的。在敌人的“扫荡”和进攻中，不少财政工作人员献出了自己的生命。根据地的税收人员不脱离武装斗争，他们与武工队配合深入敌占区收税，巧捉日伪商人令其按章纳税，以解决根据地财政困难。在革命战争中，山东革命根据地培养和造就了一大批财经工作的干部，既有统帅全局、善于理财的领导骨干，也有精通业务的专家，为新中国财政工作的建设奠定了良好基础。

四、根据战时的和山东的经济特点决定税收政策

无论抗日战争还是解放战争，都不仅是单纯的军事斗争，而且也是经济斗争，必须对敌人开展货币斗争和贸易斗争。因此，根据地税收政策的制定，也必须着眼于对敌经济斗争的需要，有利于根据地经济的发展，有利于战争和群众的需要。山东革命根据地明确提出征收进出口税的目的，就是为保护物资，保护生产，完成财政任务，争取贸易出超。对重要的必需品如粮食棉花等物资出口课以重税，限制出口；对必须进口的战略物资轻税或免税，鼓励进口。在不妨碍生产和人民生活的条件下，应当照顾税收数额，尽可能地满足更多的财政需求，反对无原则地降低税率，以致妨碍战争供给；同时也反对无原则地提高税率，以刺激走私，或使贸易停滞，反而使税收减少。

税收政策的确定，还要考虑到，在战争环境之下，战略区被分割，局势动荡复杂，封锁缉私困难。再加上农村贸易尚处在原始的集市形式，无法采取复杂完整的现代化的办法等情况，在决定税则、税率时，必须把握“政简民便”的原则，税目不宜过繁，手续力求简单。

由于敌我斗争特别紧张，一般税收方式往往不能满足斗争的需要，山东革命根据地重点抓了对外贸易统制的政策。不仅烧酒专卖，“寓价于税”，并且实行食盐专卖，把盐商独占的利润转化为政府财政收入；花生油输出也从固定税到机动税，到半专卖和完全专卖。“所谓专卖利润，实际只是出口税的化身，过去分散出口常被敌区商人操纵，现我集中管理即能争取主动，不但加强斗争力量，且使财政收入大大增加。[1] 如1944年全省从物资高价输出中获利6 000万元北海币，相当于全省税收的40%。食盐和花生油的专卖是山东革命根据地财政收入上的一个重要特点。

〔1〕 薛暮桥：《抗日战争时期和解放战争时期山东解放区的经济工作》，人民出版社1979年版，第133页。

五、充分发挥银行在战时财政中的特殊作用

国家银行是具有国家机关性质的经济组织，基本上属于流通领域的范畴；财政部门是政权的一部分，基本上属于分配领域的范畴。二者的组织性质和分工不同，但二者又有其统一性，即都是为国家筹集和分配资金，并对资金进行管理的部门。国家银行是代表政府主管金融政策、信贷计划、发行货币的。它通过吸收存款、贷款等各项金融的活动，对社会闲散资金，实行再分配。在国民收入的分配方面，财政部门是主体，银行是辅助的。而革命根据地的战时银行在贯彻民主政府的财经政策，发行本币，开展货币斗争，保护人民财富，稳定物价，支持财政，发展生产以巩固革命根据地，支援革命战争方面有着特殊的作用。

随着革命战争和山东革命根据地环境的变化，银行的任务也有变化。1938 年至 1941 年前，山东发行的北海币、“临郯费峄四边流通券”、“益寿临广四边流通券”、“农民合作社流通券”等辅币、主要发挥调节金融货币的作用。太平洋战争爆发后，日本侵略者从利用法币转为排挤法币，加上法币贬值，造成对山东革命根据地的严重威胁。1942 年从四周流向山东革命根据地的法币有 5 亿元，大量的物资被掠夺，以致引起通货膨胀，物价上涨，根据地人民受到巨大损失。为了改变这种被动局面，抗日民主政府断然排挤法币，大量发行北海币，建立独立自主的北海币市场，把货币斗争与对外贸易斗争结合起来，实行食盐和花生油对外统销，把 5 亿元的“法币”送往敌占区，换回各种物资，一出一入，使我区得益至少 10 亿元，对根据地的财政经济起了很大的作用。1945 年 8 月，日本帝国主义宣布投降，日本军队为准备逃跑，抛售他们所掌握的大量物资，敌占区物价突然下落，伪币突然涨价。抗日民主政府利用时机在解放区大量发行北海币，驱逐伪币，把几十亿元的伪币从新解放区迅速排挤出去，并换回大量物资，避免了新解放区的人民由于伪币贬值而受到损失。

山东根据地的财政特点之一，就是财政开支需求很大，而收入却

是建立在小农经济基础上，财力有限。在战争发展的紧要关头，必须依靠发行货币支持财政，弥补赤字。解放战争时期，随着解放战争在山东战场上不断扩大，一般的财政收入赶不上大兵团作战军费支出的需要，只好由银行透支。1948 年山东根据地军政费用透支，在银行货币发行中占三分之一以上的份额。为了保证战时部队的供给，争取全国解放战争的胜利，这是必要的，不可避免的，也是战时根据地银行发行的特点之一。

六、严格按照客观经济规律办事，是做好财政工作的可靠基础

山东革命根据地的财政工作，是中国共产党领导的敌后根据地农村环境的财政工作，这是一个基本的出发点。山东革命根据地以此为依据，在贯彻党中央确定的自力更生、开源节流、发展经济、保障供给的财政经济工作总方针的同时，不断总结经验，探索客观经济规律，通过反复认识和实践，推动了财政工作的发展。

抗战初期，财政工作主要抓了部队的吃、穿问题，不可避免地带有根据地开创时期的临时性特点。战工会成立后，从收支两个方面严格把关，实行统收统支；尽量做到取之有度，用之有节，争取收支平衡，财政工作逐步走上正规化制度化。财委扩大会议后，在继续抓好财政收支的同时，则明显加强了经济工作，强调发展生产，进一步开拓财源。后期财政经济一起抓，而以发展生产为主，财经工作的总方针得到全面贯彻。由于对客观经济规律的认识不断加深，工作中长期感到棘手的一些问题，得到较好的解决，从而进一步掌握了工作的主动权。1943 年后，财经工作主要沿着两条轨道前进，一是深入双减发展农业；二是加强工商管理，使生产、货币、贸易等工作相互促进，同步发展，以生产增加物资，通过掌握重要物资发展贸易，用贸易支持货币斗争，又以货币斗争来支持生产和贸易工作，整个财政工作越做越主动。

七、实行“统一领导，分散经营”的管理体制

1942年以前，因为各地区被分割、封锁，山东抗日根据地确定在工作关系上，发挥各战略区独立自主的精神，战工会只是在政治原则上的领导，在财政上实行“统一领导，分散经营”的管理体制。所谓统一领导，必须严格遵守统一政策、法令、制度与统一的组织，不允许有所破坏，财政收入必须实行统筹统支，不得任意分割。但是，在分散作战和物质极端困难的条件下，正如毛泽东同志所指出的，“切不可将一切物质供给责任都由上面领导机关负起来，这样既束缚了下面广大人员的手足，而又不可能满足下面的要求。”1942年，从根据地被分割包围的实际情况出发，山东根据地划小县区乡，给地方以较大的自主权，要求各地发挥工作的主动性和创造性，独立解决问题。“统一领导，分散经营”的财政管理体制，正确地解决了山东民主政府与各战略区各单位在财政工作方面的关系，它一方面要求保证集中统一领导，另一方面又要求充分发挥各地区各单位的积极性。

为了加强对敌经济斗争，改变财经组织，1943年成立了各级工商局，将财政工作的一部分划归到工商局管理。抗战胜利后，鲁中、滨海、鲁南三个地区基本上已连成一片，过去各地区依照斗争形势所设立的财经机构及财粮制度，落后于形势发展的要求，再加上执行分散经营过程中，在制度的掌握上存在着不少缺点。针对上述情况，山东省政府决定，统一财经工作的领导，严格执行统筹统支。自1946年1月份起，整个财政工商收入，均归华东局财委统一支配，各地无权自行支配。这是随着经济力量的壮大，区域连成一片，战争形式的转变，集中行动的大兵团，需要后方大量的物资供给，统一局面逐渐形成，财经管理体制必须与之相适应。

1947年秋，国民党军队重点进攻山东，近一半的县城被敌人暂时占去，不仅各种税收全停，而且各地积蓄物资粮食遭受严重损失，再加上严重的自然灾害造成1947年冬季和1948年春季山东财政粮食

严重的困难。在物资缺乏的情况下，财政制度出现混乱。1947 年 10 月，大鲁南会议后，华东局提出了清理物资、降低生活标准和统一供给制度、整编后方机关的克服财粮困难的三大方案。三大方案的贯彻是“统筹统支”财政管理体制的进一步发展。到 1948 年下半年全省财粮已开始做到基本上统一。正由于全省财粮统一，使我们在财力、物力上能集中全力有效地保障了战争的供给，对渡过财政难关起了重要的作用。但由于在统一财经过程中采取了个别过急与强硬的步骤，如取消一切机关生产及一切机关生产归公，造成部分经济损失，使一些单位和干部产生依赖思想，或多或少地影响了他们生产节约的积极性。统得过多过死也给地方财政带来困难。到 1949 年初，山东地区除个别城市外已全部解放，社会秩序日益稳定，山东省政府又将部分财政收入划归地方管理。把统一集中和因地制宜结合起来，把集权和分权结合起来。这种统一和分散相结合的财政管理体制，是从十几年曲折反复的经验教训中总结出来的较好的办法。

山东革命根据地财政工作的成就和经验，是值得大书而特书的。在革命战争年代的财政工作经验，其中许多部分到现在仍有参考价值。当然，这种经验毕竟是在特定的历史条件和特定的环境中的产物，有其特殊性和局限性。但总结这段历史，让人们更好地了解历史，更深刻地认识我国的国情，以便指导现实工作，是大有裨益的。

主要参考文献

(1) 严中平等编：《中国近代经济史统计资料选辑》，科学出版社1955年版。

(2)《山东革命历史档案资料选编》第1—23辑，山东人民出版社出版。

(3) 章有义编：《中国近代农业史资料》，生活·读书·新知三联书店。

(4) 林钦辰：《山东田赋研究》，1977年成文出版社有限公司(美国)中文资料中心印行。

(5)《山东省现行法规类编》。

(6)《夏津县志续编》。

(7)《财政年鉴》。

(8)《财政年鉴续编》。

(9)《中国现代政治史资料汇编》，中国科学院历史研究所第三所南京史料整理处选辑。

(10)《申报》，1932年。

(11)《山东史志资料》。

(12) 1925年长沙《大公报》。

(13)《山东省政府公报》，1935年9月15日，第352期。

(14)〔日〕本通口弘：《日本对华投资》，商务印书馆出版。

(15) 朱斯煌主编：《民国经济史》。

(16)《山东革命根据地财政史料选编》第1—6辑，山东省财政

科学研究所、山东省档案馆合编。

(17)《山东革命根据地工商税收史料选编》。

(18)《滨海地区政权工作总结》(油印本)。

(19)《大众日报》1938—1950年。

(20) 山东省总工会编:《山东工人运动史》(初稿)。

(21)《北海银行史料》。

(22) 薛暮桥:《抗日战争时期和解放战争时期山东解放区的经济工作》,山东人民出版社1984年版。

(23)《群众报》,1941年。

(24)《陕甘宁边区的精兵简政》,求实出版社1982年版。

(25)《中共党史参考资料》,人民出版社。

(26)《山东人民的新生》,东北书店,1947年10月印行。

(27)《山东省政府统计资料》。

(28)《毛泽东选集》(合订本)。

(29)《山东党史资料》。

(30)《胶东大众报》。

(31)《渤海日报》。

(32)《一年来的临沂生产工作》,山东新华书店1946年版。

(33) 中央档案馆编:《解放战争时期土地改革文件选编》,中共中央党校出版社。

(34) 李成瑞著:《中华人民共和国农业税史稿》。

(35)《山东省黄金工业大事记》(修改稿),1985年8月。

(36)《中国人民解放军华东军区第三野战军第三次国内革命战争战史》(初稿)。

(37)《中国人民解放军胶东军区军史简编》(初稿)。

(38)《军史资料》,1985年第7期。

(39)《山东党史资料》,1985年第2期。

(40)《山东工人运动历史文献选编》。

(41)《济南党史通讯》,1984年第2期。

(42)《中国货币金融史略》。

(43) 山东省粮食局编:《山东革命根据地粮食史料选编》。

后记

《山东革命根据地财政史》是由山东大学历史系、山东社会科学院历史研究所、山东省地方史志编纂委员会办公室等单位的5位同志合作编著的，朱玉湘任主编。具体分工如下：绪论、上篇第一章、结束语由朱玉湘执笔，上篇第二章由刘培平执笔，上篇第三章由申春生执笔，下篇第四、第五、第六章由刘大可、马福震执笔。本书大纲经过讨论，由朱玉湘、刘大可拟定，各执笔人根据所掌握的材料，分头编写。主编依照大纲的统一要求作了必要的修改。

我们编著这部《山东革命根据地财政史》，是以“发展经济，保障供给”的战时财政经济工作总方针为指导思想。因为革命战争时期的财政不同于新中国成立以后的财政，当时的财政主要是保证革命战争需要，财政和其他经济活动是息息相关的，从广义上都可看作财政的一部分。因此，我们没有把财政限制在狭小的范围内，而是在联系着经济的发展变化来阐述山东革命根据地财政发展史的。但由于涉及的领域广、范围大，到目前为止，国内尚无一本专门研究革命根据地财政史的专著问世。我们是抱着尝试的态度进行编写的。由于我们水平所限，在探索过程中疏误之处难以避免，恳请专家和读者批评指正。

在本书编写过程中，我们除参考了已经公开出版的研究成果和资料外，还参考了部分内部编印的资料，有山东省财政厅编印的《山东革命根据地财政史资料》，山东省财政科学研究所、山东省档

案馆合编的《山东革命根据地财政史料选编》，山东省税务局编印的《山东革命根据地工商税收史料选编》，山东省粮食局编印的《山东革命根据地粮食史料选编》等等。

本书编写过程中，我们得到当时在山东革命根据地工作的老前辈、著名经济学家薛暮桥同志的热心指导，并特地为本书题写了书名。中华人民共和国财政部财政科学研究所星光同志、唐滔默同志，中国社会科学院经济研究所赵增延同志以及山东省财政科学研究所张敏同志和张仲仁同志、于德昶同志也给予我们热情支持与帮助。在此，一并表示感谢。

作　者

1988年2月